国家级教学团队
东北财经大学财务管理专业系列教材

张先治 牛彦秀 主编

财务学 第3版

Finance

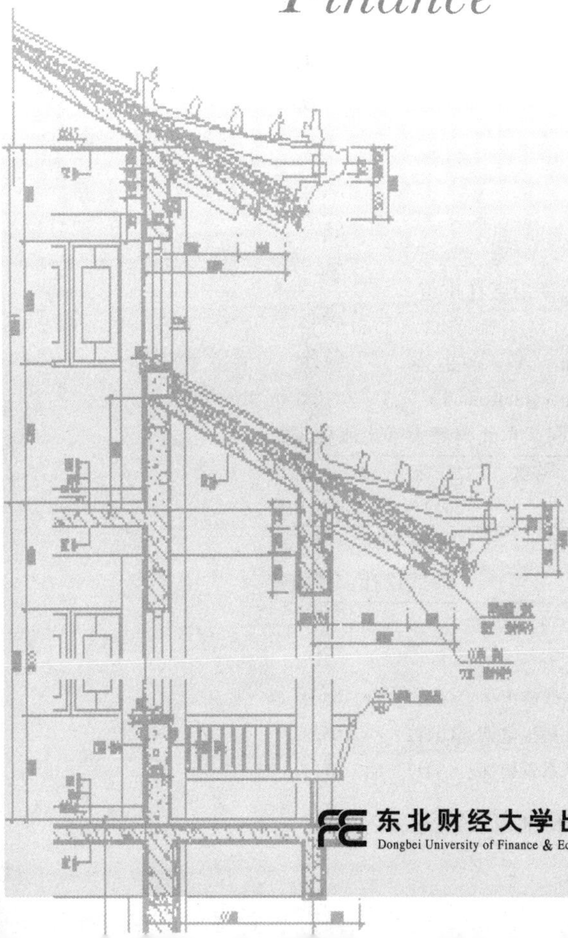

东北财经大学出版社
Dongbei University of Finance & Economics Press
大连

图书在版编目（CIP）数据

财务学 / 张先治，牛彦秀主编．—3版．—大连：东北财经大学出版社，2017.3

（东北财经大学财务管理专业系列教材）

ISBN 978-7-5654-2692-6

Ⅰ．财…　Ⅱ．①张…②牛…　Ⅲ．财务管理-高等学校-教材　Ⅳ．F275

中国版本图书馆CIP数据核字（2017）第020906号

东北财经大学出版社出版
（大连市黑石礁尖山街217号　邮政编码　116025）
网　址：http：//www.dufep.cn
读者信箱：dufep@dufe.edu.cn
大连永盛印业有限公司印刷　东北财经大学出版社发行

幅面尺寸：170mm×240mm　字数：522千字　印张：26.25
2017年3月第3版　2017年3月第3次印刷

责任编辑：高　铭　吴　茜　责任校对：伍　晓
封面设计：冀贵收　版式设计：钟福建

定价：42.00元

东北财经大学财务管理专业系列教材编委会

总　序

随着知识经济和信息经济时代的到来，加之经济全球化趋势的日益凸显，社会对财务管理理论、财务管理实践和财务管理人才培养都提出了更高的要求。因此，高等学校必须为社会培养更多符合其特定要求的财务管理人才。自教育部于1998年设立“财务管理”本科专业以来，越来越多的普通高等学校设立了这一专业。在这种背景下，编写一系列理论融汇实际、符合中国国情的优秀的财务管理专业教材，对于培养财务管理人才的重要性是不言而喻的。为此，国家级教学团队——东北财经大学会计学院财务管理系于2005年组织骨干师资力量，由本团队资深教授担纲，编写并出版了本院第一套财务管理专业系列教材，包括《财务管理基础》《企业财务管理》《高级财务管理》《投资管理》《资产评估》等五部教材。

第一套财务管理专业系列教材一经推出，就得到了广大读者的厚爱，为许多高等院校所广泛选用，并针对本套教材的体系结构、知识组合和内容界定提出了许多富有建设性的意见。这也促进了我们进一步完善财务管理专业系列教材的信心与决心。2006年以来，国内外的环境发生了显著的变化，尤其是新《企业会计准则》、新《企业财务通则》以及《企业内部控制基本规范》的颁布，使得原有教材的部分内容需要修改与更新。美国金融危机的爆发，也促使社会公众认识到风险管理尤其是金融衍生投资风险管理的重要性，财务管理教材需要与时俱进，及时反映这一时代背景的深刻变化。另外，东北财经大学会计学院2005年被列为首批资产评估全国教学建设基地院校，并于2006年在财务管理专业下设置了“资产评估专门化”方向，因此，原有的财务管理专业系列教材已经无法满足本科教学的需要，针对“资产评估专门化”方向的人才培养特点，非常有必要增加一些专业教材。

基于此，我们对原有的财务管理专业系列教材进行了全面修订，并以新版的形式呈现在读者面前，分别是《财务管理基础》《公司理财》《高级财务管理》《证券投资》《资产评估》等五部教材；同时，新编了《财务学》《资产评估原理》《企业价值评估》《房地产评估》等四部教材。

与第一套财务管理专业系列教材相比，本套教材呈现出以下几个特点：

1.体系更加完整。本套教材中,《财务管理基础》《公司理财》《资产评估》《企业价值评估》为财务管理专业（含“资产评估专门化”方向）通用专业教材;《资产评估原理》《房地产评估》是“资产评估专门化”方向所特有的专业教材;《高级财务管理》则作为除“资产评估专门化”方向的财务管理专业学生的选用教材;《财务学》是除财务管理专业之外的其他专业学生学习财务学相关知识的教材。这样的体系安排可满足不同方向、不同层次、不同专业学生学习财务管理相关知识的教学需要。

2.内容更加全面。依据《企业会计准则》《企业财务通则》《企业内部控制基本规范》等一系列最新规范制度,结合国内外实务的最新动态,吸收读者反馈的合理建议,在保持原系列教材基本体系、特色与优点的基础上,我们在新系列教材中尽可能地反映了财务管理、资产评估理论和实务的最新进展。

3.更加突出实务。鉴于目前我国高等院校的大部分财务管理专业本科毕业生均走向社会从事实务工作,因此,在教材中除了强调基本概念和基本原理以外,更重要的是培养学生的操作能力。本套教材更加强调理论结合实际,更加强调基本方法的运用和基本技能的掌握,穿插了大量真实的案例,突出案例教学。

4.体例更加合理。教材不仅列出了本章学习目标、学习要点和主要概念,归纳和总结了主要知识点之间的相互联系,而且还配有大量的习题与案例,供教师教学和学生自学使用。

东北财经大学财务管理专业系列教材是国家级教学团队——东北财经大学会计学院财务管理系全体教师共同劳动的结晶,尤其凝聚了众多资深教授和专家多年的经验和心血。当然,由于我们的经验与人力有限,教材中难免存在不足乃至缺陷,恳请广大读者批评指正。

我们的工作尚处于一个开端处,本次再版修订推出的教材仅仅是一个新的起点,而不是终点。随着社会的进步、经济的发展和环境的变化,我们将不断修订,使东北财经大学财务管理专业系列教材不断地与时俱进,及时跟踪反映学科的最新进展。

东北财经大学财务管理专业系列教材编委会

第3版前言

本教材是在东北财经大学财务管理专业系列教材《财务学》（第2版）的基础上修订而成的。本教材自第1版出版以来，受到了许多师生的欢迎与关注。随着经济发展及教学改革的深化，结合编者及广大老师和同学在教学过程中遇到的现实问题，我们对教材进行了进一步的修订与完善。

本教材以财务经济学为基础理论，以财务管理学为应用导向，将二者有机融合，形成了具有广泛适用性的财务学。本教材研究对象宽泛，既包括企业，也包括非营利组织，还包括家庭和个人；研究内容全面，将金融市场学、投资学、公司理财学、其他组织与家庭理财有机结合，形成的财务学框架体系合理且具有科学性，这对于非财务管理专业同学掌握财务学的基本理论、基本方法以及拓展学习视野、进行实务操作大有裨益。非财务管理专业的同学可通过对《财务学》教材的学习，系统地理解金融市场、投资品种、公司理财和其他组织理财的基础知识及相互关系。

《财务学》（第3版）本着以下原则进行修订完善：

第一，注重系统性。在保持第2版框架结构、写作体例及写作风格不变的基础上进行修订。

第二，注重法规时效性。关注相关法律法规的变迁，更新相关法规内容，如第三章、第十二章都根据最新法规进行了相应调整。

第三，注重内容时效性和先进性。各章在不同程度上对时效性较差的案例及数据等进行了更新和完善。另外，进一步吸收国内外权威财务学教材的最新成果，取长补短，保持本教材的先进性。

第四，注重合理性。有些章节调整了内部结构，如第八章。

第五，注重指导性。本次修订增加了网上资源，包括教学PPT、教学大纲、教学日历、教案、重点难点、学习指南等，以方便教师的教学。

本教材在体系与内容构建上突出以下特色：第一，在教材体系上体现大财务学的思想；第二，在课程定位上体现学科导向与入门的思想；第三，在教材内容上体现实用性思想。

本教材由张先治教授和牛彦秀教授主编。本次修订在张先治教授和牛彦秀教授主持下进行，由第2版各位作者对自己执笔的章节按修订要求进行修订。第一章由张先治执笔，第二章由张先治和张晓东执笔，第三章由张秀烨执笔，第四章和第五章由刘媛媛执笔，第六章由任翠玉执笔，第七章由张先治执笔，第八章由牛彦秀执笔，第九章由任翠玉和牛彦秀执笔，第十章由张先治执笔，第十一章由张晓东执笔，第十二章由王玉红执笔。最后由张先治、牛彦秀教授对全书进行修改、总纂并定稿。

教材修订中虽然力求完美，但由于作者水平有限，书中纰漏甚至错误在所难免，敬请同行专家、学者及读者批评指正，以便我们不断加以修改完善。

张先治　牛彦秀

2017年1月

目　录

第一篇　财务学基础

第三篇　公司理财

第一篇　财务学基础

第一章

财务学导论

引例

在全球经济一体化的条件下，资本市场是统一开放的市场体系中最基本的组成部分，并成为市场经济一种内在的原动力。资本市场上流动的资金是公司进行生产经营活动的必要条件，没有足够的资金，公司的生存、发展就没有保障，因此，公司作为市场竞争的主体，其公司理财活动同理财环境——资本市场形成了一种鱼水关系，如果把公司理财比作鱼，那么资本市场就是水，两者相互依存、相互制约，这是公司财务管理的主要特征。在经济生活中，由于资金周转不畅而倒闭、破产的公司也不在少数，比如，在不到20年里迅速成长为中国民营企业第一强的新疆德隆集团，于2004年宣告破产。德隆倒闭的直接原因就是没有平衡好资金计划，导致资金链断裂。由于德隆产业投资回报周期长短搭配不当，持续的并购和后续管理费用都只能靠融资解决，最终带给德隆的是巨大的资金压力。德隆的实业多以传统产业为主，资金回收缓慢，而德隆的融资都是短期的，这样的短贷长投，导致德隆的现金只能是入不敷出，资金链断裂是其管理模式的必然结果，外部金融环境的变化只是问题演变为危机的导火索而已。

资本市场是市场体系不可缺失的组成部分，没有完备的资本市场，就不可能有运转正常的市场体系。作为公司理财的筹资、投资活动，必须运用资本市场来配置有限的社会资源及协调供求关系，资本市场的发育程度及运作规则，时时在左右公司的理财活动。

总之，在日趋激烈的市场竞争中，一个公司能否获得成功，在很大程度上取决于其公司财务管理是否卓有成效。公司财务管理的关键在于，必须要有一个资本市场的理念，建立一套以资本市场价值为基础的绩效考核标准和体系，及时把握资本市场态势，把公司理财活动融入整个资本市场体系，把握发展机遇，使公司在竞争中立于不败之地。

资料来源　李辉球. 公司财务管理的资本市场导向.［EB/OL］.［2010-01-15］. http://www.thldl.org.cn/news/1001/31092_2.html.

学习目标

知识目标

理解与掌握财务的定义及其本质；理解与掌握财务学的内涵，明确财务学与会计学的关系；明确与掌握财务学的基本范畴；了解财务学理论体系和框架；理解与掌握财务学的基本原则；了解财务学的产生与发展。

能力目标

了解国内外关于财务的定义，能够明确不同财务定义区别的本质；了解国内外关于财务学的定义，明确财务学的内涵及本质；理解财务学的范畴及与相关学科领域的关系，处理财务学与相关学科的关系；明确财务学基本原则，并能够运用这些原则解决财务问题；能够从财务学的产生与发展过程，了解财务学的影响因素。

本章提要

本章主要介绍与论述财务学的基本理论体系，包括财务学的内涵、财务学的范畴、财务学的理论框架、财务学的产生与发展等。回答了：什么是财务？什么是财务管理？什么是财务学？财务学的范畴包括哪些？财务学学科的发展经历了哪几个阶段？财务学的原则有哪些？

财务学的内涵涉及对财务的理解、财务管理的理解，涉及对财务经济学与财务管理学划分的理解，第一节通过对这些问题的分析与讨论明确了财务、财务管理、财务学的内涵及相互关系。第二节通过对财务学范畴的解析明确了公司理财、金融市场、投资学和其他财务管理的内涵。第三节通过构建财务学理论框架明确了财务学基本理论、基础理论及理论发展。第四节财务学基本原则明确了进行财务管理应遵循的基本原则，它既是财务学理论体系的有机组成部分，又是进行财务管理实践所应明确的指导思想。第五节通过对财务学学科产生与发展及财务管理实践各阶段的划分，明确财务学学科及财务管理发展的特点及环境对财务学学科发展的影响，为财务学理论与实践研究指明方向。

本章作为全书的导论，其理论体系的构建为本篇第二章（财务学工具）、第三章（财务环境与组织）奠定了基础，而且为以后各篇的理论体系与应用体系的建立指明了方向。

第一节 财务学的内涵

一、财务与财务管理

（一）财务的定义

要准确界定财务的定义，应首先明确财务、财务学和财务管理之间的关系。目前，关于财务的定义，有的定义的是财务学，有的定义的是财务管理。如果不区分财务、财务管理和财务学，给财务一个综合的定义，即财务是关于经济实体、个人和其他组织进行资金或资本运筹的科学。如果将财务与财务学、财务管理区分开来，财务可做如下界定：

（1）财务与价值紧密相关，这种价值具体体现为资金或资本。

（2）财务表现为财务活动，即资金或资本的筹集、使用与分配。

（3）财务活动体现出财务关系，包括所有者、债权人、管理者、员工、政府等之间的关系。

（二）管理与财务管理

管理可被看成是这样一种活动，即它发挥某个职能，以便有效地获取、分配和利用人的努力和物质资源，来实现某个目标。管理活动是发挥管理职能的活动，管理的职能包括计划、组织、指挥、协调与控制。在管理活动中，各种管理职能都发挥着不同的作用。管理的内容由管理活动的内容所决定，现代管理之父法约尔将一个企业的活动分为六大类：（1）技术活动，即生产和制造；（2）供销活动，即购买、销售和交换；（3）财务活动，即寻找资本及最适当地利用资本；（4）安全活动，即保护财产和人员；（5）会计活动，即盘存、编制资产负债表、成本计算和统计；（6）管理活动，即计划、组织、指挥、协调和控制。在上述六类活动中，管理活动即管理或管理职能，管理的内容应该是管理活动赖以存在和发挥作用的其他五种活动，包括人力资源管理、财务管理、会计管理、营销管理、生产管理。财务管理是管理的重要内容之一。

（三）财务管理的内涵

1.国外对财务管理内涵的解释

关于财务管理的内涵，国外至少有两种解释：一是将公司理财（corporate finance）定义为财务管理，那么财务管理的范围则被限定在公司的范围之内，非营利组织和金融机构等都不能被纳入到财务管理的范畴之中来。在这种观点下，西方将财务学学科分为以下三个部分：金融市场学、投资学、企业理财或财务管理。二是将财务管理（financial management）作为财务学或金融学的泛称。在这种观点下，财务管理就不再是简单的微观性质的定义，而应当突破现有公司理财范围的限制，把宏观定义下的财务（金融）也作为研究对象。财务管理不仅是对存在于公司或者各种机构范围内各种财务活动进行的管理，也存在于机构范围之外针对特定金融产品及衍生金融产品的管理，更包括对金融市场进行的管理。

2.我国对财务管理内涵的解释

我国财务界对“财务”和“财务管理”这两个名词存在着混杂使用的情况，同时对财务管理与公司理财也存在混用的状况。因此，讨论财务管理的定义，有必要界定清楚财务与财务管理这两个基本概念，进而探讨二者之间的关系。我国学者对财务管理的观点基本上可以归纳为五种，即财务管理是：（1）对价值的管理；（2）各财务职能或内容的总和；（3）对财务活动的管理；（4）对资金运动的管理；（5）对财务活动和财务关系的双重管理。

3.财务管理的定义

根据前面关于财务及财务管理的定义，我们可将财务管理定义为对财务的管理，即通过对资金或资本运筹的管理，协调与处理各种利益相关者的关系，其最终目的是实现资金或资本的运筹效率和效果。

二、财务学的概念

（一）财务学的理论界定

1.财务学的定义

前面我们将财务定义为关于经济实体、个人和其他组织进行资金或资本运筹的科学。财务学就是在探索资本运筹规律、追求资本运筹效率、总结资本运筹观念的过程中产生和发展起来的一门科学。或者说财务学是研究资本运筹规律与效率的一门科学。

财务学的理论基础来源于经济学。专门研究财务的基本理论与方法的经济学分支即为财务经济学（financial economics）。财务经济学主要研究资本的供求关系和价格决定、不确定性和风险分析、资本成本和资本结构、资本品估价等方面的内容。它随着经济学的发展而发展。

财务学的方法论基础来源于管理学。专门研究财务的应用理论与技术的管理学分支即为财务管理学（financial management）。财务管理学主要研究资本运筹中的计划、组织、指挥、协调与控制，包括对资本筹集成本、资本预算、资本运营、资本分配的管理等内容。它随着管理学的发展而发展。

因此，财务学是由财务经济学和财务管理学两大分支构成的。

2.财务经济学与财务管理学的关系

财务经济学是财务学的基础部分，也是财务学进展中的理论支撑部分。它主要借助经济学的基本原理和分析方法，研究资本筹措和投放及其配置效率的计量问题，主要的模块包括资本成本与资本结构研究，资本估价研究，以及作为基本前提、分析模型或度量基础的不确定性和风险度量研究、资本市场效率研究，不完全信息和代理关系模型等。代表性的研究成果包括MM资本结构定理、有效边界与资产组合理论、资本资产定价模型、套利定价模型、期权定价模型、有效市场假说等。

财务管理学涉及财务学中的政策和控制问题，包括财务经济学基本原理的实际应用。财务管理学的研究以财务活动为主线，包括资本成本、资本预算、营运资本管理、分配政策等，此外还涉及财务控制问题。财务管理典型地属于管理学的分支，从企业管理角度看，财务管理与生产与运作管理、营销管理、人力资源开发与管理等相并列。

财务经济学与财务管理学的关系可从以下三方面进行界定：

第一，从经济学与管理学的关系看二者的关系。经济学（economics）是研究如何用有限的资源去获取无限的人类社会需要最大满足的社会科学。管理可被看成是这样一种活动，即它发挥某个职能，以便有效地获取、分配和利用人的努力和物质资源，来实现某个目标。管理活动是发挥管理职能的活动，管理的职能包括计划、组织、指挥、协调与控制。

财务经济学作为经济学的一个分支，其强调的是资本资源的使用效率；财务管理学作为管理学的一个分支，其强调的是如何发挥管理职能有效获取、分配和利用资本资源。可见，财务经济学和财务管理学的共同研究对象都是资本资源，或者说是资本资源将财务经济学与财务管理学联系到了一起，形成了财务学的完整体系。

第二，从二者在财务学中的地位看二者的关系。财务经济学研究的是财务学的基础理论和基本理论问题，财务管理学研究的是财务学的应用理论和应用技术问题。财务经济学研究如何确定财务目标，财务管理学研究如何实现财务目标。从财务经济学和财务管理学在财务学科中的地位看，财务经济学处于财务学的理论基础地位，对财务学学科的发展起着推动作用；财务管理学处于财务学的应用导向地位，对财务学学科的发展起着引领作用。

第三，从财务学学科的发展看二者的关系。由于财务理论与财务方法之间的渊源，财务基础理论与财务应用理论之间的渊源，财务目标确定与财务目标实现之间的渊源，财务经济学与财务管理学之间是紧密相关、不可分割的。从财务学学科的发展趋势看，财务经济学与财务管理学将相互融合、相互渗透，其结果可能会产生三种可能：一是形成财务学，包括财务经济学与财务管理学；二是形成财务管理学，将财务经济学融入财务管理学中；三是形成财务经济学，将财务管理学融入财务经济学中。理想的结果是第一种可能；现实的结果是第二种可能；第三种可能很难成立。

第一种情况将财务经济学与财务管理学分为两部分是理想的，但由于二者的交融，实践中很难完全划分清楚；第三种情况是用财务经济学取代财务学，即将财务管理融入到财务经济学中，这对于以应用为主的财务学科而言，可操作性较差；第二种情况是用财务管理学取代财务学，即将财务经济学作为财务管理的基本理论融入到财务管理学中，这时的财务管理学从广义上讲就是财务学。本书的财务学就是从这个思路形成的。

（二）财务（管理）学的主体与对象

在明确财务（管理）学内涵的基础上，我们可从财务管理主体、财务管理对象进一步明确财务学的基本内涵。

1.财务管理的主体

财务管理的主体与财务管理的学科划分及范畴相关。对于研究总量资本运筹的公共财务（public finance），其管理主体通常是指政府；研究个体资本运筹的微观财务，其主体包括企业、非营利组织（政府作为“大型个体”包含在内）、家庭和个人等；另外，由于现代意义上的理财必须借助一定的场所、中介和手段，因此，财务管理主体还包括资本市场管理者、金融机构与投资机构等。

如果进一步对公司理财主体进行划分，还可分为所有者财务、经营者财务与财务经理财务等。

2.财务管理的对象

财务管理的对象或客体，是财务活动或资本及资金运筹。无论是宏观财务还是微观财务，无论是企业财务还是非营利组织财务及个人财务，进行财务管理都一定是对资金或资本筹集、使用、分配的管理。

（1）资金或资本的筹集。资金或资本的筹集是财务主体进行财务活动的起点，是投放资金或资本的前提。筹集资金或资本是指财务主体从不同渠道采用不同方式取得资金或资本的行为和过程。对企业财务来说，根据资金或资本的筹集渠道不同，有两种不同性质的资金来源：一是权益资金，即企业通过吸收直接投资、发行股票以及内部留存收益等方式获取的资金，投资者或股东包括国家、法人和个人等；二是债务资金，即企业通过银行借款、发行债券以及应付款项等方式获取的资金。在资金或资本的筹集过程中，既要确定筹资的总规模，选择适当的筹资渠道、筹资方式或工具，又要确定合理的筹资结构，以降低筹资成本和财务风险。

（2）资金或资本的投放。资金或资本的投放是筹资的目的和归宿。财务主体取得资金后，为了实现一定目的，必须将资金投入使用。资金或资本的投放就是对各种资产的投资和营运过程。对企业而言，其资金或资本的投放是通过购买、建造等方式实现的，资金或资本投放到企业内部，形成企业的固定资产、流动资产和无形资产等生产性资产；投放到企业外部，如购买政府公债、企业债券和公司股票等，形成企业的金融性资产。在资金或资本的投放过程中，既要确定投资的规模和额度，选择适当的投资对象和投资方式，又要确定合理的投资结构，以降低投资风险提高投资收益。

（3）资金或资本的分配。资金或资本的分配是资金或资本运动的终点，是对资金或资本的收入和收益在各利益主体之间的扣转过程。企业资金或资本的分配是一个多层次的分配活动。企业通过资金或资本的投放所取得的收入首先要补偿生产经营耗费，其次要缴纳各项流转税费、支付债权人利息费用，剩余的部分就构成了利润总额。利润总额按照国家规定要缴纳所得税，税后净利润还要提取公积金和公益金、支付股东股利、以未分配利润作为企业留存收益，最终完成资金或资本收入的分配。在资金或资本的分配过程中，既要确定适当的收入分配比例，选择合理的收入分配形式，又要确定合理的分配顺序，以实现各利益主体间的利益均衡。

三、财务管理的目标

（一）财务管理目标的确定原则

1.财务目标与组织目标

财务活动作为组织的一种重要活动，财务目标必然服从组织总体目标。对于作为营利组织的企业来说，企业目标是综合的，而不是单一的。企业目标往往是经济目标、技术目标以及社会目标的统一或综合。在不同的经济体制下或不同的历史时期，企业各项目标的内涵可能不同，所处的地位也不同。虽然企业目标的确立为企业财务管理目标奠定了基础，但应该明确，财务管理目标并不一定等同于企业目标。特别是当企业的社会目标或技术目标等非经济目标处于支配地位时，财务管理目标往往与企业主要目标不一致，而处于从属地位，此时财务管理在企业管理中的地位也处于从属地位。当企业的经济目标处于支配地位时，企业财务管理目标与企业主要目标高度一致，财务管理在企业管理中也就处于中心地位。因此，在市场经济条件下或现代企业制度下，企业财务管理目标与企业经济目标是一致的。对于非营利组织来说，其组织目标是单一的，表现为为社会公众提供公共物品，其财务目标也是服从于此的。

2.财务目标与社会目标

财务目标是与企业的总体目标相一致的。但是与社会目标既有一致的方面，又有矛盾的方面。企业在追求自己目标的过程中，必然要不断创新，引进与开发新技术、新产品，更新设备，培养后备人才，从而为社会带来新的产品和服务，满足社会的需求，还会带来就业机会，增加社会成员的财富，这是企业财务目标和企业总体目标与社会目标相一致的方面。然而，企业也可能单纯为了实现自己的目标而采取非法行为或违背商业道德的行为，如生产假冒伪劣产品，侵害职工和其他企业利益，破坏资源和污染环境等。一个良好发展的企业既要考虑企业的财务目标与企业总体目标，又要兼顾企业的社会目标，并在两者中谋求均衡。

3.财务目标与非财务目标

组织目标是一个包括组织总体目标和各个职能部门及低层管理者的分目标在内的多元化的目标体系。对于企业组织来说，企业的分目标可以概括为财务目标与非财务目标。非财务目标包括产品的市场占有率、顾客满意度、研究与开发、生产率、人力资源、内部的创新与学习以及内部流程等其他标准。这些非财务目标从不同的方面规定了企业在长期发展中应达到的状态，为企业总体目标的实现提供保障。财务目标与非财务目标统一于企业的总体目标，其目的都是为了实现企业的总体目标。因此，企业的非财务目标在与企业目标协调的同时，也必须与企业财务目标取得统一。

（二）财务管理目标界定

1.营利组织财务管理目标

我们已经明确，组织的财务目标与组织目标是一致的。作为营利组织的企业，其目标是以尽可能少的资源投入，创造出尽可能多的满足消费者需要的产出品。在商品经济条件下，这一目标又具体体现为价值目标，即资本的保值与增值。企业的目标从根本上必然与企业的所有者目标相一致。作为一个企业，其生存与发展的基础是拥有一定的资源，包括资本资源和劳动力资源。关于谁是企业的所有者问题，有两种不同的观点：一种观点认为，资本所有者是企业的所有者，即资本所有者以其资本投入为基础，雇佣劳动力，这就是所谓资本雇佣劳动制。另一种观点认为，劳动所有者，即劳动者是企业的所有者，劳动所有者以劳动为基础，通过雇佣资本进行生产经营，这就是所谓劳动雇佣资本制。经济学研究表明，人们对风险的不同态度可能是决定谁充当监控者（所有者）的决定性因素之一。因为资本所有者通常比劳动所有者对风险的厌恶程度要小，所以，在一般情况下，企业资本所有者成为企业主或企业所有者。另外，在劳动雇佣资本制下，企业只能负盈，不能负亏，或者说劳动者只能分享收益，不能承担风险。因此，企业所有者是资本所有者，企业目标应与企业资本所有者目标相一致，即资本保值与增值。那么，在现代企业制度下，由于企业财务目标与企业目标的一致性，资本保值与增值也是企业财务管理的根本目标。

2.非营利组织财务管理目标

非营利组织是指为公共目的而设立、其利润不分配给其成员和管理人员的一种社会组织形态。非营利组织的研究权威，美国霍普金斯大学的萨拉蒙教授认为非营利组织的共同特征是：组织性、民间性、非营利性、自治性、自愿性和公益性。非营利组织的财务资源主要来源于纳税人缴纳的税收、私人及机构的捐赠以及向服务对象收取的象征性的服务费收入。财务资源的提供者并不是为了获取资源的回报，其行为不属于投资范畴，非营利组织也不需要向资源提供者支付报酬，也就没有获利动机。非营利组织是以管理社会公共事务、维护和实现公共利益为基本职责的，它不以营利为目的，通过行使公共权力来管理公共事务。为了保证非营利组织各种公益活动的连续性，也需要有足够的资金支持，有效合理地使用资金。因此，非营利组织财务管理目标是扩大资金的来源并有效使用资金，以最大限度地实现组织的社会使命。

知识拓展：谈会计学与财务学的差异、关联性与共生

第二节 财务学的基本范畴

一、财务学领域

财务学的范畴是指财务学所涉及的内容，从不同的角度划分，财务学有不同的范畴分类。从财务管理活动的内容划分，财务活动主要分为筹资活动、投资活动和股利分配活动三个方面；从财务学的层级来划分，财务学分为财务学基础、中级财务管理学和高级财务管理学三个层次；从财务管理活动的地域划分，财务管理可以分为一般财务管理和跨国财务管理；从财务学的研究领域划分，财务学可以分为资本结构、公司治理和公司价值评估三个方面，除此之外，还有其他分类方法。

财务学按照研究范畴来划分，可以分为公司理财、金融市场、投资管理及其他财务管理。这四个领域正是本书主体内容的架构，下面我们逐一做简单介绍。

（一）公司理财

企业财务管理，或称公司理财，是企业管理最重要的组成部分之一，是企业有关资本的获得和有效使用的管理。资本是企业的“血液”，从这个意义上讲，企业是一个资本运营的组织。公司理财的主要内容包括公司筹资管理、投资管理和运营管理。公司理财内涵可概括为：以资本增值为公司目标和财务目标，以基于价值管理为公司理财的导向，以会计报告与财务分析为理财基础，以处理与投资界的关系、评估战略以创造价值和借助全面绩效管理创造价值为理财领域，以资本经营与管理控制为理财两翼的全面、系统、综合的理论体系与应用体系。

（二）金融市场

金融市场是指资金融通的场所和相关机制。金融市场包容了所有的融资活动，是一个复杂的系统。按不同标准，金融市场可划分为多种类型，如按交易标的物、按金融交易期限、按财务融资的性质等。金融市场管理是广义的“财务管理”的一个重要范畴，二者的关系十分密切。可以说，有效与合理的财务决策离不开健全和完备的金融市场。所谓健全，包括信息披露、机构管理和交易监督都十分有效，而完备则是在金融市场上有能满足各种偏好的投资者和筹资者的金融工具。另外，金融市场和企业财务管理相辅相成。金融市场对各类企业的信息，特别是理财信息，随时随地地进行着评估，并把这种评判反映在企业所产生的金融工具价格上，这种价格上的变化又进一步传递到该企业以后的融资活动中。

（三）投资管理

投资管理是研究与管理投资者财富的一门学问。投资是现代社会中十分重要的经济活动，已构成现代社会经济增长的基本动力。从严格意义上讲，一切经济活动都可以被称为投资，如银行的储蓄、收藏艺术品、接受教育、购买机器设备，甚至生活消费也可以被看作是投资，因为消费是为了维持人的生存以取得今后收益的行为。我们这里所指的不是广义的投资，而是一个狭义的概念，仅指微观意义上的金融性投资，这里的投资可以定义为是一种依托于资本市场的投资活动，是指在金融市场中进行各种金融工具交易的活动。这个定义使其与实业性投资相区别，如购买机器设备、新建工厂等，甚至不包括许多以营利为目的的金融活动，如银行储蓄、购买金币以图利等，但又不能将其仅仅理解为买卖股票，投资的对象包括所有在金融市场上有活跃市场的金融工具。

投资既可以理解为是为了某种目的而运用资本的行为，也可以理解为是一个分析、判断、预测、决策和控制的过程，对这个过程的管理就是投资管理。投资过程不仅涉及如何分析判断、怎样做出决策等投资决策的管理，也涉及如何控制等投资运行的管理，还涉及投资的组织管理。

（四）其他财务管理

除金融市场、投资领域和企业之外，其他社会组织和个人也需要进行财务管理。我们把政府和非营利组织财务管理以及家庭理财划入其他财务管理。

政府是一个政治体系，是在地球的某个范围进行统治和管理的一套机构。广义的政府包括立法机关、行政机关、司法机关、军事机关。狭义的政府仅指行政机关。非营利组织是一种与政府相似的组织结构，具有如下特点：一是不以营利为目的，任何经营活动产生的剩余收益不得用于分配；二是出资方将资金投入非营利组织后不可抽回，并且不得通过非营利组织获取利益，但是可以规定资金的使用范围；三是在出资方限定范围内使用资金。非营利组织提供的公共服务覆盖了从教育、科研、社会工作、慈善，到公共交通、为弱势群体提供融资公益展览等广阔的领域。政府和非营利组织均不以营利为目的，而是为了实现特定的组织目标，因此，与企业相比较，其财务管理活动有很大差距。政府和非营利组织的财务管理活动不如企业财务管理活动丰富多样，主要围绕组织的预算展开。

家庭理财是一种使家庭财富保值、增值的手段，是通过对家庭收支的科学管理与有效支配，实现经济价值最大化的过程。进行家庭投资与理财时，准确估算家庭收入与支出是非常重要的。当进行投资时，清楚地了解自己家庭净收入状况，可以帮助我们选择更合适的投资项目以及制定合理的投资策略。家庭理财的主要工具包括储蓄、基金投资、证券投资、置业投资、艺术收藏品投资等。购买财产保险和人身保险是家庭风险管理的主要方法。

二、财务主体范畴

按照理财主体及其范畴的不同，财务管理可以划分为不同的类别。

（一）宏观财务与微观财务

从最广义的财务主体范畴来分类，财务管理可以分为宏观财务和微观财务。宏观财务活动是与财政活动或财政运行相关的，宏观财务是整个国民经济运行的一个部分、一个层次或一个侧面，也就是说，国民经济的运行决定宏观财务的运行，国民经济的运行决定了宏观财务的范围、目标和方式。宏观财务的运行也反过来积极地影响国民经济的运行，直接影响着宏观财务的收支运行。

微观财务是相对于宏观财务来说的，主要与国民经济中的微观经济组织的活动有关系。微观经济组织包括企业组织、政府和非营利组织、个人和家庭。微观反映的是上述微观经济组织的资金收入与支出的情况。

（二）所有者财务、经营者财务与财务经理财务

所有权与经营权是公司制度的一个重要特征。现代公司财务管理形成一种分层管理体制，具体分为所有者财务、经营者财务和财务经理财务三个层次。[①]

所有者为了实现自己的资本增值目标，减少经营者偏离自己目标导致的代理风险，需要对公司的资金筹集、资金投向、收益分配政策等行为实施管理。这就是所有者财务的主要内容。所有者财务的另一项重要内容是对经营者对自己制定的公司政策和重大决策的执行过程实施监督和调控，对经营者的业绩进行评估，并且确定向投资者支付的报酬。

经营者财务是指经营者为了实现所有者下达的财务目标、贯彻所有者制定的公司政策、执行所有者做出的决策，科学、合理地使用投资者投入的资金，有效地利用负债，减少财务风险，提高企业资产运营效率。经营者财务的主要内容包括：制定具体财务战略；审批预算方案；对预算的实施进行合理地组织和有效地控制；出任或解聘财务经理等。

财务经理的职责主要是日常财务管理，比经营者财务更具体、更具有操作性。财务经理财务的主要内容包括：处理与银行的关系，现金管理，筹资管理，信用管理，利润分配的实施，进行财务预测、财务计划和财务分析工作等。

第三节 财务学的理论框架

一、财务学基本理论

任何一门学科，尤其是应用性学科，为了使其能够很好地指导实践，必须重视其基本理论。财务管理基本理论是对财务管理学的概念、对象、目标、原则、职能等基本问题的科学反映、理性总结和系统概括。也就是说，基本理论的主要地位和功能是界定财务管理的内涵、提出财务管理的目标、明确财务管理的原则以及理清财务管理的范畴。归根结底，基本理论解决的是财务学自身学科的概念体系问题。归纳起来，财务学基本理论包括财务学的内涵、财务学的目标、财务学的原则、财务学的范畴几个方面，这些问题在本章其他节都有论述。

相关链接1-1

金融市场和金融观念日益向人们的日常生活渗透，财务理论的发展和完善

① 汤谷良. 经营者财务论——兼论现代企业财务分层管理架构［J］. 会计研究，1997（5）.

对这一过程起着推波助澜的作用。与此同时，提出著名的财务理论的财务学家也受到了人们的尊敬。这一点也反映在诺贝尔经济学奖得主中财务学家的数量上。

1985年，弗兰科·莫迪格里安尼，因为提出储蓄的生命周期假设而获得诺贝尔经济学奖。这一假设在研究家庭和企业储蓄中得到了广泛应用。1990年的诺贝尔经济学奖由哈里·马科维茨、威廉·夏普和默顿·米勒三人分享。马科维茨提出了投资的均值–方差分析方法，奠定了投资组合理论的基础；夏普提出了资本资产定价模型，使用单一因素为金融市场上的各种证券提供了一种直观和通用的估价方法；米勒与弗兰科·莫迪格里安尼共同提出了企业资本结构的无关性定理，并进一步提出企业股利政策的无关性定理，这两个定理构成现代财务理论分析企业融资问题的一个基准。

1997年的诺贝尔经济学奖由迈伦·斯科尔斯和罗伯特·默顿分享。斯科尔斯提出了著名的布莱克–斯科尔斯期权定价公式，该法则已成为金融机构设计金融新产品的思想方法；默顿对布莱克–斯科尔斯公式所依赖的假设条件做了进一步放宽，在许多方面对其做了推广。

二、财务学基础理论

财务学基础理论属于财务学的理论范畴，是真正从理财实践中抽象出来的、针对解决实际理财问题的、严格意义上的财务理论，为财务管理实践提供了纲领性的方向。财务学基础理论主要包括如下几个理论：

（一）投资组合理论

投资组合理论是马科维茨（Markowitz，1952；1959）的研究成果，其明确了投资组合的选择标准，定义了有效率组合的概念。有效率组合是指在给定方差的条件下预期收益的最大化，或者在给定收益的条件下方差的最小化。在一定条件下，一个投资者的证券组合选择可以简化为两个因素的权衡，即证券组合的期望收益及其方差。证券组合的期望收益是组合中个别证券期望收益的加权平均数。考虑到多样化投资减少风险的可能性，用方差来评价证券组合的风险，不仅依赖于各个资产报酬的方差，而且也依赖于各种资产之间的协方差。

（二）资本资产定价模型

威廉·夏普（William Sharpe）等以马科维茨的投资组合理论为基础，运用一般均衡模型刻画出所有投资者的集体行为，提出了一个金融资产价格形成的均衡定价理论，即资本资产（CAPM）定价模型。该模型的主旨是提出一种对单项资产风险程度进行正确度量的方法，确定了风险的市场价格，揭示出在均衡状态下证券风险与收益之间关系的经济本质。CAPM模型认为，所有风险资产的期望收益率是单个变量的线性函数，单个变量即每一项资产相对于市场组合的敏感性或与市场组合的相关程度（协方差），即贝塔（β）系数，它是衡量证券风险的自然尺度。罗斯

(1976) 在此基础上提出了另外一个重要的均衡定价模型，即套利定价模型(APT)。该模型认为，风险性资产的收益率是影响资产收益的各种共同因素的线性组合，即用多因素解释风险性资产的均衡收益率。而资本资产定价模型是一个单因素的风险性资产的均衡定价模型。

(三) 期权定价理论

与上述其他理论相比，期权定价理论是在实务先导于理论的基础上发展的，而且期权定价理论几乎涉及了财务管理的各个领域，其在财务领域的应用极具潜力。与一般的证券估价理论不同，期权理论所关注的不是未来现金流量的多少或有无，而是对风险价值进行直接的估算。一项期权价值的大小，不是依赖于未来所获得的现金流量，而是取决于作为其基础资产的股票或其他资产的价格波动的幅度。这种不确定性越大，期权的价值就越大。

(四) MM资本结构理论

MM资本结构理论是由莫迪格里安尼和米勒 (Modigliani and Miller，1958) 提出来的，在财务管理理论发展的历史上有着里程碑式的重要意义。资本结构和企业价值是财务学的永恒主题，MM资本结构理论通过严格运用无套利分析技术，科学地分析了资本结构对企业价值的影响。MM资本结构理论不仅为财务管理领域长期困扰学者的、关于资本结构与企业价值之间关系的财务管理实际命题提出了一个科学的、严格的理论推导，而且实现了财务管理理论在研究范式方面的革新，即第一次将无套利分析技术运用到财务管理理论学说的建立与推演中。

(五) 股利理论

股利理论探讨的是股利政策与企业价值之间的相关性问题。莫迪格里安尼和米勒 (Modigliani and Miller，1961) 第一次对股利政策的性质和影响进行了系统的分析和研究，其结论是股利政策与企业价值没有关系，被称为“股利无关论”。该理论建立在一系列严密的假设条件下，如“完美资本市场”“理性行为”等，后来学者们在此基础上放松假设，又提出“在手之鸟理论”“差别税收理论”“股利信号传递模型”等。

三、财务学理论发展

财务学的理论发展，一方面与财务实践活动紧密联系、相辅相成，另一方面依赖于财务管理学界的卓越贡献。在这里，我们在总结公司理财理论与实践的基础上，简要介绍一下财务学理论的发展。

(一) 财务学理论假设的构建

财务学的理论研究最初建立在一系列假定的核心概念基础之上，这些核心概念构成了财务管理理论的一般前提与假设，财务学理论的进展就是在对财务问题、现象及其相互之间的关系进行抽象地、本质地简化、分析的基础上取得的，进而达到解释现实、预测现实的学术研究目标。财务理论的研究通常以资本市场为视角，旨在从市场总体上抽象特定的研究主题。因此，概括起来，以下三个前提成为财务学理论的一般假设：

1.投资者理性假设

投资者作为构成资本市场总体的个体行为主体，对其行为的假定是概括投资者行为的总和，即决定市场总体力量的必由之路。财务管理理论的研究沿用了新古典主义经济学的研究框架，即假定投资者都是理性的。所谓理性是指每个人都能通过成本收益原则或趋利避害的原则来对其所面临的一切机会和目标及实现目标的手段进行优化选择。理性假设假定投资者个人拥有评价选择、按照个人偏好进行选择排序以及使选择排序保持不变的能力。

个人投资者行为的加总是市场水平，该过程也是确定定价关系的过程，并且表明了理性投资者的行动将占支配地位。这就是理性假设的非常有说服力的基本原理。投资者理性假设使得财务管理理论得以奠基和发展，由此推演出大量的创新理论和理论组合。

2.完美资本市场假设

完美资本市场假设是财务学家所抽象的一种完全竞争的金融市场环境，旨在简化真实世界的诸多细节，使财务管理理论分析进一步深化并且具有很大的灵活性。完美资本市场具有如下特征：（1）市场上有大量的投资者，任何一个投资者的行为都不会对证券交易价格产生影响，所有投资者均是理性的、期望效用最大化的投资者；（2）市场是完全竞争的，没有交易费用和税收，全部资产均可以进行完全分割，并可进行交易；（3）市场处于信息的有效状态，即信息是没有成本的，每个投资者均可以获得同样的信息。

完美资本市场是对财务管理环境所做的一种理想化的假定，以此为基础抽象出来的财务管理理论是对理想化的财务管理行为的高度概括。财务学家在此假设下对完美资本市场下的财务管理行为的分析、描述和推演，探索出了财务管理理论的重要研究途径，进而推动了财务管理理论的发展。在现代财务管理理论中，MM资本结构理论、投资组合理论、股利无关论等开创性的理财理论，都是建立在完美资本市场假设的基础之上的。

3.无套利假设

不需要投资、无风险且仍然产生正的收益率的投资机会被称作“套利”机会，无套利就是不存在一种无风险（risk-free）的获取财富的投资方式。“无套利”假设类似于“单一价格定律”，其简单含义就是，具有相同或有状态的报酬的任何两种证券或者证券组合必须有相同的定价。否则，每位投资者均可以较低的价格买入某种证券或者证券组合，然后以较高的价格卖出该种证券或证券组合。无套利假设是资本市场均衡的必备条件，它第一次被成功地运用于莫迪格里安尼和米勒（Modigliani and Miller，1958）关于资本结构的命题——MM定理。随后，无套利假设又成为套利定价模型（APT）以及衍生金融工具的定价基础。

（二）财务学的理论基石与扩展

财务学的理论基石是指那些并非完全意义上的财务学理论，但是却对财务学基本理论和基础理论的发展与完善起到了奠基性作用的理论，并且随着财务学理论研究领域和视角的转换与延伸，财务学的理论基石有所扩展。总的来说，主要包括以下几个理论：

1.有效市场理论

有效市场理论事实上是关于理财行为的一个环境假设，它侧重于金融市场上信息的有效性，即证券价格能否有效率地、及时地反映全部的相关信息。能够及时地、正确地反映全部相关信息的资本市场是有效的资本市场；反之，不能及时地、正确地反映全部信息的资本市场不是有效的资本市场。

根据市场的有效程度不同，有效市场分为三类：一是弱式有效市场，即证券价格完全地反映了已蕴含在证券历史价格中的全部信息，任何投资者按照历史价格或盈利信息进行交易，均不能获得额外盈利；二是次弱式有效市场，即证券价格完全地反映所有公开的可用信息，这样，根据一切尽可能公开的信息，如公司的年度报告、证券交易所行情或公开的投资咨询报告等，投资者均不能获得额外的盈利；三是强式有效市场，即证券价格完全地反映一切公开的或非公开的信息。

尽管越来越多的实证研究表明有效市场假说并不成立，但是有效市场理论在财务管理领域乃至经济学领域具有举足轻重的地位。如今，财务学家们承认有效市场假说，问题的争议之处仅在于市场究竟在多大程度上是有效的。

2.代理理论

与有效市场理论不同，有的财务学者并不集中全力去分析金融市场上的资料，而是从另外一个角度对财务管理的内涵加以概括，即所有权与控制权分离。其中最重要的两个理论是代理理论和信号理论。

代理理论假设每个人的行为均为私利所驱动，当使企业利益最大化的共同行为和每个人的私利行为相矛盾时，就可能存在代理问题。代理问题的实质是所有权与控制权分离。代理理论以完全契约为基础，即契约详细规定了委托人和代理人的权利和义务，但是在执行过程中由于监督困难，产生代理成本。代理理论是研究代理关系和解决代理冲突的理论。其目的是分析经济社会中个人私利的冲突，解释其共同行为与私利行为冲突而使企业效率下降的具体原因，分析为解决上述问题而设计的各种控制制度的影响，如预算制度、雇佣制度、激励制度等。

3.信号理论

信号理论是探讨在由所有权与控制权相分离导致的不对称信息条件下，企业怎样通过适当的方法向市场传递有关企业价值的信号，以此来影响投资者的决策。根据不对称信息理论，内部人比外部投资者能更为直接地了解到企业内部的情况，掌握有关企业未来现金流量、投资机会和盈利的私下信息。因此，与消息灵通的经理人员相比，投资人获得有关公司信息的渠道是不对称的，经理人员必须采取合适的财务政策、股利政策和投资决策向外部投资者传递信息以表明企业的真实价值。信号理论在金融经济学领域作为一种基本分析模型得到了广泛的应用，同时也成为财务管理领域的一个奠基性理论和崭新的研究视角。

4.契约理论

财务管理的主体包括各种组织，企业是其中最重要的一种，根据现代企业理论，企业是一系列契约的结合体，即企业是契约关系的连接，实质上是协作群生产，代表一组契约关系。它通过合同关系实现企业内部不同要素所有者之间的合作，同时又通过契约同企业外部发生联系。契约主体主要包括：现实投资者（即股东）、潜在投资者、债权人、职工、经理、政府等。各契约主体通过签订契约，给企业提供资源，同时从企业获取收益。但作为不同的利益主体，它们之间又不可避免地存在着利益冲突。在这种利益冲突中，总有一利益主体处于优势。一般来说，哪一种资源最为稀缺，那种资源的提供者在力量对比中就会占据上风。财务契约作为最重要的契约，对财务学有着重要的影响。

知识拓展：财务理论的内在逻辑与价值创造

第四节　财务学的基本原则

一、风险与收益均衡原则

在市场经济的激烈竞争中，进行财务活动不可避免地要遇到风险。财务活动中的风险是指获得预期财务成果的不确定性。企业要想获得收益，就不能回避风险。风险与收益均衡原则要求企业在财务活动中不能只顾追求收益，不考虑发生损失的可能，应全面分析其收益性和安全性，按照风险和收益适当均衡的要求来决定采取何种行动方案，同时在实践中趋利避害，争取获得较多的收益。在财务活动中，通常低风险只能获得低收益，高风险则往往可能得到高收益。例如，在资产运作方面，持有较多的现金，可以提高企业偿债能力，减少偿债风险，但是银行存款的利息很低，而库存现金则完全没有收益。在筹资方面，发行债券与发行股票相比，由于利息率固定且利息可在成本费用中列支，对企业留用利润影响很小，可以提高净资产收益率，但是企业要按期还本付息，需承担较大的财务风险。无论是对投资者还是对受资者来说，都要求收益与风险相适应，风险越大，则要求的收益也越高。只是不同的经营者对风险的态度有所不同，有人宁愿收益稳妥一些，而不愿冒较大的风险，有人则甘愿冒较大的风险，以便利用机遇谋求巨额利润。因此，进行财务管理，应对风险和收益做出全面的分析和权衡，以便选择最有利的方案。特别是要注意把风险大、收益高的项目，同风险小、收益低的项目，适当地搭配起来，分散风险，使风险与收益平衡，做到既降低风险，又能得到较高的收益。同时还要尽可能回避风险，化风险为机遇，在危机中找对策，以提高企业的经济效益。

二、权利与责任均衡原则

企业财务管理在进行资本经营或组织资金运动的过程中，必然要同企业的外部和内部发生密切的财务关系。财务关系主要体现在企业与国家、投资者、债权人以及内部员工等主体之间的利益关系上。正确处理企业与内外部当事人之间的关系是现代财务管理的必然要求，也是企业长期协调稳定发展的基础。要恰当地处理好财务关系，企业应该坚持权利与责任均衡的原则，在企业内部的经营管理职能的划分以及财产权与经营权的划分上体现权利与责任一致的原则，建立起以责任为中心、以权力为保证、以利益为手段的企业内部财务管理责任制。

三、成本效益原则

成本效益原则通常是指在经济活动中应对其投入与产出进行分析比较，从而以尽可能少的投入，取得尽可能多的产出。这是从事任何经济活动都应遵循的一般原则，财务管理也不例外。企业财务管理中的成本效益原则，就是指在企业财务管理中，应将财务成本与财务收益相比较，权衡各种财务活动或方式的利弊得失，以尽可能低的财务管理成本，取得尽可能高的财务管理收益。

在企业财务管理中遵循成本效益原则，涉及财务管理的各个环节与各个领域。例如，企业在筹资活动中，有资本成本率和总资产报酬率的对比分析问题；在投资决策中，有投资额与各期投资收益额的对比分析问题；在日常经营活动中，有营业成本与营业收入的对比分析问题；在财务管理方式选择中，有在取得同样产出或收益条件下选择成本最低的财务管理方式问题，也有以一定的资本投入选择使产出或收益最大的财务管理方式等问题。总之，进行财务管理，必须遵循成本效益原则。

四、收支时间均衡原则

收支时间均衡原则是指资金收支不仅在数量上保持平衡，而且在每一个时点上达到动态的协调平衡。企业只有保持资金的收支时间均衡，才能实现协调稳定的发展。企业的资金支出，是资金运动的起点，经过购、产、销阶段，取得资金收入，完成资金的一次循环。因而收支时间均衡，就是要保证企业的购、产、销活动的均衡。企业要对材料采购、生产经营活动以及产品销售活动都给予充分的重视，使之互相衔接、保持均衡。

企业要采取积极措施解决资金运动中存在的矛盾，实现资金的收支均衡，既要做好营销工作，扩大收入，又要注意节约，降低成本，减少支出。对于那些确实能够带来收入增加的各项支出，应该在财力许可及收支效益比较的基础上，尽量保证资金的及时供应。同时，要做好现金预算控制，保持筹资计划、投资计划和分配计划的综合平衡，有效地控制现金的流转。要做到资金的收支时间均衡，还要依靠发达的金融市场，通过短期投资和筹资来实现某时点资金的均衡。

五、资本周转效率原则

资本周转效率主要是指资本的周转速度。在资本收益（产出）一定的情况下，资本周转速度与资本的占用额呈反比，即资本周转速度越快，需要的资本越少；资本周转速度越慢，需要的资本越多。在资本占用一定的情况下，资本周转速度越快，资本收益（产出）就越大；反之，资本周转速度越慢，则资本收益越小。财务管理的目标在于资本增值，而资本增值的关键在于净资产收益率的提高，而净资产收益率的提高与资本周转速度的加快是直接相关的。资本周转速度决定了资本的增值速度。因此，在财务管理中必须十分重视资本周转效率原则。

资本周转速度的影响因素多、涉及环节多。企业的供应、生产、销售，筹资、投资与分配，产品经营、商品经营、资产经营和资本经营等，都与资本周转速度有关。因此，企业在经营管理各方面都应遵循资本周转效率原则。特别在企业资本存量经营、资本增量经营、资本配置经营和资本收益经营中，应始终坚持资本周转效率原则，保证资本增值目标的实现。

六、资本合理配置原则

企业资本配置情况是通过资产结构和资本配置表现出来的。在资本运用方面，企业形成各种各样的资产结构：有对外投资和对内投资的构成比例；有固定资产和流动资产的构成比例；有有形固定资产和无形固定资产的构成比例；有货币性资金和非货币性资金的构成比例；有材料、在产品、产成品的构成比例等。在资本来源方面，企业资本配置结构有：借入（负债）资本和自有（主权）资本的构成比例；长期负债和短期负债的构成比例等。

按照系统论的观点，组成系统的各个要素的构成比例，是决定一个系统功能状况的最基本的条件。系统的组成要素之间存在着一定的内在联系，系统的结构一旦形成就会对环境产生整体效应，或是有效地改变环境，或是产生不利的影响。在财务管理这个系统中也是如此，资本配置合理，从而资源构成比例适当，就能保证生产经营活动顺畅运行，并由此取得最佳的经济效益；否则就会危及购、产、销活动的协调，甚至影响企业的兴衰。因此，资本合理配置是企业持续、高效经营的必不可少的条件，是财务管理的基本原则。

第五节　财务学的产生与发展

一、财务学学科的产生与发展

作为一门实践性学科，财务管理从实务中产生，并不断充实壮大。但是，实务零散而具体，难以从整体上加以把握，因此，我们很难通过对实务的归纳和总结来划分财务管理的发展阶段。同时，财务管理实务不但受到财务管理理论发展的影响，还带有明显的时代特征。受到特殊的历史背景和经济环境的影响，财务管理实务有着很强的不稳定性，并不能代表财务管理发展的真实水平。相对而言，虽然财务管理教科书的理论来自于对实践的总结，与实务相比有一定的时滞性，但也正因为如此，财务管理教科书能够更全面、客观地反映财务管理的发展水平。因此，我们将遵循财务管理教科书的发展脉络来对财务学学科的发展阶段加以划分。

（一）财务学的产生阶段（1860—1949）

早期的财务管理课程只将资金和银行作为主要的研究内容。直到1904年，美国大学的商学院才开始开设“财务实务”或者“公司财务”课程。最早出现的财务管理教科书是于1897年出版的由纽约市的审计师Thomas Greene编写的《公司理财》。这本财务管理教科书具有明显的实务手册的性质，也代表了这个阶段财务教科书的特点。最开始的财务教科书都属于为高级管理人员、金融界人士和工程师等专业人士编写的实务手册。第一本真正意义上的财务管理教科书是1910年出版的由Mead编写的《公司理财》，这本书是根据其在哈佛大学上课时使用的讲稿编写而成的。此后，Gerstenberg和Dewing也分别于1915年和1919年出版了类似的财务教科书，并成为当时教科书的主流。

在这个阶段，教科书以描述性和情节性的内容为主。作者按照公司发展和成长的顺序安排教科书的内容，从公司发行股票、债券到公司的组建，再到公司的破产，而且每部分的内容都是将当时的财务管理实务用文字性的描述加以条文化。由于该阶段内部财务管理还不发达，因此，这个阶段的教科书大部分都是外部人导向。此外，这个阶段的教科书还把重点放在大公司身上，并减少与会计相关的内容。以现在的观点来看，这个阶段的教科书缺乏理论基础，只是将公司经营过程中涉及的法律理论应用于财务管理领域。

（二）财务学的转型阶段（1950—1959）

随着第二次世界大战的结束，出于战后经济复苏的需要，人们开始重视内部财务管理发挥的重要作用，财务分析、资本预算和资本成本等开始作为财务管理教科书的重要组成部分。同时，教科书的作者开始努力缩小财务和会计之间的差距，不再刻意回避财务管理所涉及的会计内容。在这个阶段的教科书分为两类：一类是在财务管理产生阶段处于支配地位的教科书，修订和再版之后，仍然广泛流行；另一类是战后新编写的教科书。

在这个阶段，教科书既保留了财务管理产生阶段教科书的绝大部分内容，又广泛吸收了财务学学科的最新进展。可以说，现代财务学教科书的框架体系和主要内容在这个阶段得到基本确定。但是，这个阶段财务学还没能形成一套真正完整的理论体系，还停留于对早期经验的总结。

在教科书的内容不断更新的同时，财务学教学模式也开始出现分化。教师对教育模式的观点分为两类：培养通用型人才和培养技术型人才。前者的目的在于培养通用的管理人才，重视决策能力的培养，因此，强调课程设置应当更加理论化和关注社会学、行为学知识；这种模式一般适用于研究生阶段的教学。而后者的目的在于培养承担初级职务的人员，因此，注重培养其专业技术能力，适用于本科阶段。

在这个阶段还出现了一大批对推动财务学学科发展具有重要历史意义的文献。比如，现代财务学理论的两个重要突破：投资组合理论和资本结构理论都完成于这个时期。前者主要依赖于马科维茨1952年的《资产组合》一文和1959年的《证券组合选择：有效的分散化》一书，以及托宾的1958年的《趋向风险行为中的流动偏好》一文。投资组合理论也为日后资本资产定价模型的产生奠定了牢固的理论基础。后者主要依赖于莫迪格里安尼和米勒1958年的《资本成本、公司财务和投资理论》一文。此外，著名的证券市场效率假设，其雏形也诞生于该时期。

（三）财务学的发展阶段（1960—1979）

在经历了转型时期的理论积累之后，财务学进入了发展阶段。由于有了理论上的深厚积淀，财务学开始被视为一门独立的学科，有自己的学科体系、概念框架、理论范畴、研究方法和主题范围。并且财务管理在方法上也出现重大突破，开始抛弃原来描述性的研究转而开始采用经济学的分析方法和分析技术，从而实现财务管理从法律向经济学的转变。

1962年Weston出版的教科书奠定了现行财务教科书的结构，他假定读者是只具备高中代数水平的学生，因此书中对技术性较强的分析进行了详细的论述，并将新的研究成果纳入其中，还用附录的形式对数学性分析加以解释。William（1963）的《财务决策分析》开始采用数量方法，而完全放弃了情节性的结构。Solomon的《财务理论》开始将财务作为整个管理中的一个组成部分，站在全局的角度，遵循如下思路组织内容：公司需要获得什么样的资产？这些资产需要的资金数量是多少？如何筹集这些资金？这个阶段的教科书开始采用连续式的案例。同时，在研究生的教材中，新近研究结果的比重开始加大。

（四）财务学的成熟阶段（1980年至今）

进入到20世纪80年代后，财务学作为一门独立的学科已经成熟起来，其基本的理论轮廓已经清晰。财务学所涉及的主体理论，如期权定价模型、代理学说和股利政策等，已经确立。财务管理理论体系、概念框架、研究方法和主题范围限定了财务管理教科书的主要框架和基本内容。在这个阶段虽然出现了一大批影响范围广泛的财务管理教科书，但是从其主要框架和基本内容来看，已经没有显著的差异。这也是我们现在所看到的财务学教科书的模式。

二、财务管理实践发展阶段的划分

现代财务管理产生于19世纪末期的西方发达资本主义国家。18世纪，西方国家发生了产业革命，社会生产力得到巨大发展，新机器、新技术不断涌现，企业规模迅速扩大，对资金的需求不断增加。生产力的发展带动了生产关系的变革，企业的组织形式发生变化，为适应企业规模扩大对资金的大量需求，股份公司开始出现。到19世纪末期，股份公司进一步发展，企业规模进一步扩大，所需资金显著增加，财务关系日益复杂，客观上要求企业必须重视研究资金的筹集、使用以及分配问题。与此同时，金融市场逐步发展，为企业筹资提供了一个有效率的场所。这样，财务管理从企业管理中分离出来，成为一项专门的、独立的工作，财务管理理论也随之兴起。随后，财务管理理论和实践迅速发展，取得了丰硕的成果。至今，财务管理主要经历了如下四个发展阶段。

（一）19世纪末至20世纪20年代的财务管理

这一阶段是以筹资管理为重心的财务管理阶段。19世纪末20世纪初，西方资本主义国家新科学、新技术和新发明的出现带动了工业化浪潮的发展，企业规模急剧膨胀，这就要求企业必须尽快筹措到足够的资金以满足生产经营不断扩大的需要。这一时期，西方资本市场已初具规模，各种各样的证券已经在市场上出现，然而由于资本市场不成熟，企业提供给投资者的财务信息多不准确，股票买卖经常为少数知情者所操纵，导致股价的大起大落，投资者信心不足，社会资金很难从个人投资者手中转移到资金需求者手中。因此，如何筹集资金便成为这一时期企业财务管理最主要的问题，而对资本结构的安排则缺乏应有的关注，对内部控制和资本运用问题涉及较少。在这一阶段，筹资理论和方法得到迅速发展，这方面最早的著作有1897年美国财务学者格林（Green）所著的《公司财务》以及1910年米德（Meade）出版的《公司财务》，两者都对企业如何有效地筹集资本进行了研究，为现代财务管理理论的产生和发展奠定了基础。

（二）20世纪30年代至20世纪50年代初期的财务管理

这一阶段是以资产管理为重心的财务管理阶段。20世纪30年代，西方资本主义世界爆发了严重的经济危机，大量企业破产倒闭，资本市场接近崩溃。人们逐渐意识到企业要在激烈的市场竞争中求得生存与发展，仅筹集到足够的资金是不够的，还必须科学有效地运用和管理资金，搞好内部控制，最大限度地提高资金的使用效果。这一时期，企业财务管理的重点已由资金筹措转向资金运用及企业的内部控制。资产负债表的左侧，即企业资产一侧，受到财务管理人员的高度重视；公司内部的财务决策被认为是财务管理的最主要问题，财务计划、财务控制和财务分析的基本理论和方法逐渐形成；研究资本成本测量和金融资产的定价技术也取得了一定的突破。1951年，乔尔·迪安出版的《资本预算的编制》以及F.卢茨和V.卢茨合著的《厂商投资理论》是这一时期的代表作。

（三）20世纪50年代中后期至20世纪70年代的财务管理

这一阶段是以投资管理为重心的财务管理阶段。20世纪50年代中期以后，科学技术突飞猛进，劳动生产率进一步提高，消费需求日益多样化，产品更新换代速度加快，市场竞争加剧，资本市场逐渐成熟，融资工具和投资方式种类繁多。这些新情况对企业财务管理提出了更高的要求，财务管理职能也发生了相应的变化：激烈的市场竞争使得投资风险不断加大，投资管理成为财务管理的重心。具体表现为：强调投资决策科学化，建立完善的投资决策程序；广泛采用考虑货币时间价值的贴现现金流量指标体系作为投资分析评价指标；创立了系统的投资组合理论和资本资产定价模型。这一时期，涌现了一批在财务学说史上有重要影响的伟大人物，他们提出了一批在投资财务管理方面甚至在整个财务学领域有重大贡献的研究成果。例如，20世纪50年代前后莫迪格里安尼和米勒发表的《资本成本、公司理财和投资理论》，马科维茨于1959年发表的《证券组合选择：有效的分散化》，夏普于1964年发表的《资本资产定价：风险条件下的市场均衡理论》。这些研究成果将财务理论研究推向了一个更高、更新的阶段，标志着现代财务管理理论和方法的基本形成。

（四）20世纪80年代后的财务管理

这一阶段是财务管理的综合发展阶段。20世纪80年代以后，随着理财环境的新变化及企业财务范围的不断扩展，财务管理呈现出新的发展特征。一方面，持续的通货膨胀给企业管理与决策带来了诸多问题，物价上涨使企业资金需求不断膨胀，资金成本不断提高，并致使成本虚减、利润虚增，加剧了企业的不确定性，增大了投融资风险，探讨通货膨胀财务问题成为这一阶段的主题之一。通货膨胀财务研究在通货膨胀的情况下，企业在筹资、投资、营运资金以及股利分配等方面应采取的财务策略。另一方面，金融及贸易的国际化使得全球经济一体化的进程加快，企业跨国经营发展也越来越快，因此，国际财务管理应运而生并迅速发展。国际财务管理主要解决国际筹资与投资、外汇风险与防范、跨国公司营运资金管理以及内部转移价格等问题。另外，随着信息时代的到来，计算机得到普及应用，计算机辅助系统在财务管理中的运用变得越来越普遍，这也是这一阶段企业财务管理的重要特征之一。

总之，从财务管理的发展过程可以看出，随着企业理财环境和管理要求的不断变化，财务管理的研究内容已由单纯的筹资转向对筹资、投资、股利分配等多方面的管理，从单纯关注于外部环境变化研究发展到注重企业的内部财务条件与外部环境的综合性研究。财务管理已成为企业管理的重要方面，并将扮演着越来越重要的角色。

三、我国财务管理的发展阶段

中华人民共和国成立前，中国处于半殖民地半封建社会，财务管理理论的发展既受到西方财务管理思想的影响，又有很深的植根于封建社会的传统理财思想的印记。一些大中型企业中设有“财务主管”的职位，一些大学中也专门开设了财务管理课程。有组织的证券市场初步发展，北京、上海等地的交易所纷纷成立，促使证券交易日益活跃。值得一提的是，当时的一批民族资本家提出了一系列新颖独到的财务管理思想。比如郑观应提出的重视经营规划、成本核算和利润分成的见解；我国近代最早的民族资本企业集团的创始人张謇的“制定预算、以专责成、事有权限”的思想；抗战期间的卢作孚“无计划勿行动，无预算勿开支”和“预算本为事业中的财务问题之一，但涉及事业的全部财务问题”的主张等。这些管理思想是我国财务管理发展史上的一笔珍贵的财富。

中华人民共和国成立后的财务管理与国家经济体制是紧密相关的。随着我国经济体制的两次转变，即由计划经济体制向有计划商品经济体制转变，由有计划商品经济体制向社会主义市场经济体制转变，财务管理目标、方式、内容等也都发生了重要变化。

（一）计划经济体制下的财务管理

1.计划经济体制下的企业财务管理

从中华人民共和国成立至1978年改革开放前，中国实行的是计划经济体制或行政命令经济体制。在这种体制下，有关生产、分配，甚至消费的决策都由政府计划权力机构做出，企业生产什么，生产多少，怎样生产，从何处取得资源，产品销往何处等都由政府行政命令决定，即企业属于单纯生产型的经营方式。此时，企业管理的基本目标是完成生产任务，追求产量目标。企业管理中也主要重视实物管理，讲求实物生产率或技术效率，而不重视财务管理。企业财务活动中的筹资权、投资权、分配权都集中在国家有关部门。企业的生产目标高于财务目标，财务管理工作及目标只是保证资金的安全，降低资金消耗或成本。

2.计划经济体制下的中国资本市场

在计划经济体制下，计划机制在中国的经济运行中发挥主导作用，生产要素直接分配，金融业受抑制，只有银行一个中介机构，企业自行筹集资金基本上也是由银行提供贷款来完成，“证券市场在我国几乎是完全不存在的”（吴敬琏：《当代中国经济改革》）。但是，股票的身影还偶有所见，1954年，在农业合作化的过程中出现过印有毛泽东头像的股票，这种股票只有分红的权利，没有交易也不能退股，基本上没有体现出股票的功能[①]。

3.计划经济体制下的中国财政、货币体制

1978年以前，国家财政是政府配置社会资源、实现国民经济计划的主要手段。“政府的公共财政与企业财务合而为一，组成统一的国家财政系统。”“政府运用自己的权力组织预算收入，收入主要来自国有工业。”（吴敬琏：《当代中国经济改革》）分配上“统收统支”，“统得过多、管得过死”。计划经济不实行“税负平等”的原则，规定了差别巨大、十分复杂的税率结构，造成不同部门、不同企业之间利税等财政负担的巨大差异。

适应高度集中统一的国民经济计划管理体制，我国的货币、信贷管理体制也具有高度集中统一的特征。货币是唯一的金融资产；社会信用集中于银行信贷；实行

① 李剑阁，等. 资本市场纵横谈［M］. 北京：中国财政经济出版社，2002：24~25.

“统存统贷”的信贷计划管理模式，货币政策主要依靠信贷现金两大计划；实行中央银行与商业银行合一的单一银行体制。中国人民银行是我国唯一的国家银行，集中央银行、政策性银行和商业银行职能于一身。

（二）有计划商品经济体制下的财务管理

1.有计划商品经济体制下的企业财务管理

从1978年中国改革开放至1991年年末，中国经济改革目标是建立有计划商品经济体制，试图通过计划经济与商品经济的结合，取长补短，解决计划经济体制下存在的诸多问题。这一时期的改革又可分为两个阶段：

第一阶段是从1978年年末到1984年9月，改革的基本思路是扩权让利，改变高度集中的计划经济体制。企业开始重视按经济规律，特别是按价值规律办事，企业经营方式也从单纯生产型向生产经营型转化。此时，企业再也不能只强调产品生产及产量，而要重视产、供、销的衔接，追求收入与利润目标。这种经济体制与目标，决定了企业商品经营的产生与发展。商品经营条件下的企业财务管理得到了一定的重视，企业的财务管理目标比较明确，即追求利润最大化，从而使财务管理工作从原先的成本管理发展到对资产运营和收入分配的管理。但是，在当时的体制下，由于商品经营忽视了企业资产的投入、占用与资金来源，因此，在财务管理中也忽视了对投资的管理和筹资的管理，不讲究资本成本和资本结构。

第二阶段是从1984年10月到1991年年末，改革基本思路是政企分开、所有权与经营权适当分离。在这期间，企业改革逐步从利润留成、利改税向厂长负责制、承包制、租赁制及少数企业股份制试点转化。由于重视政企分开及所有权与经营权分离，企业经营者对企业资产的占用、使用、处置等权力增大，同时对资产的责任也加大。企业目标已不简单是收入或利润，而是将利润等指标与资产的占用相联系。因此，资产经营取代商品经营成为必然趋势。在财务管理上，财务管理的目标不仅是获得利润，而且要追求资产使用效益，即资金利润率（利润总额÷全部资金平均余额），财务管理内容扩展到投资管理和一定程度的筹资管理。但是，由于宏观上没能解决计划与市场的关系，企业资产经营只处于初级阶段，企业无法完全按市场规律有效配置与使用资产；同时，由于微观企业产权不清，资产经营缺乏与之相连的资本运作，经营范围与经营方式受到很大限制。

2.有计划商品经济体制下的中国资本市场

改革开放以来，中国资本市场的逐步发育是从债券市场起步的（《资本市场发育与国有企业改革》）。1981年，中国政府开始发行国库券，筹集资金用于经济建设，此后每年，中国政府都发行一定规模的债券，但是这一时期的国债发行处于低级阶段，无论是发行方式、发行对象，还是国债期限和品种的设计都带有计划经济的烙印。同时，从20世纪80年代中期开始，一些地区成为企业发行股票筹集资金的试点，股份制经济开始出现。此后，股票市场缓慢发展，而1990年和1991年上海和深圳证券交易所的成立，标志着我国股票市场正式运作的开始。有计划商品经济体制下的中国资本市场初步发育成长，扩大了国内的投融资渠道，打破了企业仅依靠银行信贷取得资金的单一格局，优化了资金资源的配置。但是，虽然企业股份制改造试探面不断扩大，但是很不稳定，时常受到理论上争论的困惑。

3.有计划商品经济体制下的中国财政、货币体制

1979年至1991年，中国财政管理体制由“集权型”向“分权型”转变，以“分灶吃饭”和“财政大包干”处理中央与地方财政的关系；按照对企业“放权让利”的要求，调整政府与国有企业的财务关系，改变过去税利全部上缴财政和投资全部由财政划拨的做法，对国有企业先后实行利润留成、“利改税”等不同形式的“包干”。财政包干制在发挥中央和地方两方面积极性、增强企业活力、加强国家对经济的间接调控功能、促进经济体制转变等方面，产生了深远的影响。然而，财政包干制也暴露出一系列重大缺陷：强化了地区封锁、地方保护主义倾向，造成各地区之间“苦乐不均”的局面，财政收入增长缓慢，助长了低水平重复建设和投资膨胀。

在有计划商品经济条件下，金融领域运行机制发生了重大变化。改变了人民银行大统一的局面，建立了以中央银行为领导，国有商业银行为主体，多种金融机构并存和协作分工的金融体系；货币信用对经济的调节作用日益明显；货币政策在金融宏观调控体制中的地位和作用也日益重要：贷款总规模成为金融调控的重点，信贷、利率和汇率等金融工具逐渐成为调节经济的重要杠杆。这一时期，中央银行进行宏观调控的方式比较单一，以直接调控为主，这种调控方式是相当有效的，对货币供应量和经济运行起到了很好的预期调控作用，然而，由于其缺乏必要的弹性，使得中国货币供应量和经济增长大起大落。

（三）社会主义市场经济体制下的财务管理

1.社会主义市场经济体制下的企业财务管理

1992年年初以来，中国改革由政策调整转向制度创新，逐步进入建立社会主义市场经济体制的新阶段。企业改革方向是建立适应市场经济要求的产权清晰、权责明确、政企分开、管理科学的现代企业制度。企业经营方式在由生产经营型向资产经营型转变的基础上，进一步向资本经营型转变。在市场经济条件下，企业财务管理的直接目标虽然也是获得利润，但它是站在所有者的立场上，强调一定资本投入的利润最大化，资本增值是财务管理的根本目标。财务管理的内容已经从资产经营转变为资本经营，形成包括筹资管理、投资管理、资产运营管理、分配管理的全面的财务管理。企业财务管理成为企业管理的中心。

为什么在市场经济条件下，企业财务管理成为企业管理的中心呢？因为企业管理目标应与企业主体目标相一致。在计划经济体制和有计划商品经济体制下，企业主体不明，目标混乱；在市场经济体制下或现代企业制度下，产权清晰，企业主体明确，企业是企业所有者的企业。企业的基本目标应与企业所有者的目标一致。那

么，在市场经济体制下或现代企业制度下，企业的所有者是谁？其目标又是什么呢？

作为一个企业，经营的基础是必须拥有一定资源，包括资本资源和劳动力资源。企业的所有者是资本资源的所有者还是劳动力资源的所有者呢？这里存在两种不同的观点。一种观点认为，资本所有者是企业的所有者，即资本所有者以其资本投入为基础，雇佣劳动力，资本所有者是企业的所有者，劳动者是企业的雇工，这就是所谓资本雇佣劳动制。另一种观点认为，劳动所有者即劳动者是企业所有者，劳动者以劳动为基础，通过雇佣资本进行生产经营。此时，劳动者是企业所有者，资本是企业购买的生产要素，这就是所谓劳动雇佣资本制。在商品经济条件下，劳动雇佣资本制是不能成立的，因为在劳动雇佣资本制度下，企业只能负盈，不能负亏，或者说劳动者只能分享收益，不能承担风险。现代企业制度属于资本雇佣劳动制。因此，企业所有者是资本所有者，企业目标应与企业资本所有者目标相一致，即资本的保值与增值，这也正与财务管理的目标相一致。因此，财务管理是企业管理的中心。

2.市场经济体制下的中国资本市场

在明确了企业改革是以建立现代企业制度为方向的条件下，国有企业股份制改造的步伐显著加快，同时整个经济的高速扩张伴随着对资金的强烈渴求，资本市场进入加速成长阶段。股票、债券市场深入发展，扩容加速；资本市场建设逐步完善；二级市场逐步成熟；宏观监管机制初步形成；资本市场国际化方面取得重要进展。目前，比较规范的中国资本市场框架已基本建立。不断发展壮大的中国资本市场对于引导社会资金流向、调整产业结构和合理配置资源发挥了市场导向作用，为国有企业股权多元化和公司治理结构的改善提供了新的途径，也为国有经济逐步退出竞争性领域提供了可能的选择。然而，我们也看到，中国的资本市场依然存在诸多问题：资源配置功能没有得到充分发挥；资本市场结构不合理；资本市场主体不成熟等。

3.市场经济体制下的中国财政、货币体制

在建立社会主义市场经济体制的要求下，1994年以分税制为核心的财政体制全面改革在全国范围内展开。这次财政体制改革，进一步规范了中央和地方的关系，从过去单纯“放权让利”向按照各级政府的公共职能划分财政权限的方向转变，建立了相互独立的中央和地方税收征收体系；按照统一税法、公平税负、简化税制和合理分权的原则，建立起符合市场经济要求的税收制度。至此，适应我国市场经济需要的现代财政体制的框架已经搭建起来，形成了稳定的中央与地方财政收入渠道，增强了财政宏观调控能力，促进了经济结构的调整，营造了公平的竞争环境。但是，我国的财政体制与市场经济体制还有不少不相契合之处，在推进税费改革、建立公共财政基本框架、完善财政监督机制等方面还应不断完善。

与中国整个宏观经济转轨路径相一致，中国的金融改革逐步向市场化方向发展。中国金融宏观调控体制从以直接调控为主过渡到以间接调控为主，中央银行的宏观调控职能得到强化，逐步取消对国有商业银行贷款规模限额的控制，尝试新的货币政策工具，引入新的调控手段，同时，金融机构改革继续推进，建立健全了市场主体基础，优化了货币政策环境。中国的金融改革已完成了由简单向复杂、由僵化向灵活以及由直接向间接的转变，适应社会主义市场经济机制要求的金融体制基本建立。

案例分析：企业财务管理存在的问题及对策分析——以锦州宝地建设集团有限公司为例

本章小结

为了将财务与财务学、财务管理区分开来，财务可做如下界定：（1）财务与价值紧密相关，这种价值具体体现为资金或资本。（2）财务表现为财务活动，即资金或资本的筹集、使用与分配。（3）财务活动体现出财务关系，包括所有者、债权人、管理者、员工、政府等的关系。财务的管理，即通过对资金或资本运筹的管理，协调与处理各种利益相关者的关系，其最终目的是实现资金或资本的运筹效率和效果。财务学就是在探索资本运筹规律、追求资本运筹效率、总结资本运筹观念的过程中产生和发展起来的一门科学，或者说财务学是研究资本运筹规律与效率的一门科学。

财务学的基本范畴按照研究范畴的不同，整个财务研究领域可以分为公司理财（企业财务管理）、金融市场、投资管理以及其他组织和个人财务管理等四个领域；从运行范围和内容的角度，财务可分为宏观财务和微观财务；按财务管理分层理论和财务管理主体的不同，财务可以分为所有者财务、经营者财务和财务经理财务。

财务学理论的基本框架包括三个方面：基本理论、基础理论、财务学理论的发展。财务管理的基本理论问题包括财务学的内涵、目标、原则、范畴等内容。财务学的基础理论包括投资组合理论、资本资产定价模型、期权定价理论、MM资本结构理论、股利理论等。财务学理论的发展又包括两个方面的内容：一是财务学假设的构建，二是财务学理论基石的拓展。财务学的基本假设包括理性投资假设、完美资本市场假设和无套利假设。财务学理论基石的拓展包括有效市场理论、代理理论、信号理论和契约理论等几个方面。

财务学的基本原则包括：风险与收益均衡原则；权利与责任均衡原则；成本效益原则；收支时间均衡原则；资本周转效率原则；资本合理配置原则。

遵循财务管理教科书的发展脉络对财务学学科的发展阶段加以划分，可分为四个阶段：第一，财务学的产生阶段（1860—1949）；第二，财务学的转型阶段（1950—1959）；第三，财务学的发展阶段（1960—1979）；第四，财务学的成熟阶段（1980年至今）。财务管理实践发展阶段可划分为：19世纪末至20世纪20年代以筹资管理为重心的财务管理阶段；20世纪30年代至20世纪50年代初期以资产管理为重心的财务管理阶段；20世纪50年代中后期至20世纪70年代的以投资管理为重心的财务管理阶段；20世纪80年代后的财务管理的综合发展阶段。我国财务管理发展也随着经济体制的变革而形成不同的发展阶段和不同的财务管理特点。

关键概念

财务　财务管理　财务学　财务经济学　财务管理学　财务管理目标　投资组合　资本资产定价模型　资本结构理论　公司理财　金融市场　投资管理　宏观财务　微观财务　所有者财务　经营者财务　财务经理财务　财务管理原则　收益与风险均衡原则　成本效益原则

思考题

1.1　什么是财务？财务的本质是什么？

1.2　什么是财务学？如何理解财务经济学与财务管理学？

1.3　财务管理与财务学的关系如何？

1.4　财务学与会计学的基本关系如何？

1.5　财务管理理论基石包括哪些？有哪些扩展？

1.6　财务管理按照研究范畴来划分有哪些领域？它们各自的研究范畴是什么？

1.7　说明财务主体的范畴有哪些。

1.8　财务管理目标确定的原则是什么？

1.9　财务学的基本原则有哪些？

1.10　如何运用风险与收益均衡原则进行财务管理？

1.11　简述财务学的产生与发展过程。

延伸阅读与参考文献

1.杨淑娥，胡元木. 财务管理研究［M］. 北京：经济科学出版社，2002.

2.陆正飞. 财务管理［M］. 大连：东北财经大学出版社，2001.

3.周首华，杨济华. 当代西方财务管理［M］. 大连：东北财经大学出版社，1997.

4.冯淑萍. 简明会计辞典［M］. 北京：中国财政经济出版社，2002.

5.吴水澎. 中国会计理论研究［M］. 北京：中国财政经济出版社，2000.

6.赵德武. 财务管理［M］. 北京：高等教育出版社，2000.

7.荆新，王化成，刘俊彦［M］. 财务管理学. 北京：中国人民大学出版社，1998.

8.王庆成，郭复初. 财务管理学［M］. 北京：高等教育出版社，2000.

9.刘兴云，汪平. 财务管理学［M］. 北京：经济科学出版社，2002.

10.汤谷良. 经营者财务论——兼论现代企业财务分层管理架构［J］. 会计研

究，1997（5）.

11.SCOTT，MARTIN，PETTY，等．现代财务管理基础［M］．金马，译．北京：清华大学出版社，2004.

12.ROSS，WESTERFIELD，JAFFE.公司理财［M］．吴世农，沈艺峰，等，译．北京：机械工业出版社，2000.

13.范霍恩．财务管理与政策［M］．刘志远，主译．大连：东北财经大学出版社，2000.

14.KEOWN，SCOTT，MARTIN，等．现代财务管理基础［M］．朱武祥，译．北京：清华大学出版社，1997.

15.爱默瑞，芬尼特．公司财务管理［M］．荆新，王化成，李焰，等，译．北京：中国人民大学出版社，1999.

16.BRGHAM，GAPENSK.Financial Management：Theory and Practice［M］．8th ed.The Dryden Press，1997.

17.LUSZTIG，MORCK，SCHWAB.Finance in a Canadian Setting［M］．5th ed. John Wiley & Sons Canada Ltd.，1998.

18.张先治．会计学与财务学范畴及学科定位研究［M］．北京：中国财政经济出版社，2011.

第二章 财务学工具

引例

2016年1月13日晚，美国“强力球（Power Ball）”开出全球彩票史上最大奖：15亿美元的头奖奖金。这是因为2015年11月4日以来，“强力球”头奖一直空缺，奖池金额不断累积。强力球彩票目前在美国44个州合法销售，每周三和周六晚上10：59开奖，每注彩票价格仅为2美元。玩法是买家从1至69个“白球”中选出5个号码，再从1至26个“红球”中选出1个号码，“5+1”构成一组彩票号码。奖项有9个等级，最小的奖项为4美元现金，玩家选中红球号码即可中奖。要想拿走头等大奖，就必须选中全部6个号码。

如果得了大奖，获奖者有两种选择。第一种是一次性领取现金，到手金额=获奖金额-联邦税（25%）-州税-个人所得税。由于奖金多，税率重，一般到手只有奖金的一半多一点。以15亿美元算，扣税后可能只有9亿美元左右。相比之下，另一种逐年分30期领取年金的方式能保证后半辈子的现金流，同时也能减少税金。中奖后，获奖者即可领取第1期的年金，其余29期则在随后的29年里按年分期领取，每年的金额逐年递增5%。那么，作为幸运儿的获奖者应该选择哪种方式取得奖金呢？是一次性领取全部奖金，还是30年的分期提取？两者之间的区别到底有大呢？

更让人感兴趣的是，获得巨额奖金之后应该如何使用这笔巨额财富呢？众多新闻报道披露了一个让人不安的现象：巨额财富并没有带来幸福快乐的生活，反而会给获奖者带来厄运。彩票赢家最终穷困潦倒的先例比比皆是，甚至有人将其称为“赢家诅咒（Winner Curse）”。其实，只要仔细观察这些获奖者如何使用奖金就会发现，所谓“诅咒”只是由于缺乏财务学基本知识而进行错误投资的结果。

那么如何分配这些巨额财富才是明智之举呢？是不是只要避免挥霍无度的生活方式，就能避免厄运的发生？还是应该将财富投资于股票和债券市场中“以钱生钱”？是应该将所有财富集中于一处，还是应该将其分开放置于不同领域？巨额财富的使用和分配又应当采用怎样的方式加以计量，才能让获奖者清楚地了解其财富状况？

不是每个人都能成为获得彩票头奖的幸运儿，但是如何合理运用有限的财富却是每个人和每个企业都必须要面对的问题。对于上述问题的回答，可能因人而异，但是要想得到合理的答案，首先需要了解财务学中最基本的工具。

学习目标

知识目标

了解财务报告的内涵；熟悉财务报告的组成部分；掌握财务报告与财务报表、会计报表的区别；区分不同类型的货币时间价值；理解单利与复利之间的区别；了解资本成本的内涵和功能；理解风险与收益的概念；了解风险与收益的权衡；了解资本资产定价模型的内涵和作用；明确贝塔（β）系数的含义；了解价值评估的内涵；熟悉价值评估的一般性程序。

技能目标

掌握各种类型货币时间价值的计算；了解各种资本成本的计算方法；能够运用现金流量折现法进行价值评估；掌握单项资产风险与收益的计算方法。

能力目标

掌握单项资产与投资组合条件下，风险衡量的差别；掌握财务活动与财务报告之间的关系；掌握连续复利条件下实际利率的计算；掌握价值评估的基本方法。

本章提要

本章主要介绍在财务学中会使用到的各种基础工具，包括财务报告、货币时间价值、资本成本、风险和收益以及价值评估等。通过本章的学习，我们将主要解决在面对错综复杂的财务活动时，如何运用这些基础性工具来对其加以分析。财务活动并不是杂乱无章地进行，而是围绕着财务目标开展，并在财务报告中加以反映的。第一节主要介绍财务活动与财务报告之间的关系，不同类型的财务活动如何在财务报告中加以反映，以及财务报告的组成；第二节主要讲述货币时间价值，介绍不同类型的时间价值的计算方法，如何运用货币时间价值来调整不同时刻的财务活动，保证反映在财务报告中的财务活动具有可比性；第三节围绕资本成本来展开，介绍资本成本的基本计算方法和主要用途，特别是资本成本在筹资活动中的作用；第四节将介绍风险和收益之间的关系，如何对风险和收益进行衡量与权衡，如何在进行投资时做出正确的决策；第五节将以价值评估为主要内容，介绍价值评估的基本程序和主要方法。

本章为财务学的学习提供基础性工具，是本篇第一章的延续，同时也为第二、三、四篇奠定基础。财务报告和货币时间价值是整个财务学的工具基础，资本成本在筹资管理中发挥重要作用，风险和收益的权衡是投资管理的基础；作为衡量财务管理目标是否实现的工具，价值评估则贯穿整个财务管理的全过程。无论是金融市场里的投资活动，还是公司内部的理财活动，以及其他组织和家庭理财，都是将财务学基本工具加以具体应用。

第一节 财务报告

一、财务目标与财务活动

（一）财务目标与财务活动的关系

追求财务目标的过程正是进行财务活动的过程，这个过程包括筹资活动、投资活动、经营活动和分配活动。图 2-1 反映了财务目标与财务活动过程的关系。

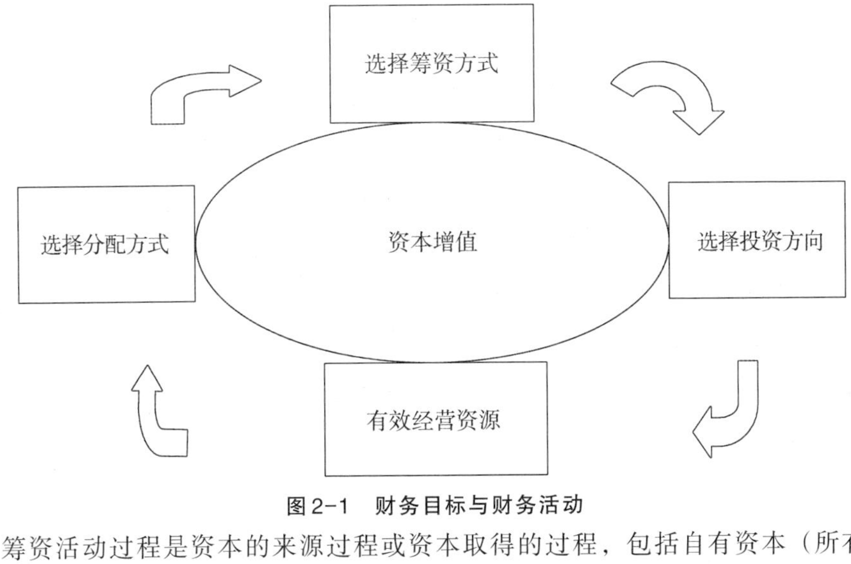

图 2-1 财务目标与财务活动

筹资活动过程是资本的来源过程或资本取得的过程，包括自有资本（所有者权益）和借入资本（负债）。在筹资活动中或在取得资本时，要考虑资本成本、筹资风险、支付能力、资本结构等因素。筹资活动的目的在于以较低的资本成本和较小的风险取得所需要的资本。

投资活动过程是资本的使用过程或资产的取得过程，包括流动资产、固定资产、长期投资、无形资产等。在投资活动过程中，要考虑投资收益、投资风险、投资结构及资产利用程度等因素。投资活动的目的在于充分使用资产，以一定的资产、较小的风险取得尽可能大的产出。

经营活动过程是资本的耗费过程和资本的收回过程，包括发生各种成本费用和取得各项收入。在经营活动中，要考虑生产要素和商品或劳务的数量、结构、质量、消耗、价格等因素。经营活动的目的在于以较低的成本费用，取得较多的收入，实现更多的利润。

分配活动过程是资本退出经营的过程或利润分配的过程，包括提取资本公积和盈余公积，向股东支付股利和留用利润等。在分配过程中，要考虑资本需要量、股东的利益、国家政策、组织形象等因素。分配活动的目的在于兼顾各方面利益，从而步入良性循环的轨道。

（二）筹资活动与财务目标

筹资活动主要是指如何获取长期资金并进行管理，以保证长期投资需要能够得到满足。在市场经济环境下，长期资金主要有两类：一类是自有资金，主要来源于所有者投资，自有资金构成组织的所有者权益；另一类是借入资金，主要为采用各种方法获得的债务性资金，借入资金构成组织的债务。组织长期资金的获得渠道呈现多元化，可以通过发行股票、债券获得，也可以直接从金融企业获得。但是，无论采用何种方式获得资金都要付出相应的成本，比如定期支付的股息、红利以及贷款的利息等。

筹资活动的目的在于以较低的资本成本和较小的风险取得所需要的资本。为了实现财务目标，要以尽可能低的成本获取资金，降低资金成本，从而保证价值最大化。因此，在筹资活动中或在取得资本时，要考虑资本成本、筹资风险、支付能力、资本结构等因素。在其他各项因素相同的情况下，通过筹资活动获得最低资本成本是实现价值最大化的财务目标的手段。

（三）投资活动与财务目标

投资活动主要是指如何将通过筹资活动获得的各种资金转化为具体的资产，并制订长期投资计划，以及对投资计划进行管理的活动。投资是为了取得未来的货币而投入的当前货币，其目的在于获得回报，以获得最大的价值或资产。筹集到的资金可以投放于流动资产、固定资产和无形资产。如果将资金投放于流动资产，那么资金的风险较小，但同时获得收益也较少；如果将资金投放于固定资产和无形资产，那么资金的风险较大，但是同时获得的收益也较多。

投资活动需要在各种投资方法之间进行风险和收益的权衡，选取回报能够超过筹资成本的投资项目。在投资活动过程中，要考虑投资收益、投资风险、投资结构及资产利用程度等因素。投资活动的目的在于充分使用资产，以一定的资产、较小的风险取得尽可能多的产出。在其他各项因素相同的情况下，通过投资活动获得最大投资回报是实现财务目标的手段。

（四）营运活动与财务目标

营运活动过程是资本的耗费过程和资本的收回过程，包括发生各种成本费用和取得的各项收入。在确定投资计划和筹资计划之后，需要具体开展各种活动，确保投资计划和筹集计划的完成。这些活动通常不会跨越生产期间，在一个年度或一个生产经营周期内开展，并会在下一个年度或生产经营周期内重复发生。营运活动主要以流动资产为对象，注重提高流动资产的周转速度从而提高资金的利用效率，使筹集到的资金能够最大限度地发挥作用。

在营运活动中，要考虑生产要素和商品或劳务的数量、结构、质量、消耗、价格等因素。营运活动的目的在于以较低的成本费用，取得较多的收入，实现更多的利润。在其他各项因素相同的情况下，通过营运活动获得最大的资金利用效率和资产周转速度是实现财务目标的主要手段。

（五）分配活动与财务目标

分配活动过程是资本退出经营的过程或利润分配的过程，包括提取资本公积和盈余公积，向股东支付股利和留用利润等。在特定的时期内所进行的筹资活动、投资活动和营运活动最后所形成的经营成果在扣除各种必要的税费之后形成利润。分配活动就是如何对利润进行分配，保证各方面的利益相互协调，能够持续健康地发展。

在分配过程中，要考虑资本需要量、股东的利益、国家政策等因素。分配活动的目的在于兼顾各方面利益，从而步入良性循环的轨道。在其他各项因素相同的情况下，通过分配活动来协调与相关的各种利益群体之间的关系，确保能够获得持续发展的环境是实现财务目标的主要手段。

二、财务活动与财务报表

（一）财务活动与财务报表的关系

基本财务报表是由资产负债表、利润表、所有者权益变动表和现金流量表组成的。各项财务活动都直接或间接地通过财务报表来体现，如图2-2所示。

（二）资产负债表与财务活动

资产负债表与筹资及投资活动。资产负债表是反映企业在某一特定日期财务状况的报表。它是筹资活动和投资活动的具体体现。其中，资产负债表的左方主要反映企业的投资行为，具体表现为资金在不同类型的资产上加以配置，能够反映企业的变现能力、资产结构、资产管理水平和企业价值等方面的信息；资产负债表的右方主要反映企业的融资行为，具体表现为资金来源的不同渠道，能够反映企业的总体债务水平、债务结构和企业收益分配等信息。

案例分析：格力电器30亿元库存粉饰报表案例分析

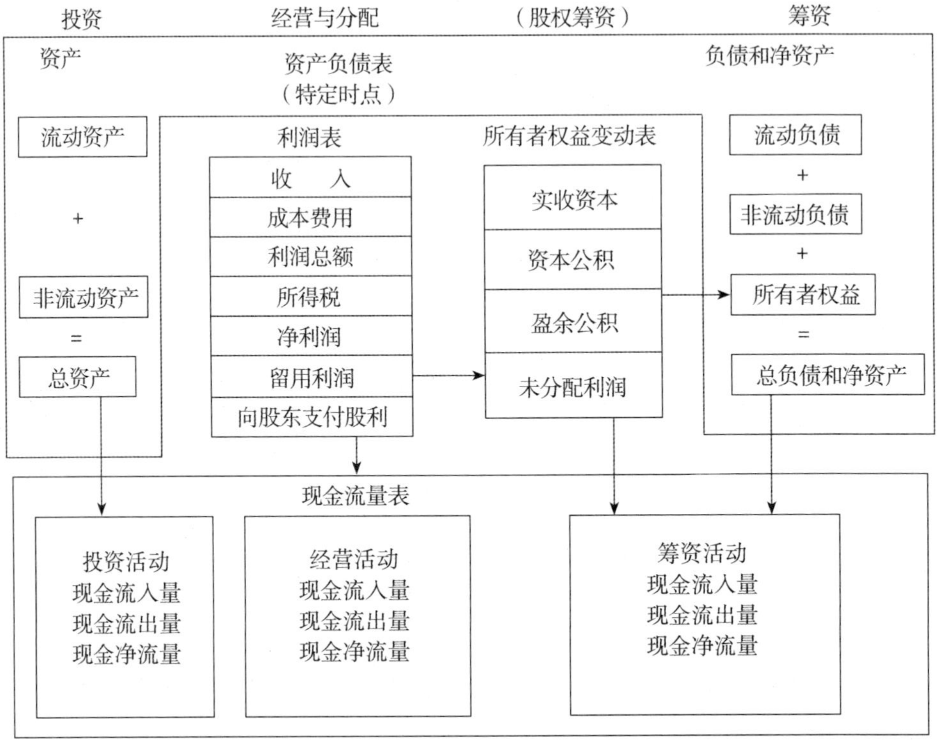

图 2-2　财务活动与财务报表

（三）利润表与财务活动

利润表与经营及分配活动。利润表是反映在一定会计期间经营成果的报表。它是经营活动和根本活动的具体体现。利润表是一种动态报表，它一方面利用企业一定时期的收入、成本费用及税金数据，确定企业的利润；另一方面按照有关规定将实现利润在有关当事者间进行分配。利润表提供企业盈利能力、收入成本费用和经营业绩结构方面的信息。

（四）所有者权益变动表与财务活动

所有者权益变动表是反映企业在一定会计期间所有者权益变动情况的报表。它是企业股权筹资活动的具体体现。所有者权益变动表能够反映股权筹资活动所引起的所有者权益总额和结构变动情况，并为资产负债表和利润表提供辅助信息，反映企业经营活动的全面收益情况。

（五）现金流量表与财务活动

现金流量表与经营活动、投资活动和筹资活动。现金流量表是反映一定会计期间现金和现金等价物（以下简称现金）流入和流出的报表。它以现金流量为基础，是财务活动总体状况的具体体现。现金流量表反映企业资金的来源和变动情况，提供企业现金增减变动的原因，以收付实现制的视角，为资产负债表和利润表提供辅助信息。

可见，财务报表从静态到动态，从权责发生制到收付实现制，对财务活动中的筹资活动、投资活动、经营活动和分配活动进行了全面、系统、综合的反映。

相关链接2-1　　阿里巴巴接受SEC调查

2015年5月25日，阿里巴巴递交的2015财年年报透露，阿里巴巴正接受美国证券交易委员会（SEC）调查，以确认其会计方法是否违反了美国联邦证券法。SEC要求该公司主动提供与“双十一”当日物流网络及营运数据的会计记录有关的文件和信息，以及涉及其他相关方的一般交易的文件和信息。阿里巴巴在上述文件中称，正在配合SEC的调查，另外SEC也向阿里巴巴表示，此次信息披露要求不应被视为对于该公司存在任何违反联邦证券法规行为的暗示。调查包括“双十一”购物节运营数据披露状况、物流公司菜鸟网络的会计操作等信息。

一些分析师和投资者一直质疑阿里巴巴财务报表的透明度，尤其是该公司自己报告的“双十一”商品交易总额（GMV）。分析师表示，这个数字可能有所夸大，因为阿里巴巴将已经下单但未完成的交易（包括退货）也计算在内。阿里巴巴还要费力应付网上商户为提升在搜索结果中的排名而对电子商务平台上的销售额弄虚作假的情况。阿里巴巴曾表示，已加大力度，尽力杜绝“双十一”这天出现此类被称为“刷单”的行为。

至于其物流网络的账目情况，阿里巴巴发言人指出，阿里巴巴的年报中已经对其菜鸟（Cainiao）物流网络的情况进行了详细的描述。年报显示，菜鸟网络2015财年和2016财年分别出现净亏损人民币9 000万元和2.95亿元。年报称，阿里巴巴支付给菜鸟的物流服务费大约占到后者2015财年收入的60%。在2015年的年报中，阿里巴巴未公布支付给菜鸟的费用。

一家香港研究机构的分析师称，阿里巴巴必须与投资者分享更多菜鸟业务的细节，例如这家公司有多少合伙人，每个季度的发货量，每递送一个包裹需向物流合伙人支付的费用。此类信息披露将使投资者可以更好地将阿里巴巴的成本与该公司的电子商务竞争对手京东（JD.com）进行比较。分析师称，与阿里巴巴不同，京东的相关数据是经过物流成本调整的，这使得投资者能够更好地了解一家公司发生的真实成本。

阿里巴巴首席财务长武卫（Maggie Wu）在最近一次业绩发布电话会议上称，该公司将开始提供年度收入预期，并发布新的业务成本结构和利润率，以此提高该公司业务的透明度。

2015年5月25日收盘时，阿里巴巴在纽约的股价下跌6.82%，报75.59美元。

资料来源　佚名. 阿里巴巴接受SEC调查［N］. 华尔街日报，2016-05-26.

三、财务报表与财务报告

（一）财务报告与财务报表的关系

财务报表只是财务报告的一部分。全套财务报表通常包括资产负债表、利润表、所有者权益变动表、现金流量表以及作为财务报表必要组成部分的附注、其他报表和说明材料。这些附表和补充资料可能涉及行业分部和地区分部的财务资料，而财务报告的编写不仅包括财务报表，还包括其他传输信息的手段。常见的财务报告中，除财务报表外，还有公司董事报告、董事长声明和管理层的分析介绍之类的年度报告，招股计划书，以及报送证监会的年报等。在信息的表达方面，财务报告和财务报表也有着很大的差异。正式编入财务报表的信息必须是能用货币单位计量的，所以编入财务报表的信息也就常常因为需要用货币单位计量而有所限制；而财务报告则不仅可以是定量的货币信息，还可以是定量的非货币信息（如职工人数）和非定量的信息（如业务摘要）。

（二）财务报表附注及作用

附注是财务报表不可或缺的组成部分。报表使用者如果想了解企业的财务状况、经营成果和现金流量，应当全面阅读附注，附注相对于报表而言，同样具有重要性。报表的附注提供财务报表信息生成的依据，并提供无法在报表上列示的定性信息和定量信息。从而，使得报表中数据的信息更加完整，为财务分析奠定良好的信息基础。根据会计准则的规定，附注应当按照一定的结构进行系统合理的排列和分类，有顺序地披露信息。

财务报表附注主要包括企业的基本情况、财务报表的编制基础、遵循企业会计准则的声明、重要会计政策和会计估计、会计政策和会计估计变更以及差错更正的说明、重要报表项目的说明以及重要事项揭示等内容。

在财务报告中，财务报表以确认和计量的方式，采用量化的方法对企业的经营成果、财务状况和现金流量情况加以反映；而报表附注则以披露的方式，为财务报表中高度概括的数字，提供进一步的解释，从而增加财务报告使用者能够获取的信息。

【案例2-1】　　难以驯服的表外业务风险

在国际银行业中，最近三四十年间，表外业务浪潮席卷全球，出现与表内业务并驾齐驱的态势。按照现行的会计准则，表外业务（off-balance sheet activities）是不记入资产负债表内，不形成现实资产负债，但能改变损益的业务，传统意义的表外业务主要包括贷款承诺、资本性租赁、备用信用证、信贷担保等。二十世纪七八十年代以来，随着全球金融及商品市场波动性增加、金融工程发展及清算结算的技术性革命，金融衍生产品作为表外业务的新品种开始出现，引领表外业务爆炸式增长，大有与银行传统的资产负债表平分秋色之势，并成为国际金融市场最显著、最重要的特征之一。

从国际大型银行年报看，表外业务规模巨大，且增长迅速。除传统的贷款承诺外，表外衍生产品业务与影子银行占主导地位。国际清算银行（BIS）统计报告显示，截止到2007年底，金融衍生品场外交易工具（OTC）与场内交易工具名义本金之和已超过676万亿美元，而1987年这个数字还不到1.6万亿美元。1987年到

2007年，金融衍生品规模增长了400多倍，与此同时，全球GDP还不到原来的3倍。1987年金融衍生品规模仅占全球GDP的9%；20世纪90年代中期，二者基本持平；到2007年，全球金融衍生品规模已经达到全球GDP规模的十多倍。

由于表外业务创新活跃、结构复杂，蕴含着多样化的风险形态，怎样理解和管理好表外业务风险具有很大的挑战性。金融海啸中众多银行的惨痛经历也提醒我们必须重视并着力加强表外业务风险管理。

资料来源 黄志凌．难以驯服的表外业务风险［J］．金融实务，2010（7）．

第二节 货币时间价值

货币时间价值是财务管理中的重要概念，在投资和筹资等财务活动中都有所体现，是构建财务管理理论系统的基础。货币时间价值是指即便在不考虑通货膨胀的因素下，相同数量的货币资金在不同时点的价值也不同。在经济活动中，只要货币资金不退出经济循环，其价值量会随着时间向前推移而不断增加。作为一种基于价值的管理，财务管理在决策过程中需要对不同时点的价值量进行比较。为了正确比较不同时点的货币资金价值量，必须考虑货币资金的时间价值。

一、货币时间价值的含义

货币的时间价值是指数量相同的货币资金在不同时点的价值不相同。今天的500元存入银行，1年之后会获得比500元更多的价值。由于这种价值的增加只与时间有关，是对货币资金持有者在一定时期内让渡使用权的一种回报，因此被称作货币的时间价值。从经济学的角度来看，时间价值就是货币使用的机会成本。在现实生活中，货币的时间价值可以采用相对量和绝对量两种方法来衡量。采用相对量对货币时间价值进行计算，通常选用利率作为衡量手段；与之相对应，采用绝对量对货币时间价值进行计算，通常选用利息作为衡量手段。本书用i来表示利率。

从计算货币时间价值的时点来看，货币时间价值可以分为现值和终值。现值是指以现金流量发生的起始时刻作为衡量货币时间价值的标准，把未来的或者起始时刻之后的现金流量都折合为起始点的现金价值量。本书采用P来表示货币的现值。终值是指以现金流量终结时刻作为衡量货币时间价值的标准，把从起始点开始的现金流量都折合为终结点的现金价值量。本书采用F来表示货币的终值。

二、单利与复利

在计算货币时间价值时，人们将每期初始的现金流量称为本金。虽然采用相同的利率，现金流量的时间长短和本金都相同，但是在现实生活中却会得出不同的货币时间价值。这种现象的产生并不是因为时间价值不是唯一的确定值，而是由于对整个现金流量周期中产生的利息处理方法不同。根据是否将现金流量产生过程中的利息计入到本金中，我们将计算货币时间价值的方法分为单利和复利两种。

（一）单利

采用单利计算货币时间价值，计算期中本金所产生的利息没有被计入到初始的本金中，无论现金流量的全部时间多长，也不论在现金流量期中会产生多少利息，我们计算时间价值的对象保持不变，只是以初始的本金作为计算的出发点。

（二）复利

采用复利计算货币的时间价值，计算期中本金所产生的利息被计入到初始的本金中去，随着时间的推移，我们计算时间价值的对象不断改变，此前产生的利息计入到本金中。采用复利方法计算出的终值通常会大于采用单利方法计算出的终值。从经济学的角度来看，复利和单利的区别在于是否将现金流量期中产生的利息继续投入经济运行。按照单利的观点，货币产生的利息退出经济运行，处于闲置状态。而复利的观点则是将产生的利息继续投入到经济运行当中，最大限度地发挥作用。显然，复利更符合经济学的观点，因此我们选用复利的方法来计算货币的时间价值。

1.名义利率和实际利率的差别

通过计算货币的时间价值，我们能够确定在现金流量结束时可以收取到的现金，即终结时点的现金流量达到多少才能与整个期间现金流量的价值相等。但是，这种价值量上的相等并不能保证终结点的现金流量能够获得与初始时点相同的购买力。考虑货币时间价值时，我们所运用的利率只能反映随着时间的推移，货币的自然增值情况，但是却没有将经济运行中的通货膨胀因素纳入其中。因此，为了保证不同时点的货币既能够在经济价值上进行比较，同时也能够进行购买力比较，这需要我们在计算时间价值时，考虑通货膨胀所形成的购买力风险。因此，这就形成了名义利率，即包含通货膨胀因素的利率。根据名义利率计算出来的货币时间价值是包含货币购买力贬值或者物价上涨因素的，并不是纯粹意义上的货币时间价值。

相对而言，不考虑通货膨胀因素，或者在假定币值稳定的条件下，计算货币时间价值的利率是实际利率。实际利率只反映货币随着时间的推移而自然增长的水平。实际利率和名义利率之间的差异在于是否考虑通货膨胀率，因此，我们可以得出两种利率之间存在如下关系：

1+名义利率=（1+实际利率）×（1+通货膨胀率）

2.连续复利

在通常情况下，我们所说的利率是指年利率，即以年度为单位期间来计算货币的时间价值。但是，很多经济活动并不是完全按照年度来计算利息，比如法国和德国的公司发行的债券是每年支付一次利息，而美国和英国的公司发行的债券是每半年支付一次利息。假设一家美国公司1月1日发行面值为1 000元，利率为10%的债券。到6月30日，债券的价值为1 050元（1 000×（1+5%））；到12月31日，债券的价值为1 102.5元（1 050×（1+5%））。如果该债券是由法国公司发行，那么在12月31日公司债券的价值为1 100元（1 000×（1+10%））。同样的债券只是因为计息的方式不同就会导致最后价值的差别。我们从中可以看出，计息时期的确定会影响真实的利率。因此，我们需要根据已知的年利率和年度内计息的次数来计算该年度真实的利率。设年利率为r，一年内计息m次，那么该年度的真实利率i可以按照如下公式计算：

$$i=\left(1+\frac{r}{m}\right)^{m}-1$$

随着年度内计息次数的不断增加，该年度的真实利率也会不断增加。根据极限的有关知识，年度真实利率并不会无限地增加，而是会最终趋近一个固定利率，即：

$$i=\lim_{m\to\infty}\left[\left(1+\frac{r}{m}\right)^{m}-1\right]=e^{r}-1$$

拓展知识：复利中国经济增长与巴菲特财富增长的秘密

三、终值与现值

（一）终值的计算方法

终值是在已知利率下，一笔资金投资一段时期所能增长到的数量，即一项投资在未来某个时点的价值。其计算公式为：

$$F=P(1+i)^{n}$$

上式中，F代表终值，P代表现值，i代表利率，n代表期间。$(1+i)^{n}$被称为“复利终值系数”，通常记为（F/P，i，n），其数值可以通过查阅“1元终值表”来获得。复利终值系数的大小与利率和时间期限正相关，利率越高，时间越长，复利终值系数就越大。

假定银行利率为14%，目前你在某银行有325元的存款，那么2年后你将得到多少钱？

$$F=P(1+i)^{n}=P(F/P,i,n)$$
$$=325\times(F/P,14\%,2)$$
$$=325\times1.2996$$
$$=422.37（元）$$

这表明现在的325元与2年后的422.37元在价值上是相等的。

（二）现值的计算方法

现值是在已知利率的情况下，为了能在未来某个时点获得一定数量的资金，现在所需要投入的资金数量，即一项未来价值的现时投资金额。

$$P=F(1+i)^{-n}$$

上式中，F代表终值，P代表现值，i代表利率，n代表期间。$(1+i)^{-n}$被称为“复利现值系数”，通常记为（P/F，i，n），其数值可以通过查阅“1元现值表”来获得。复利现值系数的大小与利率和时间期限负相关，利率越高，时间越长，复利现值系数就越小。

假定现在银行利率为9%，你计划在5年后购买一辆价格为285 000元的跑车，为此你今天必须在银行内存入多少钱？

$P=F(1+i)^{-n}=F$（P/F，i，n）

=285 000×（P/F，9%，5）

=285 000×0.6499

=185 221.5（元）

这表明现在的185 221.5元与5年后的285 000元在价值上是相等的。

在复利的时间价值计算中，只要能够确定现值、终值、利率和期限这四个因素中的三个，我们就可以通过公式计算出未知变量的数值。

四、均匀现金流量：年金

（一）年金的定义

除了单期现金流量外，在现实中还有很多多期现金流量的例子。单期现金流量在整个现金流量周期中，只发生一次现金流入和流出，而多期现金流量却是在整个现金流量周期中发生多次的现金流入与流出，其中年金是我们最常见的多期现金流量。年金是在一定时期内每隔相同的时间就发生相同数额的系列收入款项，通常记作A。租赁费和采用抵押贷款方式购买房产都是年金的形式。年金也包括很多种类，如普通年金、先付年金、递延年金和永续年金等，其中，普通年金最为常见，也最为重要。因此，除非特殊注明，年金均为普通年金。普通年金是指在一定时期内，现金流量的发生时点均为各期期末的多期现金流量。

（二）年金的计算方法

年金可以看作由多个单期现金流量组成的多期现金流量，因此在计算货币时间价值时，可以采用单期现金流量加总的方法。

1.年金终值系数

年金终值表示从现在起的一段时期内，如果每期期末都收到或者支付相同数额的现金，那么在这段时期结束时，这些现金的数额是多少。年金终值的计算可以看成许多单期现金流量终值的求和。年金终值系数主要用于已知年金来计算终值，其计算公式根据终值系数求和公式可以得到，即$\left|\frac{(1+i)^{-n}-1}{i}\right|$，记作（F/A，i，n）。

2.年金现值系数

年金现值表示从现在起的一段时期内，如果每期期末都收到或者支付相同数额的现金，这些现金的数额折合为现在时点的价值是多少。年金终值的计算可以看成许多单期现金流量现值的求和。值得注意的是，与单期现金流量不同，年金现值系数和年金终值系数并不是倒数关系。年金现值系数主要用于已知年金来计算现值，其计算公式根据现值系数求和公式可以得到，即$\left|\frac{1-(1+i)^{-n}}{i}\right|$，记作（P/A，i，n）。

3.年偿债基金系数

年偿债基金系数是年金终值系数的倒数，用于计算为能够在未来某一时点获得

一定的现金流量，而从现在开始的一段时期内需要等额支付的现金流量。如为了5年之后能够偿还300万元的欠款，企业现在每年需要向银行存入多少资金。年偿债基金系数主要用于已知终值来计算年金。由于与年金终值系数互为倒数，年偿债基金系数为$\left|\frac{i}{(1+i)^{-n}-1}\right|$，记作（A/F，i，n），可以查阅"偿债基金系数表"，也可通过计算年金终值系数的倒数来获得。使用年偿债基金系数计算年金的公式为：A=F（A/F，i，n）。

4.年回收额系数

年回收额系数是年金现值系数的倒数，用于计算为能够在现在获得一定的现金流量，而从现在开始的一段时期内需要等额支付的现金流量。如计算某人从银行贷款700万元，并要求在今后的5年之内还清，此人每年需要向银行存入多少资金。年回收额系数主要用于已知现值来计算年金。由于与年金现值系数互为倒数，年回收额系数为$\left|\frac{i}{1-(1+i)^{-n}}\right|$，记作（A/P，i，n），可以查阅"年回收额系数表"，也可通过计算年金现值系数的倒数来获得。使用年回收额系数计算年金的公式为：A=P（A/P，i，n）。

【案例2-2】

在购买房屋时，人们通常会以房屋为抵押向银行贷款，再以每月还款的方式寻求帮助。从财务上来看，每月向银行偿还的月供金额就是年金，其现值应该与向银行举借的债务数额相等。因此，可以通过年回收额系数计算。当银行贷款利率调整的时候，每月的月供也会相应变动。中国人民银行决定自2015年8月26日起，对我国银行长期贷款利率进行调整，从5.4%下降至5.15%。在利率下调前，某人向银行借了100万元30年期限的贷款，借款人的月供为5 615.31元；而在利率下调后，该借款人的月供为5 460.26元，比以前少155.05元。

5.永续年金

上面讲到的年金都有固定年限，但是还有一些经济活动在各期产生的现金流量相等，并且会永久继续下去，这样的现金流量被称为永续年金。如英国政府发行的统一公债（consols），这种债券没有到期日，即政府不必承担支付给债权人本金的义务，但是政府需要每年都按时支付给债权人相同的利息。由于没有确定的到期日，无法计算永续年金的终值，只能计算其现值。

【案例2-3】

1797年，拿破仑在卢森堡第一国立小学演讲时潇洒地把一束价值3个金路易的玫瑰花送给该校校长，并表示为了答谢学校对他的盛情款待，只要法兰西存在一天，每年都将送上一束价值相等的玫瑰花，作为法国和卢森堡友谊的象征。后来拿破仑穷于应付连绵的战争，并最终被流放到圣赫勒那岛，自然也没法兑现承诺。不料1984年底卢森堡人旧事重提，要求法国完成"赠送玫瑰花"的诺言，并以5厘复利计息全部清偿；或者在法国报刊公开承认拿破仑是言而无信的小人。法国政府当然不想有损拿破仑的声誉，但电脑算出来的结果是一个高达数百万美元的“天文”数字。最后法国政府只得表示“以后无论在精神上还是在物质上，法国将始终不渝地对卢森堡的教育事业予以支持与赞助，来兑现拿破仑那一诺千金的玫瑰花信誓”。

资料来源 佚名. 拿破仑至死没想到，即兴送花承诺遗留137万债务［EB/OL］.［2016-11-23］. http：//news.sina.com.cn/w/2004-02-23/11431874444s.shtml.

五、非均匀现金流量

普通年金和永续年金都是均匀的现金流量，即各期间的现金流量相同，现金流量的发生时点在各期期末。我们把不满足这些条件的系列现金流量称为非均匀的现金流量，包括：先付年金和递延年金。

（一）先付年金

先付年金是指现金流量发生在各期期初的等额系列现金流量。除了现金流量发生的时点不同之外，先付年金和普通年金完全相同。由于年金现值系数表和年金终值系数表都按照普通年金编制，因此在计算先付年金的时间价值的过程中，需要对年金现值系数和年金终值系数进行必要的调整。

（二）递延年金

递延年金是那些首次现金流量发生在整个期间（共n期）中间（第m期），而不是期间的起点的年金。比如，某公司发行的债券，从发行后第3年才开始支付利息。递延年金的时间价值计算方法与普通年金基本相同，只需要将递延年金区分为不同阶段，具体可以采用两种方法：

（1）假设不存在递延问题，现金流量从期间的起点开始，采用普通年金的方法计算现值，然后再减去从现金流量发生的起始点到期间起点的现金流量现值，其公式如下：

$$P=A[(P/A, i, n)-(P/A, i, m)]$$

（2）假设现金流量首次发生的时点为现金流量期间的起点，这样在这段时期内不存在递延问题，可以按照年金现值来计算，然后再将计算出来的现值折合为真实现金流量期间起点的现值，其公式如下：

$$P=A(P/A, i, n-m)(P/F, i, m)$$

第三节 资本成本

一、资本成本的内涵

资金的取得和应用都需要付出代价，在财务活动中，资本成本扮演着重要的角色。在投资活动中，资本成本既是资金的需求者为了获得资本所必须支付的最低价格，也是投资者要求获得的最低报酬率。因此，了解影响资本成本的因素，掌握资本成本的计算方法，是做出正确的财务管理决策的前提条件。

（一）资本成本的定义

资本是指为购置资产和进行生产而筹集的全部资金。资本成本是在资本的所有权和使用权相分离的条件下，资金使用者为了获得资本的使用权，而支付给资本所有者的费用，即资本取得和使用的成本。资本成本的计量可以采用两种方法：一种是绝对数的方法，用取得和使用资本过程中发生的费用来计算资本成本；另一种是相对数的方法，采用资本使用费用占实际取得资本数额的比率来计算资本成本。

（二）资本成本的组成部分

从资本所有者来看，资本成本是让渡资本使用权，对资本使用者进行投资时，所要求的最低报酬率。因此，资本成本按照其成本的性质，可以划分为无风险报酬率和风险报酬率两部分。无风险报酬率反映资本的时间价值（包含通货膨胀因素），通常可以采用国库券利率作为计算基准。风险报酬率反映资本使用者所面临的经营风险和财务风险。

资本成本按照其成本发生的阶段，可以划分为资本的取得成本和资本的使用成本。取得成本是在获取资本使用权的过程中，形成的各种费用和成本，如各种手续费、评估费、代理发行费；使用成本是在资本日后的使用过程中支付的成本，如各种利息、股息和红利。

（三）资本成本的影响因素

作为资本的价格，资本成本会受到外部因素和内部因素两方面的影响。外部影响因素主要指资本市场的供求水平，内部影响因素主要指资本使用者自身的风险水平（经营风险和财务风险）。前者通过影响无风险报酬率来影响资本成本，后者则通过影响风险补偿报酬率来影响资本成本。对于外部因素的影响，资金使用者无法进行控制，但是可以通过降低经营风险和财务风险来降低资本成本。

二、资本成本计算

（一）长期借款

在长期借款的资本成本中，利息占主要部分。因此，取得长期借款所支付的利息是计算其资本成本的基础。由于在现行会计制度下，借款的利息可以作为资金使用者的费用计入成本，在税前扣除，可以少交一部分所得税，从而降低了债务的资本成本。在实际工作中，当向银行申请长期借款时，银行通常不会将贷款足额支付给借款人，而是将其中一部分以无息的方式保留在银行作为担保。这将造成借款人不能实际足额使用贷款资金，因此，这部分担保的资金应当作为筹资费用率予以扣除。长期借款资本成本的计算公式如下：

$$D_0(1-f)=\sum_{t=1}^{n}\frac{I_t(1-T)+D_t}{(1+K_d)^t}$$

其中，I_t为第t年年末支付的利息，T为所得税税率，f为筹资费用率，K_d为银行借款的资本成本，D_t为第t年年末银行借款本金，D_0为银行借款总额。

如果不考虑货币的时间价值，长期借款的资本成本也可表示为：

$$K_d=\frac{I_t(1-T)}{D_0(1-f)}$$

【案例2-4】

A公司为解决因规模快速扩张而引起的资本不足问题，向银行借入长期借款1 000万元，银行贷款利率为12%，期限10年，每年付息一次，到期一次偿还本金。在借款过程中，A公司向银行支付的各种手续费和评估费，占贷款总额的3%，公司适用的所得税税率为25%。A公司长期借款的资本成本计算如下：

$$1\,000\times(1-3\%)=\sum_{t=1}^{10}\frac{1\,000\times12\%\times(1-25\%)}{(1+K_d)^t}+\frac{1\,000}{(1+K_d)^{10}}$$

（二）长期债券

采用发行债券方式进行筹资时，从债券购买者的角度来看，资本成本就是投资债券的到期收益率。因此，债券的资本成本是指使发行债券筹集到的资本与预期未来现金流量的现值相等的折现率，其公式为：

$$B_0(1-f)=\sum_{t=1}^{n}\frac{I_t(1-T)+B_t}{(1+K_b)^t}$$

其中，B_0为债券的票面价值，f为筹资费用率，B_t为第t年年末偿还债券的本金，I_t为第t年年末支付的债券利息，K_b为债券的资本成本，T为所得税税率。

【案例2-5】

某公司为解决资金困难问题，决定公开发行面值为1 000元的公司债券，票面年利率为9%，期限10年，半年付息一次，到期一次还本。在筹资过程中，支付的发行费用等筹资费用占票面金额的3%，公司所得税税率为25%。假设公司此次债券按照面值发行。由于每半年计息一次，则半年利率为4.5%。根据长期债券的资本成本计算公式，公司债券的资本成本计算如下：

$$1\,000\times(1-3\%)=\sum_{t=1}^{20}\frac{1\,000\times4.5\%\times(1-25\%)}{(1+K_b)^t}+\frac{1\,000}{(1+K_b)^{20}}$$

根据上式计算可得，公司债券半年的资本成本为3.59%。采用公式将其折算为年度资本成本为：

$$(1+3.59\%)^2-1=7.31\%$$

（三）优先股

优先股是介于股票与债券之间的一种证券，其性质与债券更为相似，唯一的区别在于：优先股没有到期日；优先股的股息用税后利润支付，不能获得税收上的利益。因此，优先股可以被视为一种无期限的债券。如果优先股的股利每年相等，则可视为永续年金而采用下列公式计算其资本成本：

$$K_p=\frac{D_p}{P_0(1-f)}$$

其中，K_p为优先股资本成本，D_p为优先股年股利，P_0为优先股的销售价格，f为筹资费用率。

假设某公司按面值对外发行优先股100万股，每股100元，发行费率为发行价格的5%，优先股股息率为8%，则优先股的资本成本为：

$$K_p=\frac{100\times8\%}{100\times(1-5\%)}\times100\%=8.42\%$$

（四）普通股

同作为股票，普通股的资本成本计算方法与优先股基本相同。只是普通股的股利是不确定的，而是由经营状况和股利政策共同决定的。由于股东所获得的收益是在支付利息和税款之后，因此其承担的风险也最大，相应的要求得到的资本成本的补偿也最高。普通股资本成本的计算公式如下：

$$K_s=\frac{D_1}{P_0(1-f)}+g$$

其中，K_s为普通股的资本成本，D_1为预计的下期股利，P_0为股票的发行价格，f为筹资费用率，g为每年的股息预计增长率。

假设某公司发行股票30 000股，每股100元，按照面值发行，发行过程中支付各种手续费占面值的比率为4%，预期公司下年度的股利率为10%，以后每年增长5%。那么，普通股资本成本为：

$$\frac{100\times10\%}{100\times(1-4\%)}\times100\%+5\%=15.42\%$$

（五）留存收益

与前面几种资本成本不同，留存收益的资本成本并没有真实发生，而是一种潜在的机会成本。留存收益是股东权益的一部分，是股东放弃股利的结果，这对股东而言，意味着期望在将来获得更多的股利。因此，留存收益与普通股在根本性质上是一致的，其最低成本应当和普通股资本成本相同，唯一的差别在于留存收益不必考虑发行费用。留存收益资本成本的计算公式如下：

$$K_e=\frac{D_1}{P_0}+g$$

其中，K_e为留存收益的资本成本，D_1为预计的下期股利，P_0为股票的发行价格，g为每年的股息预计增长率。

某公司普通股每股市价为8元，预计第一年年末每股收益为4元，预计公司会按照每股1元发放现金股利，股利年增长率为6%，那么留存收益的资本成本为：

$$\frac{1}{8}\times100\%+6\%=18.5\%$$

三、资金成本的功能

（一）在投资决策中的作用

在投资决策中，必须要确保选用的决策项目能够获得超过资本成本的利润率。资本成本是投资决策中的判别标准。此外，在进行投资决策的过程中，很多决策指标都需要以确定的资本成本为先决条件。如果项目的资本成本过高，会导致原本可行的项目不能实施，错过投资机会；如果项目的资本成本过低，会导致原本不可行的项目能够获得通过，导致投资者遭受损失。

（二）在融资决策中的作用

在融资决策中，资金筹集者的目的是获得最低的资本成本。因此，在能够准确地计算出各种资本成本的基础上，应综合考虑各种因素对资金筹集者财务问题产生的影响。资本成本在整个融资决策中起着基础性的作用，离开正确计算出的资本成本，资金筹集者就难以做出正确的融资决策。

（三）在收益分配中的作用

收益分配从广义上看也是一种融资决策。资金使用者通过收益分配政策来决定如何将经营剩余在股利和留存收益间进行划分，收益分配政策会直接影响到留存收益的数量，从而影响到资金使用者的融资决策。因此，只有正确地计算出留存收益的成本，才能做出是否需要分配收益、何时分配收益以及收益分配数量的决策。

第四节 风险与收益衡量

风险和收益犹如硬币的两面，两者从不同方面反映着财务活动的特性，共同构成财务管理的核心。财务管理的职能之一就是在风险和收益之间做出权衡，以实现在相同风险水平下的收益最大化或者在相同收益水平下的风险最小化。因此，财务管理中的任何问题都离不开对风险与收益的分析。

一、风险与收益的概念

（一）收益

收益是购买一项资产或进行一项投资后，能够从中获得的利得（或者损失）①。收益包括两部分：一部分是持有过程中获得的现金流量；另一部分是在出售资产或者投资项目结束时，收到的超过初始投资的现金流量。例如，甲公司在2008年年初以每股35元的价格买入1 000股乙公司的股票。乙公司在2008—2012年期间，每年年末发放现金股利2元。甲公司以每股39元的价格将股票卖出，则甲公司在该项股票投资上获得的收益是：

$$2\times5\times1\,000+(39-35)\times1\,000=14\,000\text{（元）}$$

在现实中，为了方便收益的比较，经常采用收益率的概念来表示收益。因为，收益率在比较的时候，不需要考虑初始的数量。如果采用收益率的方法，上面投资的收益率为：

$$\frac{14\,000}{35\,000}\times100\%=40\%$$

① 损失是负的资本利得，因此在本书中也将损失作为一种资本利得。

（二）风险

风险通常指不确定性，但是与不确定性不同，风险能够确定各种情况发生的概率。从财务管理的角度来看，风险是描述实际发生的收益率与预期收益率不同的几率，用于表示投资收益的波动。与我们通常的印象不同，风险不总是不利的事情，即风险不一定是损失，也可能是有利的事情，也可能是超额收益。无论是损失还是超额的收益，只要与我们预期的收益率不同的可能性存在，我们都称之为风险。风险反映的是未来各种可能的收益水平与预期收益率之间的离散程度。

按照不同的标准，风险可以被划分为不同的种类。按照风险成因可以将风险划分为经营风险和财务风险。财务风险又分为投资风险和筹资风险。经营风险是在生产经营过程中，由于外部经营环境和内部经营条件的变动而给资产的收益带来的不确定性。投资风险是在进行投资的过程中，投资收益率存在不确定性给资产的收益带来的风险。筹资风险是由于进行债务融资而对资产的收益率变动情况造成的影响。

风险按照能否通过投资组合予以分散可划分为可分散风险和不可分散风险。可分散风险是指某些只能对个别证券发挥作用的因素对收益产生的影响。这种风险通常只与资产的个别特性有关，比如公司的管理水平，因此这种风险也被称为公司特有风险。此外，由于这种风险只是与公司的特定情况有关，而并非由于整体的经济运行中的因素产生的影响，因此这种风险也称为非系统风险。

与可分散风险相对应，不可分散风险是无法通过投资组合或者分散化投资来消除的风险。不可分散风险来自于对经济运行中所有资产都会产生影响的因素，它所造成的影响对任何资产都不可避免，比如战争、海啸等。这种风险反映市场的整体风险水平，因此被称为市场风险。由于这种风险对整个经济系统都会造成影响，因此也被称为系统风险。

（三）收益与风险的关系

收益和风险有着密切的联系。一项资产或者一项投资组合的收益由两部分组成：一部分是货币的时间价值，另一部分是风险价值。前者受到时间长短以及市场收益率水平等客观因素的影响。在市场经济环境下，时间价值对于所有投资者而言都相同。而后者是指投资者为了承担超过市场平均水平的风险而获得的补偿，是风险溢酬部分。资产的预期收益率用公式表示为：

$$\overline{R}_j=R_f+\lambda\sigma$$

其中，R_f表示货币时间价值部分，$\lambda\sigma$表示风险价值部分，σ表示资产的风险水平，λ表示对单位风险资产的补偿。

通常情况下，我们用市场上全部资产形成的资产组合来计算单位风险收益率。我们将单位风险的补偿收益率定义为市场组合收益率与无风险收益率之差：

$$\lambda=R_m-R_f$$

上式中，R_m为市场组合的收益率，R_f为无风险收益率，两者之差为单位风险的补偿收益率。

将某项资产的风险相对于市场组合风险的比率作为衡量资产风险水平的指标，因此，资产的预期收益率可以表示为：

$$\overline{R}_j = R_f + (R_m - R_f)\beta_j$$

上式中，R_m为市场组合的收益率，R_f为无风险收益率，β_j为资产相对于市场组合的风险水平。采用这种方法，我们将一项资产的预期收益率分解为两个部分：一部分是无风险的报酬率，反映资产的时间价值；另一部分是风险补偿收益率，用资产相对于市场组合的风险水平和市场组合的风险溢酬来计算。

我们进一步分析资产的风险溢酬。风险按照能否通过投资组合予以分散可划分为不可分散风险和可分散风险两部分。不可分散风险是市场承担的风险水平，对于所有的投资者而言都是相同的，任何资产都必须承担市场风险。可分散风险反映资产所特有的风险，即资产除了承担市场风险之外，自身承担的公司特有风险，由于这部分风险在投资过程中可以通过分散化的方法化解，因此在考虑收益率与风险的关系时，主要关注不可分散风险对收益率的影响。在上面公式中出现的β系数也只是衡量资产不可分散风险的指标。

二、风险与收益的计量

（一）资产收益的衡量

在能够确定资产持有期间的现金流量和资产出售时的价格的情况下，我们可以根据定义确定收益。通常这些信息只有在投资结束之后才能获得，因此计算出来的收益率只是历史收益率。而在财务管理决策中，更为重要的是未来收益率，即预计进行某项投资可能会获得的收益率。由于未来的情况不能确定，同时存在着各种可能，因此我们需要采用预期收益率。预期收益率是根据未来不同的收益情况计算的加权平均收益率，权数是不同情况发生的概率，其计算公式为：

$$\overline{R} = \sum_{i=1}^{n} R_i P_i$$

其中，$\overline{R}$为预期收益率，R_i为在第i种情况下的收益率，P_i为第i种情况发生的概率，n为可能发生情况的个数。

【案例2-6】

甲企业投资设立空调生产厂——乙工厂，空调产品的销售收入受天气的影响很大，如果天气炎热，则甲企业投资乙工厂的收益率能够达到20%；如果天气正常，则收益率能够达到16%；如果天气凉爽，则收益率只能达到10%。根据气象台的有关预测，明年夏天天气炎热的可能性为0.2，天气正常的可能性为0.5，天气凉爽的可能性为0.3，则甲企业投资乙工厂的预期收益率为：

$$\overline{R} = 0.2\times20\% + 0.5\times16\% + 0.3\times10\% = 15\%$$

（二）资产风险的衡量

根据定义，风险采用不同情况下收益率与预期收益率的差异来衡量。因此，我们采用统计中的方差（σ^2）或标准差（σ）来衡量风险。方差和标准差是衡量收益变动程度的指标，而收益的变动程度越大，说明风险越大。因此，方差和标准差可以用来衡量风险水平，其公式为：

$$\sigma^2=\sum_{i=1}^{n}[(R_i-\bar{R})^2P_i]$$

$$\sigma=\sqrt{\sigma^2}$$

其中，σ^2为方差，σ为标准差，$\bar{R}$为预期收益率，R_i为在第i种情况下的收益率，P_i为第i种情况发生的概率，n为可能发生情况的个数。

以案例2-6为材料，我们计算乙工厂的风险水平：

$$\sigma^2=(20\%-15\%)^2\times0.2+(16\%-15\%)^2\times0.5+(10\%-15\%)^2\times0.3=0.0013$$

（三）资产风险与收益的关系

资产收益由货币的时间价值和风险补偿价值两部分构成。时间价值部分用无风险的收益率来衡量，这对于任何一种资产而言都完全相同；风险补偿价值由风险溢酬和资产的相对风险水平来决定。前者是指市场组合的收益率与无风险收益率之间的差额，后者是指用β系数来衡量的资产相对风险水平。在经济运行过程中，有很多专门的公司提供各种资产的β系数，如美国的价值线（Value Line）公司就专门提供上市公司股票的β系数。值得注意的是，各公司在计算β系数时所选取的数据来源和采用的方法，可能存在较大差异，因此，最终结果也可能相差较大。

第五节　价值评估

价值评估是一种财务管理的重要工具。财务关注的焦点是价值，财务的目标是实现资本的增值，这就需要通过价值评估来确定资本在不同时点的价值，从而判断是否实现了资本的增值。价值评估是货币时间价值在财务管理中应用的延伸，同时价值评估还要考虑资本成本，以及如何在风险和收益之间进行权衡。因此，价值评估是对各种基础性财务管理工具的综合应用。价值评估不但可以用来判断资本增值的财务目标是否实现，还在投资评价等方面有着广泛的用途。由于价值评估在企业中应用最为广泛，因此本节以企业为例对价值评估加以介绍。值得注意的是，适用于企业的价值评估程序和方法也同样适用于其他组织和项目。

一、价值评估的内涵与程序

（一）价值评估的意义与作用

价值评估是对企业全部或部分价值进行估价的过程。价值评估是财务管理的基本手段（或方法）。为什么企业价值评估如此被重视，或为什么企业财务管理中要进行企业价值评估呢？搞清这些问题对明确企业价值评估的目的是十分有益的。

第一，现代企业目标决定了价值评估的重要性。现代企业制度，作为一种资本雇佣劳动制，企业资本所有者是企业的所有者，资本增值是资本所有者投资的根本目的，也是企业经营的目标所在。资本增值的衡量离不开价值评估。无论是评估企业价值还是股东价值，都需要进行价值评估。

第二，价值是衡量业绩的最佳标准。价值之所以是业绩评价的最佳标准，一是因为它是要求完整信息的唯一标准。要进行价值评估，就要掌握企业长期的利润表、资产负债表和现金流量表的完整信息，没有这种完整的信息，就无法准确评估企业价值。而其他业绩衡量标准，都不需要完整信息。二是因为价值评估是面向未来的评估，它考虑长期利益，而不是短期利益。

第三，价值增加对企业各利益主体有利。现代企业财务目标存在股东价值最大化与企业价值最大化的争论。其实二者并不一定矛盾。研究表明，股东是公司中为增加自己权益而同时增加其他利益方权益的唯一利益主体。这说明股东要使其自身价值增加，必须保证其他利益主体的价值增加。

第四，价值评估是企业各种重要财务活动的基本行为准则。例如，企业合并和杠杆收购；证券分析师寻找被低估价值的股票；证券商为原始股定价；潜在投资者选择新的投资机会；公司选择股票回购的最佳时机；信用分析师了解贷款风险等，都需要进行价值评估。

（二）价值与价值评估的内涵

价值评估是对企业全部或部分价值进行估价的过程。价值评估的内涵是要明确对企业什么价值进行评估。

1.企业价值与股东价值

企业价值是指企业全部资产的价值。股东价值，亦称资本价值，是指企业净资产价值。由于“资产=负债+净资产”，因此，无论评估企业价值，还是评估股东价值，都是相互关联的。我们既可从评估企业价值入手评估股东价值，也可从评估股东价值入手评估企业价值。但应注意其评价中所需要信息的不同。

2.持续经营价值与清算价值

企业的持续经营价值与清算价值可能是不同的。价值评估时应根据评估对象的具体情况，考虑应选择的价值。有的企业清算价值高于持续经营价值，有的企业持续经营价值高于清算价值，企业公允的市场价值应是持续经营价值和清算价值中较高的一个。

3.少数股权价值与控股权价值

价值评估通常以股票或债券市场价格为基础进行评估。企业市场价值是评估企业经营业绩的重要指标和资本成本的主要决定因素。但是，应当指出，市场价值衡量的是少数股权价值，不是控股权交易的可靠价格指标。

（三）价值评估的程序

（1）确定价值评估目的；

（2）收集相关的评估信息；

（3）选择价值评估的方法；

（4）进行价值评估。

二、以现金流量为基础的价值评估

（一）以现金流量为基础的价值评估方式

以现金流量为基础的价值评估的基本思路是“现值”规律，任何资产的价值等于其预期未来全部现金流量的现值总和。现金流量贴现法具体又分为两种：（1）仅对公司股东资本价值进行估价；（2）对公司全部资本价值进行估价。

如果将企业未来现金流量定义为企业所有者的现金流量，则现金流量的现值实际上反映的是企业股东价值。将企业股东价值加上企业债务价值，可得到企业价值。如果将企业未来现金流量定义为企业所有资本提供者（包括所有者和债权者）的现金流量，则现金流量现值反映的是企业价值。从企业价值中减去债务价值才能得到企业股东价值。因此，资本经营价值评估，既可评估企业价值，也可评估股东价值。由于资本经营的根本目标是股东资本增值，所以资本经营价值评估通常是评估股东价值。但是为了全面说明股东价值的来源或创造，通常是在评估企业价值的基础上，减去债务价值，得到股东价值。

企业价值、债务价值及股东价值的关系及其评估可通过图2-3体现。

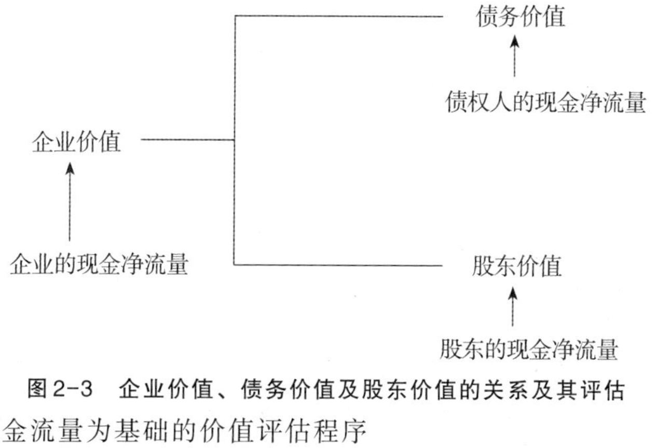

图2-3　企业价值、债务价值及股东价值的关系及其评估

（二）以现金流量为基础的价值评估程序

以现金流量为基础的价值评估的基本程序和公式是：

企业经营价值=明确预测期现金净流量现值+明确预测期后现金净流量现值

企业价值=企业经营价值+非经营投资价值

股东价值=企业价值-债务价值

（三）有明确预测期现金净流量现值估算

确定有明确预测期的现金净流量现值是企业价值评估的最重要内容。要正确预测其现金净流量现值，需要按以下步骤进行。

1.确定预测期

本部分研究的是有明确预测期现金流量现值的确定问题。所谓有明确预测期是指预测期是有限的，而不是无限的。从预测的准确性、必要性角度考虑，通常预测期为5—10年。

2.预测经营现金净流量

经营现金净流量是相对非经营投资而言的，它是指可提供给企业所有者和债权人的经营现金流量总额。经营现金净流量的计算有两种基本方法：

（1）现金净流量=息前税后利润-净投资

其中：息前税后利润=净利润+利息

净投资=总投资-折旧

式中的总投资是指企业新的资本投资总额，包括资本支出、流动资产及其他资产投资。折旧包括固定资产折旧和无形资产及递延资产摊销等。

（2）现金净流量=毛现金流量-总投资

其中：毛现金流量=息前税后利润+折旧

进行现金净流量预测，首先应对企业绩效进行分析，将财务分析与产业结构分析结合在一起，并对公司实力和弱点进行评估。同时从信贷角度了解公司的财务状况。

在对企业历史绩效进行分析之后，便可进行企业未来绩效的预测了。预测绩效的关键是明确影响企业价值或现金净流量的因素，包括时间因素。预测的基本步骤将在第十章论述。在预测各种价值影响因素的基础上，可形成预测利润表、资产负债表以及需要的个别项目，然后将这些详细资料综合起来，用以预测现金净流量等价值驱动因素。

若ABC公司2013年预测净利润为2 563 685元，利息支出为1 373 667元，息前税后现金流量为3 937 352元，总投资额为2 229 331元，折旧为933 166元。则：

经营现金净流量=净利润+利息-总投资+折旧

=2 563 685+1 373 667-2 229 331+933 166=2 641 187（元）

或者

经营现金净流量=息前税后利润+折旧-总投资

=3 937 352+933 166-2 229 331=2 641 187（元）

3.确定折现率

企业经营现金净流量的折现率的高低，主要取决于企业资本成本的水平。为了与现金流量定义相一致，用于现金净流量折现的折现率应反映所有资本提供者按照各自对企业总资本的相对贡献而加权的资本机会成本，即加权平均的资本成本。由于个别资本成本的高低取决于投资者从其他同等风险投资中可望得到的报酬率，因此，折现率的高低必须能准确反映现金净流量的风险程度。只有折现率准确反映现金净流量的风险，价值评估结果才能准确。否则，不正确的折现率将使价值评估的结果偏高或偏低。加权平均资本成本的计算公式是：

加权平均资本成本=平均股权资本成本×股权资本构成+平均负债资本成本×负债资本构成

可见，进行加权平均资本成本估算，一要确定资本结构或资本成本加权权数；二要估算股权资本成本；三要估算负债资本成本。

确定进行价值评估的公司的目标资本结构，应综合采用三种方法：第一，尽量估算以现实市场价值为基础的公司资本结构；第二，考虑可比公司的资本结构；第三，考虑管理层筹资方针及其对目标资本结构的影响。

关于平均股权资本成本和平均负债资本成本的估算方法可在个别股权资本成本和个别负债资本成本估算的基础上采用加权平均方法进行。

4.估算现金净流量现值

$$经营现金净流量现值=\sum_{t=1}^{n}\frac{经营现金净流量_t}{(1+折现率)^t}$$

应当注意，使用现金流量折现法的关键是保持现金流量与贴现率的匹配，用加权平均资本成本贴现股权现金流量会导致股权价值偏高；如果使用股本成本贴现公司现金流量，又会低估公司价值。如果被估价的资产当前的现金流量为正，并且可以比较可靠地估计未来现金流量的发生时间，同时根据现金流量的风险特征又能够确定恰当的贴现率，那么就适合采用现金流量贴现法。但是在现实生活中，陷入财务拮据状态的公司、收益呈周期性的公司、拥有未被利用资产的公司、有专利权或产品选择权的公司等，现金流量的预测和贴现率的确定存在一定困难。

若以ABC公司为例，其确定预测期（2013—2018）的经营现金净流量分别为2 641 187元、3 197 175元、4 156 807元、4 825 847元、5 516 968元、8 663 093元，折现率为12%，因此其有明确预测期的企业价值为各期经营现金净流量现值之和。

$$\begin{aligned}有明确预测期的企业价值&=\frac{2\,641\,187}{(1+12\%)}+\frac{3\,197\,175}{(1+12\%)^2}+\frac{4\,156\,807}{(1+12\%)^3}+\frac{4\,825\,847}{(1+12\%)^4}+\frac{5\,516\,968}{(1+12\%)^5}+\frac{8\,663\,093}{(1+12\%)^6}\\&=13\,438\,154.09（元）\end{aligned}$$

（四）明确预测期后现金净流量现值估算

有明确预测期以后公司预期现金流量现值估算亦称连续价值估算。使用连续价值公式便不再需要详细预测延长期公司的现金流量。用现金流量折现法进行连续价值估算（时），可供选择的方法有长期明确预测法、现金净流量恒值增长公式法和价值驱动因素公式法。第一种方法的实质与有明确预测期的现金流量现值估算方法相同，只是预测期加长（75年或更长）。这种方法不但麻烦，而且也无必要。通常选择后两种方法。

1.现金净流量恒值增长公式法

其估算公式为：

$$连续价值=\frac{明确预测期后第一年现金净流量正常水平}{加权平均资本成本-现金净流量预期增长率恒值}$$

使用这一公式应当注意：第一，假定企业现金净流量在连续价值期间内的增长率不变；第二，现金净流量预期增长率恒值应小于加权平均资本成本；第三，必须正确估算预测期后第一年的现金净流量正常水平，使之与预测增长率相一致。

2.价值驱动因素公式法

其估算公式为：

$$连续价值=\frac{\begin{array}{c}明确预测期后第一年\\息前税后利润正常水平\end{array}\times\left(1-\frac{息前税后利润预期增长率恒值}{新投资净额的预期回报率}\right)}{加权平均资本成本-息前税后利润预期增长率恒值}$$

在特定情况下，采用这两种方法计算的连续价值结果是相同的。

如某企业有明确预测期后第一年现金净流量正常水平为9 182 879元，息前税后正常水平为11 019 455.11元，以后每年的增长率均为3%，新投资净额的预期回报率为18%，该企业加权平均资本成本为12%，则采用现金净流量恒值增长公式法计算的连续价值为：

$$连续价值=\frac{9\ 182\ 879}{12\%-3\%}=102\ 031\ 988.9（元）$$

采用价值驱动因素公式法计算的连续价值为:

$$连续价值=\frac{11\ 019\ 455.11\times\left(1-\frac{3\%}{18\%}\right)}{12\%-3\%}=102\ 031\ 988.9(元)$$

应当注意，此时的连续价值是指明确预测期以后现金流量折现到明确预测期最后一年的现值。而构成企业经营价值的有明确预测期后现金流量现值应在此基础上进一步折现为明确预测期期初的现值。承上述计算，则有：

连续价值现值=102 031 988.9×0.452=46 118 458.98（元）

可见，无论采用何种方法，都涉及确定预测期、估计明确预测期后现金流量或利润水平及其增长率、加权平均资本成本估算及折现三个问题。

关于预测期的选择，取决于有明确预测期现金流量折现法选择的期限。应当指出，虽然选择明确预测期十分重要，但它并不影响公司价值，只关系到明确的预测期与以后年份公司的价值如何分配。

关于息前税后利润、现金净流量、新投资净额预期回报率、息前税后利润和现金净流量的增长率的确定，是涉及企业价值评估的重要参数，应结合各自特点，采取相应方法进行预测。

加权平均资本成本是进行连续价值折现的基础，资本成本的确定可参照前述方法进行。

（五）非经营投资价值和债务价值

企业价值是经营价值与非经营投资价值之和。前面两个问题研究了在现金流量折现法下经营价值的确定。非经营投资价值的确定，也可通过非经营现金流量折现进行。运用现金流量法进行企业价值评估，一要明确企业价值包括非经营投资价值；二要注意正确划分经营现金流量与非经营现金流量。由于非经营投资的特殊性，对其也可以不采用现金流量折现法进行估价，而直接用非经营投资额代表非经营投资价值。

为了计算企业股东价值或股本价值，可在企业价值评估基础上减去债务价值。债务价值等于对债权人现金净流量的折现。因此，要评估债务价值，一要确定债权人的现金净流量；二要确定债权人的资本成本或折现率。应当注意，只有在价值评估当日尚未偿还的公司债务才需要估算价值，对于未来借款可以假设其净现值为零，因为这些借款得到的现金流入与未来偿付的现值完全相等。

三、以经济利润为基础的价值评估

（一）以经济利润为基础的价值评估的特点与优点

以经济利润为基础的价值评估认为，公司价值等于投资资本额加上未来每年创造的超额收益的现值，即：

企业价值=投资资本+预计创造超额收益现值

而企业未来每年创造的超额收益，实质上反映了企业未来的非正常收益或超额利润。在经济学中通常将这种非正常收益定义为经济利润。而后来人们在以价值为基础的管理中又将其定义为附加经济价值（或EVA）。

经济利润或附加经济价值=息前税后利润-资本费用

相关链接2-2　　中央企业EVA革命

2010年1月1日起，新修订的《中央企业负责人经营业绩考核暂行办法》正式实行，包含127家央企下属的三级企业共近2万户国企将推行经济增加值（Economic Value Added，EVA）考核，并将考核结果与央企负责人薪酬、任免直接挂钩。国资委综合局局长刘南昌曾在接受采访时，指出EVA考核的实质：一家企业有1万亿元资产，一年只创造100亿元利润，但有400亿元资本成本，100亿元减去400亿元，EVA考核值就为负值了。

资料来源　张宇哲.2万家国企EVA革命［J］. 新世纪周刊，2010（12）.

以经济利润为基础的评估方法优于现金流量贴现法之处在于，经济利润可以了解公司在单一时期内所创造的价值。经济利润等于投资资本回报率与资本成本之差乘以投资成本，因此，经济利润将价值驱动因素、投资资本回报率和增长率转化为一个数字（增长率最终关系到投资资本数额或公司规模）。计算经济利润的另一途径是用息前税后利润减去资本费用，这里的资本费用是指全部资本成本，不仅仅是债务利息。经济利润的方法说明公司价值是投资资本和预计经济利润的现值之和。只有当公司利润多于或少于加权平均资本成本时，公司价值才多于或少于其投资成本。它与现金流量折现法的区别就是折现的是预计的经济利润而不是现金流量。

（二）以经济利润为基础的价值评估方法

1.经济利润或EVA预测

前面谈到，经济利润或EVA实质上是一种超额利润，根据其内涵，经济利润或EVA可用下式计算：

经济利润=息前税后利润-资本费用

或　　　　=息前税后利润-投资资本×加权平均资本成本

或　　　　=投资资本×（投资资本回报率-加权平均资本成本）

上述计算是站在企业角度，考虑全部投资资本所计算的经济利润。如果站在企业所有者的角度考虑，经济利润或超额利润是归属于企业所有者的，则经济利润可用下式计算：

经济利润=税后利润-股权资本费用

或　　　　=税后利润-所有者权益×股权资本成本

或　　　　=所有者权益×（净资产收益率-股权资本成本）

以经济利润为基础的价值评估方法的关键在于经济利润预测。如果明确预测期较长，预测经济利润可直接运用上述公式，逐年预测。如果考虑有明确预测期的经济利润和明确预测期以后经济利润预测两个阶段，则前者可逐年采用上述公式测算，后者可采用简化公式确定明确预测期后经济利润的现值总额，确定方法为：

$$连续价值=\frac{明确预测期后第一年经济利润正常水平}{加权平均资本成本-经济利润预期增长率恒值}$$

2.经济利润折现

经济利润现值计算的一般公式是：

$$经济利润现值=\sum_{t=1}^{n}\frac{经济利润_t}{(1+折现率)^t}$$

应当注意，由于经济利润是一种超额利润，是归企业所有者所有的，因此，经济利润现值应反映对股东价值的增值，从这点考虑，折现率应采用股权资本成本，而不应是加权平均资本成本。另外，这一公式主要用于有明确预测期的经济利润折现，对于明确预测期以后的经济利润折现，可直接用下列公式：

$$明确预测期后经济利润现值=\frac{连续价值}{(1+折现率)^n}$$

其中，n代表有明确预测期的最后一年。

3.投资资本确定

企业价值评估中的投资资本是指预测期期初的投资资本。由于投资资本于预测期期初发生，因此，投资资本本身的价值或账面价值与其现值相同，通常可将投资资本的账面价值直接作为以经济利润为基础的价值评估法中企业价值的组成部分。

4.企业价值确定

在上述三个步骤的基础上，运用下式可确定企业价值：

企业价值=投资资本+明确预测期经济利润现值+明确预测期后经济利润现值

四、以价格比为基础的价值评估

（一）以价格比为基础的价值评估原理

价格是价值的货币表现。企业价值或股东价值往往可通过企业股票价格来体现。而企业股票价格的高低与企业的收益、销售额和资产账面价值等都直接相关。因此，企业价值可表现为价格比与相关因素的乘积，用公式表示如下：

企业价值=价格比×相关价格比基数

1.价格比的形式

最常用的价格比有三个：市盈率或价格与收益比、市场价格与账面价值比和价格与销售额比。市盈率或价格与收益比的计算公式为：

价格与收益比=每股市价/每股收益

在此情况下，企业价值随预期收益的增长变化而呈正比例变化。

市场价格与账面价值比的计算公式为：

市场价格与账面价值比=每股市价/每股净资产

市场价格与账面价值比因公司的未来产权收益率、账面价值的增长和风险（决定折现率的差别）的不同而在公司之间有所不同。

价格与销售额比的计算公式为：

价格与销售额比=每股价格/每股销售额

它可以看作价格与收益比和收益与销售额比的乘积。因此除了解释价格与收益比变化的因素外，价格与销售额比随着预期利润率的变化而呈正比例变化。

2.相关价格比基数

相关价格比基数根据价格比的不同而有所不同。价格比的分母正是相关价格比基数。如价格与收益比的相关价格比基数就是企业的收益；而市场价格与账面价值比的相关价格比基数则是企业的账面净资产；价格与销售额比的相关价格比基数是销售额。进行价值评估时，必须保证价格比和相关价格比基数的一致性。

（二）以价格比为基础的价值评估步骤

1.选择价格比

在明确价格比主要有价格与收益比、市场价格与账面价值比、价格与销售额比的基础上，进行价值评估。首先要选择适当的价格比。因为对于同一评估对象，选择不同的价格比所评估的结果可能是不同的。选择何种价格比要与被评估企业的基本信息联系起来。这些基本信息主要指与股票价格相关的信息，特别是构成相关价格比基数的信息，如收益信息、账面价值信息、销售额信息等。选择时，第一要考虑相关性程度，通常应选择与股票价格相关程度最强的价格比；第二要考虑相关价格比基数信息的可靠性。例如，如果被评估企业的股票价格与其收益相关度最强，而该企业的收益预测也比较可靠，则选择价格与收益比进行评估将会比较准确、可行。

2.选择该价格比的可比（或类似）公司

在选择价格比的基础上，还应确定可用于评估的价格比的比值。由于价值评估在很大程度上取决于未来几年的运作情况的预测，评估人员可能会对价格比的估算信心不足。一个可以替代的方法是根据“类似”公司的价格比评价公司。利用价格比的主要困难在于确定真正类似的公司。

所谓类似公司是指那些具有最相似的经营和财务特征的公司。同一行业内部的企业是最佳的选择对象。但是，应当注意，并非同行业所有企业都是可比的，不同的企业有不同的特点。在选择类似公司时通常有两种选择方法：一是将同行业中所有企业的该价格比进行平均，这种做法是要通过平均数将各企业的非可比因素抵消掉，而被评估企业成为该行业最具代表性的企业；另一方法是选择行业中最相似的企业，但什么构成相似性是根据运用的价格比的不同而不同的。

3.确定价格比值

在选择可比公司的基础上，价格比的确定可以历史状况为标准，也可以预期未来状况为标准。当以历史的价格比为标准时，其前提是历史数据能准确反映未来价格比状况。

另外，价格比的确定或计算应保持分子与分母的一致性。例如，价格与收益比的分母应该是每股净收益；价格与销售比的分子，在存在债务的情况下，应做如下调整：

$$价格与销售比=\frac{产权市场价值+债务}{销售额}=\frac{(股票价格\times股数)+债务}{销售额}$$

4.预测价格比基数

所谓价格比基数是指与价格比相对应的相关价格比基数，即价格比的分母。要准确进行价值评估，在确定价格比的基础上，要准确预测价格比基数。例如，如果选择的价格比为价格与收益比，要评估企业股东价值，则要对企业的未来净收益进行准确预测；如果选择的价格比为价格与销售额比，要评估企业股东价值，则要对企业的未来销售额进行准确预测；如果选择的价格比为市场价格与账面价值比，要评估企业股东价值，则要对企业的账面净资产价值进行准确预测。

最后将确定的价格比与预测的价格比基数代入上述企业价值计算公式，即可得到评估价值。

本章小结

财务活动都是围绕财务目标的实现而开展的。为了实现资本增值的财务目标，筹资活动应当以尽可能低的成本获取资金，降低资金成本；投资活动应当充分使用资产，以一定的资产、较小的风险取得尽可能大的产出；营运活动应以较低的成本费用，取得较多的收入，实现更多的利润；分配活动应当兼顾各方面利益，从而步入良性循环的轨道。这些财务活动都会在财务报告中得到反映。财务报告不等于财务报表，它还包括财务报表附注等内容。

为实现资本增值的财务目标，需要运用各种财务管理工具对财务活动进行管理。常用的财务管理工具有货币时间价值、资本成本、风险和收益的权衡以及价值评估。货币时间价值是财务管理的基础性工具，由于存在货币时间价值，相同金额的货币在不同时点的价值不同，为此必须将其调整为在同一时点上的价值。货币时间价值主要有终值和现值两种，其中现值在财务中更为常用。计算货币时间价值时，首先需要确定现金流量和利率。现金流量按照性质不同可以划分为单期现金流和多期现金流，年金是多期现金流中最常见的一种。根据年金发生的时点不同，年金可以划分为普通年金和先付年金。在计算货币时间价值时，利率采用复利计息的方式，在连续复利的情况下，实际利率水平要高于名义利率水平。

资本成本是资本的取得成本和使用成本。每种资本来源都需要承担相应的成本，在资本成本的计算过程中，通常将资本的取得成本和使用成本与实际获得的资本相比较来衡量资本成本。计算出的资本成本可以在投资活动中作为判断项目是否可行的标准，也可以在融资活动中作为筹资决策的依据，还可以用来制定合理的收益分配政策。

收益主要用预期报酬率来衡量，而风险以预期报酬率的方差加以衡量。一项资产的收益由无风险报酬率和风险补偿报酬率两部分组成。风险由不可分散风险和可分散风险两部分组成。不可分散风险是市场承担的风险水平，对于所有的投资者而言都是相同的。可分散风险反映资产特有的风险，即资产除了承担市场风险之外，自身还承担着公司特有风险。

价值评估是对各种基础性财务管理工具的综合应用。价值评估是货币时间价值在财务管理中应用的延伸，同时价值评估还要考虑资本成本，以及如何在风险和收益之间进行权衡。常用的价值评估方法有：现金流量为基础的价值评估、经济利润为基础的价值评估和价格比为基础的价值评估。

关键概念

会计报表　财务报告　货币时间价值　年金　先付年金　终值　现值　资本成本　风险　收益　风险与收益的权衡　贝塔（β）系数　资本资产定价模型　价值评估　经济利润

思考题

2.1　什么是财务报告？财务报告包括哪些内容？

2.2　财务报告与财务活动有哪些关系？

2.3　什么是货币时间价值？

2.4　如何计算复利现值、复利终值、年金现值和年金终值？

2.5　在连续复利的情况下，如何计算实际利率？

2.6　债务性资金的资本成本如何计算？

2.7　股权性资金的资本成本如何计算？

2.8　收益和风险之间存在何种关系？

2.9　以现金流量为基础的价值评估都有哪些程序？

2.10 以经济利润为基础的价值评估都有哪些程序?

延伸阅读与参考文献

1.胡玉明. 公司理财[M]. 大连:东北财经大学出版社,2002.

2.张先治,陈友邦. 财务报告分析[M]. 大连:东北财经大学出版社,2009.

3.张先治. 财务学概论[M]. 大连:东北财经大学出版社,2006.

4.莫顿,博迪. 金融学[M]. 欧阳颖,等,译. 北京:中国人民大学出版社,2000.

5.帕利普,等. 经营透视:企业分析与评价[M]. 李延钰,等,译. 大连:东北财经大学出版社,1998.

6.科普兰,等. 价值评估:公司价值的衡量和管理[M]. 郝绍伦,等,译. 北京:电子工业出版社,2002.

7.罗斯,等. 公司理财[M]. 吴世农,沈艺峰,译. 北京:机械工业出版社,2000.

8.达摩达兰. 应用公司理财[M]. 郑振龙,译. 北京:机械工业出版社,2000.

9.BRIGHAM,HOUSTON.财务管理基础[M]. 北京:高等教育出版社,2005.

10.BRIGHAM,SCOTT BESLEY.财务管理精要[M]. 北京:机械工业出版社,2004.

11.博迪,凯恩,马库斯.投资学[M]. 汪昌云,等,译. 北京:机械工业出版社,2012.

12.布雷利,迈尔斯,艾伦.公司财务原理[M]. 赵英军,等,译. 北京:机械工业出版社,2013.

第三章

财务环境与组织

引例

财务环境日新月异。经济全球化、资本市场日趋成熟、企业商务电子化、资产管理智能化，这些都为政府、企业和个人带来了财务管理上不可估量的机遇与挑战。在2010年底IBM例行发布的业内著名的CFO研究报告指出在以利润增长为目的而进行的信息收集、解释和传送工作中只有9%的人认为自己是“卓越的”，而50%以上的人认为自己“很差”、“差”或者仅仅是“满意”。很显然，在现代财务管理环境下，传统的交易处理已经不再是财务高管们关注的核心，如何在不断变革的环境下为企业提供规划变革、制定战略以及驱动商业价值的服务则成为了CFO今天真正的着眼点。“如今的CFO必须要洞悉行业的价值走向。最近大数据这个词汇很热……在这场大数据的革命中，CFO的角色和价值相对于以往又有了全新的变化。”——IBM大中华区财务及运营副总裁这样评论道。

与此同时，麦肯锡公司对100家全球市值最高的大公司的首席财务官的经验、资信和背景进行了分析。他们的调查也表明，在经济环境恶化的情况下，CFO关于战略、风险管理以及绩效管理的视野能够帮助公司更好地渡过难关。其数据表明，在经济危机的情况下，公司很少去考虑变革治理结构，相反，大多数公司选择了对CFO（财务管理）的依赖。

这些都说明在不断变化的财务财务环境背景下，如何适应环境、寻求机遇，确实已经成为财务管理当前和今后一段时间所面临的最重要课题。

资料来源　1. 2010 IBM全球CFO研究报告；

2. McKinsey&Company.How finance departments are changing: McKinsey Global Survey Results，2009.

学习目标

知识目标

掌握财务环境的概念；理解和掌握财务环境的分类；财务环境在财务学中的地位与作用；掌握经济环境的主要因素；了解经济环境与财务运行的关系；掌握法律环境的主要因素；了解法律环境与财务运行的关系；掌握文化环境的分类；了解文化环境与财务运行的关系；掌握内部财务环境的主要因素；了解内部财务环境与财务运行的关系；明确公司理财中的财务组织与人员职责分工；明确金融机构中的财务组织与人员职责分工；明确政府与非营利组织中的财务组织与人员职责分工。

能力目标

理解与掌握什么是财务管理的可控环境因素和不可控环境因素；理解与掌握市场经济管理体制和计划经济管理体制对财务管理的不同影响；理解与掌握强式、半强式、弱式有效市场对财务管理行为的不同影响；明确社会文化差异对财务管理的影响；区分公司、金融机构和政府与非营利组织中的财务人员的不同职责分工。

本章提要

本章主要介绍与论述财务环境和财务组织与人员，包括财务环境概述、外部财务环境、内部财务环境和财务组织与人员分工。解析以下问题：什么是财务环境？财务环境有何分类？财务环境在财务学中的地位与作用如何？财务环境如何影响财务运行？财务组织与财务人员分工如何？

若想清楚了解财务环境对财务行为的影响，首先要明确财务环境的概念、分类、作用等，第一节通过对这些问题的介绍，概述了财务环境的基本问题以及财务环境在财务学中的地位与作用。外部环境是对财务管理产生影响的极为重要的因素。第二节围绕外部财务环境，主要介绍了经济环境、法律环境和文化环境对财务运行的影响。内部环境当然也对财务的正常运行发挥着毋庸置疑的重要作用。第三节主要介绍了治理结构、组织结构和内部规章制度等对财务运行的影响。第四节是财务组织与财务人员，主要介绍了公司理财中的财务组织与人员职责分工、金融机构中的财务组织与人员职责分工，以及政府与非营利组织中的财务组织与人员职责分工。

第一节 财务环境概述

一、财务环境的内涵

在财务活动中，其主体需要不断地对财务环境进行审视和评估，并根据其所处的具体环境的特点，采取与之相适应的理财方法和手段，以实现其创造价值的目标。

（一）财务环境的概念

环境是个相对的概念，它是相对于主体而言的客体。任何事物都是在一定的环境条件下存在和发展的，是一个与其环境相互作用、相互依存的系统。任何财务活动的进行都离不开一定的社会、政治、经济、文化等环境。

财务环境是指能够对财务活动产生影响的各种作用因素的集合。按照系统论的观点，所谓环境，就是指被研究系统之外的、对被研究系统有影响作用的一切系统的总和。如果把财务活动当作一个系统，那么财务活动系统之外的对其产生影响的一切系统的总和，便构成了财务环境。例如，国家的政治经济形势、经济法规的完善程度、要素市场供求状况、资本市场的发达程度、社会文化、企业内部组织结构等，都构成了财务环境。

（二）财务环境的分类

财务环境是具有复杂性、不确定性、动态性、差异性的复杂系统，它是一个纵横交错、相互制约的多层次、多方位的系统。因而，从不同层次、不同角度，可以将财务环境进行一定的分类，这有助于我们更好地根据各种环境的自身特点把握其当前的特征和未来的可能变化以及它们给财务活动带来的影响。

1.外部环境和内部环境

按照环境的层次性，可将财务环境分为外部环境和内部环境，也可以称为宏观环境和微观环境。

（1）财务的外部环境，是指对所有财务活动都产生重要影响的环境因素，包括文化、法律、政治、经济等环境。外部环境的稳定与否、完善与否会对财务活动产生重大影响。例如，政治上政权的频繁更迭、经济发展整体上的低迷、金融市场普遍的投机操作，这些都会增加财务活动的风险。

（2）财务的内部环境，是指那些只对某一特定主体的财务活动产生影响的内部环境因素的总和，主要包括治理结构、组织结构、内部规章制度、财务组织与人员等方面。内部环境的特点会决定财务行为的特点以及财务决策如何制定。例如，重视长期盈利能力而不是短期利润额的公司可能更愿意在长期研发上进行投资。

2.稳态环境和动态环境

尽管财务环境具有动态性的特征，但为了更好地分析财务环境因素，可以按照环境因素的相对稳定程度，将财务环境分为稳态环境和动态环境。

（1）稳态环境，是指那些对财务活动有着重要影响，但本身在通常情况下处于相对稳定状态的各种环境因素。这样的因素通常包括那些容易预见、变化不大、对财务活动影响程度也相对稳定的因素，如地理环境、人文环境、政治环境等。一般来讲，稳态环境可以设定为不变，因而财务活动一般无需过多地考虑其变化，但是也要清楚，稳态环境的这种不变只是相对的，一旦变化则会给财务活动带来十分严重的影响，因此，如果有迹象表明其将呈现出不稳定的一面，则应当予以特别关注。

（2）动态环境，是指那些对财务活动有着重要影响，且本身处于经常变动之中的环境因素。这样的因素通常包括那些预见性较差、变化性较强、对财务活动影响程度未必稳定的因素，如利率、汇率、通货膨胀率、购销市场价格等。由于动态环境因素处于经常的变化之中，因而往往是财务过程所需考虑的重点，通过将重点放在对这些可变因素的调查、分析、预测的基础上，可以大体上把握动态环境因素的变化趋势，并辨明其对财务活动可能产生的影响，从而采取相应的措施，提高财务活动对环境的适应能力和应变能力。

3. 可控环境和不可控环境

按照环境因素的可控性，可将财务环境分为可控环境和不可控环境。

（1）可控环境因素，是指那些对财务活动有着重要影响，但本身可以为财务活动主体所控制和调整的环境因素。例如，组织内部人员状况、生产状况、技术状况等都是其自身可以控制的环境因素。一般来讲，组织内部的环境因素都是可控环境因素。对于可控环境因素，财务管理者通常会采取调整的态度，以使环境因素发生改变来适应财务决策。

（2）不可控环境因素，是指那些对财务活动有着重要影响，且不能为财务活动主体所控制和调整的环境因素。例如，政治环境、法律环境、自然地理环境、经济体制环境等都是不可控的财务环境因素。一般来讲，组织外部的各种环境因素都是不可控环境因素。对于不可控环境因素，财务活动主体通常会采取适应的态度，调整财务决策以适应环境因素。

总之，财务环境的各个方面特征不一，它们对财务活动的影响也不尽相同。只有充分地把握这些特征，才能在财务决策过程中利用好环境，与环境相协调发展。本书采用第一种划分方法，即重点论述外部环境中的经济环境、法律环境、文化环境，以及组织的内部环境，并兼论财务组织与人员分工。

二、财务环境在财务学中的地位与作用

财务学的启蒙和发展深受财务环境的影响，或者说，正是基于环境发展的要求，才使得财务学产生，并不断地发展和演进。

（一）财务环境与财务学的启蒙

现代意义上的财务学起源于15世纪末16世纪初。当时西方社会正处于资本主

义萌芽时期，地中海沿岸的许多商业城市出现了由公众入股的商业组织，入股的股东有商人、王公、大臣和市民等。地理大发现和商业股份经济的发展客观上要求企业合理预测资本需要量，有效筹集资本。但由于这时企业对资本的需要量并不是很大，筹资渠道和筹资方式比较单一，企业的筹资活动仅仅附属于商业经营管理，并没有形成独立的财务管理职业。1602年，荷兰东印度公司的成立标志着现代股份制公司的出现。进而，1609年，世界历史上第一个股票交易所诞生在阿姆斯特丹，阿姆斯特丹银行也于同年成立，资本市场渐成规模。现代意义上的财务管理开始启蒙。

（二）财务环境与财务学的发展

1.工业革命促成了财务管理的筹资时期的到来

19世纪末20世纪初，工业革命的成功促进了企业规模的不断扩大、生产技术的重大改进和工商活动的进一步发展，股份公司迅速发展起来，并逐渐成为占主导地位的企业组织形式。股份公司的发展不仅引起了资本需求量的扩大，而且也使筹资的渠道和方式发生了重大变化，企业筹资活动得到进一步强化，如何筹集资本扩大经营，成为大多数企业关注的焦点。于是，许多公司纷纷建立了一个新的管理部门——财务管理部门，财务管理开始从企业管理中分离出来，成为一种独立的管理职业。当时公司财务管理的职能主要是预计资金需要量和筹措公司所需资金，融资是当时公司财务管理理论研究的根本任务。因此，这一时期被称为融资财务管理时期或筹资财务管理时期。

1897年，美国财务学者格林（Green）出版了《公司财务》，详细阐述了公司资本的筹集问题，该书被认为是最早的财务著作之一；1910年，米德（Meade）出版了《公司财务》，主要研究企业如何最有效地筹集资本，该书为现代财务理论奠定了基础。

2.20世纪30年代的经济危机促成了财务管理的法规时期的到来

受1929年爆发的世界性经济危机的影响，20世纪30年代的资本主义经济普遍不景气，许多公司倒闭，投资者损失严重。为了保护投资者利益，各国政府纷纷通过立法手段加强对证券市场的监管。例如，美国先后于1933年和1934年通过了《联邦证券法》和《证券交易法》，规定公司发行证券之前必须向证券交易委员会登记注册，向投资人提供公司财务状况及其他有关情况的说明书，并按规定的格式向证券交易委员会定期报告财务状况。此时财务管理面临的突出问题是金融市场制度与相关法律规定等问题。财务学首先研究和解释各种法律法规，指导企业按照法律规定的要求，组建和合并公司，发行证券以筹集资本。因此，西方财务学家将这一时期称为“守法财务管理时期”或“法规描述时期”（descriptive legalistic period）。

这一阶段同时也被称为内部控制财务管理阶段。20世纪30年代后，财务管理的重点开始从扩张性的外部融资，向防御性的内部资金控制转移，各种财务目标和预算的确定、债务重组、资产评估、保持偿债能力等问题，开始成为这一时期财务管理的重要内容。美国洛弗（W.H.Lough）的《企业财务》，首先提出了企业财务除筹措资本外，还要对资本周转进行有效的管理。英国罗斯（T.G.Rose）的《企业内部财务论》，特别强调企业内部财务管理的重要性，认为资本的有效运用是财务研究的重心。

3.市场的激烈竞争促成了资产财务管理时期的到来

20世纪50年代以后，面对激烈的市场竞争和买方市场趋势的出现，财务经理普遍认识到，单纯靠扩大融资规模、增加产品产量已无法适应新的形势发展需要，财务经理的主要任务应是解决资金利用效率问题，公司内部的财务决策上升为最重要的问题，西方财务学家将这一时期称为“内部决策时期”（internal decision-making period）。在此期间，资金的时间价值引起财务经理的普遍关注，以固定资产投资决策为研究对象的资本预算方法日益成熟，财务管理的重心由重视外部融资转向注重资金在公司内部的合理配置，使公司财务管理发生了质的飞跃。由于这一时期资产管理成为财务管理的重中之重，因此称之为资产财务管理时期。

20世纪50年代后期，对公司整体价值的重视和研究，是财务管理理论的另一显著发展。实践中，投资者和债权人往往根据公司的盈利能力、资本结构、股利政策、经营风险等一系列因素来决定公司股票和债券的价值。由此，资本结构和股利政策的研究受到高度重视。著名的MM定理、资本资产定价模型等都是这一时期特定环境下的产物。

4.投资风险的加大促成了投资财务管理时期的到来

20世纪60年代中期以后，科学技术迅速发展，产品更新换代速度加快，国际市场迅速扩大，跨国公司增多，金融市场繁荣，市场环境更加复杂，投资风险日益增加，企业必须更加注重投资效益，规避投资风险，财务管理的重点转移到投资问题上，因此这一时期称为投资财务管理时期。前述资产财务管理时期的财务研究成果同时也是投资财务管理初期的主要财务成果。例如，投资组合理论和资本资产定价模型揭示了资产的风险与其预期报酬率之间的关系，受到投资界的欢迎，导致财务学中原来比较独立的两个领域——投资学和公司财务管理的相互组合，使公司财务管理理论跨入了投资财务管理的新时期。

5.自然科学环境的发展使得现代财务进入成熟发展时期

一般认为，20世纪70年代是西方财务管理理论走向成熟的时期。统计和优化理论的数学模型在经济领域广泛应用，在这一环境因素的影响下，财务管理迅速朝着“严谨的数量分析”方向发展。期权定价理论、套利定价理论等现代管理方法使投资管理理论日益成熟，主要表现在：建立了合理的投资决策程序；形成了完善的投资决策指标体系；建立了科学的风险投资决策方法。经济活动的发展促使财务管理进一步发展成为集财务预测、财务决策、财务计划、财务控制和财务分析于一身，以筹资管理、投资管理、营运资金管理和利润分配管理为主要内容的管理活动，并在企业管理中居于核心地位。1972年，法玛（Fama）和米勒（Miller）出版了《财务管理》一书，这部集西方财务管理理论之大成的著作，标志着西方财务管理理论已经发展成熟。

6.社会环境的日益复杂促使财务管理进入深化发展时期

20世纪70年代末以后的年代，随着社会环境的日益复杂，财务管理呈现出国际化、精确化、电算化、网络化等趋势。20世纪70年代末80年代初，西方世界普遍遭遇了旷日持久的通货膨胀。大规模的持续通货膨胀导致资金占用迅速上升，筹资成本随利率上涨，有价证券贬值，企业筹资更加困难，公司利润虚增，资金流失严重。因此这一时期，通货膨胀财务管理一度成为热点问题。20世纪80年代中后期以来，进出口贸易筹资、外汇风险管理、国际转移价格问题、国际投资分析、跨国公司财务业绩评估等，成为财务管理研究的热点，并由此产生了一门新的财务学分支——国际财务管理。20世纪90年代中期以来，计算机技术、电子通讯技术和网络技术发展迅猛，网络财务管理成为新的话题。进入21世纪，伴随着经济全球化的浪潮，金融全球化对财务管理产生直接影响：一方面，企业筹资、投资有了更多的选择机会；另一方面，金融工具和衍生金融工具也为企业财务管理带来极大风险，如何维护良好的风险管理制度成为财务管理的重要话题。

知识拓展：网络财务环境下的会计流程再造研究

第二节　外部财务环境

一、经济环境

财务管理的经济环境是指对财务管理产生影响的一切经济因素的总和，这里主要探讨经济管理体制、经济发展周期和市场的完善与有效程度对财务管理的影响。

（一）经济管理体制与财务运行

经济管理体制是一个国家的基本经济制度，是指在一定的社会制度下，经济关系的具体形式以及组织、管理和调节国民经济的体系、制度、方式、方法的总称。目前世界上典型的经济管理体制有计划经济管理体制和市场经济管理体制两种类型。计划经济管理体制是指一国经济以计划为基础和主体进行运作；市场经济管理体制是指一国经济以市场为基础和主体进行运作。我国的经济管理体制正在经历着由计划经济管理体制向市场经济管理体制的变革，在这两种不同的体制下，人们的财务管理行为是有区别的。

1.计划经济管理体制的基本特征及财务行为

计划经济管理体制的基本特征是政府对经济的行政性控制，各种经济杠杆或手段都是为这种控制服务的，这种控制与市场经济条件下的政府干预有着本质的区别。市场经济条件下政府干预的前提是政府与市场功能的科学、合理界定，政府干预不仅不能违背而且必须服从市场规律。而在计划经济管理体制下，政府控制整个社会资源，实行的是政策分配型交易。

（1）计划经济管理体制对企业财务管理行为的影响。实行计划经济管理体制还是市场经济管理体制对企业的财务管理行为产生的影响最为直接。计划经济管理体制对企业财务管理工作的影响主要体现在以下几个方面：计划经济管理体制要求企业按照国家计划进行一切财务管理活动；要求企业财务管理工作以完成国家下达的计划为目标；企业资金由国家统一供给，投资由国家决策，分配由国家规定，企业不是真正的财务管理主体，只是国家计划的执行者；财务管理工作主要采用财务计划作为手段，通过制订、实施计划来做好财务管理工作；财务管理工作从属于企业的生产经营工作，处于服务地位。因而企业虽作为一个独立的核算单位却无独立的理财权利，财务管理活动的内容比较单一，财务管理方法比较简单。

（2）计划经济管理体制对个人理财行为的影响。尽管计划或市场经济管理体制最直接地作用于企业，但从另一个角度来看，同时也严重影响着个人理财。例如，投资性质的个人金融理财在西方发达国家十分普遍，主要包括个人理财服务和对私贷款，其比重一般都占银行业务量的30%以上。个人金融理财作为国外各大银行的一项主要业务，其所涉及的范围相当广泛，包括提供外币汇兑比率，债券、信托资金，资金管理、信贷咨询等。但是，尽管目前社会对个人金融理财服务的需求声较高，但在计划经济管理体制下国内商业银行却不能进行相关操作，原因在于在计划经济体制下，银行一直充当财政的会计，从事的基本上是表内业务，金融服务功能明显不足。

2.市场经济管理体制的基本特征及财务管理行为

市场经济管理体制的基本特征是：政府宏观管理与调控不是配置资源的前提，而是必须以市场配置资源为前提，也就是说，配置资源的主体是市场，而不是政府。

（1）市场经济管理体制对企业财务管理行为的影响。市场经济管理体制对企业财务管理行为的影响主要体现在以下几个方面：市场经济管理体制要求企业面向市场，而不是接受政府的行政命令来进行一切财务管理活动；市场经济管理体制要求企业以利润最大化或企业价值最大化，而不是完成国家下达的计划为财务管理目标；在市场经济管理体制下，企业作为财务管理主体自主筹资，在遵守国家有关规定的前提下进行投资决策和利润分配，而国家不直接参与企业财务管理活动；在市场经济管理体制下，企业主要通过市场预测和决策，而不是行政命令下的财务计划来搞好财务管理工作；在市场经济管理体制下，财务管理工作不再从属于企业的生产经营工作，已成为独立的管理活动，企业财务部门可以独立完成筹资、投资和分配等财务管理活动。因而，企业作为独立的经济实体，有独立的经营权、理财权，财务管理活动的内容比较丰富，方法也复杂多样。

（2）市场经济管理体制对个人理财行为的影响。市场经济管理体制对个人理财行为的影响主要体现在以下几个方面：社会福利制度方面，在市场经济管理体制下，原来在计划经济管理体制下由国家统包的一系列社会福利制度，相应改革为由国家与个人共同负担，如住房、医疗、教育、养老等，这些家庭理财活动越来越成为每个人十分重视的财务管理问题，甚至与其一生的财务目标相挂钩；个人金融理财方面，商业银行逐渐走出“财政会计”的角色定位，转而参与到家庭理财服务中来，证券业、保险业随着市场的资源配置功能而日益兴盛起来，这些都将大大改变个人理财行为的模式。

（二）经济发展周期与财务运行

经济发展周期是指在整个国民经济活动中，所出现的由扩张到收缩的循环往复，这种循环往复呈现出周期性波动的特征，它具体分为复苏、繁荣、衰退和萧条四个阶段。经济的周期性波动对财务运行有着非常重要的影响。

1.经济发展周期对企业财务管理行为的影响

在不同的发展时期，企业的生产规模、销售能力、获利能力以及由此而产生的资本需求都会出现重大差异。一般来说，当生产扩大、物价上涨时，经济就开始复苏甚至朝着繁荣阶段迈进，这时就业率高，工资也不断上涨；反之，就会朝衰退甚至萧条期发展。

西方财务学界提出的企业在经济周期各阶段的一般财务对策见表3-1。

表3-1 **企业在经济周期各阶段的一般财务对策**

复苏阶段	繁荣阶段	衰退阶段	萧条阶段
1.增加厂房设备	1.扩充厂房、设备	1.停止扩张	1.建立投资标准
2.实行长期租赁	2.继续建立存货	2.出售多余设备	2.保持市场份额
3.建立存货	3.提高价格	3.转让一些分部	3.缩减管理费用
4.引入新产品	4.开展营销规划	4.停产不利产品	4.放弃次要利益
5.增加劳动力	5.增加劳动力	5.停止长期采购	5.削减存货
		6.削减存货	6.裁减雇员
		7.停止雇员	

通常来讲，这一理论是值得借鉴的。但是，需要注意的是，经济发展的周期波动不仅有短程周期、中程周期和长程周期之别，而且还有总量周期波动与产业及行业周期波动之别。所以，表3-1中各周期阶段应采取的财务战略的实施时间、力度以及持续时间安排，都应以具体经济周期特征分析为前提。

2.经济发展周期对个人理财行为的影响

个人在投资理财中，也必须要善于把握经济发展的周期性规律。

（1）针对不同的经济发展周期，个人理财要对未来物价的趋势和走向有一个比较正确的估计。一般说来，在经济复苏或繁荣阶段投资，各种商品的价格都有不同程度的上扬，银行存款的利率也会向上浮动；而在经济衰退甚至萧条阶段，通货紧缩，物价、汇价、房价和存贷款利率也会相应下降。因此，个人理财要对未来物价的趋势和走向有一个比较正确的估计，投资才能见到效益。譬如，你在储蓄存款时，如不考虑经济发展的周期性变化，不使自己的存款周期与经济发展周期相一致，就难以实现储蓄存款利率收益的最大化。

（2）针对不同的经济发展周期，个人理财投资的侧重点应当有所调整。因为投资品种的风险和收益各有特点，有些与经济的发展共成长，而有些却与其相反。所以，不同的经济周期个人理财投资的侧重点就不太一样，比如经济复苏或繁荣时，可多投成长型的股票、房地产等；而经济衰退或萧条时，应当侧重于银行存款、债券和黄金等。

（3）考虑不同经济发展周期的同时，也要考虑个人或家庭生命周期。个人理财的整体财务规划是针对人的一生而不是某个阶段的规划，包括个人或家庭生命周期每个阶段的资产、负债分析、现金流量预算和管理、个人风险管理和保险规划、职业生涯规划、子女养育及教育规划、退休计划、个人税务筹划等，因此，理财时要考虑到不同经济发展周期与个人或家庭生命周期的协调配合。

（三）市场的完善有效与财务运行

1.市场的分类——从企业所处的市场环境竞争态势来看

从企业所处的市场环境竞争态势来看，市场可以划分为完全垄断市场、完全竞争市场、不完全竞争市场和寡头垄断市场，不同的市场环境对企业财务管理有不同影响。

（1）完全垄断市场。在完全垄断市场下，由于价格由垄断企业来决定，因而具有垄断地位的企业不会遇到竞争的压力，其购销活动一般都不成问题，价格波动不大，企业不仅可以取得稳定的垄断利润，而且面临的市场风险极小。这时候的企业因掌握着经营的主动权，使其财务活动也往往处于有利地位，如可以融通和使用大量债务资金，或采用预收货款形式减少资金占用等。

（2）完全竞争市场。在完全竞争市场下，由于商品或劳务的购销价格完全由市场来决定，价格和购销量都容易出现波动，企业时刻都面临竞争风险，企业利润也不稳定。为了扩大销售，企业不得不采取宽松的信用条件，应收款项可能会大量增加，同时企业有可能采取薄利多销的方式，致使企业收益水平下降。这时候的企业在竞争中时刻都面临危机和风险，这种完全自由的讨价还价的竞争条件决定了企业的财务风险因经营风险或市场风险的存在而加大，此时的财务管理必须考虑现金流量问题以及可能陷入财务困境之前如何谨慎运用债务资金。

（3）不完全竞争和寡头垄断市场。在不完全竞争和寡头垄断市场下，企业经营理财面临的竞争风险小于完全竞争市场，通过优质或特色服务可以使自身处于垄断和优势地位，增强对市场的控制力。所以，这种企业的垄断和优势地位是必须付出代价的，如研发投入、广告宣传、放宽信用条件等。在这些代价的基础上，企业的购销可能会相对稳定，价格也会在一定时期相对稳定，企业可以取得一定的垄断利润。但是，由于其他企业可能在很短的时间内赶超本企业，企业还是面临着一定的市场风险和经营风险，进而引发企业的财务风险。所以，考虑到竞争风险的存在，财务管理上也必须注意财务风险存在的可能性，预先采取预防措施。

2. 证券市场的分类——从证券市场上股票价格与相关信息的角度来看

从证券市场上股票价格与相关信息的角度来看，证券市场可以划分为三种类型：弱式有效（weak-form）市场，半强式有效（semi-strong form）市场和强式有效（strong-form）市场。不同效率的市场下，企业和个人理财行为都有不同表现。

（1）弱式有效市场。其效率程度要低于半强式有效市场的效率程度，是指证券价格反映了所有过去证券价格变动的资料和信息，但是却不能及时、有效、全面地反映所有公开信息，更不能反映内部信息。在弱式有效市场上，证券价格的未来走向与其历史变化没有任何必然联系，证券价格过去的波动并不能影响其未来价格的波动，因此，投资者无法借助历史记录的分析来预测当前证券价格。

（2）半强式有效市场。其效率程度要高于弱式有效市场，但低于强式有效市场的效率程度，主要是指证券价格反映了所有历史信息以及所有公开信息，但却不能反映内部信息。在半强式有效市场上，公开发表的信息会迅速完整地被投资者获知。因而，股票价格会反映当前所有公开信息，投资者不能通过分析过去信息和公开信息获得额外利润，但是在半强式有效市场上，有人可以通过获得内部信息而获得超额收益。

（3）强式有效市场。它是指证券价格完全反映了所有与价格变化有关的信息，包括历史信息、公开信息和内部信息。在强式有效市场上，证券价格取决于其实际价值的高低，因而，个别投资者有可能会在某几次投资活动中获得超常利润，但却不可能长期稳定地保持这种收益，其总的投资结果是只能获得平均利润。同时，在强式有效市场上，靠造假手段也无法真正影响证券价格。

二、法律环境

财务运行的法律环境，是指个体在从事财务活动以及在处理各种财务关系时所应遵守的各种法律、法规。随着经济改革的深化，国家管理经济已经越来越多地采用法律手段，因而财务活动受法律规范的约束也表现得日益显著。目前，直接影响财务主体的财务机制运行的重要法律规范主要包括财政税务法规、金融证券法规、财务会计法规以及公司及行业监管法规。

（一）税收法规与财务运行

税收是国家凭借政治权力，无偿地征收实物或货币，以取得财政收入的一种手段。税收具有三个特征，即无偿性、强制性和固定性。一方面，国家财政收入的主要来源是企业所缴纳的税金，而国家财政状况和财政政策对于企业资金供应和税收负担有着重要影响，同时，国家各种税种的设置、税率的调整还具有调节生产经营的作用。企业的财务管理决策应当适应税收政策的导向，合理安排资金投放，以追求最佳经济效益。另一方面，对个人收入通过纳税进行调解，既有利于国家税收来源的保障，又有利于调节社会收入分配不均的问题。纳税人逃税漏税的行为将不仅仅是道德界线的问题，更会触及到法律。

我国现行税收法规体系中，与企业和个人理财活动紧密相关的税收法律主要有所得税类、流转税类、资源税类、财产和行为税类以及关税。

1.所得税类

所得税主要是在国民收入形成后，对生产经营者的利润和个人的纯收入发挥调节作用。目前，我国的所得税包括企业所得税和个人所得税两种。

（1）企业所得税，是指对企业和其他取得收入的组织（以下统称企业）的生产经营所得和其他所得征收的一种税。其纳税义务人是在我国境内的企业和其他取得收入的组织。其中，企业分为居民企业和非居民企业。个人独资企业和合伙企业缴纳个人所得税，不是企业所得税的纳税人。新的《中华人民共和国企业所得税法》自2008年1月1日起施行。新企业所得税法规定，内外资企业统一税率为25%，国家需要重点扶持的高新技术企业减按15%的税率征收，小型微利企业和非居民企业减按20%的税率征收。

（2）个人所得税，是对个人（自然人）取得的各项应税所得征收的一种税。2011年6月30日，第十一届全国人民代表大会常务委员会第二十一次会议审议通过了《关于修改〈中华人民共和国所得税法〉的决定》。2011年7月19日，国务院公布了《国务院关于修改〈中华人民共和国个人所得税法实施条例〉的决定》。个人所得税征收范围包括工资、薪金所得，个体工商户生产、经营所得，对企事业单位的承包经营、承租经营所得，劳务报酬所得，稿酬所得，特许权使用费所得，利息、股息、红利所得，财产租赁所得，财产转让所得，偶然所得，经国务院财政部门确定征税的其他所得。

2.流转税类

流转税主要是对生产、流通或者服务业发挥调节作用，包括增值税、消费税。

（1）增值税，是对在我国境内销售货物，提供加工、修理修配劳务或服务，以及进口货物的单位和个人，就其取得的货物或应税劳务、服务的销售额，以及进口货物的金额计算税款，并实行税款抵扣制的一种流转税。

（2）消费税，是对需要调节其消费行为的少数特定的消费品征收的一种税，征收消费税的消费品有烟、酒、化妆品等。征收消费税有利于正确引导消费，调整消费结构，也有助于调节个人收入水平，缓解分配不公的矛盾。为了适应不同应税消费品的实际情况，消费税采用比例税率和定额税率两种形式。

3.资源税类

资源税主要是对因开发和利用自然资源差异而形成的级差收入发挥调节作用，包括资源税、城镇土地使用税。

（1）资源税主要包括对原油、天然气、煤炭、其他非金属矿原矿、黑色金属矿原矿、有色金属矿原矿和盐等七大类资源的开采征税。资源税的征收采取从价定率或从量定额的办法，实施“普遍征收、级差调节”的原则。

（2）城镇土地使用税是以城镇土地为征税对象，对在城市、县城、建制镇、工矿区内占用国家和集体土地的单位和个人，按使用土地面积征收的一种税。城镇土地使用税采用定额税率，即采用有幅度的差别税额，按大、中、小城市和县城、建制镇、工矿区分别规定每平方米土地使用税年应纳税额。

4.财产和行为税类

财产和行为税主要是对某些财产和行为发挥调节作用，包括房产税、城市房地产税、车船税、车船使用牌照税、印花税、屠宰税和契税。

（1）房产税是以房产为征税对象，依据房产价格或房产租金收入向房产所有人或经营人征收的一种税。

（2）印花税是对经济活动和经济交往中书立、使用、领受具有法律效力的凭证的单位和个人征收的一种税。

（3）契税是以所有权发生转移变动的不动产为征税对象，向产权承受人征收的一种财产税。征税对象具体包括国有土地使用权出让、土地使用权的转让、房屋买卖、房屋赠与、房屋交换。其适用的税率为3%~5%的幅度税率。

（4）城市房地产税、车船税、车船使用牌照税、印花税、屠宰税这些税种在经济活动中或者已经不发挥影响，或者发挥影响较小。

5.关税

关税是海关依法对进出境货物、物品征收的一种税。其中货物是指贸易性的商品，物品是指入境旅客随身携带的行李物品、个人邮递物品、各种运输工具上的服务人员携带进口的自用物品、馈赠物品以及其他方式进境的个人物品。其适用的税率有进口关税税率、出口关税税率和特别关税。

各个理财主体应当熟悉国家税收法律的规定，不仅要了解各个税种的计征范围、计征依据和税率，还要了解差别税率的制定精神，减税、免税的原则规定，自觉按照税收政策导向进行财务决策。

（二）金融证券法规与财务运行

随着经济的发展，金融市场在财务活动中发挥的作用越来越重要，相应地，金融工具也成为重要的理财工具。针对金融市场及相关的金融证券的法规是规范企业及个人相关财务管理活动的重要手段，因而，财务的运行必须合乎相关金融证券法规的规定。主要的金融证券法规有《证券法》《中国人民银行法》《商业银行法》《票据法》《企业债券管理条例》《支付结算办法》《中国人民银行信用卡业务管理办法》《外汇管理条例》《信贷资产证券化试点管理办法》等。在这些法规中，证券法规约束和管制的群体是最为广泛的，故这里主要介绍证券法的内容。

1.证券法的概念及立法概况

证券法是规范证券的发行与交易的法。狭义的证券法就是指《证券法》。广义的证券法除《证券法》外，还包括其他法律中有关证券管理的内容、国务院颁发的证券管理的行政法规、证券管理部门发布的部门规章、地方立法部门颁布的证券管理的地方性法规和规章等。除上述内容外，证券交易所等有关证券自律性组织依法制定的业务规则和行业活动准则等对我国证券市场的规范运作也起着重要的调整作用。

1998年12月29日，我国颁布《证券法》，并自1999年7月1日起施行，这标志着我国证券市场法制进入了一个新的阶段。2004年8月28日对其进行修订。现行的《证券法》是2005年10月27日第十届全国人民代表大会常务委员会第十八次会议修订的，自2006年1月1日起施行。

2.《证券法》中关于证券活动和证券管理的原则规定

证券活动和证券管理的原则包括：（1）公开、公平、公正原则；（2）自愿、有偿、诚实信用原则；（3）守法原则；（4）证券业与其他金融业分业经营、分业管理原则；（5）政府统一监管与行业自律原则；（6）国家审计监督原则。

3.《证券法》的主要内容

《证券法》主要针对证券发行、证券交易、上市公司收购、证券交易所、证券公司、证券登记结算机构、证券服务机构、证券业协会、证券监督管理机构和违反《证券法》的相关法律责任等做出了规定。

（三）财务会计法规与财务运行

1992—1993年，我国进行了财会制度的重大改革，发布了《企业会计准则——基本准则》《企业财务通则》和分行业的企业财务、会计制度（简称“两则两制”）。到2008年，会计方面形成了由《中华人民共和国会计法》（以下简称《会计法》）、《企业财务会计报告条例》、《企业会计准则》、《企业会计制度》（现已被取消，但以《企业会计准则应用指南——会计科目和主要账务处理》的形式出现）、《内部控制规范》等法规制度组成的会计规范体系；财务方面形成了《企业财务通则》、行业财务制度和企业内部财务制度三个层次的规范体系。

1.会计规范体系

（1）《会计法》。《会计法》是会计工作的最高层次法律规范。《会计法》于

1985年1月21日第六届全国人民代表大会常务委员会第九次会议通过，1993年12月29日第八届全国人民代表大会常务委员会第五次会议做出修订，1999年10月31日第九届全国人民代表大会常务委员会第十二次会议再次做出修改决定。新修改的《会计法》共7章52条，主要对会计工作总的原则、会计核算、会计监督、会计机构、会计人员和法律责任等作了详细规定。

（2）《企业财务会计报告条例》。为了贯彻实施《会计法》，国务院于2000年6月21日发布了《企业财务会计报告条例》。《企业财务会计报告条例》对1992年制定的《企业会计准则——基本准则》所规定的会计要素的定义作了重新修订，该条例自2001年1月1日起施行。

（3）《企业会计准则》。2006年2月15日，财政部向全世界宣布中国新的会计准则体系诞生了。新的会计准则由1项基本准则和38项具体准则组成。具体准则包括存货、长期股权投资、投资性房地产、固定资产、生物资产、无形资产、非货币性资产交换、资产减值、职工薪酬、企业年金基金、股份支付、债务重组、或有事项、收入、建造合同、政府补助、借款费用、所得税、外币折算、企业合并、租赁、金融工具确认和计量、金融资产转移、套期保值、原保险合同、再保险合同、石油天然气开采、会计政策、会计估计变更和差错更正、资产负债表日后事项、财务报表列报、现金流量表、中期财务报告、合并财务报表、每股收益、分部报告、关联方披露、金融工具列报、首次执行企业会计准则。2014年又对8项准则进行了修订，并新发布了3项准则。

（4）《企业会计制度》。2000年12月29日财政部发布了《企业会计制度》，并于2001年1月1日起暂在股份有限公司范围内执行，2002年1月1日起正式施行。《企业会计制度》是对《企业财务会计报告条例》的具体运用（不含金融、保险企业以及不对外筹集资金、经营规模较小的企业），它不再分行业，主要由会计核算一般规定、会计科目及其运用、财务会计报告的编制等内容组成。对于不同行业的企业，将《企业会计制度》以及其后发布的与其相适应、体现行业特点的具体会计核算办法相结合，即为该行业所适用的会计核算制度。2006年10月30日，财政部印发了《企业会计准则——应用指南》，其中说明，从2007年1月1日开始执行《企业会计准则——基本准则》的企业，不再执行《企业会计制度》。尽管企业会计制度被取消，但企业会计制度的基本内容仍然保留，只是不再颁布执行单独的企业会计制度，而是将其作为企业会计准则应用指南，以《企业会计准则应用指南——会计科目和主要账务处理》的形式出现。

（5）《内部控制规范》。2008年6月28日，财政部会同证监会、审计署、银监会、保监会联合发布了《企业内部控制基本规范》，决定自2009年7月1日起在上市公司范围内施行。随后，“五部委”又联合制定了《企业内部控制应用指引第1号——组织架构》等18项应用指引、《企业内部控制评价指引》和《企业内部控制审计指引》，要求自2011年1月1日起在境内外同时上市的公司施行，自2012年1

月1日起在上海证券交易所、深圳证券交易所主板上市的公司施行。这些标志着我国企业内部控制规范体系已经形成，即形成以促进企业发展战略为目标，以防范风险和控制舞弊为核心，以基本规范为统领，以应用指引、评价指引和鉴证指引等配套办法为补充，结构合理、层次分明、衔接有序、内容完整、方法科学的内部控制标准体系。

相关链接3-1

大量研究表明美国相关内部控制规范的规定对企业及管理层行为产生了深远影响。2002年，安然事件后，《萨班斯-奥克斯利法案》颁布。其中，第404节要求管理层对公司内部控制有效性进行评价并要将评价结果在公司年报中进行披露，同时，审计师要对该内部控制报告确认。这至少从两方面对企业的财务管理产生影响。一方面，它促使企业管理层更好地履行委托人责任，另一方面则事实上增加了企业的披露成本。2010年，美国国会最终通过了对小规模公司（non-accelerated filers）的审计师内部控制报告确认意见的豁免，该豁免权反映了对《萨班斯-奥克斯利法案》实施成本的考虑。

2.财务规范体系

（1）《企业财务通则》。企业财务通则是设立在我国境内的各类企业进行财务活动必须遵循的基本原则和规范，是财务规范体系中的基本法规，在财务法规、制度体系中起着主导作用。1993年7月1日，经国务院批准由财政部发布的《企业财务通则》正式开始实施。2006年财政部对《企业财务通则》进行了修订，并于2007年1月1日起实施。根据该通则，我国将在企业财务管理体制上实现创新，从政府宏观财务、投资者财务、经营者财务三个层次，构建资本权属清晰、财务关系明确、符合企业法人治理结构要求的企业财务管理体制。企业财务通则的具体内容包括企业财务管理体制、资金筹集、资产营运、成本控制、收益分配、重组清算、信息管理、财务监督等财务管理要素。

（2）行业财务制度。行业财务制度是根据《企业财务通则》的规定和要求，为适应和充分体现行业的特点和管理要求而由财政部制定的行业规范。行业财务制度是财务通则的原则规定与各行业财务活动特点相结合的产物，它在整个财务法规、制度体系中起基础性作用。现行的行业财务制度仍然是根据1993年的《企业财务通则》的规定和要求制定的，在内容上与现行的《企业财务通则》存在一定的不一致，因此，有必要根据现行《企业财务通则》对其进行修改，以求更好地为企业财务管理服务。

（3）企业内部财务制度。企业内部财务制度是由企业管理层制定的用来规范企业内部财务行为、处理企业内部财务关系的具体规则，它在财务法规制度体系中起着补充作用。其应该包括以下内容：企业财权制度、财务治理制度、财务组织制度、财务管理制度和财务关系契约制度。

（四）企业组织类法规与财务运行

企业组织的法规直接决定了企业财务运行可能的方式和环境，如《中华人民共和国公司法》（以下简称《公司法》）、《全民所有制工业企业法》、《中华人民共和国个人独资企业法》、《中华人民共和国合伙企业法》、《中华人民共和国乡镇企业法》、《中华人民共和国中小企业促进法》、《中华人民共和国中外合资经营企业法》、《中华人民共和国中外合作经营企业法》、《中华人民共和国外资企业法》等。其中，公司制的组织形式在实践中虽然数量远没有其他企业组织形式多，但其占GDP的比重，以及公司制这种形式的外部性，决定了公司制组织形式对现代经济生活具有重要影响。因而，本书着重介绍《公司法》这种法规对财务运行的影响。

《公司法》是针对企业中的公司制组织形式的法律，对企业财务管理发挥着极为重要的作用。我国现行的《公司法》是1993年12月29日第八届全国人民代表大会常务委员会第五次会议通过的。1999年进行了第一次修订，修改3条；2004年进行了第二次修订，修改2条。2005年10月27日又一次进行了修订，新的《公司法》由原来的229条变为219条，增删改近200条，只有10%左右原封未动。2006年1月1日起开始实施。2014年又进行了12处修改。

《公司法》除了对公司的一些基本特征进行规定外，它的很多限制性条件决定了公司可能的筹资、投资政策以及相关的公司治理机制安排。其涉及的主要内容有：有限责任公司的设立和组织机构；有限责任公司的股权转让；股份有限公司的设立和组织机构；股份有限公司的股份发行和转让；公司董事、监事、高级管理人员的资格和义务；公司债券；公司财务、会计；公司合并、分立、增资、减资；公司解散和清算；外国公司的分支机构；违反法规的法律责任。

（五）其他法规与财务运行

除上述几大体系的法规外，还有一些监管法规，如《中华人民共和国审计法》《企业破产法》《中华人民共和国合同法》《中华人民共和国商标法》《中华人民共和国专利法》《中华人民共和国著作权法》《中华人民共和国反不正当竞争法》等。这些法律法规和其他法规一起，对财务的运行发挥着极为重要的作用。

三、文化环境

财务运行的文化环境是指对财务活动的形成和发展具有制约和影响作用的各种文化因素的总和，包括思想观念、价值趋向、思维方式、行为准则以及语言文字、风俗习惯等。由于文化是人类在长期的社会实践中创造和积累的，体现了一个国家、民族或地区精神特征的财富，因而由各种文化因素组成的文化环境，在不同的社会或地区必然表现出明显的差异。文化环境方面的这种差异，直接影响着财务管理行为。

根据文化的固有性质及其与社会的关系，文化可分为两大类：专业文化和社会文化。充分体现人的创造性文化本质，且又以相对专业化、专门化形式存在的文化，可称为“专业文化”，如自然科学、工艺技能、生产技术、体育竞技等文化活动及相应产品。与“专业文化”相区别，在相应社会系统、社会关系中获得社会属性、具有社会功能的文化现象、文化客体的文化几乎存在于社会各个环节中，被称为“社会文化”，如价值观念、道德水平等。

（一）专业文化与财务运行

专业文化对财务运行的影响主要体现在对财务基本理论、财务管理方法以及财务管理手段的影响上。

1.专业文化对财务基本理论的影响

现代意义的财务学起源于15世纪末16世纪初，发展于20世纪，特别是成熟于20世纪50年代以后。之所以能够在20世纪50年代以后取得巨大进展，一个重要的原因就是数学和计算机等专门技术在财务管理领域的应用。如资本资产定价模型、期权定价模型和套利定价理论等理论的发展，都大量依托于数学的推导方法。

2.专业文化对财务管理方法的影响

财务管理在其方法上，经历了从以定性管理方法为主到定性管理方法与定量管理方法并重的过程。尤其是针对财务风险的控制与财务决策，理财的数量化方法更加受到重视。这主要得益于效用理论、线性规划、对策论、概率分布、模拟技术等数量方法在财务管理研究中的应用。

3.专业文化对财务管理手段的影响

在财务管理手段上，计算机技术和网络技术得以广泛应用，这使得21世纪的财务工作成为一种网络财务管理工作，形成了财务管理的信息系统。随着高科技手段成为信息处理和传递的主要手段，理财的效率迅速提高，从而为扩大信息处理和传递范围，及时、准确、充分地处理和传递各种信息提供了可能，由此一些远程的管理、控制以及跨国财务活动能够顺利实现。

（二）社会文化差异与财务运行

社会文化的内容十分广泛，包括教育、科学、艺术、舆论、新闻出版、广播电视、卫生体育、世界观、理想、信念、道德、习俗、传统、思维方式，以及同社会制度相适应的权利义务观念、组织纪律观念、价值观念等。

美国会计学家G.霍夫斯泰德（Gerte Hofstede）提出了关于文化模式划分的一种范式，认为一国社会文化的特征主要包括4个维度：①个人主义或集体主义（individualism versus collectivism）；②权力距离（power distance）大小；③不确定性规避程度（uncertainty avoidance index）的强弱；④阳性或阴性（masculinity versus femininity）。以霍氏模型为基础来考察社会文化差异，会发现不同的社会文化特征下人们的行为方式会有所不同，因而也会对公司理财行为产生影响。

1.个体主义或集体主义差异对财务行为的影响

个体主义与集体主义是指一个社会的成员之间保持结合的程度。在个体主义倾向的社会中，人们偏好于松散联结的社会结构；在集体主义倾向的社会中，人们偏好于紧密联结的社会结构。前者如美国、英国、法国、德国，后者如日本、中国、韩国等亚洲大多数国家。个体主义或集体主义差异对公司理财的影响渗透在整个公司财务决策过程中。例如，在中国的企业中，人们往往愿意服从领导的意志，将领导视同为集体行动的决策者，下级的决策者或员工对于表达个人意见极为慎重。

2.权力距离大小的差异对财务行为的影响

权力距离大小是指一个社会的成员接受机构或组织中权力分配的程度。在一个大权力跨度的社会中，人们倾向于接受一种等级制度秩序；而在一个小权力跨度的社会中，人们倾向于寻求权力的公平，要求证明现存权力不平等的合理性。由于不同国家对权力赋予的意义不完全相同，所以权力距离上也存在着很大的差异，其对财务活动的影响也是不同的。例如，美国是权力距离相对较小的国家，美国员工倾向于不接受管理特权的观念，而中国相对而言是权力距离较大的国家，地位象征非常重要，上级拥有特权被认为是理所应当的，预算管理过程中实行预算控制往往非常困难，因为财务人员无法抵制更高一级管理者的“预算外开支”的要求。

3.不确定性规避程度差异对财务行为的影响

不确定性规避程度是指社会成员对不确定性和模糊性能够容忍的程度。在一个强避免不确定性的社会中，人们一般不容忍模棱两可，总是不惜代价地控制不确定性和模糊性以期能够控制未来，在这样的社会中，人们通常强烈要求一致性，喜欢群体做出决策；而在一个弱避免不确定性的社会中，人们一般不太在乎不确定性和模糊性，较容易接受生活中固有的不确定性，能够接受更多的异见，上级对下属的授权被执行得更为彻底，员工倾向于自主管理和独立工作，在财务活动的管理上也体现出这种管理特色。例如，日本是不确定性避免程度较高的社会，因而“全面质量管理”“终身雇佣制”都得到了很好的推行；而美国是不确定性避免程度低的社会，在日本推行良好的“全面质量管理”，在美国却几乎取不到成效，但灵活的工时制度、弹性工作制等却都是发源自美国。

4.阳性特征或阴性特征差异对财务行为的影响

社会文化中的阳性和阴性特征是指人们从社会性格的角度来划分对待某些事物的态度。阳性意味着人们倾向于取得成就，比较自信，强调业绩与看得见的成就，而不重视关系与关怀等；阴性则意味着人们倾向于良好的关系，谦逊虚心，保护环境等。在阳性度较高的社会当中，人们社会竞争意识强烈，成功的尺度就是财富功名，其文化强调竞争，注重工作绩效，因而，此时企业财务的目标有可能会与社区环境等相冲突，企业的商业道德成为一个令人担忧的问题；而在阳性度较低的社会中，生活质量的概念更为人们所看重，人们一般乐于采取和解的、谈判的方式去解决组织中的冲突问题，其文化强调平等、团结，认为人生中最重要的是心灵的沟通，因而，企业的财务目标更容易与社会目标相协调。

第三节 内部财务环境

一、治理结构

公司治理是有关公司控制权或剩余索取权分配的一整套法律、文化和制度性安排（布莱尔，1995）。由于世界各国在社会传统、政策法律体系、政治体制与经济制度等方面存在差异，因而演化出多样化的融资制度、资本结构与要素市场，从而形成了不同的公司治理结构模式。不同的治理结构模式对财务运行的影响也有不同的特点。

（一）外部监控型治理结构与财务运行

外部监控型公司治理模式，又称为市场导向型治理模式，因外部市场在公司治理中起主要作用而得名。这种公司治理以高度分散的股权结构、高流通性的资本市场和活跃的公司控制权市场为存在基础与基本特征。美国、英国、加拿大和澳大利亚等国是这种公司治理模式的典型代表。因为这种高度分散的股权特征，使得委托人和代理人的信息不对称程度扩大，因而，经理人的监督和激励问题，通常会考虑与股东利益相结合，即采用股票期权、股票赠与等手段。财务决策受股东大会、董事会的投票影响，但更直接地受经理人影响。经理人亦倾向于做出高风险的投资决策。

（二）内部监控型治理结构与财务运行

内部监控型公司治理模式，又称为网络导向型公司治理模式，因股东（法人股东）和内部经理人员的流动在公司治理中起着主要作用而得名。内部监控型公司治理模式以股权的相对集中和主银行（或全能银行）在公司监控方面的实质性参与为存在基础与基本特征。日本、德国和其他欧洲大陆国家为这种模式的代表。在这种模式下，公司的财务决策中股东和主银行会发挥显著作用。经理人对高风险投资决策的偏好受到限制。

（三）家族控制型治理结构与财务运行

家族控制型治理结构，是指公司所有权与经营权没有实现分离，公司与家族合一，公司的主控制权在家族成员中进行配置的一种治理结构。所有权与经营权合一是家族企业和家族控制型治理结构存在的基础与基本特征。韩国以及马来西亚、泰国、新加坡、印度尼西亚等东南亚国家是这种治理结构的典型代表。在这种模式下，公司的财务决策主要由家族领导者做出，通常，其专业化程度有待加强，内部控制体系需要完善，并且融资规模受到限制。

（四）转轨经济型治理结构与财务运行

转轨经济型治理结构主要存在于俄罗斯和中欧等转轨经济国家，目前的中国也处于转轨经济阶段。它们具有某些共同的特点，如既存在着数量多、规模大、急需重组的国有企业，又继承了原有较为混乱的法律体系。在这些转轨经济国家中，公司财务中的最大问题是内部人控制，经理层利用计划经济体制解体后留下的真空对企业实行强有力的控制，在某种程度上成为实际的企业所有者。被设计成保护投资者利益的内部控制机制往往无效，而财务决策也往往以实际控制人的意志为转移。

【案例 3-1】

美国安然公司倒闭的一个重要原因就是企业治理结构有问题。尽管很多对安然事件的分析都是从会计制度不完善的角度进行的，但艾拉·杰克逊（Ira A. Jackson）认为这实际上是公司治理、企业文化、经营风格的原因。安然的外部董事只需每月参加一次董事会，而每年的报酬则是以股票支付的38.5万美元。如果安然的股票继续高涨，这些股票的价值将远远超过38.5万美元。正因为如此，当公司管理层提出一些不能为公司创造内在价值，而只是对公司的股价产生正面影响的提议时，外部董事都不会表示异议。这是一种自大的、欠缺责任心的公司文化，而且缺乏基本的约束机制。这导致安然从最初只是一个油气管道输送公司，短短几年，其业务就扩展到电力、期货、供水、广告以及互联网等方面，变成一个贸易公司。业务活动的复杂程度越来越高，以至于创造这些业务活动的公司管理层都无法完全理解。最终导致全美最大的能源公司破产倒闭。

资料来源　杰克逊. 一场波及全球的“完美风暴”［EB/OL］.［2006-06-15］. http：//www.witsee.com/article/cwss/56044.html.

Wang（2005）报告提到，近期的公司治理法案改革增加了一系列对管理层们的约束，一旦管理层失职，刑事和民事制裁都有所增加。尽管有些基于公司治理方面改革的职责和法律同样影响董事和高管团队，但其对CFO职责和风险的影响却是非常显著的。

资料来源　WANG. The impact of the corporate governance reform initiatives on chief financial officer compensation［D］. Working Paper，2005.

二、组织结构

组织结构是关于组织成员或团队任务不同角色的正规说明，为组织活动提供计划、执行、控制和监督职能的整体框架，一般由以下三项关键要素组成：必要的工作活动、报告关系以及部门组合。直线职能式、事业部制和矩阵型组织结构形式是人们分析组织结构时常用的分类方式。组织结构如何安排将影响信息流的传递、工作的动机、工作的有效性，从而影响到公司财务活动。

（一）直线职能式组织结构与财务运行

直线职能式组织结构中纵向控制大于横向协调，正式的权利和影响一般来自于职能部门的高层管理者。这种组织结构管理指令系统比较顺畅，每个员工都有明确的汇报路线，对小型或中型规模组织、对只有一种或少数几种产品组织的管理效果最优。但这种结构管理层级过多，容易导致财务管理的灵活性和有机性差，与外界环境间的关系僵化，而且对于财务部门与其他部门之间的横向协调和沟通缺乏效率。

（二）事业部制组织结构与财务运行

事业部制组织结构中各业务环节以产品、地区或客户为中心重新组合，每个事业部都有独立的生产、研发、销售等职能，强调了组织中跨职能的协调。这种组织结构中产品以及成本责任明确、沟通环节清晰，每一个事业部都享有一定的决策权，工作积极性和创造性较高，对大规模和产品较多的组织而言管理效果更好。财务管理活动对外部的有效性和适应性较强，能够迅速对外部不稳定、高度变化的环境做出反应，调节财务活动。但是，职能部门内部之间失去规模经济效益、生产线之间缺乏协调，容易导致目标追求不一致，一定程度上又影响了企业整体财务目标的实现效率。

（三）矩阵型组织结构与财务运行

矩阵型组织结构吸收了直线职能式结构和事业部制组织结构的优点。一方面，它将事业部制组织对结果的侧重和责任感较紧密地结合起来；另一方面，其保留了直线职能式组织的专业优势。矩阵型组织的缺点就是容易造成命令混乱、权责模糊或出现权责不对等的情况，在职能经理和项目经理之间容易产生冲突。在这种组织结构下，经营计划的制订、执行情况的监控、考核办法的设计都比较简单，线条清晰。以产品为主线，以产品事业部为对象，将销量、利润、费用、渠道建设等主要经营指标分解下达给各产品事业部，责权利挂钩，以此来实现公司总体财务目标。

三、内部规章制度

管理学大师法约尔将管理活动从经营职能（包括技术、商业、业务、安全和会计等五大职能）中提炼出来，作为企业经营的第六项职能。对应这六大职能，企业内部的活动可以分成六个部分：管理活动、技术活动、商业活动、业务活动、安全活动和会计活动。对于这些活动，企业内部往往有相应的规章制度来进行规范和指引，这些规章制度体系的建设和实施将对财务运行产生直接影响。

（一）内部规章体系建设与财务运行

内部的规章体系围绕着企业的六项活动，通常包括行政管理制度、人事管理制度、生产技术管理制度、质量检验制度、企业经济合同管理制度、产品供应管理办法、销售管理制度、安全生产管理制度、审计工作制度、内部控制制度、公司薪酬制度、预算管理制度等。

完善、适度、规范的内部规章制度体系可以使得财务决策有章可循，提高财务活动效率，但是过度的规章体系则会变成繁文缛节，进而降低财务活动效率。

（二）内部规章体系执行力与财务运行

内部规章制度能否发挥有章可循、提高财务活动效率的作用，除了由规章制度体系本身是否完善、适度、规范决定以外，还取决于规章制度的执行是否有效。例如，较大规模的企业大多数都制定了预算管理制度，但是预算管理若不能从上至下、全员参与，则形同虚设。

知识拓展：信息化对企业内部财务环境的影响

第四节　财务组织与人员分工

一、公司理财中的财务组织与人员

大部分国内企业的财务部门，由于长期在计划经济条件下所形成的思想和观念，对财务部的认识是：财务部实际上就是会计部。但是其实，它包含了财务和会计的双重职能，只是在很多实际工作中财务与会计合二为一，将财务职能淡化了，通常只有经理一人来担当此任。所以，谈论会计的人多，知道和发挥财务功能的人少。直到近几年，随着市场经济的发展，国内企业引进国外先进的管理思想，同时，结合现实的需要，财务部门开始发挥越来越多的功能。

（一）公司理财中的财务组织

公司理财中的财务组织的主要职责是组织财务活动和处理财务关系，即负责资本筹集、资本运用、财务运营、收益分配等财务活动的计划与实施，以及协调和维护企业与股东、债权人、被投资企业、债务人企业、供应商、客户、政府税务部门等之间的关系，通过计划、组织、控制以及激励等环节实现财务管理活动的目标，促进企业提高经营效率，实现资本的保值和增值。在设计财务部门的组织结构时，企业通常会根据具体情况，将相对重要的职能进行相应的拆分，有的由不同部门行使不同的职能，有的由同一个部门行使所有的职能。

【案例 3-2】

某上市公司将财务职能分成两部分：资金管理和战略财务（资本运营、股东价值创造）。将财务中涉及现金流和日常融资的职能单独划出来成为资金管理；将涉及资本运作的职能与公司治理合并，为从股东角度考虑企业战略财务问题提供资源和进行具体运作。这是为了适应实际工作的分工和不同的侧重点而做出的财务组织上的安排。

我们可以通过考察跨国公司财务组织的构建来了解财务职能的应用。图 3-1 是 IBM 中国公司的财务部门分工图（2001）。大型公司内财务部门的组织结构，尤其是跨国公司的财务管理组织结构，基本上是按照下面的框架构建的，在国内的企业中则较少见到。

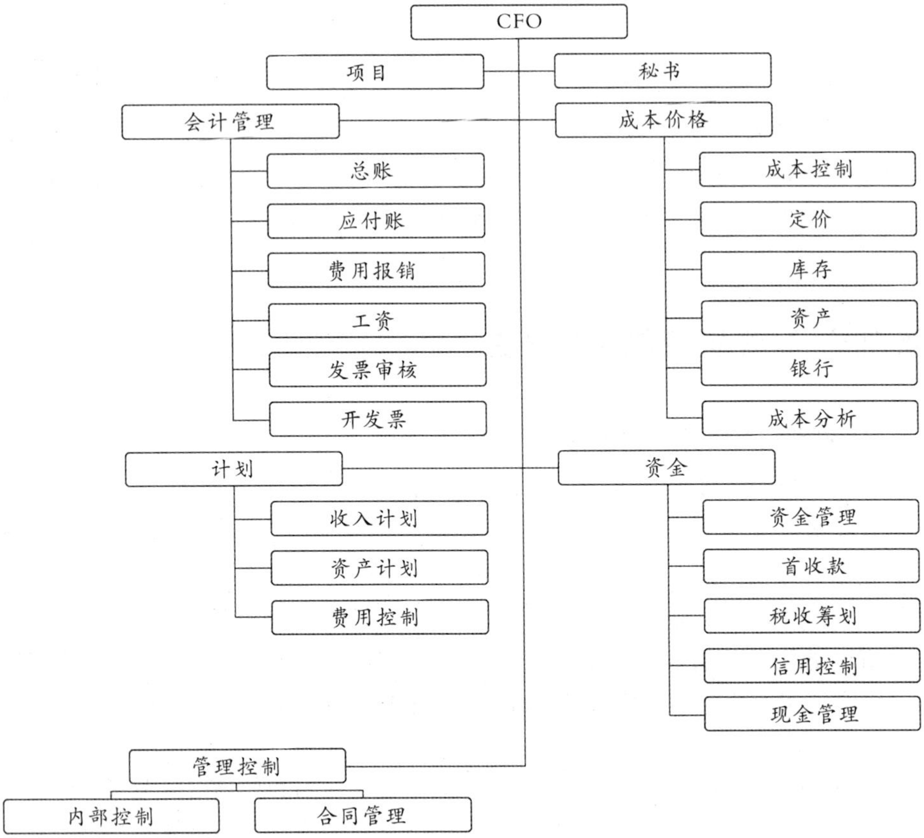

图 3-1　IBM 中国公司的财务部门分工图（2001）

（二）公司理财中的财务人员分工与职责

财务部（不包含会计职能）可能涉及的相应财务人员及其岗位有财务部经理、筹资管理员、投资管理员、分配管理员、存货管理员、成本分析员、销售与信用分析员、预算管理员、财务分析员、工资考核员，以及战略管理员等，分别负责相应的财务工作。

1. 财务部经理

财务部经理是企业的中层管理者，具体负责协调和管理财务部的工作，直接向财务副总经理（CFO）负责。财务部经理的岗位目标是依据企业高层管理者对财务工作的部署和本部门实际工作的需要组织实施企业的具体财务活动，处理企业的各种财务关系，组织企业的预算管理和责任考核等工作。

2. 筹资管理员

筹资管理员专门对企业的资金需求、筹资渠道、筹资方式、筹资计划、筹资决策、筹资决策实施情况等进行分析和管理。可以根据企业的实际需要再进一步细分为若干岗位，分别由不同的人员担任。比如，可分别设置股票筹资管理员和债务筹资管理员两个岗位，分别负责管理与股票筹资和债务筹资相关的事项。

3.投资管理员

投资管理员负责企业的金融投资和实物投资的管理工作。因而，可分别设置金融投资管理员和固定资产投资管理员。金融投资管理员专门负责企业对外的股权、债务以及衍生金融工具等投资的管理工作。

4.分配管理员

分配管理员负责企业收益分配的管理工作。分配管理员的工作与股权筹资和债务筹资过程交叉在一起，既包括企业利润分配和股利分配，又包括债务利息和本金的偿付。具体来说，分配管理员的主要职责包括：①拟订企业利润分配计划；②拟订企业股利分配计划；③制订企业债务本息偿付计划；④分析这些计划的实施效果，提出改善建议；⑤测算企业的资本成本，为筹资决策和投资决策服务；⑥分析企业的资金余缺和需求情况，为筹资活动和投资活动提供依据。

5.存货管理员

存货管理员负责与原材料、半成品、产成品和其他物料的购买、保管、使用和销售等业务相关的财务管理工作。存货管理员的具体职责包括分析原材料的购买需求并测算相应的资金需求，管理物料和产品存货的余额等。

6.成本分析员

成本分析员负责企业生产成本的核算和分析。其具体职责包括进行生产成本核算，分析产品成本变动规律和变动趋势，配合生产部门和技术改造部门挖掘降低产品成本的措施。

7.销售与信用分析员

销售与信用分析员负责企业产品市场销售情况的分析，以及企业信用政策和客户信用状况的分析。具体来说，销售与信用分析员的主要职责包括分析产品销售的地区分布、时间分布以及企业销售业绩情况，拟订和修订企业的信用政策，分析主要客户的信用状况，分析企业应收账款的余额和周转情况，制订应收账款催收方案和计划。

8.预算管理员

预算管理员负责企业全面预算编制中的协调与汇总工作。其具体职责包括组织企业年度预算的编制，协调各个部门在预算编制中的关系，协调各种不同的预算之间的关系，将各部门的预算进行汇总形成企业预算，配合财务分析员分析各项预算的实际执行情况，配合工资考核员落实各部门和个人的预算责任并对实际执行中的责任履行情况进行考核。

9.财务分析员

财务分析员负责企业的财务分析工作。其具体职责包括分析各项财务指标的历史变动规律，分析当期各项财务指标的完成情况，对各项财务指标的未来变动趋势做出预测，总体评价企业的财务状况和经营成果，为企业财务决策提供服务。

10.工资考核员

工资考核员负责考核各个部门和个人的职责履行情况，并进行工资计算和核算。其具体职责包括考核各部门和个人的预算任务完成情况，并依据工资计算标准和实际业绩情况计算员工的应付工资，协助预算管理员制定各年度的工资预算。

11.战略管理员

战略管理员负责企业财务战略管理工作，以及改制、重组、并购等重大事项的分析、规划和决策参谋工作。其具体职责包括参与企业战略分析和战略决策，结合企业总体战略拟订财务战略，监督财务战略的实施情况，分析企业改制、重组和并购等方案的可行性，参与企业改制、重组和并购决策，分析这些战略决策的实施效果和相关责任的履行情况。

二、金融机构中的财务组织与人员

随着现代金融业务的发展，金融机构的组织与形式也日益多样化。现代金融机构主要包括银行和非银行金融机构。银行主要指的是商业银行和政策性银行，非银行金融机构主要包括证券公司、保险公司、信托投资公司、财务公司、基金公司等。在以商业银行为代表的银行类金融机构中，几乎所有工作人员都需要具备财务和金融专业知识，所有关键的部门和岗位都需要掌握丰富的财务知识的人员来运营。而在证券公司、保险公司等非银行金融机构中，财务人员也占据主要地位，拥有财务知识与拥有数理统计知识、金融建模知识同样重要。

（一）金融机构中的财务组织

金融机构中的财务组织与非金融机构，或者说，与生产经营企业中的财务组织相比，并不是特别的系统和规范。因为，金融机构本身的经营对象为金融资产，因而其业务中也涉及大量财务知识。而生产经营企业的核心业务涉及的是实物资产，具体业务以生产技术为导向，所以二者的财务组织形式有较大差别。金融机构中的财务组织与整个企业的组织结构密切相关，因为金融机构除了本身作为一个组织实体，有其财务和会计的工作要求外，其业务过程中涉及的财务知识，也要求财务人员渗透到各个具体岗位。

（二）金融机构中的财务人员分工与职责

不同的金融机构有不同的具体安排。本书以中国工商银行为典型来介绍金融机构中的财务人员岗位与职责。2009年中国工商银行总行招聘计划中的40个部门中，有21个部门招收岗位涉及财务与会计人员，有19个部门的招聘不要求有财务与会计专业背景，而这19个部门中，办公室、教育部、保卫室、党委、工会、离退休人员等非业务部门占将近一半。由此可见，在金融机构中，财务人员的地位十分重要。

在2009年中国工商银行总行的招聘计划中，涉及的要求财务与会计专业的岗位与职责具体见表3-2。

表3-2 2009年中国工商银行总行招聘计划中涉及的要求财务与会计专业的岗位与职责

招聘部门	招聘岗位
董事会办公室	外事管理、信息披露、公司治理事务推进岗
监事会办公室	监督检查岗（财务、尽职监督、内控检查等）
财务会计部	会计报告相关岗位、应税事务管理相关岗位、预算管理岗、经营分析岗、考核评价岗、集中采购相关岗位
资产负债管理部	人民币资金系统管理、汇率风险管理、利率风险计量监测与定价计量模型研发、资本数据分析与系统管理等相关岗位
管理信息部	网讯信息编审、需求优化与管理岗、信息安全合规、数据信息标准、数据标准控制、数据建模分析等相关岗位
战略管理与投资者关系部	财务分析岗
投资银行部	重组并购、银团及结构化融资、债券承销、股权私募、上市顾问业务相关岗位
资产托管部	初、中、高级业务经理岗位
	客户经理、信息服务、交易监督岗位
养老金业务部	企业年金等养老金业务管理岗位
信贷管理部	政策与制度管理岗、行业信贷管理岗、信贷业务分析岗、信贷检查监督岗、信息系统管理岗
公司业务二部（营业部）	客户经理（出口信贷、资源银行）、产品经理（飞机融资、国际银团）、船舶融资市场营销、商品管理、风险管理等相关岗位
授信业务部	初/中级评级授信审查、初/中级项目评估、监测检查等相关岗位
信用审批部	信贷业务审查岗
风险管理部	产品控制岗、交易复核岗、风险分析岗
结算与现金管理部	市场分析及营销、业务管理、产品设计、制度建设等相关岗位
运行管理部	运行规划、流程设计、数据模型设计与分析、产品研发支持、反洗钱、风险管理等岗位，资金后台业务、清算业务、参数业务相关岗位
国际业务部	营销管理、项目管理、产品管理、结售汇业务管理、外事管理、风险管理、境外机构业务管理以及代理行业务相关岗位
内部审计部	助理审计岗（含分局管理、IT审计）、中级审计岗（含财务管理、经营效益、IT、风险监测评估、非现场及综合管理审计）
内控合规部	信息化建设、合规检查（含金融市场、资产负债、信贷、外汇资产、外汇核算等业务）、内控管理、合规管理、操作风险管理、反洗钱管理、IT风险管理等相关岗位
电子银行部	业务管理、市场营销、应用推广、产品开发、服务支持以及电子银行中心管理等相关岗位

三、政府与非营利组织中的财务组织与人员

政府与非营利组织虽然不以营利为目的，不像企业或金融机构那样拥有健全的财务组织和严格的财务分工，但是它们的一系列活动也离不开财务活动的支撑。政府与非营利组织为了维持其运营，必须拥有和使用一定的资金；为了更好地运营，必须提高资金的使用效率。因此，政府与非营利组织也需要进行财务管理，进而需要设置财务机构并配备相应的财务人员。

（一）政府与非营利组织中的财务组织

在政府机构中执行财务职能的主要是各级政府下属的财政机关，财政机关在所属的各级政府机构的领导下，进行财政预算编制与实施，管理财政资金收支，管理国库，并向所属政府机构提供财政预算执行情况报告。另外，政府机构还设置税务机关、海关和中央银行（中国人民银行及分支机构），分别执行国内税收管理、进出口税收管理以及金银、货币和财政金库管理等职能。

非营利组织财务活动的目标主要是提高资金使用效率，以及保证所持有的资金余额的保值和增值。非营利组织的组织与管理在某些方面与企业相似，因而可以参照企业的财务组织进行机构设置和人员配备，设置财务处处长、会计主管、出纳、预算管理、收入管理、支出管理等财务岗位，并配备相应的财务人员。

（二）政府与非营利组织中的财务人员分工与职责

1.政府组织中的财务人员分工与职责

政府机构财务职能的具体执行是由各级财政机关在本级政府机构的领导下进行的，一般称为财政。财政部是中央财政机关，对国务院负责，具体负责中央财政预算的编制和执行情况报告，指导地方财政部门的工作；各级地方政府的财政部门对各级地方政府负责，具体组织所辖行政区的财政工作。除各级财政部门外，国家还设立或指定专门的管理机构，负责或参与财政预算的执行工作，这些专门机构包括税务机关、海关、中国人民银行及其分支机构。

税务机关主要负责国家各项工商税收的征收管理、国有企业上缴利润的监督缴纳，以及国家交办的其他有关税费收入的征收管理。海关主要负责对进出口的货物和各种物品、旅客行李等依法征收关税和规费，为税务机关代征进出口产品的增值税、消费税以及国家交办的涉及进出口产品的其他税收的征收管理工作。中国人民银行负责办理行政事业经费的限额拨款，并代理国家财政金库，负责国家预算收支的出纳保管工作。

财政机关的主要财务岗位有预算管理员、国库管理员、经济建设管理员、监督检查员等。税务机关中的主要财务岗位有税务管理员、税收征管员、财务管理人员等。海关提供的财务相关岗位有通关管理员、关税征收与管理员、商品价格管理员等。中国人民银行中与政府财务管理相关的岗位有支付结算管理员和国库资金管理员等。

2.非营利组织中的财务人员分工与职责

非营利组织涉及的领域包括教育、科研、慈善、公共交通等。它们不仅为社会提供了丰富的服务，填补了政府和工商企业所没有涉及的空白领域，而且为社会提供了大量的就业机会。非营利组织中主要的财务人员包括预算管理员、收入管理员、支出管理员、工资与福利支出管理员等。

（1）预算管理员

非营利组织中的预算管理岗位的主要职责包括：根据主管部门下达的预算指标或者本组织事业发展的需要，编制年度财务预算；做好年中追加预算的支出安排，保证新增支出项目在授权额度下达后及时得到需用的资金；定期分析预算执行情况，编制内部管理报告。

（2）收入管理员

收入管理员的主要岗位职责包括：按物价部门批准的收费项目和收费标准办理收费事项，预测、核算和分析本组织的各种收费；对主管部门拨入以及个人或社会经济组织捐赠的资金进行核算、统计和分析；负责房租等其他预算外资金的收取；组织实施上述资金的结算工作。

（3）支出管理员

支出管理员的主要岗位职责包括：审核各部门的商品采购申请，参与和监督采购中招标和投标；监督采购商品的验收工作，办理采购商品款项的结算手续，进行相关的会计核算；审核基建部门报送的基建项目预算，参与基建项目的招、投标及工程项目的预算和决算工作；根据工程进度及时核拨基建项目工程款；工程竣工后，按预算认真审核决算，核实无误后，协同会计核算部门办理固定资产入账手续。

（4）工资与福利支出管理员

工资与福利支出岗位的主要职责包括：编制职工工资册和工资汇总表，按规定的日期准时发放工资；做好人员调进、调出、内部调动及退休人员工资调整工作；根据有关规定，计提和上交医疗保险费，并进行相关的会计核算工作；根据有关规定，计算和上交职工住房公积金，并进行相关的会计核算工作；解答工资、各项补贴以及个人所得税扣缴情况的问题。

案例分析：企业集团财务公司市场化激励机制研究——以中国大唐集团财务有限公司为例

本章小结

财务环境是指能够对财务活动产生影响的各种作用因素的集合。按照系统论的观点，所谓环境，就是指被研究系统之外的、对被研究系统有影响作用的一切系统的总和。如果把财务活动当作一个系统，那么财务活动系统之外的对其产生影响的一切系统的总和，便构成了财务环境。财务学的启蒙和发展深受财务环境的影响，或者说，正是基于环境发展的要求，才使得财务学产生，并不断地发展和演进。

从不同层次、不同角度，可以将财务环境进行一定的分类，按照环境的层次性，可以将财务环境分为外部环境和内部环境；按照环境因素的相对稳定程度，可以将财务环境分为稳态环境和动态环境；按照环境因素的可控性，可以将财务环境分为可控环境和不可控环境。本书从外部环境和内部环境的角度对财务环境进行论述，分别介绍了经济环境、法律环境、文化环境、治理结构、组织结构和内部规章制度等内外部环境对财务运行的影响。

经济管理体制、经济发展周期和市场的完善与有效程度是经济环境中对财务管理产生影响的重要因素。目前，世界上典型的经济管理体制有计划经济管理体制和市场经济管理体制两种类型，两种类型下的企业财务管理和个人理财行为都有所不同。经济发展周期可分为复苏、繁荣、衰退和萧条四个阶段，四个阶段下的企业财务和个人理财行为也都有所区别。从企业所处的市场环境竞争态势来看，市场的类型可以划分为完全垄断市场、完全竞争市场、不完全竞争市场和寡头垄断市场，不同的市场环境主要对企业财务有不同影响。从证券市场上股票价格与相关信息的角度来看，证券市场可以划分为强式有效市场、半强式有效市场和弱式有效市场三种类型，不同效率的市场对企业和个人理财行为有不同影响。

法律环境中直接影响财务运行的重要法律规范主要包括财政税务法规、金融证券法规、财务会计法规、《公司法》以及公司及行业监管法规。我国现行税收法规体系中共有五大类、十七个税种，其中，与企业和个人理财活动紧密相关的税收法律主要有所得税类、流转税类、资源税类、财产和行为税类以及关税。我国金融证券法规体系十分庞杂，且正在不断完善建设中，其中，证券法规约束和管制的群体是最为广泛的。我国财务会计法规历经十余年改革分别形成了会计规范体系和财务规范体系，二者主要对企业财务运行产生影响。我国《公司法》对公司的一些限制性规定形成了有限责任公司和股份有限公司，其不同于一般企业的财务特征。

文化环境因素主要包括专业文化和社会文化。专业文化对财务运行的影响主要体现在对财务基本理论、财务管理方法以及财务管理手段的影响上；社会文化差异对财务管理的影响主要体现在个人主义或集体主义差别的影响，权力距离大小的影响，不确定性规避程度强弱的影响和阳性或阴性倾向的影响。

治理结构模式分为外部监控型、内部监控型、家族控制型和转轨经济型治理结构，不同的治理结构对财务运行会产生不同的影响。组织结构分为直线职能式、事业部制和矩阵型组织结构，不同的组织结构对财务运行会产生不同的影响。内部规章体系建设与执行力对财务运行的影响也至关重要。

财务人员不仅在一般的企业中占有重要的地位和享受较高的荣誉，而且在金融机构和政府与非营利组织中也是不可或缺的角色。公司理财中的财务组织的主要职责是组织财务活动和处理财务关系，金融机构中的财务组织与整个企业的组织结构密切相关，因为金融机构除了本身作为一个组织实体，有其财务和会计的工作要求外，其业务过程中涉及的财务知识，也要求财务人员渗透到各个具体岗位。政府机构中执行财务职能的主要是各级政府下属的财政机关。非营利组织财务活动的目标主要是提高资金使用效率，以及保证所持有的资金余额的保值和增值。财政机关的财务人员分工和职责相对简单，但实体公司和金融机构的财务人员分工和职责则会因为企业性质的不同而显得纷繁复杂。

关键概念

财务环境　内部环境　外部环境　动态环境　稳态环境　可控环境　不可控环境　经济管理体制　经济发展周期　强式有效市场　半强式有效市场　弱式有效市场　治理结构　组织结构　专业文化　社会文化差异

思考题

3.1　财务环境的内涵是什么？
3.2　财务环境有哪些分类？
3.3　经济管理体制如何影响财务运行？
3.4　经济发展周期如何影响财务运行？
3.5　市场环境的不同竞争态势如何影响财务运行？
3.6　不同效率的证券市场如何影响财务运行？
3.7　影响财务活动的主要税收法规有哪些？
3.8　影响财务活动的财务会计法规有哪些？
3.9　文化对财务的影响体现在哪些方面？
3.10　公司中财务经理的职责主要是什么？

延伸阅读与参考文献

1. 汤谷良. 企业财务管理［M］. 杭州：浙江人民出版社，2000.
2. 齐寅峰. 公司财务学［M］. 北京：经济科学出版社，2000.
3. 罗飞，王竹泉，黄本尧. 论国有企业财务管理的环境与财务关系［J］. 会计论坛，2002（1）.
4. 杨曾宪. 试论文化的本质及分类［J］. 理论学刊，1999（3）.
5. 莫顿，博迪. 金融学［M］. 欧阳颖，等，译. 北京：中国人民大学出版社，2000.

第二篇　金融市场与投资

第四章 金融市场与投资导论

引例

金融市场是资金融通市场。在经济运行过程中，资金供求双方运用各种金融工具调节资金盈余的活动，是所有金融交易活动的总称。在金融市场上交易的是各种金融工具，如股票、债券、储蓄存单等。金融市场对经济活动的各个方面都有着深刻的直接影响，如个人财富、企业的经营、经济运行的效率，都直接取决于金融市场的活动。金融市场的构成十分复杂，它是由许多不同的市场组成的一个庞大体系。但是，一般根据金融市场上交易工具的期限，把金融市场分为货币市场和资本市场两大类。货币市场是融通短期资金的市场，资本市场是融通长期资金的市场。

中国资本市场是在改革开放和现代化建设进程中逐步发展起来的。以沪深交易所的设立计，至今已经成立20多年。短短20年，中国资本市场投资体系向前跨越了三大步，我国资本市场结构得到优化，投资交易产品更加丰富，品种体系不断健全，独树一帜的资本体系已经和有近百年发展史的欧美资本市场并驾齐驱。从市场成立之初仅有股票、国债等少数交易品种，发展成为包括股票、证券投资基金、权证、公司债、可转换公司债券、资产证券化产品、国债回购、商品期货等在内的投资产品体系。投资品种体系的不断健全，令企业投资与融资、居民理财的方式日渐丰富，人们能通过各种投资方式尽情分享中国经济的成长。中国资本市场在国民经济中占有重要地位，在能动地配置和协调资源、服从和服务于国民经济平稳较快发展方面发挥着举足轻重的作用。

展望2020年，中国资本市场将基本完成从“新兴加转轨”市场向成熟市场的过渡；中国资本市场的深度和广度将大为拓展，结构更为平衡、合理，股票、债券、商品期货和金融衍生品市场全面发展，市场层次更为丰富。

资料来源　赵学毅. 中国资本市场20年，投资体系跨越三大步 [J]. 证券日报，2009-09-22.

学习目标

知识目标

理解与掌握金融市场、投资的内涵，明确二者的关系；明确金融市场的类型；明确与掌握金融工具的特征；了解金融市场在投资中的作用；理解与掌握金融投资的原则；了解金融市场的参与者有哪些；理解与掌握利率的作用，明确其决定机制及其构成。

技能目标

掌握名义利率和实际利率之间的推导关系；掌握远期利率的演算方法；了解预期理论、分割市场理论、选择停留理论的前提假设及基本命题与优缺点。

能力目标

了解储蓄、投资与消费的关系，能够明确金融市场与投资学之间的关系；了解金融市场的不同分类标准，明确不同类型的金融市场的区别；理解金融投资的风险特征，把握金融投资的过程和原则；明确利率的定价作用，理解利率水平的构成及其决定理论；能够运用利率期限结构理论解释资产价格的决定因素。

本章提要

本章主要介绍与论述金融市场与投资学的基础理论，包括金融市场与投资的内涵、金融工具的特征与种类、金融市场的参与者、利率等。回答什么是金融市场？什么是投资？金融市场与投资之间的关系如何？金融工具的基本特征和种类有哪些？金融市场的参与者有哪些？利率在决定金融工具价格中如何起作用？

理解金融市场的内涵是明确资本配置的基础，金融市场提供了投资者交易各种金融工具的机制和场所，金融市场的参与者是金融市场的主体，利率是各种金融工具定价的基础。本章共有四节：第一节概述了金融市场与投资的关系以及金融市场的类型划分，并明确了金融投资的概念、风险的内涵、金融投资的过程和原则等。第二节明确了金融工具的内涵、特征以及种类。第三节明确了金融市场的参与者的类型及其参与的金融市场活动。第四节通过分析利率的内涵与作用，明确了利率水平的确定机制和利率期限结构。

本章作为本篇的导论，主要概述了金融市场和投资的基本关系，明确了金融机构和金融市场在资源配置过程中直接或间接地共同发挥投资和融资的中介作用，为理解本篇以后两章（本篇的后两章分别介绍了金融市场的类型与证券投资分析）的进一步的讨论和分析奠定了基础。

第一节 金融市场与投资内涵

现代经济，既是一种以知识为本的经济，又是一种金融化的经济。人类社会进入20世纪90年代以来，特别是进入21世纪之后，市场一体化的中心正在从贸易市场一体化转向金融市场一体化。资产证券化是金融一体化的逻辑要求，即通过标准化的资产分割而提高资产的流动性，从而完成风险分散化的过程。在经济体系中，金融市场是现代金融体系的核心，也是现代经济运转的血液。金融市场与投资是相伴而生的一对事物，在这一节里，我们将主要介绍金融市场的概念、作用与重要性，以及投资与金融市场之间的关系。

一、金融市场与投资概述

（一）金融市场与投资学

金融市场是进行各种金融工具交易、实现短期货币和中长期资本借贷的场所。就一个具体的、特定的金融市场而言，市场可以是有形的，也可以是无形的。有形的金融市场一般有固定的交易场所，拥有特定的地理位置，如上海证券交易所、纽约证券交易所；无形的金融市场是指没有特定地点的交易市场，如股票、证券的柜台交易市场（即场外交易市场），往往是指全球范围内或在一定区域连接交易商及其客户的计算机和远程通信系统的集合。从金融体系整体而言，金融市场是各种经济主体进行金融交易的场所。在这个场所中，各种金融机构通过从事两方面活动推动融资：一方面创造各种金融工具以便利金融交易；另一方面又参与金融工具的买卖实现其自身作为独立经济实体对利益的追求。

在现代经济中，无论个人或者机构都可能需要投资，投资者总希望在未来可容忍的风险下能得到更多的回报。投资可分为实物资产投资和金融资产投资，而金融资产投资比实物资产投资更方便。在投资金融市场的过程中，回报率的高低与财富的多少不仅取决于如何识别风险和管理风险，还必须对各个投资品种进行科学的投资分析，只有这样才能采取有效的投资策略。投资学就是研究与管理投资者财富的一门学问，它是科学工具在投资中的应用。投资管理是管理资金的过程。投资者在投资中需要具备一定的技能。投资者在投资之前要制订一个投资计划以及可利用的投资额；在此基础上，投资者要确定投资目的——是保值，还是投机；接着，要研究投资环境，即金融工具、金融市场和金融机构；最后，投资者要考虑如何作投资决策——投资哪些证券，如何扩大投资和在什么时候投资，也就是管理投资过程，对证券进行分析并研究证券组合的管理。

本章作为本篇的导论，将对金融市场和投资的基本关系进行概述。一般来说，在一国的金融体系中，需要金融机构和金融市场共同发挥作用，以各自的方式在资源重新配置、有效配置过程中直接或间接地发挥投资和融资的中介作用。金融市场与投资的关系如图4-1所示。

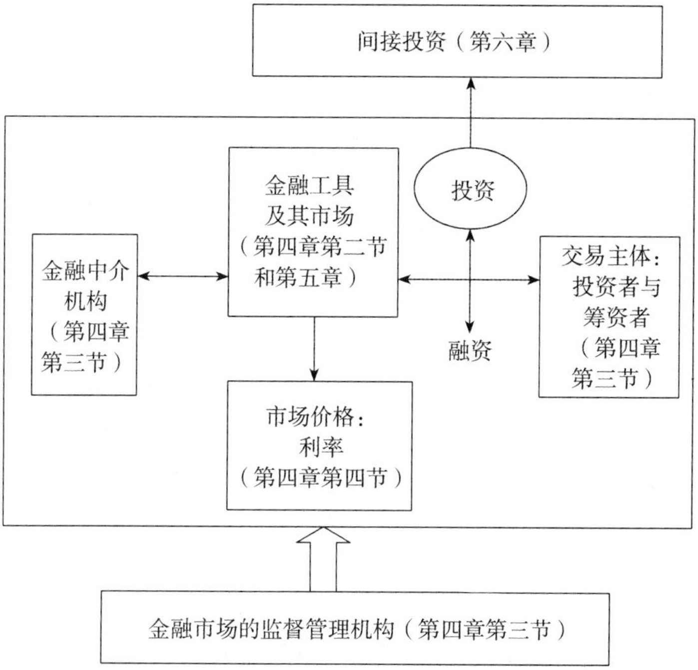

图4-1　金融市场与投资的关系

（二）储蓄、投资与消费的关系

纵观人类经济行为中的诸多投资现象，我们可以从中发现，人们会根据自身的偏好在时间跨度上安排过去、现在和未来的消费结构，并使得在这种消费结构安排下的当期和预期效用最大化。个人可以选择今天消费掉所拥有的财富，也可以把它们用于投资以便在将来获得收益。所以，投资在本质上是一种对当期消费的延迟行为。

从典型的经济人角度来看，国家、家庭、个人都在进行着不同种类但是本质相同的投资。例如，从国家的经常账户和资本账户的结构以及两者之间的关系来看，外汇储备实质上是一国放弃当期消费，而以某些外币资产形式持有的一种投资品。家庭的消费，本质上是家庭通过跨期消费结构的合理安排，从而保证耐用消费品、家庭医疗计划以及子女教育等多期支出的一种投资活动。个人的学习计划，从经济资源角度上说，是放弃当期消费而对人力资本的投资，从而希望将来获得更多的效用满足；从时间预算决策角度上说，是放弃当期的闲暇，以期望将来获得更高品质的闲暇和选择的自由。

从投资产品来看，我们可以看到这些投资产品延迟消费的本质。例如，养老基金就是一种典型的延迟消费行为。当人们留存一部分收入直到他们退休时再支取时，这是典型的延迟消费决策。类似地，当投资者购买债券、股票或其他金融资产时，他们同样是在延迟当期消费。

（三）金融市场在投资中的作用

金融市场作为金融资产的流通中介，其主要作用是：

1.消费的时间安排

持有一定财富的经济个体面临的最基本的选择是：是消费还是投资。或者说，经济个体所面临的问题是今天应该消费或投资多少？这关系到怎样安排他的消费，或者说配置他现有的财富，以使他既能享有今天的消费又能通过今天的投资来增加他在未来的消费或财富。

在当前的收入大于当前的消费，即存在储蓄时，一定以金融资产的形态来储蓄财富。这意味着高收入时储蓄投资，以便在低收入时出售以获得消费所需要的资金。金融市场起到了调整当前消费水平与未来消费偏好的作用。

例如，你今天和一年后的今天各有C元收入，如果没有资本市场且没有办法储存未用的现金，你今天和一年后的今天各自最多只能消费C元。资本市场的存在使你得以将今天的货币与未来的货币进行交易，从而使你无论是现在还是将来都能适量地消费。

假设一个典型个人的经济状况如下：某人今年有收入50 000元，预计明年将有60 000元的收入，市场允许他可以以10%的利率自由地借入或贷出资金，那么，他通过借贷可实现的所有可能的消费与投资组合如图4-2中直线所示。

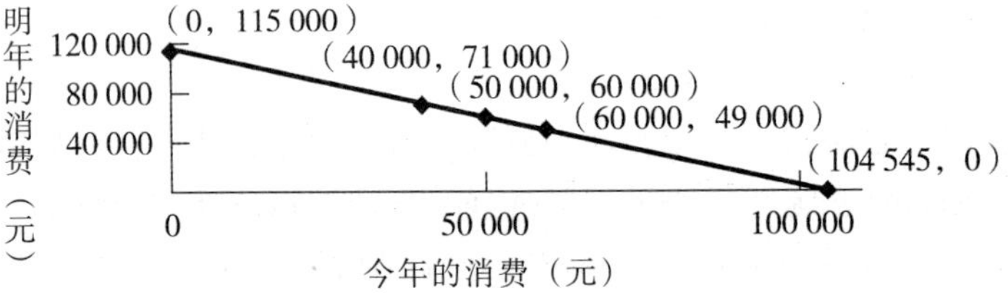

图4-2 从今年到明年各种可能的消费与投资组合

如果利率为10%，那么此人在第二年消费的最大值等于115 000元（60 000+50 000×（1+10%）），为了达到该最大值，他必须将今年的全部收入50 000元贷出而完全放弃消费。同理，如果利率为10%，那么此人在第一年消费的最大值等于104 545元（50 000+60 000÷（1+10%）），为了达到该最大值，他必须在明年的全部收入60 000元的基础上尽可能多地借款。这样图4-2上的直线代表了此人所有可能的从今年到明年的消费与投资组合，此人究竟会选择线段上的哪个位置，取决于他个人的偏好和耐心程度。如果此人缺乏耐心，则他也许会选择借入；如果他很有耐心，他也许会选择贷出部分今年的收入以在明年消费得更多，即今年进行投资。

2.分配风险

实物资产包含了一些风险，当建立工厂来生产商品时，管理者并不能确切地知道其所能产生的现金流，因此，他要发行股票或债券，偏好风险的人去买股票，规避风险的人去买债券。因此，金融市场把以前捆绑在一起的风险分拆开来，重新分配给不同风险偏好的个人投资者。这给厂商带来好处，即增加了资本。投资者根据风险与收益的关系进行自我选择，每种证券都可能按照可能的价格出售。

3.所有权与经营权相分离

在工业革命之前最普遍的企业组织形式是个体业主制企业和合伙制企业，这些企业的所有者和经营者合二为一。然而在今天这种全球性市场和大规模生产的环境下，企业的规模和资本需求也急剧攀升，比如通用电气（GE）的资产总值已经超过了350亿美元，这么大的规模决定了它不可能将所有权与经营权集于一身。GE大约有150万股东，这些股东对GE公司拥有同其股份成比例的所有权和利害关系，他们不可能都参与企业的日常管理。于是股东们选出了董事会，公司的董事会要选择经理，这意味着所有权与经营权相分离，也使得公司更趋于稳定。假设股东不想持有股票，他可以出售给其他的人，这不至于影响公司的管理层。因此，金融资产以及在金融市场上购买和出售这些资产的能力就使得所有权和经营权的分离易于实现。

相关链接4-1　　　　博迪和默顿的“金融市场六大功能说”

对于金融市场拥有的功能，有多家之言，其中比较有影响而且经常被引用的是美国波士顿大学的兹维·博迪（Ziv Bodie）和哈佛大学商学院的罗伯特·默顿（Robert C.Merton，2000）针对金融体系提出的六大功能。这六大功能是：（1）进行跨时间、跨空间、跨行业的资源转移；（2）提供管理风险的手段；（3）提供结算和清算手段，为商品交易、服务交易和资产交易提供便利；（4）提供集合资源并向企业分配资源的机制，促进贸易发展；（5）提供价格信息，使企业能够自行决策并对价格信号做出合理反应；（6）提供解决激励问题的方法，解决信息不对称性和委托代理问题。

二、金融市场的类型

在金融市场上，金融交易的对象、方式、期限、条件等是多种多样的，要对金融市场作一个概括的分类是比较困难的，从不同角度来观察金融市场可以有不同的分类，各种不同类型的金融市场构成了广义的金融市场。

（一）按发行与流通特征划分：初级市场、二级市场、第三市场与第四市场

以证券的发行与流通特征为依据，金融市场可以划分为初级市场、二级市场、第三市场和第四市场。资金需求者将证券首次出售给公众时所形成的交易市场称为初级市场、发行市场或一级市场，证券的发行方式主要有由承销机构包销和代销两

种。证券发行以后，各种证券在不同的投资者之间买卖流通所形成的市场即为二级市场，又称为流通市场或次级市场。二级市场又可分为场内市场（即证券交易所）和场外市场。场外交易市场又称柜台交易或店头交易市场，它是在证券交易所以外进行证券买卖的市场。

此外，在发达的市场经济国家还存在着第三市场和第四市场，它们实际上都是场外市场的一部分。第三市场是原来在交易所上市的证券移到场外进行交易所形成的市场。相对于交易所交易来说，第三市场具有限制更少、成本更低的优点。第四市场是投资者和证券的出卖者直接交易形成的市场。其形成的主要原因是机构投资者在证券交易中所占的比例越来越大，它们之间的买卖数额很大，希望避开经纪人直接交易以降低成本。

（二）按中介作用划分：证券市场与借贷市场

以证券交易中中介机构所起的作用为依据，金融市场可以划分为证券市场与借贷市场。证券市场指证券发行和流通买卖的市场，以股票、债券、票据、权证、合约等为主要交易对象。在证券市场中资金需求者直接从资金所有者那里融通资金，也被称为直接金融市场。借贷市场是直接以货币作为交易对象的市场，其交易内容实质上就是货币使用权的转让。借贷市场通过银行等信用中介机构作为媒介来进行资金融通，所以又称间接金融市场。

证券市场和借贷市场最主要的区别在于：在借贷市场上，资金所有者将资金放给银行等信用中介机构，再由这些机构转贷给资金需求者，资金的所有者和使用者之间不发生任何的利益关系；而证券市场上虽然也有金融中介机构，但其作用不是资金的中介，而是信息与服务的中介。

（三）按标的物划分：货币市场、资本市场、外汇市场与黄金市场

以交易的标的物为依据，金融市场可以划分为货币市场、资本市场、外汇市场与黄金市场等。

货币市场是指以期限在一年以下的金融工具为交易标的物的短期金融市场。现在，货币市场一般指短期国债、商业票据、银行承兑汇票、大额可转让定期存单、回购协议、联邦资金等短期金融工具买卖的市场。货币市场的主要功能是保持金融资产的流动性，以便随时换成现实的货币。

资本市场是指期限在一年以上的金融工具交易市场，如股票、公司债券、中长期国债和不动产抵押贷款等金融工具买卖的市场，主要用以满足某些部门的长期资金需求。资本市场包括银行中长期存贷款市场和有价证券市场，由于长期融资的证券化趋势，资本市场侧重于证券市场。

外汇市场指买卖外汇、从事各种外币或以外币计价的票据及有价证券的交易市场。外汇市场有广义和狭义之分，狭义的外汇市场仅指银行间的外汇交易，广义则还包括银行与企业、个人间的外汇交易。

黄金市场是专门集中进行黄金买卖的交易市场。黄金作为国际储备之一，在国

际结算中占有重要地位，因此黄金市场被看作金融市场的组成部分。

（四）按定价方式划分：公开市场与协议市场

以金融工具的定价方式为依据，金融市场可以划分为公开市场与协议市场。公开市场指的是金融工具的交易价格通过众多的买主和卖主公开竞价而形成的市场。金融工具在到期偿付之前可以自由交易，卖给出价最高的买者，一般在有组织的证券交易所进行。在协议市场上，金融工具的定价与成交是通过私下协商或面对面地讨价还价进行的。在发达的市场经济国家，绝大多数债券和中小企业的未上市股票都通过这种方式交易。最初，在协议市场交易的证券流通范围不大，交易也不活跃，但随着电子信息和自动化技术的发展，该市场的交易效率已经大大提高。

（五）按交割期限划分：即期市场与远期市场

以金融交易的交割期限为依据，金融市场可以划分为即期市场和远期市场。

即期市场是成交后立即或在若干个交易日内办理交割手续的交易市场，也称现货市场。所谓交割，是指结清交易手续，卖者交出证券，买者付出现款，钱货两清。由于交易数额增加、次数频繁，大部分交易允许在成交后延迟几个交易日交割。

远期市场是证券交易双方成交后在约定的时间按照契约规定进行交割的金融市场，包括期货、远期、互换和期权市场。远期市场以衍生金融工具为交易对象，又称为衍生市场。衍生金融工具是由基础性金融工具创造出来的新型金融工具，一般表现为合约的形式。远期市场交易双方在结算时可以互相轧差，一般不必交实货，投资者可以利用即期交易和期货交易的套期买卖保护投资利益，而投机者则可利用买空卖空获取额外收入。

三、金融投资

（一）金融投资的概念

投资作为一种经济行为，目的是通过投资赚取利润。投资者希望通过投资增加他们的财富来满足未来的消费。财富是现时收入和所有未来收入的现值之和，可以是现金、证券和实物。所有这些能够储蓄的财富都叫做资产。资产可分为实物资产（real asset）和金融资产（financial asset）。实物资产是有形资产，如土地、建筑物、用于生产产品的机械设备等；金融资产是一种合约，譬如股票或债券，它表示对未来现金收入的合法所有权。它的价值与其物质形态（往往是一张纸）没有任何关系。

金融资产是和实物资产紧密联系的。金融资产（如公司的股票、债券）是融资工具，它们资助实物资产的形成和配置，同时金融资产的未来收入又是由实物资产的运作产生的。在市场经济中，如果没有金融资产，实物资产便无法在各部门、各企业中流动和重新配置，生产就无法进行。

金融投资，即金融资产投资，是指投资者（法人或自然人）购买股票、债券、基金等金融工具以及这些金融工具的衍生品以获得红利、利息及资本利得的投资行为和投资过程。在当前社会中，金融投资在投资活动中占有突出的地位，在拓宽投资渠道、优化资源配置以及促进经济发展等方面发挥了重要作用。

（二）风险和风险偏好

“风险”一词的由来，最为普遍的说法是认为其源自中国远古时期。在远古时期，以打鱼捕捞为生的渔民，每次出海前都要祈祷，祈求神灵保佑自己能够平安归来，其中主要的祈祷内容就是让神灵保佑自己在出海时能够风平浪静、满载而归。他们在长期的捕捞实践中，深深地体会到“风”给他们带来的无法预测、无法确定的危险，他们认识到，在出海捕捞打鱼的生活中，“风”即意味着“险”，因此有了“风险”一词。

现代意义上的“风险”一词，已经大大超越了“遇到危险”的狭义含义，而是“遇到破坏或损失的机会或危险”。可以说，经过两百多年的演绎，“风险”一词越来越概念化。它随着人类活动的复杂性和深刻性而逐步深化，并被赋予了从哲学、经济学、社会学、统计学，甚至到文化艺术领域的更广泛、更深层次的含义，且与人类的决策和行为后果联系得越来越紧密，“风险”一词也成为人们生活中出现频率很高的词汇。

不同的投资者对于同一种风险，可能也有着不同的看法。这是因为，对于不同的投资者，其风险承受能力有所不同，而风险承受能力与不同投资者的风险偏好又是密切相关的。如前所述，风险能给投资者带来额外的收益，但也可能带来损失。投资者对风险所带来收益和损失的可能性认识不同，就会有不同的投资偏好。一般而言，风险偏好可以归纳为以下三大类，即风险规避、风险爱好、风险中立。很显然，风险规避者对风险所带来的损失更为看重，所以对风险往往采取规避的态度，其效用与风险的关系如图4-3所示；风险爱好者看重风险所带来的收益，所以会冒着高风险来获得高收益，其效用与风险的关系如图4-4所示；而风险中立者对风险的态度则介于前两者之间，其效用与风险的关系如图4-5所示。

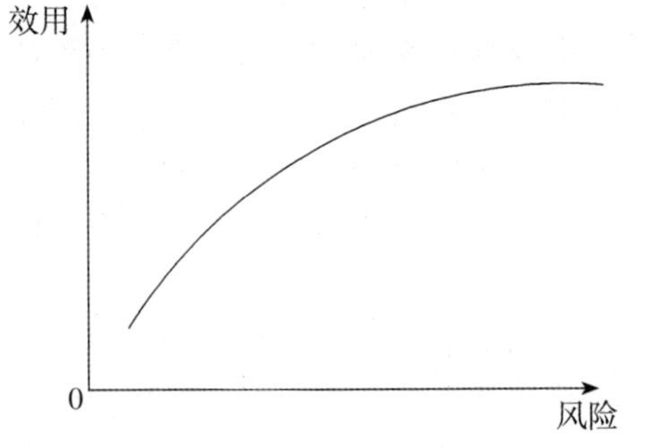

图4-3 风险规避者

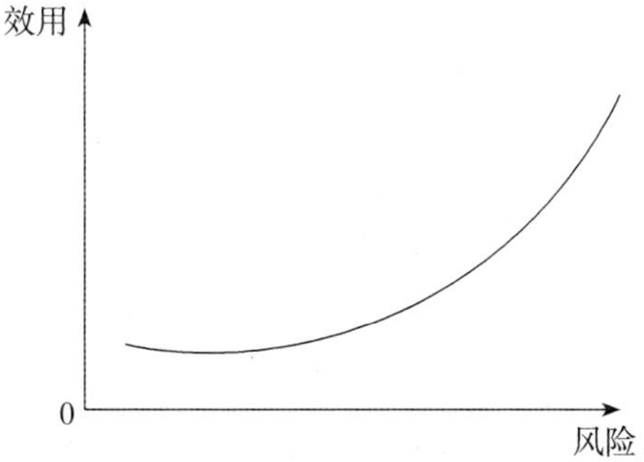

图 4-4　风险爱好者

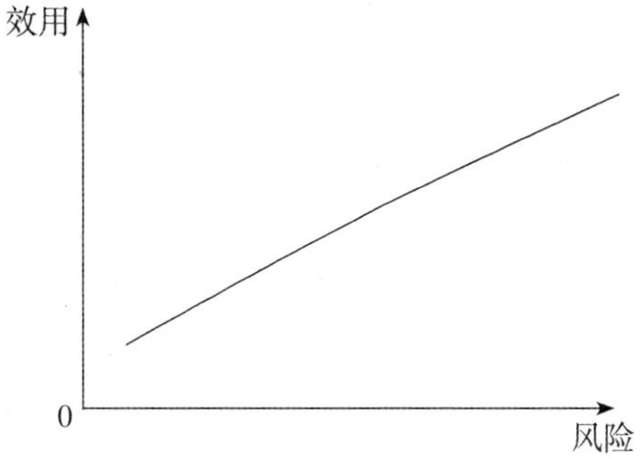

图 4-5　风险中立者

（三）金融投资的过程

1.确定投资目标

投资管理的第一步是确定投资目标，即确定投资的路径和投资的风格。

不同投资者，由于其投资方式和投资资金的不同，其投资目标也自然不同。机构投资者投资目标一般由管理阶层决定，不同管理人员会有不同投资风格，因此，需要通过深入分析和综合平衡来做出最合理的抉择。个人投资者投资目标受个人经济状况、性格、知识层次等影响。一般来说，在投资目标的确定过程中，有两个因素非常重要：投资者的行为偏好与对风险和收益的衡量。在既定的投资者行为偏好下，投资者展开对风险和收益的衡量，并通过对可选择的投资项目的风险和收益的权衡，进行投资决策，同时确定投资目标。所以，投资目标的确定事实上是对投资机会的一个认识过程。在这个认识过程中，投资者行为偏好以及对风险和收益的权衡这两个因素相互影响，并最终决定投资目标。

2.制定投资策略

投资管理的第二步是制定投资策略以实现投资目标。投资策略的选择与市场的属性、投资者具备的条件和其他投资者状况密切关联，所以只有在理解这三个条件的基础上，才能够做出最优的投资策略选择。

从市场属性的角度看，对市场的认识构成了对投资环境的基本认识。对一个市场来说，其微观结构由五个关键的部分组成：技术、规则、信息、市场参与者和金融工具。市场的属性和市场的特征是客观存在的，并随上述五个因素的变化而变化。但是，人们对市场的认识是有差别的。在不同的市场认识理论中，最优的投资策略是不一样的。例如，有效市场理论认为，从长久来看，投资者不可能击败市场，其隐含的投资策略是被动投资策略。然而，当市场并非有效时，价格行为就具有某种可预测性，那么就应该选择主动投资策略。所以，对市场的认识决定着投资策略的选择。

从投资者对自己和其他投资者认识的角度看，其知己知彼的程度对投资策略的选择有着重要影响。在一定的投资市场环境下，一项交易事实上是作为市场参与者的交易双方之间的博弈，所以投资策略的选择是一种动态调整的过程，并且随着交易双方的进行而彼此互动。

3.选择投资品种和市场

一旦选择了一种投资策略，下一步就是选择具体的投资品种和市场。不同投资品种与市场有不同的风险和收益特性，对投资人的资本额和个人素质等的要求是不同的，因而适宜于不同的投资目标。不同投资市场之间的区别，主要表现在以下几个方面：一是市场收益与风险总体状况，包括影响投资的各类风险因素及相应收益率；二是市场在运行与监管方面的特点、主要规章制度等；三是市场各组成部分的特点，即交易所、中介机构的状况等。

一般将投资市场依发展程度不同划分为两类：成熟证券市场和新兴证券市场。成熟证券市场如美国，已经发展了近百年，各类法规制度已十分完善，市场集中了世界上最成熟的投资者，采用的是世界上最先进的设备与技术。在这类市场中，相对于新兴证券市场，其系统风险较低。中国证券市场发展仅十多年，作为新兴证券市场，在各个方面都不太成熟，系统风险要高于成熟的市场，但相对而言，这种市场的机会也较多。投资人可以选择某一证券市场，也可同时投资于几个市场。实际上，多市场投资要求投资人有较多的资金、时间与精力，一般投资人难以达到这一要求，因此多市场投资一般是大型基金经理的工作。普通投资人可以通过选择本土投资市场，多品种投资分散风险。

4.衡量与评估业绩

为了检验投资的业绩是否与预期的投资目标相吻合，有必要进行投资过程的最后一个步骤——业绩的衡量与评估。从时间上看，业绩评价可以分为过程评价和事后评价两种。过程评价是一种阶段性的评价，为投资过程的动态调整提供了必要的信息。事后评价是一种检验性和总结性的评价，为以后的投资提供了必需的经验性信息。事实上两种业绩评价在投资过程中是不断交替进行的。业绩评价最重要的作用是为投资者的投资组合调整提供指导。在现代投资实践中，由于品种繁多、市场复杂且专业分工细密，绝大多数的投资是由职业投资经理人通过委托-代理关系代表投资者进行的。如何评价职业投资者的职业经验和投资业绩，不仅成为投资者选择投资代理的必要参考信息，同时也是约束和激励职业投资者的重要手段。所以，业绩评价为投资过程的良性循环提供必要的检验和支持。

至此，当投资的业绩评价完成后，一个完整的投资管理过程就结束了。需要强调的是，在投资实践中，投资过程的几个步骤的工作并不是机械地进行的，而是应该根据投资实践的动态变化而不断地做出适应性调整。上述几个步骤之间是一种动态反馈与调整的关系，而投资过程就在这种反馈与调整循环中不断地进行着。

（四）金融投资的原则

1.理性投资原则

投资者在进行投资时，要靠自己渊博的专业知识、智慧和经验去细致地分析和独立地判断股价行情，保持投资自主、理性投资的原则，而不能感情用事。这是因为当投资者感情用事时，看到所欲购买的股票价格略有上涨，并且大家都在购买时，投资者就会急不可耐、唯恐买不到而随之以行市价格购进，由于投资者并没有仔细地分析股价的走势，结果可能是买进高价股票。这种心血来潮、感情用事、在情绪冲动下进行的投资，是很容易失败的。在投资股票时，适当地借助他人的力量是必要的，但必须坚持独立思考、自主判断的原则。这是因为所有的投资赚钱或赔钱都要由自己承担，任何人都不会比自己更认真地去考虑自己的事情。

2.分散投资原则

分散投资的观念在投资理财中占据非常重要的地位。所谓分散投资，用最简单且形象的比喻来说就是“不要把所有鸡蛋放在同一个篮子里”，亦即进行多元化投资。一个投资者，如将资金全部投资于股票，由于股票收益具有不稳定性，是否有收益和收益多少是一个未知数，万一失败，全军覆没，就再也无生还余地；如将资金全部用于投资债券，其收益虽然相对稳定，却失去了投资股票所能带来的更多的收益机会。因此，投资者应采取分散投资的原则，即对多种证券同时进行投资，即使其中的一种或数种证券得不到收益，如其他证券收益好，也可以得到补偿。一般来说，除了一些特定的系统性风险影响外，多数证券同时出现损失的情况相对较少。对于这种分散投资，投资者还必须注意投资方向，不仅要投资于收益高的股票，同时也应该投资于债券，因为股票投资风险比较大，债券虽然收益小些但相对安全，将资金一分为二，即使在股票投资中亏了本，还有债券部分的收益，不至于全盘皆输。

证券投资的最佳组合理论就是依据上述的基本思想产生的，一种合理的证券组合即一揽子证券会产生很好的组合效应，即有效降低风险或者提高收益。

3.收益与风险最佳组合原则

追求高收益是投资者进行投资的直接目标，尽管金融市场上金融工具的形式千差万别，但有一个共同点，即都能带来收益，同时又都有一定的风险。收益与风险是相伴而生的一对矛盾。投资者在投资证券时，应该谨慎地处理好这一对矛盾。一般来说，在一定风险的条件下，应尽可能使投资者收益最优化。这个原则要求投资者培养自己驾驭风险的能力，在证券买卖中尽力保护本金，以增加收益、减少风险。股票交易是一项十分复杂的系统工程，在交易市场上是没有“常胜将军”的。投资者必须在收益和风险两者之间权衡，见好就收，且不要过分贪婪而铸成大错。

投资者应该切记：先避风险，再谈利润。

4.比较优选原则

投资者通过与金融市场上其他可选的投资机会相比较来做最优选择。一般情况下，在风险相同的情况下，选择收益最高的证券；在收益相同的情况下，选择风险最低的证券。

5.套利原则

当市场上同时存在两个相似的投资选择时，我们会得到相对于比较优选原则更强的结论。例如，在借贷利率相同的理想状态下，假设一家银行的存贷利率为10%，另一家银行为12%。在这种情形下，你可以到第一家银行以10%的利率进行借款，假定借10 000元，然后以12%的利率存于第二家银行。一年以后，你在没有投入任何现金的情况下会获得200元（10 000×（12%-10%））的收益。这是套利的一种形式——无投入的情况下获得利润。可以推测，你能够通过在更高水平上执行此方案，从而赚取更多的利润。但是，应该清楚，这种情形不会永远持续下去，最终的结果是两家银行的利率水平会很快趋于一致。

相关链接4-2　　无套利定价原理

无套利原理是指具有相同价值的金融产品在同一个竞争的市场应当具有相同的价格。金融市场上实施套利行为非常的方便和快速。这种套利的便捷性也使得金融市场的套利机会的存在总是暂时的，因为一旦有套利机会，投资者就会很快实施套利而使得市场又回到无套利机会的均衡中。因此，无套利均衡被用于对金融产品进行定价。金融产品在市场的合理价格是这个价格使得市场不存在无风险套利机会，这就是无套利定价原理。

6.动态原则

动态原则有两个含义：其一是指一种金融工具的未来价格是不确定的，会随着时间的推移而发生变化，因而对一种金融工具可以连续投资。这一含义表明，金融工具的未来价格变化是动态的，任何时候都存在投资机会，任何时候都可以进行投资，因此，一项投资是否成功，关键在于对投资机会的把握。其二是指因为金融市场是动态的，所以投资本身也是动态的。金融市场是投资的外部环境，各种因素包括政治、经济和法律等方面的变化，都会引起金融市场发生变化，进而影响到各种金融工具的投资价值随之变化。金融性投资与实业性投资的区别之一就是针对同一投资对象，实业性投资往往是一次性的，金融性投资则是可以反复多次的、连续的。正是由于投资具有这一动态特征，投资者可以利用这一动态特征构建投资组合，并且随时进行调整，以使投资价值增加。

【案例4-1】

巴菲特是当今世界具有传奇色彩的证券投资家，他以独特、简明的投资哲学和策略，投资可口可乐、吉列、所罗门兄弟投资银行、通用电气等著名公司股票、可转换证券并大获成功。以下是巴菲特股市不败的六大要素：

一、赚钱而不要赔钱。这是巴菲特经常被引用的一句话："投资的第一条准则是不要赔钱；第二条准则是永远不要忘记第一条。"

二、别被收益蒙骗。巴菲特更喜欢用股本收益率来衡量企业的盈利状况。股本收益率衡量的是公司利润占股东资本的百分比，能够更有效地反映公司的盈利增长状况。根据他的价值投资原则，公司的股本收益率应该不低于15%。

三、要看未来。巴菲特总是有意识地去辨别公司是否有好的发展前途，能不能在今后25年里继续保持成功。巴菲特常说，要透过窗户向前看，不能看后视镜。预测公司未来发展的一个办法，是计算公司未来的预期现金收入在今天值多少钱。他会寻找那些严重偏离这一价值、低价出售的公司。

四、坚持投资能对竞争者构成巨大"屏障"的公司。巴菲特偏爱那些能对竞争者构成巨大"经济屏障"的公司。这不一定意味着他所投资的公司一定独占某种产品或某个市场。而且巴菲特总是寻找那些具有长期竞争优势、使他对公司价值的预测更安全的公司。20世纪90年代末，巴菲特不愿投资科技股的一个原因就是：他看不出哪个公司具有足够的长期竞争优势。

五、要赌就赌大的。绝大多数价值投资者天性保守，但巴菲特不是。他投资股市的620亿美元集中在45只股票上。他的投资战略甚至比这个数字更激进。在他的投资组合中，前10只股票占了投资总量的90%。

六、要耐心等待。巴菲特的原则是：不要频频换手，直到有好的投资对象才出手。巴菲特常引用传奇棒球击球手特德威廉斯的话："要做一个好的击球手，你必须有好球可打。"如果没有好的投资对象，那么他宁可持有现金。

第二节　金融工具的特征与种类

金融市场的客体是以金融工具为载体的货币资金，金融市场通过金融工具的买卖实现货币资金使用权或所有权的转移。

一、金融工具概述

金融工具是指一切代表未来收益或资产合法要求权的凭证，也被称为信用工具、金融资产或证券。金融工具的实质是信用关系的一种书面证明，随着信用关系的日益复杂化，金融工具也被创造出了许多种形式，并且逐渐变得可以流通转让。金融工具最基本的要素是支付的金额和支付条件，最重要的特征是能够在市场交易中为其所有者提供即期或远期的货币收益。

衍生金融工具在当代世界金融体系中扮演着越来越重要的角色，以至于人们经常把金融工具划分为基础金融工具和衍生金融工具，前者如票据、债券、股票、外汇等，后者如远期、期货、期权、互换等。

二、金融工具的特征

由于金融工具是盈余部门和赤字部门之间资金借贷的载体，因而金融工具具有双重意义，对金融工具发行方而言，既是一种融资工具，又是一种债务，而对金融工具持有方而言，则是一种金融资产。综合考察，金融工具有以下特征：

（一）虚拟性

金融工具是一种虚拟资本，其本身没有价值，但却能够交换并且产生某种形式的剩余价值。当储蓄部门（盈余部门或投资者）用手中的闲置货币购买金融工具时，是用手中的货币交换到一种凭证，该凭证属于一种权益证明，表明投资者对金融工具发行者的未来收入及资产具有一定的要求权。基于此，人们在进行投资决策时，对这种虚拟资本必须考虑它的期限性、风险性、流动性和收益性。

（二）期限性

期限性就是指债务人必须在经历一段时间后全部归还本金，可以一次偿清，也可以陆续还清。金融工具都规定有明确的偿还期限，其中有两种极端情况：一种是银行活期存款随时可以提取，其偿还期为零；另一种是股票或永久性债券，其偿还期为无限。因为金融工具是可以转让的，所以对于当事人而言，更具有现实意义的是相对偿还期，即从持有金融工具日起到该金融工具到期日止所经历的时间。

金融工具的不同的期限可以满足不同债权人和债务人对借贷期限的要求，同时，期限的长短对于债权人和债务人具有不同的意义。从债权人的角度来看，选择长期还是短期取决于债权人对现实消费与未来消费的估计以及债权人将能得到的收益率与对未来货币价值涨落的预期。在收益率一定的情况下，债权人都趋向于持有期限比较短的金融工具。从债务人的角度来看，在收益率一定的情况下，通常希望偿还的期限长些，以便有更多的时间来安排债务的偿还。作为债权人和债务人在金融市场上均衡的结果，期限较长的金融工具一般有着较高的收益率。

（三）流动性

流动性是指金融工具在不受或少受损失的情况下随时或迅速变为现款的能力。衡量或判断某种金融工具流动性的强弱实际上包括两方面的含义：一是能不能随时或迅速变现，二是变现过程中价格的损失程度及所耗费的交易成本大小。不同金融工具的变现能力不同，现金和活期存款具有完全的流动性；其他金融工具，或短期内不能变现，或变现时易受价格波动影响遭受损失，或在变现过程中需耗费相当的交易成本，其流动性相应减弱。一般来说，金融工具的流动性与偿还期呈反比，即偿还期越长，流动性越差；金融工具的流动性与债务人的信用能力呈正比，即债务人的资信等级越高，流动性就越强。

（四）风险性

风险性是指金融工具购买者收回本金的可能性。金融工具的风险主要有两种：

一种是信用风险，亦称违约风险或爽约风险，是指债务人不履行债务的风险，即债务人不能按约定的数额偿还债务，或不能及时地偿还债务的风险。这类风险是债务人所经受的最大的风险，一般与债务人的信誉、经营状况有关，同时还与金融工具的种类有关。例如，政府债券的风险小于企业债券，而企业债券的信用风险又小于企业股票。另一种风险是市场利率风险，是指因市场利率上升而导致金融工具市场价格下跌的风险。这是因为证券的市场价格与市场利率之间呈反向变动的关系。一般来说，金融工具的风险性与偿还期呈正比，即偿还期越长，风险性越大；风险性与流动性呈反比，即流动性越强，风险性越小。

（五）收益性

购买或持有金融工具，不仅要求还本，还希望带来利润。收益性是指金融工具能够定期或不定期给其持有人带来收益的特性。金融工具的收益包括两部分：利息或股息收入和资本利得与损失。

收益性的大小是通过收益率来衡量的，它与金融工具的价格呈反方向变动，与市场利率呈同方向变动。其具体指标有名义收益率、即期收益率、平均收益率等。名义收益率指的是金融工具票面收益与票面价值的比率；即期收益率指金融工具的年收益额与其当期市场价格的比率；平均收益率指将即期收益与资金损益一并计算的收益率，这是一个更能准确反映投资者收益状况的指标。

三、金融工具的种类

（一）短期金融工具

短期金融工具，即货币市场上的金融工具，指的是期限在一年以内的金融工具，主要包括商业票据、国库券、银行承兑汇票、可转让大额定期存单、回购协议等。这类金融工具期限短、风险小、流动性强。

（二）中长期金融工具

中长期金融工具，即资本市场上的金融工具，指的是期限在一年以上的金融工具，主要包括公司债券、中长期国债、股票等。这类金融工具期限长、风险较大、流动性较高。

（三）衍生金融工具

衍生金融工具又称衍生证券、衍生产品，是在货币、债券、股票等基础金融工具的基础上衍化和派生出来的、以杠杆和信用交易为特征的金融工具。衍生金融工具的历史虽然很短，但却因其在融资、投资、套期保值和套利行为中的巨大作用而获得了飞速的发展。现在，几乎每个月都有一种新型的合约产生，全球有50多个交易所在进行着衍生工具的交易，一些大的金融机构几乎可以根据客户的任何特殊要求量身定做任何品种的衍生工具并为之创造市场。

衍生金融工具所具有的功能与特性是衍生市场迅速发展的主要原因：(1) 衍生金融工具具有套期保值、风险转移、价格发现等功能，这就为任何一个经营者或持有货币的金融机构和个人因利率、汇率等因素的变动而产生的风险，提供了一个有效转移和规避的工具和手段，因而产生了对其强大的需求。(2) 衍生金融工具的杠杆效益显著，具有以小博大的功能，这不仅有助于保值者的风险管理，更吸引了许多投机者入市，从而对衍生工具市场的发展起了推波助澜的作用。

相关链接4-3　　衍生金融工具的风险暴露事件

国内许多企业在衍生金融工具的投资中折戟：

1.新加坡上市的航空燃料供应商中国航油（新加坡）股份有限公司（简称中航油），因石油衍生品交易出现巨亏。

2.2008年中信泰富净利润亏损126.62亿元，其中澳元累计期权合约亏损146.32亿元，致荣智健黯然出局。

3.1995年5月的“3·27”国债事件万国证券损失了20亿元，从此一个债券王国崩溃了。

……

国际市场衍生金融工具投资风险的案例：

1.英国巴林银行破产案。1995年3月，业务员李森投资日经225期货指数失利。合计损失达13亿美元，相当于巴林银行的全部资产。

2.日本大和银行债券投资案。1995年9月，因为交易员井口俊英账外买卖美国联邦债券，造成11亿美元的巨额亏损，相当于大和银行1/7的资产。

……

案例分析：衍生金融工具投资风险控制问题研究——基于中信泰富事件的分析

第三节　金融市场的参与者

金融市场参与者分为资金的供需方、金融中介机构和监督管理机构，它们在金融体系中的地位与作用各不相同。本节将分交易主体、金融中介机构和监督管理机构三类加以介绍。

一、交易主体——投资者与筹资者

（一）个人

个人（或家庭）在金融市场中起着举足轻重的作用。在世界各国，个人都是金融市场上资金的主要供给者，个人储蓄率的高低决定着一个国家可以用于投资的资金数额，这在很大程度上决定了国民经济增长的潜力。个人在金融市场中的作用是由其收入与支出的特性决定的。个人的收入通常较为稳定，主要的消费项目如购房、购车、教育等，支出时间较为集中和可以预见，并且主要由自身的积蓄支付。这些特性决定了其在金融市场上作为一贯的投资者和资金供给者，虽然有时也有资金方面的需求，但这是比较次要的方面。个人通过在交易市场上购买各种有价证券来进行组合投资，在满足日常资金流动需要的同时又能获得资金的增值。

个人在金融市场中的投资动机可能是为自己养老，也可能是为购买大宗消费品，还可能是赚取投机收益，这种动机的多元化造成了对投资品种的多种需求，也使得个人的活动领域遍及金融市场中的方方面面。据美联储统计，2000年美国居民所持有的主要金融资产比例是：养老基金储备占27.7%，公司股票占19.0%，定期储蓄存款占9.0%，联邦、州与地方政府证券占7.3%。个人通常拥有的货币资源和金融专业知识较为有限，这使得其交易成本较大，在金融市场上的参与程度受到限制，需要通过金融中介机构间接达到投资目的。个人对中介的需要是金融中介机构产生的重要原因。

（二）企业

企业作为独立经营的法人实体，是以资本保值增值为经营目标的。因此，企业必然按照这个目标调配资源，以求获得最大的收益。在金融市场上，企业既是资金的需求者，又是资金的供给者，企业对资金的需求与供给，是通过筹资与投资活动实现的。企业的现金收入与支出具有如下特征：企业的创建通常需要大量资金；企业经营现金收入的稳定性与可预见性较低；多数企业需要大量资金用于扩大生产经营规模，以获得规模收益。这些特性决定了企业在金融市场中，特别是在资本市场中主要充当资金需求者的角色，而在货币市场中，企业也是资金供给者之一，它们会把生产经营过程中暂时闲置的资金让渡出去，使其发挥更大的效益。

企业可供选择的融资方式多种多样，可以根据自身情况，从筹资成本、风险、方便程度等方面综合评估，企业使用最多的融资方式有银行信贷、发行股票、发行企业债券等。作为金融市场资金的供给者，企业一般在货币市场上选择流通性强、风险较小的金融工具进行投资。出于对目标企业参股控股的目的，企业也可能进行股票投资。此外，工商企业还是金融市场中套期保值的主体。

（三）政府与非营利组织

在一国金融市场上，通常该国的中央政府与地方政府都是资金的需求者，它们主要通过发行政府债券来筹集资金，用于基础设施建设、拉动经济发展、维护金融市场稳定等。政府部门在一定的时间，如拥有过剩资金或出于某些政治原因，也可能充当资金的供应者。另外，不少国家政府也是国际金融市场上的积极参加者，如中东的主要石油出口国家就是金融市场上资金供应的大户，一些发展中国家则是金融市场的主要资金需求者。在金融市场上，政府除了是资金的供需方外，还是重要的市场监管者和调节者。政府对金融市场的监管主要通过授权给监管机构来完成，但是当金融市场存在系统性的危机和其他严重的问题时，或是对于一些对市场和经济有重大影响的问题，政府会直接出面对其进行调节和干预。

非营利组织也是金融市场中的重要参与者，它们既可能作为资金的供给者，也可能作为需求者，这要视其自身性质、运行状况以及金融市场的具体情况而定。

二、金融中介机构

（一）商业银行

早期的商业银行是指经营短期存放款业务，以盈利为目标的金融机构。随着金融市场的发展，当今商业银行的业务早已涉及了金融体系中的各个领域，被誉为“金融百货公司”。商业银行与其他金融机构的本质区别在于其能够接受活期存款，具有创造存款货币的职能。商业银行是规模最大、产生时间最长、业务范围最为广泛的金融机构，在整个金融体系乃至国民经济体系中占据着极为重要的地位。

商业银行的演化和发展主要遵循两种模式：一种是英国式融通短期商业资金模式，其特点是放款的偿还期短、流动性高、违约风险较低。这种模式将商业银行业务与投资银行业务实行分业经营，商业银行的业务主要包括贷款、票据贴现、消费与房地产信贷、存款、借入款、汇兑、租赁、信用卡、贷款承诺等。另一种是德国式综合银行模式，其特点是银行不仅提供短期贷款，而且也融通长期资本，甚至还直接投资于企业股票与债券，替公司包销证券，参与企业的决策和发展并为之提供咨询服务。此种模式并不将商业银行和投资银行严格区分，是经营一切银行业务的综合银行。近年来，以上两种模式之间的区别逐渐模糊，美国、日本等历来采取分业管理的国家也在实施银行混业经营的金融改革。

我国目前的金融体系中，商业银行主要包括四大国有商业银行、新兴的股份制商业银行、城市商业银行等。1995年颁布的《中华人民共和国商业银行法》规定，商业银行业务与信托、证券等投资银行业务实行分业经营，不能交叉。

（二）信用合作社

信用合作社是由某些具有共同利益的人们组织建立起来的互助性质的会员机构。其资金来源主要是会员存款，有时也来自于非会员。信用合作社资金的运用是对会员提供借款服务，也有部分资金用于证券投资、同业拆借和转存款等。与其他金融机构相比，信用合作社规模很小，但是由于其创新的特征和公众接受的稳定性而极具发展潜力，其资金的来源正趋于多元化，在金融市场上发挥着越来越大的作用。

中国也存在信用合作社。中国的农村信用合作社在农村依然发挥着重要的作用，而城市信用合作社则正在逐渐转化为城市商业银行。

（三）政策性银行

政策性银行是由政府投资设立的，不以营利为目的、根据国家产业或区域发展等政策专门从事政策性金融业务的银行。

1994年以前，我国的政策性金融业务分别由四大国有商业银行承担；1994年，为适应经济发展的需要，把政策性金融与商业性金融相分离，先后成立了国家开发银行、中国进出口银行和中国农业发展银行三家政策性银行。国家开发银行的主要任务是为我国的基础设施、基础产业和支柱产业的大中型项目、政策性项目及其配套工程融资；中国进出口银行的主要任务是执行国家产业政策和外贸政策，为扩大机电产品和成套设备等资本性货物的出口提供政策性金融支持；中国农业发展银行的主要任务是筹集农业政策性信贷资金，承担国家规定的农村政策性金融服务，代理财政支农资金的拨付，为农业和农村经济发展服务。

（四）投资银行

投资银行业是一个日新月异的行业，其业务处于不断拓展之中，因而对投资银行的界定比较困难。通常认为，投资银行是指经营一部分或全部资本市场业务的金融中介机构，其具体业务包括证券承销与经纪、私募发行、兼并收购、专案融资、公司理财、基金管理、投资咨询、资产证券化、风险投资等。投资银行在不同的国家有不同的称呼，美国和欧洲大陆称之为投资银行或公司，英国称之为商人银行，日本称之为证券公司。

我国《证券法》规定，证券业和银行业、信托业、保险业实行分业经营与管理。在我国承担投资银行职责的机构主要有两类：一类是证券公司，业务范围较为狭窄，通常主要从事传统证券承销与证券经纪业务，这是我国从事投资银行业务机构的主体。另一类是近年来成立的按照西方现代投资银行模式运作的金融公司，如中国建设银行与美国摩根士丹利公司等共同创建的中国国际金融有限公司、中国银行控股的中银国际控股有限公司、中国工商银行和香港东亚银行控股的工商东亚金融控股公司等。

（五）保险公司

保险公司是经营保险业务的经济组织，按照业务可以大体分为人寿保险公司和财产与灾害保险公司。西方的保险业非常发达，保险业务渗透到社会生活的方方面面，各类保险公司是各国最为重要的非银行金融机构。

中国的保险公司主要包括中国财产保险有限公司、中国人寿保险有限公司、中国再保险有限公司等三家国有保险公司以及平安、太平洋、大众、新华、泰康等股份制保险公司。

（六）投资基金

投资基金也称共同信托基金或共同基金，是指向公众出售其股份或受益凭证募集资金，并将所获资金分散投资于多样化证券组合的金融中介机构。投资基金的优势在于专家管理、运作规范、可以利用投资组合分散投资风险。投资基金可以按多种方式分类，最常见的是按基金份额的变现方式划分为开放式基金和封闭式基金。

我国于1991年开始设立投资基金。早期的投资基金规模较小、管理比较混乱，1997年后国务院证券管理委员会、中国证监会先后发布了一些法规，我国投资基金开始朝规范化方向发展。

三、监督管理机构

金融体系内在的脆弱性、金融行业的特殊性、金融主体行为的有限理性等因素决定了金融市场存在内在的不稳定性，要求有一个监管主体采取有效的监管措施，以提高金融市场的效率，增强金融系统的稳定性。金融监管的有效性是维持金融市场稳定非常重要的因素。2007年美国次贷危机的爆发充分暴露了美国金融监管的不力，也许就像巴菲特说的一样："只有潮水退去时，你才知道谁一直在裸泳。"

世界各国的金融监管体制各有不同，美国、中国等采用由政府设立金融市场监管机构来管理金融市场的集中型监管体制；英国等国家采用由交易所及交易商协会等组织自律监管的自律型监管体制；德国、泰国等国家则采用介于前两者之间的中间型监管体制。

2004年2月起，我国正式实施了三部新制定或修订的银行法，标志着我国现代金融监管框架的基本确立。我国金融监管由中国人民银行、中国银行业监督管理委员会、中国证券市场监督管理委员会和中国保险业监督管理委员会四个机构分别执行。

（一）中央银行

中央银行是国家赋予其制定和执行货币政策，对国民经济进行宏观调控和管理监督的特殊金融机构。各个国家的中央银行的职能有所差异，但一般来说，都具有发行货币、制定和执行货币政策、对金融活动实施监督管理、提供支付清算服务等职能。

改革开放后很长时间，我国各类金融机构和金融市场的监管全都集中于中央银行——中国人民银行。为适应我国金融机构和金融业务的发展，1992年以来，中国人民银行对证券业、保险业、银行业金融机构的监管职能分别转移给中国证监会、保监会和银监会。

根据2003年修订后的《中国人民银行法》，中国人民银行的主要职责是："在国务院领导下，制定和执行货币政策，防范和化解金融风险，维护金融稳定。"修订后的《中国人民银行法》强化了中国人民银行在执行货币政策和宏观经济调控上的职能，保留了与执行中央银行职能有关的部分金融监督管理职能，继续实行对人民币流通、外汇的管理，对银行间同业拆借市场和银行间债券市场、银行间外汇市场、黄金市场等金融市场活动的监管。

（二）证监会

1992年10月，中国证券监督管理委员会（简称中国证监会）成立，依照法律法规对证券市场进行监管。1998年，国务院证券委与中国证监会合并组成新的证监会，其职能明显加强，集中统一的全国证券监管体制基本形成。

中国证监会的基本职能为：对证券期货监管机构实行垂直管理；加强对证券期货业的监管，强化对从事证券期货中介业务的机构的监管，提高信息披露质量；加强对证券期货市场金融风险的防范和化解工作；负责组织拟订有关证券市场的法律、法规草案，研究制定有关证券市场的方针、政策和规章；统一监管证券业。

（三）保监会

中国保险监督管理委员会（简称中国保监会）于1998年成立，是全国商业保险的主管部门，根据国务院授权履行行政管理职能，依照法律、法规统一监督管理全国保险市场，维护保险业的合法、稳健运行。

中国保监会的主要职能为：拟订保险业方针政策、发展规划、监管法律法规，制定业内规章；审批保险公司及其分支机构的设立、合并、分立、解散等；审批关系社会公众利益的保险险种；依法实行强制保险的险种和新开发的人寿保险险种等的保险条款和保险费率；依法监管保险公司的偿付能力和市场行为；对政策性保险和强制保险进行业务监管等。

（四）银监会

2003年3月，中国银行业监督管理委员会（简称中国银监会）获准成立，整合了中国人民银行对银行、资产管理公司、信托投资公司及其他存款类金融机构的监管职能和中央金融工委的相关职能。

中国银监会的主要职能为：制定有关银行业金融机构监管的规章制度和办法；审批银行业金融机构及分支机构的设立、变更、终止及其业务范围；对银行业金融机构实行现场和非现场监管，依法对违法违规行为进行查处；审查银行业金融机构高级管理人员任职资格；负责统一编制和公布全国银行数据与报表；负责国有重点银行业金融机构监事会的日常管理工作等。

拓展知识：我国金融监管体系改革的趋势分析研究

第四节 利率

利率作为资金的价格，可以直接影响人们的经济利益。利率具有“经济杠杆”的功能，发挥着联系国家、企业和个人，沟通金融市场与实物市场，连接宏观经济与微观经济的中介功能。

一、利率——金融工具的定价基础

（一）利率是资金的价格

金融体系的运行以金融市场和金融机构交易中的金融工具的定价为基础，而金融工具的定价又以利率为基础。简单地说，利率就是资金的价格，即为获得单位时间内单位资本的使用权而需要支付的费用，它表现为资本借贷期间所形成的利息额与资本金的比率。资金借入方为了获得在一定时间内的资金使用权而付费，相应的资金的借出方放弃了资金在一定时间内的使用权而获得收入（等于资金借出方付出的费用）。

（二）利率的形式

随着金融活动日益发展，金融活动方式日益多样化，利率的种类也日益增加。

从不同的角度考察，可以把利率分为不同的种类。

1.名义利率与实际利率

按照是否考虑物价因素来分类，利率可以分为名义利率和实际利率。名义利率通常是借贷契约和有价证券上所载明的利率，是对物价变动等因素未作剔除的利率；实际利率则是指已对物价变动因素进行剔除后的利率，表示债权人实际所获得的利率或债务人实际所支付的利率。

一般而言，名义利率、实际利率、物价变化率三者之间存在这样的关系：

$$i=k-\pi$$

其中，k为名义利率；i为实际利率；π为物价变化率。

但实际上，这个公式只对本金部分剔除了物价变化因素，而利息部分的物价变化因素仍未剔除。其更为准确的关系式应为：

$$1+k=(1+i)(1+\pi)$$

$$i=\frac{1+k}{1+\pi}-1$$

【案例4-2】

假如今年2月1日你存入银行10 000元，名义利率10%，通货膨胀率（物价变化率）4%，明年2月1日，你会得到多少钱？

答：由实际利率公式可知：

$$i=\frac{1+k}{1+\pi}-1=(1+10\%)\div(1+4\%)-1=5.77\%$$

明年会得到的钱数=10 000×（1+5.77%）=10 577（元）

2.固定利率与浮动利率

按照在借贷期内是否作调整来划分，利率可分为固定利率和浮动利率。固定利率是指在整个借贷期限内利率不随资金供求状况变动而变动的利率；浮动利率是指借贷双方协议，在借贷期内随市场利率或物价等因素的变化而定期调整的利率。

固定利率的优点是能为借贷双方提供较为确定的成本或收益预期，容易计算，但在存在严重通货膨胀的条件下会使贷方的利益受到损害，因此比较适合于短期借款或市场利率变化不大的条件。浮动利率可以避免固定利率的某些弊端，但也有计算困难、实施手续烦杂等问题，比较适宜于中长期贷款。中国曾一度实行过的对长期储蓄存款实行保值贴补的办法就是浮动汇率的一种形式。

3.即期利率与远期利率

按照借贷期限来划分，利率可分为即期利率和远期利率。即期利率是指在某个给定时点上借贷契约或有价证券的到期收益率，可以看作是与一个即期合约有关的利率水平；远期利率是指从某个给定时点考察的未来两个时点之间的利率水平，可以看作是与一个远期合约有关的利率水平。一个远期利率在给定的考察时点所签订的合约中规定，但与其未来一段时期有关。远期利率可以用以下公式表示：

$$(1+k)^{T-t}(1+\hat{k})^{T^*-T}=(1+k^*)^{T^*-t}$$

其中，t为给定的考察时点；T和T^*分别为未来两个时点（$T^*>T$）；k为T时刻到期的即期利率；k^*为T^*时刻到期的即期利率；$\hat{k}$为（T^*-T）期间的远期利率。

【案例4-3】

当前有1年期和2年期贴现债券，其最终偿还额都是100元，2年期贴现债券的价格是87.34元，1年期贴现债券的价格是94.34元。求第2年的远期利率。

答：由题意可知T=1、$T^*=2$、t=0。

第1年的即期利率：$94.34=100\div(1+k)$

得出$k=6\%$

第2年的即期利率：$87.34=100\div(1+k^*)$

得出$k^*=14.50\%$

第2年的远期利率：$(1+0.145)^2=(1+0.06)(1+\hat{k})\Rightarrow\hat{k}\approx23.68\%$

拓展知识：存款准备金率调节对市场利率的影响效应研究

二、利率水平的确定

市场利率通常是指借贷契约、有价证券的票面利率，或称名义利率。票面利率是由实际无风险利率、通货膨胀程度、证券的风险、证券的流动性等因素所决定的，在数值上等于实际无风险利率加上通货膨胀、证券风险和流动性等各种溢酬，用公式表示如下：

$$k=k^*+IP+DRP+LP+MRP$$

其中，k为各种证券的票面利率；k^*为实际无风险利率；IP为通货膨胀溢酬；DRP为违约风险溢酬；LP为流动性溢酬；MRP为到期风险溢酬。

（一）实际无风险利率

实际无风险利率即预期通货膨胀率为零的情况下无风险证券的利率。在没有通货膨胀的情况下，短期政府债券的利率可以视为实际无风险利率。实际无风险利率受以下因素的影响：

1.生产性企业的平均利润率

利息是利润的一部分，这就决定了它的量的规定性，平均利润率成为决定和影响利率变化的最基本的因素。平均利润率是利率的最高界限，实际无风险利率通常总在零和平均利润率之间上下摆动。

2.人们对即时消费与未来消费的时间偏好

储蓄者对消费的时间偏好决定了他们愿意推迟消费的数量，从而决定了他们在不同利率水平下愿意提供的资金量。

3.借贷资金的供求状况

在社会平均利润率一定的条件下，借者之间、贷者之间以及借贷者之间的竞争对利率水平起着决定性的作用。市场上供给的资金紧张，利率就会上升，反之则会下降。

4.国际利率水平

国际利率水平对国内的利率也有重要影响。随着经济全球化程度的加深，借贷资金在全球范围内的流动越来越自由，在套利行为的作用下，利率的国际影响越来越强。

（二）通货膨胀溢酬

通货膨胀降低了货币的购买力，也降低了实际的投资报酬率，会对利率产生很大的影响。

通货膨胀溢酬等于证券期限内的平均预期通货膨胀率，实际无风险利率加上通货膨胀溢酬等于名义无风险利率。关于通货膨胀溢酬应该注意两点：（1）确定利率时要考虑的是未来的预期通货膨胀率，而不是过去的通货膨胀率。未来通货膨胀的预期与近期的实际通货膨胀率有密切的关系，但不是绝对相关。（2）对于多年期的长期债券，其通货膨胀溢酬的确定取决于债券期限年度内的平均预期通货膨胀率。

（三）违约风险溢酬

违约风险是指债权人所承受的债务人可能不能按时支付利息或本金的风险。在存在违约风险的情况下，债权人必然要求债券的利率相应提高，以弥补其所承受的风险。政府债券可以被认为是没有违约风险的，而信用等级越高的公司债券，其违约风险越低。

违约风险溢酬在数值上等于具有相同到期日、流动性和其他特征的政府债券与其他债券之间的利率差异。

（四）流动性溢酬

流动性是衡量资产的一个主要指标，流动性高的资产可以按照公允的市场价格迅速变现。金融资产的流动性通常比实物资产高。由于所有投资者都对其拥有的证券具有或多或少的流动性要求，而现实中没有任何一种证券具有完全的流动性，因此市场利率中总是包括流动性溢酬。流动性溢酬很难准确计量，不过在具有相同违约风险和到期日的债券中，流动性最强与最差的债券之间一般存在着明显的利率差异。

（五）到期风险溢酬

到期风险是指在债券持有期间，由于市场利率的上升而使得债券价格下跌的风险。显然，债券的期限越长，市场利率上升的可能性就越高。因此，债券利率中必须包括到期风险溢酬，而且债券期限越长，其到期风险溢酬就越高。到期风险溢酬使得长期债券的利率高于短期债券的利率。同其他溢酬一样，到期风险溢酬难以准确计量，不过，随着时间的推移，到期风险溢酬也会发生变化，当利率不稳定时，到期风险溢酬就会上升，当利率稳定时，则下降。

三、利率期限结构

具有相同风险、流动性以及其他特征的债券，其利率随到期日的时间长短而可能不同，这就是利率的期限结构。将期限不同，风险与流动性等特征相同的债券收益率连成一条曲线，就得到收益率曲线。收益率曲线可能呈现出向上倾斜、水平以及向下倾斜三种类型，分别代表长期利率高于短期利率、长期利率等于短期利率以及长期利率低于短期利率的情况。在以上描述利率与期限关系的三种情形中，第一种情形最常见，即利率随期限的延长而增加。

利率的期限结构中存在这样几个经验事实：（1）不同期限的证券利率往往不相等；（2）不同期限的证券利率通常会同向变动；（3）长期证券的利率往往高于短期证券。为了解释以上现象，人们提出了预期理论、市场分割理论和选择停留理论。

（一）预期理论

期限结构的预期理论提出了一个基本命题：长期利率等于在该期限内人们所预期的所有短期利率的平均值。当人们预期未来的短期利率将上升时，长期利率就高于短期利率，即收益曲线向上倾斜；当人们预期未来的短期利率将下降时，长期利率低于短期利率，即收益曲线向下倾斜；当人们预期未来的短期利率将保持不变时，收益曲线是水平的。

预期理论中隐含着这样几个前提假设：（1）证券购买者在不同期限的证券之间没有任何特殊的偏好，不同期限的证券之间具有完全的替代性；（2）所有市场参与者都有相同的预期；（3）完全替代的债券具有相等的预期收益率。

预期理论可以对利率期限结构中的前两个现象做出解释：人们对未来短期利率的预期一般是变化着的，因此未来短期利率的平均值就往往会偏离即期短期利率，因此不同期限的证券利率就往往不相等；从历史上看，短期利率具有今天上升、明天进一步上升，今天下降、明天进一步下降的特点，因此短期利率的升降会使人们的预期也随之升降，使短期利率与长期利率同向变动。

预期理论的缺陷在于其不能解释第三个现象，即市场上长期证券的利率一般要高于短期证券。按照预期理论，这就意味着人们总是倾向于相信未来的利率会高于现在，而这显然是没有道理的。针对这一缺陷，人们提出了利率期限结构的分割市场理论。

（二）分割市场理论

分割市场理论的基本命题是：各种期限的证券市场是完全独立的，相互之间毫无替代性，每种证券的利率仅仅取决于该种债券的供给和需求状况，不受其他不同期限债券预期收益变动的影响。该理论认为，由于法律的限制、投资者信息的不充分、市场的不完善等原因造成了市场的分割。

分割市场理论可以对利率期限结构中的第一个和第三个现象做出解释：各种期限的证券市场完全独立，因而其利率通常各不相同；平均来看，人们一般更愿意持有短期证券，而不愿意持有长期证券，因而短期利率相对较低。

分割市场理论的缺陷在于其不能解释第二个现象，即既然不同期限的证券市场是分割和互相独立的，为什么不同期限的证券利率往往同向波动？

（三）选择停留理论

选择停留理论是对预期理论和分割市场理论的进一步发展，可以被看成是这两种期限结构理论的综合。选择停留理论的基本命题是：长期债券的利率水平等于在整个期限内预计出现的所有短期利率的平均值，再加上由债券供给与需求决定的时间溢酬。

选择停留理论所隐含的前提假设是：（1）投资者对不同期限的债券具有不同的偏好，即对该债券市场具有选择停留，但这种偏好并不是绝对的；（2）期限不同的债券之间是部分地互相替代的；（3）大多数人偏爱短期债券，只有能获得正时间溢酬时才愿意转持长期债券。也就是说，由于投资者偏好的存在，不同期限的证券不可能是完全相互替代的，因而各种证券的预期收益率不会完全相等；但是当利率之差达到一定程度时，替代就会发生。选择停留理论的假定显然较预期理论的完全替代性和市场分割理论的完全分割假定都更为现实。

显而易见，选择停留理论能够较好地解释利率期限结构中不同期限证券利率往往不相等、不同期限利率通常同向变动、长期利率往往高于短期利率等三个经验事实。

本章小结

本章主要介绍与论述了金融市场的构成和运行体系，包括金融市场的内涵与功能、金融工具、金融市场参与者和金融市场中的利率。回答什么是金融市场？包含哪些要素？金融市场如何分类？金融市场具有怎样的地位与功能？金融工具如何分类，各具有哪些特征？金融市场的参与者有哪些，分别起着何种作用，相互关系如何？什么是利率？市场利率如何决定？为何利率会随到期期限长短而变化？

金融市场学是财务学或财务管理学的重要组成部分。在现代经济体系中，经济金融化的进程日益加剧，经济关系日益金融关系化、社会资产日益金融资产化、融资活动日益证券化。在这样的情况下，金融体系成为现代经济的核心，金融市场的运行参与或影响到了不同主体财务活动的各个层面。从个人（或家庭）来看，金融市场中的利率和其他因素决定了个人在储蓄和消费之间的选择，并且是其投资的主要渠道和资金融通的重要来源；从企业来看，企业的大部分投资、融资、分配与运营活动都是通过金融市场来进行的，财务经理的诸多决策也依赖于金融市场这一重要环境，上市公司的股价还是衡量其经营绩效的依据；从政府和其他非营利组织来看，金融市场作为这些组织投资与融资的重要渠道而对其财务活动发挥着重要作用。

本章第一节介绍金融市场的内涵与分类，论述了金融市场在经济体系中的功能与地位，并将金融工具、市场参与者和利率作为金融市场的三个基本构成要素。第二节讨论金融工具的特征，把金融工具分为短期金融工具、中长期金融工具和衍生金融工具，分别讨论其特征与分类。第三节将金融市场参与者分为资金的供需方、金融中介机构和监督管理机构，分别讨论其在金融体系中的地位与作用。第四节介绍了利率的内涵与形式，探索决定利率水平的主要因素，最后介绍利率的期限结构问题及其理论解释。

本章作为本篇的导论，一方面按照金融市场的构成阐述了金融市场的运行体系，另一方面对各种金融工具作概览性的描述，为以后两章的进一步讨论和分析奠定基础。本篇的后两章按照基础金融工具和衍生金融工具的分类详细介绍各种金融工具的特征与交易方式。

关键概念

金融市场　金融市场主体　金融市场客体　初级市场　二级市场　证券市场　借贷市场　货币市场　资本市场　外汇市场　金融工具　衍生金融工具　票据　债券　股票　外汇　远期　期货　期权　互换　金融市场参与者　金融中介机构　金融监督管理机构　利率　市场利率　实际无风险利率　利率的期限结构

思考题

4.1　金融市场的内涵是什么？

4.2　金融市场由哪些要素组成？

4.3　金融市场可以怎样进行分类？

4.4　金融市场的地位与功能是什么？

4.5　基础金融工具具有哪些特征与种类？

4.6　衍生金融工具具有哪些特征与种类？

4.7　主要的金融中介机构有哪些？分别具有何种职能？

4.8　我国的金融市场监管体系怎样运作？

4.9　市场利率是由哪些因素所决定的？

4.10　为何利率会随到期期限长短而变化？

延伸阅读与参考文献

1. 马丽娟. 金融市场、工具与金融机构［M］. 北京：中国人民大学出版社，2008.

2. 吴晓求. 证券投资学［M］. 3版. 北京：中国人民大学出版社，2009.

3. 朱新蓉. 金融概论［M］. 北京：中国金融出版社，2002.

4. 王松奇. 金融学［M］. 北京：中国金融出版社，2000.

5. 郑沈芳. 金融市场［M］. 上海：上海交通大学出版社，2000.

6. 张亦春. 金融市场学［M］. 北京：高等教育出版社，1999.

7. 刘园. 金融市场学［M］. 北京：对外经济贸易大学出版社，2002.

8. 曹龙骐. 金融学［M］. 北京：高等教育出版社，2003.

9. 谢百三. 金融市场学［M］. 北京：北京大学出版社，2003.

10. 殷德生. 金融学导论［M］. 上海：华东师范大学出版社，2004.

11. 马杜拉. 金融市场与金融机构［M］. 何丽芬，等，译. 5版. 北京：中信出版社，2004.

12. 考夫曼. 现代金融体系［M］. 陈平，等，译. 北京：经济科学出版社，2001.

13. 博迪，等. 金融学［M］. 伊志宏，等，译. 北京：中国人民大学出版社，2000.

14. 范霍恩. 金融市场利率与流量［M］. 赵智文，等，译. 大连：东北财经大学出版社，2000.

15. 琼斯. 投资学：分析与管理［M］. 李月平，陈宏伟，译. 10版. 北京：机械工业出版社，2008.

第五章

金融市场分类

引例

经过200多年的发展演变，美国拥有当今世界上最发达的以资本市场和投资银行为主导的金融体系。2007年美国次贷危机爆发以来不断暴露和深化，已从金融、房地产市场逐步扩散至汽车、信用卡等领域，引发了金融市场的全面信用紧缩，对国际金融秩序造成了极大的破坏和冲击。次贷危机不但严重威胁美国经济乃至世界经济，而且严重冲击了华尔街的金融机构，持续低迷的房地产市场、不断缩小的利差以及多种贷款质量的下降都在侵蚀金融机构的盈利空间。美国经济在次级债的影响下出现危机并给世界经济带来一场寒冬，结束了美国自克林顿以来长达十几年的经济繁荣。这是典型的蝴蝶效应，而在这其中衍生金融工具充当了凶器的角色。金融衍生工具的诞生本来是应了市场规避金融风险的需求，然而，伴随着金融衍生工具同时诞生的是其基因中携带的高风险性。

我们首先需要对金融衍生产品有一个正确的了解。金融衍生产品包括一系列的金融工具和手段，买卖期权、期货交易等都可以归为此类。具体操作起来，又可分为远期合约、远期固定合约、远期合约期权等。这类衍生产品可对有形产品进行交易，如石油、金属、原料等，也可对金融产品进行交易，如货币、利率以及股票指数等。金融衍生工具有两种用途，其一是套期保值，其二是用于投机。前者是企业常用的规避风险的有效方式。后者则完全是投机者基于自己对标的产品价格波动的预期来进行操作以期获得超额利润的手段。金融衍生产品并不会增加市场风险，若能恰当地运用，可为投资者提供一个有效的降低风险的对冲方法，但在其具有积极作用的同时，也有其致命的危险，即在特定的交易过程中，投资者纯粹以买卖图利为目的，垫付少量的保证金炒买炒卖大额合约来获得丰厚的利润，而往往无视交易潜在的风险，如果控制不当，那么这种投机行为就会招致不可估量的损失。国内外诸多衍生金融工具运用失败的案例充分说明了衍生金融工具的高风险性。例如，成立于1762年的巴林银行集团是英国伦敦城内历史最久、名声显赫的商人银行集团，素以发展稳健、信誉良好而驰名，其客户也多为显贵阶层，包括英国女王伊丽莎白二世。到1993年年底，巴林银行的全部资产总额为59亿英镑，1994年税前利润高达1.5亿美元。但是由于新加坡巴林公司期货经理尼克·里森错误地判断了日本股市的走向，投资日经225期货指数失利，导致巴林银行最后的损失金额高达14亿美元之巨，而其自有资产只有几亿美元，亏损巨额难以抵补，于1995年2月26日，巴林银行因遭受巨额损失，无力继续经营而宣布破产。再如，中航油曾因成功进行海外收购被称为“买来个石油帝国”的企业，却由于投机交易在石油衍生产品贸易中蒙受了5.54亿美元的巨额亏损，并因此申请破产。

中国在进入WTO后国际贸易总量已经上升到全球第二位，作为发展最快的经济实体，中国的国际贸易总量不断上升，对大宗原材料如石油、钢铁、有色金融的需求量也猛增，因此，使用国际金融市场上的衍生金融工具规避风险是这些中国企业进行风险管理不可或缺的有效手段。有必要熟悉衍生金融市场环境，充分掌握国际场外衍生品交易的游戏规则，合理运用金融衍生工具，适当发挥其规避风险的作用。

学习目标

知识目标

了解货币市场的含义及其基本构成；熟悉债券的基本类型；熟悉股票的基本类型及其特征；熟悉股票市场的基本类型；明确金融远期市场的内涵与特点；熟悉金融期货的概念与分类；了解金融期权市场的特点和金融期权的种类；掌握金融互换的主要功能。

技能目标

掌握利率期权交易、股票指数期权交易中的套期保值与投机方法。

能力目标

理解货币市场工具的不同特点与功能；理解债券市场与股票市场的功能与运行机制；理解一级市场与二级市场的主要区别以及它们的主要类别；掌握金融期货市场的运行；掌握金融期权市场的运行。

本章提要

本章主要介绍各种不同的金融市场及其工具的含义、特征与运行机制等。回答了以下问题：什么是货币市场？什么是债券市场？什么是股票市场？什么是衍生金融工具市场？什么是金融远期市场？为什么金融远期合约在衍生金融工具中具有重要的地位？什么是金融期货市场？金融期货市场如何运作？什么是金融期权市场？金融期权交易的种类和操作方法是什么？什么是金融互换市场？金融互换的主要功能是什么？

理解和掌握各种金融市场的内涵、特征与运行机制是明确企业理财环境、熟练使用各种金融工具的基础。本章共有四节：第一节概述了货币市场的概念、特征与运行机制等；第二节明确了债券市场的内涵、特征、种类及监管等；第三节明确了股票市场的内涵、特征、种类及监管等；第四节主要介绍衍生金融市场的发展历程、发展现状与运行机制，各种衍生金融工具的原理和应用，使读者对衍生金融市场有一个较全面的认识。

金融市场是企业存在的重要环境，衍生金融市场是由基础金融市场派生出来的，是对基础金融市场的补充与发展，近20年来，国际金融市场最显著、最重要的特征之一就是衍生品（derivatives）的迅速发展。衍生金融市场的变化必然要影响到企业的筹资决策、投资决策和资本运营，因此对企业财务管理具有重要的理论意义与实际意义。

第一节　货币市场

货币市场是重要的短期金融市场，其主要交易品种是各种短期金融工具，它将短期的资金供应者和资金需求者联系起来，并为中央银行实施货币政策提供操作手段。

一、货币市场的含义

货币市场是一年期以内的短期金融工具交易所形成的供求关系及其运行机制的总和。货币市场的活动主要是为了保持资金的流动性。它一方面满足资金需求者的短期资金需要，另一方面也为短期闲置资金提供获取盈利的机会。

短期金融工具是货币市场存在和发展的基础，在货币市场上交易的多种金融工具的期限由一天至一年不等，由于这些工具有较强的流动性，可随时变现，又有“准货币”之称。

二、货币市场的基本构成

（一）货币市场要素

货币市场要素包括货币市场交易主体、信用工具（交易客体）及交易价格三大类，而货币市场体系结构则是指货币市场的子市场体系及其相互间的联系。

（二）货币市场交易主体

货币市场交易主体包括资金供给方（商业银行、非银行金融机构、工商企业、个人、外国政府、中央银行），资金需求方（商业银行、工商企业、政府、中央银行）和中介机构（做市商、经纪商）。

（三）货币市场信用工具

货币市场信用工具包括国库券、商业票据、银行承兑票据、可转让存单、回购协议、企业短期债券、金融债券等。

（四）货币市场交易价格

货币市场交易价格是利率。货币市场利率是指由各种不同的信用工具的利率构成的利率体系。

三、货币市场工具价格的影响因素

货币市场上很多工具的价格都会受到一些共同因素的影响，这里我们介绍一些会对绝大多数货币市场工具的价格产生影响的因素。

（一）市场利率

货币市场是短期投融资市场，但它与整个金融市场是紧密相联的。某种货币市场工具的利率如果偏离整个市场利率水平达到一定程度必然会引起套利行为，这种行为的结果将导致货币市场工具的利率围绕市场利率在一定范围内上下浮动，也就是说货币市场工具的利率与市场利率在多数情况下是正相关的。此外，从另一个角度来看，市场利率是投资者（资金短期盈余者）要求的必要回报率，货币市场工具也只在其他因素作用下围绕此利率变动才能吸引到投资者。

（二）市场供求状况

货币市场工具在其各自子市场上的供求会对它们的价格产生很大影响。在供不应求时价格上升，在供大于求时价格下降。

（三）其他货币市场工具的价格水平（利率水平与之呈反比）

各种货币市场工具虽然有各自的特点，但它们同作为短期投融资工具，在一定程度上还是存在可替代性的。因此，一种货币市场工具发行时必须综合考虑其他工具（尤其是期限等特征相同的工具）的价格。否则定价过高会达不到发行量目标，定价过低又会造成发行人发行收益的损失。

（四）货币市场工具的期限

一般来说，期限越长的工具所要承受的市场因素变动的可能性和幅度就越大，因此需要更多的市场风险补偿，利率就越高。同理，期限越短的货币市场工具需要承受的市场风险越小，利率越低。

（五）发行人的信用级别

发行人信用级别越低的货币市场工具的违约风险越大，投资者会相应承担一个高的风险水平，因此要求一个高的利率。同样的道理，发行人信用级别越高的货币市场工具的违约风险就越小，因此其利率越低。

四、同业拆借市场

（一）同业拆借市场的含义

同业拆借是指金融机构之间以货币借贷方式进行短期资金融通活动的市场。同业拆借主要用于弥补短期资金不足、票据清算差额和解决临时性的资金短缺需要。当短期资金不足时从资金盈余的机构借入款项称为拆入；资金盈余机构向资金不足机构贷出款项称为拆出。所以，该市场是进行临时借款的场所，是典型的头寸拆借业务。

（二）同业拆借市场的功能

在经济发达国家，同业拆借市场已经成为货币市场中最为活跃的市场，它的主要功能如下：第一，同业拆借市场为各银行和其他金融机构提供了一种准备金管理的有效机制。第二，同业拆借市场为所有货币市场交易提供高效率和低成本的结算机制。第三，同业拆借市场能及时反映货币市场资金供求关系，因为同业拆借市场的市场化运作及在此基础上形成的利率，及时灵敏地反映了市场资金供求。与国库券利率一样，同业拆借利率也是金融市场上重要的基准利率之一。第四，同业拆借市场在中央银行货币政策实施中发挥重要作用。中央银行的任何货币政策变化都会影响到银行系统的准备金头寸，进而通过同业拆借市场与其货币市场之间的紧密联系产生影响。此外，同业拆借利率也是中央银行调整货币政策的重要参考依据。

（三）同业拆借利率

利率是同业拆借的交易价格，它主要有两种确定方式：一种是由拆借双方当事人协定，利率水平主要取决于拆借双方拆借资金愿望的强烈程度，这种机制下形成的利率弹性较大；另一种是拆借双方借助拆借中介人通过观察公开竞价来确定，利率水平主要由经纪商根据市场中拆借资金的供求状况来决定，这种机制下形成的利率弹性较小。

同业拆借利率高于存款利率，低于短期贷款利率，以保证拆借盈亏达到保本要求。同业拆借利率不但低于短期贷款利率，而且略低于中央银行的再贴现率，目的是迫使商业银行向市场借款以将回购纳入同业拆借。

五、票据市场

票据贴现是通过有偿转让票据的所有权进行的资金融通。从持票人的角度看，贴现是以未到期的票据到银行换取现金。实质上，票据贴现是将票据持有人向票据付款人收取款项的权利转让给银行，由银行行使收款权。这里的票据主要是汇票，包括商业承兑汇票和银行承兑汇票。

票据贴现的期限一般较短，通常不超过6个月，最长不超过9个月。实际支付贴现资金时银行要从票据面额中扣除贴现利息。其相关计算如下：

实付贴现额=贴现票据面额-贴现利息

贴现利息=贴现票据面额×贴现期限×（贴现利息率÷30）

其中：贴现期限指贴现日到票据到期日的实际天数。

【案例5-1】

某不带息商业汇票票面金额10 000元，到期日2016年7月20日，持票人于4月21日向银行申请贴现，银行年贴现利率为3.6%，求实付贴现额和贴现利息。

答：贴现利息=10 000×90×（3.6%÷360）=90（元）

实付贴现额=10 000−90=9 910（元）

我国现行的票据包括银行汇票、商业汇票、银行本票和银行支票四种，除商业汇票为远期票据外，其他三种均为即期票据。因此，只有商业汇票可以进行票据的贴现、转贴现业务，行使交换和转让的功能，构成我国票据市场交易主体。

六、短期政府债券市场

短期政府债券是指期限在1年或1年以下的，由政府发行并提供信用担保的债券。我国习惯上把财政部发行（无论期限长短）的债券都称为国库券，但国外一般只把期限在1年以内的政府债券称为国库券，期限在1年以上的政府中长期债券称为公债。在这里，我们采用国际惯例的做法，这里的国库券特指期限在1年及1年以内的短期政府债券。

短期政府债券具有流动性强、安全性高、税收优惠和面额小的市场特征。

七、货币市场基金

主要投资于货币市场工具的基金称为货币市场基金。

货币市场基金除具有一般基金的集合投资、专家理财、分散风险等特点外，还有一些其他特点：第一，风险小，收益稳定。由于货币市场基金的投资对象是期限短、流动性高、风险小的货币市场工具，因此，货币市场基金本身也具备了这些特征。第二，投资成本低。货币市场基金通常不收取赎回费用，并且管理费用也比较低。第三，衡量货币市场基金表现的标准是收益率。这与其他基金以净资产价值增值获利不同。货币市场基金在一定程度上相当于一种能获得短期证券市场利率的存款，但它不需要提取法定存款准备金。

第二节 债券市场

在所有的金融工具中，债券属于债务类工具，其性质、交易及定价与其他的金融工具（如股票等）有很大不同。

一、债券的含义与分类

（一）债券的含义

债券是信贷市场的一种基本融资工具。它是投资者向政府、公司或金融机构提供资金的债权债务合同，该合同载明发行者在指定的日期支付利息并在到期日偿还本金的承诺。其要素包括期限、面值与利息、限制性条款、抵押与担保条款等。也就是说，政府、公司或金融机构通过直接向投资者出售债券取得资金。债券一般载明债券发行者在指定日期支付并在到期日偿还本金的承诺。债券融资的基本关系如图5-1所示。

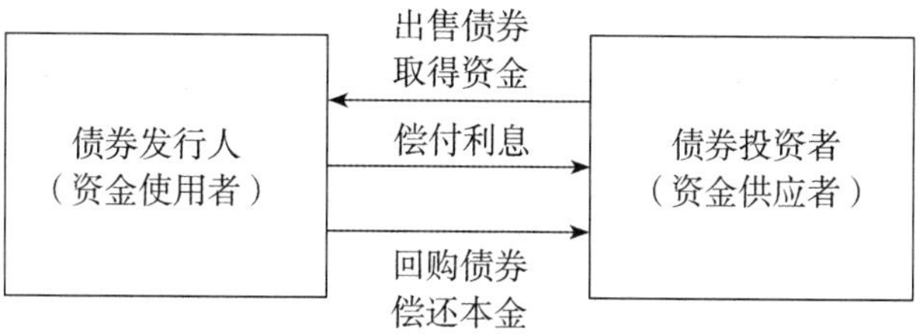

图5-1　债券融资关系

（二）债券的分类

按发行者的不同可将债券分为政府债券、公司债券和金融债券。政府债券是指政府部门发行的债券，它以政府的信誉作为保证，因而通常无需抵押品，其风险在各种投资工具中是最小的。公司债券是公司为了筹集资金而发行的债券，它要求不论公司业绩如何都要优先偿还固定的利息，否则债券持有人有权要求公司破产清算以偿还债券本息。因此，债券投资风险小于股票投资，但高于政府债券。金融债券是银行等金融机构为了筹集信贷资金而发行的债券。由于银行等金融机构信用度比一般公司高，金融债券的风险低于公司债券。

相关链接5-1　　金融债券的分类

按不同标准，金融债券可以划分为很多种类。最常见的分类有以下两种：

（1）根据利息的支付方式，金融债券可分为附息金融债券和贴现金融债券。如果金融债券上附有多期息票，发行人定期支付利息，则称为附息金融债券；如果金融债券是以低于面值的价格贴现发行，到期按面值还本付息，利息为发行价与面值的差额，则称为贴现金融债券。按照国外通常的做法，贴现金融债券的利息收入要征税，并且不能在证券交易所上市交易。

（2）根据发行条件，金融债券可分为普通金融债券和累进利息金融债券。普通金融债券按面值发行，到期一次还本付息，期限一般是1年、2年和3年。普通金融债券类似于银行的定期存款，只是利率高些。累进利息金融债券的利率不固定，在不同的时间段有不同的利率，并且一年比一年高，也就是说，债券的利率随着债券期限的增加累进。

此外，金融债券也可以像企业债券一样，根据期限的长短划分为短期债券、中期债券和长期债券；根据是否记名划分为记名债券和不记名债券；根据担保情况划分为信用债券和担保债券；根据可否提前赎回划分为可提前赎回债券和不可提前赎回债券；根据债券票面利率是否变动划分为固定利率债券、浮动利率债券和累进利率债券；根据发行人是否给予投资者选择权划分为附有选择权的债券和不附有选择权的债券等。

公司债券按照不同标准可做不同的分类：

（1）公司债券按抵押担保状况可分为信用债券、抵押债券、担保信托债券和设备信托证。信用债券是完全凭公司信誉，不提供任何抵押品而发行的债券。抵押债券是以土地、房屋等不动产为抵押品而发行的债券。担保信托债券是将公司持有的各种动产或有价证券交由受托人保管，并由受托人对公司债券的偿还提供保证的债券。设备信托证是指公司为了筹资购买设备并以该设备为抵押品而发行的公司债券。

（2）公司债券按利率可分为固定利率债券、浮动利率债券、指数债券和零息债券等。固定利率债券是指事先确定利率，每隔一定期间或到期一次偿付利息的债券。浮动利率债券在某一浮动的基础利率（如同期限的政府债券收益率）之上增加一个固定的溢价以防止未来市场变动可能造成的价值损失。指数债券通过将利率与通货膨胀率挂钩来保证债权人不致因物价上涨而遭受损失。零息债券以低于面值的贴水价格发行，到期按面值兑现，不再另付利息。

二、债券市场

债券市场可分为一级市场和二级市场。前者是指债券发行和偿还债券的市场，后者是指已发行债券的流通市场。由于债券到期需要发行人偿还本金，债券一级市场与股票市场相比多了一个偿还环节。

（一）债券的一级市场

债券发行人在发行债券时需要制定和公布发行合同书，即说明债券持有人和发行人双方的权利与义务的法律文件。对公司债券而言，一旦发行债券的公司资不抵债，债权人的权益会受到损害。因此，公司债券的发行合同书通常包含各种限制性条款来保护债权人的利益。这些限制性条款可分为承诺条款和否定条款。承诺条款通常要求发行公司：（1）承诺贷款使用与贷款目的相一致；（2）承诺按照一定标准定期公布财务状况；（3）承诺会计记录真实、完整等。否定条款的内容通常包括：（1）限制负债总额；（2）限制现金股利；（3）限制收购和资产出售等。

债券违约风险的大小与投资者的利益密切相关，也直接影响发行者的筹资能力和发行价格。为了客观地估计不同债券的违约风险，通常需要由中介机构进行评级。目前国际上最著名的两个评估机构是标准普尔公司（Standard & Pool's）和穆迪投资者服务公司（Moody's）。

债券的偿还可分为定期偿还和任意偿还两种方式。定期偿还是在经过一定的宽限期后，每过半年或一年偿还一定金额的本金，到期时还清余额。这种方式一般适用于发行数量巨大、偿还期限长的债券。但国债和金融债券一般不采用这种方法。定期偿还的具体方法有两种：一是以抽签的方式确定并按票面价值偿还部分债券；二是从二级市场以市场价格购回债券。任意偿还是债券发行一段时间（保护期）后，发行人任意偿还债券的部分或全部。具体方式可以根据提前赎回条款或以新债换旧债条款偿还，也可以从二级市场上购回予以注销。

债券条款设计、债券发行、债券偿还方式设计以及债券偿还等具体工作通常是由投资银行代理完成的。

（二）债券的二级市场

债券二级市场是已发行债券的流通和交易市场。它为债券投资者提前收回债券投资或者在债券发行以后投资于债券提供了便利的条件。债券的二级市场可分为证券交易所、场外交易市场以及第三市场和第四市场等层次。

公司债券需要提出申请并经过严格审查，符合规定的标准才能在证券交易所上市交易。但是国债享有豁免权，即不用申请就可以上市交易。大部分债券并不在证券交易所公开上市交易，而是在场外完成交易。

有关证券交易所、场外交易市场、第三市场和第四市场的情况在本章第三节股票市场部分作详细介绍。

三、债券交易主体与监管

如前所述，债券的发行主体相当广泛，包括政府、工商企业和金融机构等。相应地，债券的投资主体也相当广泛。一般社会公众、工商企业、金融机构为了获取理财收益都多多少少投资于债券市场。

由于债券、股票以及其他金融证券的上市和交易具有许多共同特点，对债券市场的监管与这些证券的监管属于同一系统，即证券市场监管。

案例分析：可转换债券——融资工具还是制度安排（投资国美电器可转换债券的案例研究）

第三节 股票市场

股票是投资者向公司提供资金的权益合同，是公司的所有权凭证。随着股份公司和股票市场的繁荣，股票也成为一种最基本和最重要的融资工具。股票市场的投资者包括居民、工商企业、保险公司、投资基金等。股票市场上的资金需求者主要是工商企业，也有金融性企业（股份制银行、基金等）。股票市场可分为一级市场和二级市场。前者指股票发行和销售市场；后者指股票在投资者之间进行交易的市场。对股票、债券等证券的发行、交易和信息披露等行为的监督和管理是证券市场有序运行的基本保障。目前，国务院下属的证监会承担了证券监督与管理的主要职责。

一、股票市场概述

（一）股权融资与股票

1.股权融资

股份公司在设立时为了启动生产经营活动而通过向投资者出售其股份来筹集所需资金。这种通过发行股票而筹集的资金称为权益资本或股权资本。购买了公司股票的投资者就是公司的股东，即通常意义上的所有者。股份公司在以后的生产经营过程中可能需要更多资金，在它的财务状况符合证券监管法规的规定的情况下，可以通过增加发行股票来筹集资金。新的股东与原有股东拥有同等的权利和义务。

2.股东的权利与义务

股东的主要义务就是花费资金购买公司的股票，并且在公司破产解散并清偿所欠债务后才能收回其初始投资，即拥有所谓的剩余索取权。但是，股东有权通过在股票市场上转让其持有的公司股份来收回投资。股东也有权参加公司的股东会，有权投票选举公司的董事会和监事会成员作为代表管理公司生产经营事务。因此，一个企业可以通过持有其他企业的股票取得其经营决策的控制权，许多大型企业集团都是用这种方式以股权为纽带组建起来的。

3.股票的种类与特征

按照股东的权利和义务，可以将股票分为普通股和优先股。前者就是拥有上述权利和义务的一般股票；后者是指在索取权方面优先于普通股的股票。另外，优先股拥有相对固定的股息，但一般情况下没有参加股东会和选举代表管理公司事务的权利。

我国公司的股票按照其资金来源分为国有股、法人股、自然人股和外资股等；按照发行和上市交易的地点分为A股、B股、N股、H股等。其中，A股是指在国内发行和交易并以人民币标价的股票；B股是指在国内发行和交易但以美元标价的股票；N股是指在纽约证券交易所发行和交易的股票；H股是指在香港交易所发行和交易的股票。

相关链接5-2　　股票的其他分类

（1）按投资者是否以人民币认购和买卖股票划分，股票可分为内资股和外资股。内资股一般是由境内人士或机构以人民币认购和买卖的股票；外资股一般是以外币认购和买卖的股票。

（2）按票面上是否记载股东的姓名或名称，股票可分为记名股票和无记名股票。根据我国《公司法》以及有关规定，公司向发起人、国家授权投资的机构、法人发行的股票，应当为记名股票，并应当记载该发起人、机构或者法人名称，不得另立户名或者以代表人姓名记名；境外上市的外资股也应采取记名股票的形式；公司向社会公众发行的股票可以记名，也可以不记名。

（3）按照股票票面是否记载一定金额，股票可分为面额股和无面额股。面额股是指股票票面表示一定金额的股票；无面额股是指股票票面不表示一定金额，只表示其占公司资本总额一定比例的股份。根据我国《公司法》的规定，股票发行价格可以按票面金额，也可以超过票面金额，但不得低于票面金额。

（二）股票市场

股票交易主要包括股票发行和股票流通。相应地，股票市场分为一级市场和二级市场。前者指股份公司直接或通过中介机构向投资者出售新发行的股票的市场；后者指投资者之间买卖已发行股票的市场。对于公开上市的股票而言，可以在有组织的证券交易所和场外交易市场进行交易。而没有公开上市的股票在证券商及投资者之间进行柜台交易。

1.一级市场

依据《公司法》的规定，股份公司必须符合一定的条件才能公开发行股票。在股票发行中，证券公司（在美国称为投资银行）扮演着十分重要的角色。它为公司提供关于股票定价、各项文件制定等咨询服务，承销公司新发行的股票。

2.二级市场

二级市场是股票的交易场所、流通市场，是已发行的股票进行买卖交易的场所。二级市场使已公开发行或私下发行的股票买卖交易得以进行。二级市场的作用在于为股票提供流动性。保持股票的流动性，使股票持有者随时可以卖掉手中的股票，使其得以变现。也正是因为其为股票的变现提供了途径，所以二级市场同时可以为股票定价，向股票持有者表明股票的市场价格。

公开挂牌交易的股票除了在证券交易所公开交易之外，还有许多其他交易市场，如场外交易市场、柜台交易市场等。随着证券运营商规模的扩大和通信技术的发展，这些交易市场也成为股票交易的重要市场。

（三）股票市场发展概况

旧中国的证券交易所始建于1918年。1921年5月上海华商证券交易所成立。1947年民国政府核准的上海证券交易所正式成立。1949年上海证券交易所被关闭。1952年天津与北京的证券交易所也宣告终止。此后，中国内地的证券交易所进入了较长时期的空白阶段。

1984年12月，新中国首次公开向社会发行股票（飞乐股份）。1986年8月26日，新中国第一家债券与股票交易柜台在上海诞生，当时的场地仅12平方米，员工仅12人，当年的交易量仅20多万元。由此发展起来的申银万国证券公司，至1997年，注册资金已有13.2亿元，资产总值达160多亿元，员工3 000多人。

1990年11月和1991年7月，上海证券交易所与深圳证券交易所相继成立。沪深证券交易所成立初期，上市公司仅14家，总股本6亿元，市价总值不过100亿元。而至2009年年底，我国境内上市公司（A股、B股）共有1 718家，股票发行26 162.85亿股，市价总值近243 939.12亿元。

专论5-1 国外主要的股票市场

当前世界最主要的一些股票市场包括纽约证券交易所（NYSE）、美国证券交易所（AMEX）、纳斯达克股票市场（NASDAQ）、伦敦证券交易所、东京证券交易所（TSE）、香港交易所（HKEX）等。

纽约证券交易所的历史可以追溯到1792年，当时24个股票经纪人和交易商签订了Buttonwood协议，作为向投资者和股票发行人提供良好服务的承诺。时至今日，纽约证券交易所已经发展成为世界上最主要和技术最先进的权益市场之一。它为买卖双方提供一个公平、公开和有序的交易场所。每天大约成交14.6亿股，价值461亿美元。

美国证券交易所已经有一百多年的历史，它在市场、投资工具和投资服务创新等方面一直扮演着重要角色。美国证券交易所以其专业化的交易系统和先进的市场设施为投资者提供良好的交易服务。

纳斯达克股票市场是美国证券交易商协会于1971启动的自动报价系统。它属于场外交易市场，管制少，灵活方便，适合中小型公司和具有发展潜力的公司的股票上市和交易。NASDAQ约有3 300个上市公司，每日成交量多于美国其他任何股票市场。

伦敦证券交易所是世界上最重要的证券交易所之一，大约有300年的历史。2001年交易所年成交量7 000亿英镑，平均每月600亿英镑，伦敦城金融、证券、投资咨询的从业人员达100余万人，有力地支撑了证券交易所的运营。目前伦敦证券交易所有大约2 000家英国公司及500家海外公司挂牌交易。主板市场中还包括一个“交易行情单列式的技术板市场（techmark）”。

东京证券交易所于1878年成立并开始交易。第二次世界大战期间曾经几度改组并终止。1949年，东京证券交易所再次成立。

香港交易所，全称香港交易及结算所有限公司。1999年，香港为了提高其竞争力和应对市场全球化所带来的挑战，对证券和期货市场进行了全面改革。根据改革方案，香港联合交易所有限公司（联交所）与香港期货交易所有限公司（期交所）实行股份化并与香港中央结算有限公司（香港结算）合并，由单一控股公司香港交易所拥有。

二、股票市场参与者

（一）投资者

股票市场上的主要投资者包括自然人（即家庭或居民个人）、工商企业、保险公司、投资基金、证券公司等。自然人手中通常拥有一定的闲置资金，他们将投资于金融市场，持有一定的证券投资组合实现资金的保值增值。这样，股票作为一种风险较高、收益也较高的证券，无疑成为自然人的重要投资对象。工商企业生产经营过程中也会产生暂时的闲置资金，它们也需要将这些资金投资于金融市场来赚取临时的理财收入。另外，企业为了取得经营上或财务上的竞争优势，通常需要与其他相关企业在生产经营上结成联盟。而股票投资可以使具有较强实力的企业取得相关企业的决策控制权。因此，它们也成为股票市场的重要投资者。人寿保险公司在经营中会积蓄大量保险基金，它们通常将这些资金投资于高收益的投资组合上。因此，股票成为它们的重要投资对象。投资基金从公众投资者手中集中了大量资金，通过持有合理的投资组合来获取较高的投资收益。因此，它们将大量资金投资于股票市场，成为重要的股票投资者。一些证券公司除代理客户发行和买卖证券外，还将其自有资金投资于金融市场，因而成为股票投资者。社会保险基金是另一个积聚大量资金并投资于金融市场的投资主体，它们也理所当然地成为重要的股票投资者。

（二）筹资者

股票市场的主要筹资者是工商企业。它们为了取得生产经营所需的资本通常组织股份公司公开发行股票来筹集资金。市场上发行和交易的股票主要是工商企业的股票。一些金融企业（如银行、保险公司等）也采用股份公司的组织形式，公开发行股票筹集所需资金。

（三）中介

股票市场的中介机构包括证券公司、证券登记结算公司、证券投资咨询公司、资产评估机构、信用评估机构、会计师事务所等。

1.证券公司

证券公司从事的主要业务包括公司股票发行的咨询和承销、代理客户进行股票交易等。在美国，提供证券发行咨询和承销服务的金融机构称为投资银行。在我国，证券公司承担了这些业务。

相关链接5-3

中国证券业协会对证券公司2016年经审计经营数据进行了统计排名。下面列举了总资产、营业收入前五名的证券公司，具体见表5-1、表5-2。

表5-1 **2016年一季度证券公司资产管理规模排名** 单位：亿元

序号	证券公司	总资产
1	中信证券	12 354
2	华泰证券	8 355
3	申万宏源	6 812
4	广发证券	6 352
5	国泰君安	6 109

表 5-2　　2016年度证券公司营业收入排名　　单位：万元

序号	证券公司	营业收入
1	中信证券	5 601 343.60
2	海通证券	3 808 626.77
3	国泰君安	3 759 663.04
4	广发证券	3 344 663.99
5	申万宏源	3 046 260.31

资料来源　http：//www.askci.com/news/finance/20160520/13465018499.shtml；http：//www.askci.com/news/finance/20160506/1158289160.shtml.

2.证券登记结算公司

证券登记结算公司是专门从事上市证券登记、存管的中央登记结算机构，是不以营利为目的的企业法人。2001年，中国证券登记结算有限责任公司成立并将原上海证券交易所和深圳证券交易所所属的证券登记结算公司重组为它的上海分公司和深圳分公司，从而形成全国统一的证券登记结算体制。证券登记结算公司的主要业务包括：（1）股票持有人名册登记；（2）上市股票交易的清算和交收；（3）受股票发行人委托派发股息和红利；（4）办理证券账户、结算账户的设立等。

3.其他证券服务机构

其他证券服务机构包括：证券投资咨询机构、会计师事务所、律师事务所、资产评估机构、信用评级机构等。证券投资咨询机构是为证券市场参与者的投资融资、证券交易和资本运营等活动提供专业咨询服务的机构。会计师事务所主要为上市公司提供财务报表审计、验资等服务。律师事务所主要为证券发行和上市活动出具法律意见书，为证券承销活动出具验证笔录，审查、修改、制作与证券发行、上市和交易有关的法律文件。资产评估机构主要对股票公开发行、上市交易的公司的资产进行评估。信用评级机构主要对证券发行公司的信用进行等级评定，为证券投资者提供投资参考。

（四）证券交易所

证券交易所是依据有关法规规定的条件设立的，不以营利为目的的，为证券集中和有组织的交易提供场所、设施，履行国家有关法律、法规、规章、政策规定的职责，实行自律性管理的法人。

证券交易所有固定的场所和交易时间。参加交易的经济主体必须是具备会员资格的证券经营机构。它们作为经纪人代理其客户买卖证券，有些证券公司也为自己买卖证券。只有合乎一定标准的上市证券才能在交易所集中交易。集中证券的供求双方，通过公开竞价的方式决定交易价格，因而具有较高的成交速度和成交率。

三、股票市场的运作

股票交易首先分为股票发行和股票流通，相应地，股票市场分为一级市场和二级市场。股票发行依据范围不同可分为公募和私募，前者是指面向市场上大量的非特定的投资者公开发行股票，后者是指只向少数特定的投资者发行股票，其对象主要是与公司有特殊关联的个人、企业或投资机构等。股票根据是否在证券交易所公开挂牌交易分为上市股票和非上市股票。二级市场又可分为证券交易所、场外交易市场、第三市场和第四市场等。

（一）一级市场

一级市场也称为发行市场，是指公司直接或通过中介机构向投资者出售新发行的股票。这些新发行的股票包括初次发行和再发行的股票，前者是公司第一次向投资者出售的原始股，后者是在原始股的基础上增加发行的股票。

一级市场的整个运行过程通常由咨询与管理、认购与销售两个阶段构成。咨询与管理阶段是股票发行前的准备阶段，发行人须听取证券公司的咨询意见对一些问题做出决策，主要包括：（1）发行方式的选择，即选择公募或私募；（2）选定作为承销商的证券公司；（3）准备招股说明书；（4）确定发行价格。

认购与销售阶段就是承销商按照承销合同批发认购股票，然后出售给投资者，其主要方式有包销和代销。包销是指承销商以较低的价格买下公司新发行的所有股票，再转卖给投资者，股票销售期间价格下跌的损失由承销商承担。代销也称为“尽力销售”，是指承销商承诺尽可能多地出售股票，但不能保证完成预定的销售额，任何没有销售出去的股票都可以退还发行公司。

（二）二级市场

二级市场也称为交易市场，是投资者之间买卖已发行股票的市场。这些市场为股票创造流动性，即能够迅速出售以换取现金。在股票流动的过程中，投资者凭借对公司经营状况的了解买入或卖出公司股票，进而通过供求关系以价格波动的形式反映他们对公司经营业绩的评价。这就是所谓的“用脚投票”机制。同时，股票的流动也可能导致公司控制权的重新配置，取得公司大量投票权的新的股东可以通过股东大会和董事会直接干预公司管理甚至撤换当前的管理者。因此，二级市场在公司管理者激励中起着基础性的作用。

二级市场可分为证券交易所和场外交易市场，以及新出现的具有混合特性的第三市场和第四市场。

1.证券交易所

证券交易所是由证券管理部门批准的，为证券的集中交易提供固定场所和有关设施，并制定各项规则以形成公正合理的价格和有条不紊的秩序的正式组织。证券交易所一般实行经纪制，即只有具备会员资格的证券经营机构才能在交易所拥有席位并参与证券交易。因此，一般股民和工商企业只能通过成为交易所会员的证券公司或其他证券经纪人来完成股票交易。在证券交易所公开挂牌交易的股票交易十分集中，因此其流动性极强，具有统一并不断波动的交易价格。

2.场外交易市场

场外交易是相对于证券交易所交易而言的，这里交易的是那些没有在证券交易所公开挂牌交易的股票。由于这些交易起先主要是在各证券商的柜台上进行的，因而也称为柜台交易。场外交易没有固定和集中的场所，而是分散于各地，规模大小不一，由证券自营商来组织交易。自营商用自己投入的资金买入证券后随时随地将自己的证券存货卖给客户，以维持市场的流动性和连续性。因此，它们也被称为做市商。场外交易无法实行公开竞价，而是由做市商挂出各种证券的买入和卖出两种价格。如果某种证券的交易比较活跃，就会有多个做市商加入市场竞争，从而降低了买卖差价。

场外交易管制少，灵活方便，因而为中小型及具有潜在增长能力的公司股票提供了交易场所。比如，Microsoft、Intel等公司的股票均在场外交易市场交易。1971年，美国的全国证券交易商协会启动了全国证券商协会自动报价系统(NASDAQ)，取代了电话电报报价。该系统发展很快，其成交量已超过纽约证券交易所，成为美国第一大股票交易市场。

3.其他交易市场

除证券交易所和场外交易市场外，还形成了第三市场和第四市场。20世纪60年代美国的证券交易所采用固定佣金制，那些在证券交易所上市的股票的大宗交易在交易所之外进行可以大大降低交易费用，因而形成了在证券交易所之外交易上市股票的第三市场。但是，1975年，美国取消了固定佣金制，由于证券交易所的会员自行决定佣金，并改善了服务质量，从而大大削弱了第三市场的吸引力。第四市场是指大机构或大的个人投资者绕开证券经纪人和自营商，彼此之间利用电脑网络进行的大宗证券交易。这些证券既包括在证券交易所上市的，也包括在场外交易市场交易的。

（三）股价平均数和股价指数

股价平均数和股价指数是衡量股票市场总体价格水平及其变动趋势的尺度，也是反映一个国家或地区政治经济发展状况的晴雨表。股价平均数采用股价平均法计算，用来反映所有样本股票经调整后的价格水平的平均值，可分为简单算术股价平均数、加权股价平均数和修正股价平均数。股价指数是将计算期的股价与某一基期的股价相比较的相对变化指数，用以反映市场股票价格的相对水平。

我国主要的股价指数有上证综合指数、深证综合指数、上证成分股指数（也称上证180指数）、深证成分股指数等。香港股票市场的主要股价指数是恒生指数。台湾证券交易所发行量加权股价指数是台湾地区股票市场的主要股价指数。国际股票市场上的主要股价指数有美国的道琼斯股价平均数和NASDAQ指数、英国的金融时报指数（FTSE100指数）、日本的日经指数等。

第四节 衍生金融工具市场

衍生金融工具是为了对冲风险而产生的具有杠杆效应的投资工具。它的主要功能是对冲风险。衍生金融工具市场作为企业生存的外部环境，对于企业财务管理具有重要的意义和作用，主要表现在以下三方面：第一，有利于企业的资产负债管理。随着国际经济金融一体化进程的加快，一些企业与外部的联系越来越多，其资金来源和运用也涉及不同国家的不同货币。为了有效地实施资产负债管理的要求，使资产负债需求一致，企业可以根据需要，通过金融互换来便利企业的财务管理。第二，有利于企业进入国际市场。衍生金融工具是企业进入国际市场进行投资的有效工具。例如互换就有助于企业绕开某些国家政府的限制性条令，自由地进入该国的资本市场。第三，有利于企业的筹资和投资，是企业调整投资组合的理想工具。衍生金融工具的出现，使企业的筹资更为便利，而且能够降低企业的筹资成本。衍生金融市场上的各类衍生金融产品为企业投资提供了多种选择，而且能够增加投资回报，降低投资成本和风险。另外，衍生金融工具还是企业调整投资组合的理想工具。下面我们分别来介绍各种衍生金融工具的种类与功能。

一、金融远期市场

在金融远期市场中交易的对象是金融远期合约，所以金融远期合约在远期金融市场中具有重要的地位。金融远期（financial forwards），全称金融远期合约，简称远期。它是金融衍生工具中的“基础工具”，即作为其他衍生工具基础的衍生工具。金融远期合约（financial forwards contracts），是指交易双方约定在未来某一确定时间，按照事先商定的价格（如汇率、利率或股票价格等），以预先确定的方式买卖一定数量的某种金融资产的合约。金融远期合约可以说是最简单的一种衍生产品，它通常发生在两个金融机构和金融机构与其客户之间，是一种场外交易产品。由于金融远期合约一般是买卖双方直接商定的，所以它的条件较有弹性，能够充分满足双方的市场需求。而且，金融远期交易基本上都是为规避风险而达成的，涉及风险小，所以在金融市场上占有重要地位。

金融远期一般在将来某日按事先确定的价格进行实际交割，远期价格都是在基期价格基础上确定下来的。远期交易的目的也主要是在即期交易中确定将来交割的实际价格，从而锁定成本和收益，达到保值的目的。正因如此，很多人在探讨衍生工具时不把金融远期列入讨论之列，因为它没有其他衍生金融工具所具有的虚拟交易、风险巨大的特点，但金融远期具有由基础工具衍生、价格根据基础工具决定的基本特点，而且还是其他衍生工具的基础。期货交易就是在远期交易基础上产生的，它是将远期合约加以标准化进行集中交易，由此而形成了不同于远期交易的功能和经济作用。期权交易的对象实际上也是标准的远期合约，都同样规定将来某种规格商品的固定价格，不过这种固定价格在金融远期合约中称为远期价格，而在期权合约中称为敲定价格。互换交易的对象也是将来进行清算的远期合约。由此可见，金融远期不仅是一种重要的衍生工具，而且是其他衍生工具的基础。

金融远期合约主要有远期外汇合约（forward exchange contract）、远期利率协议（forward rate agreement，FRA）和远期股票合约（equity forwards）等。其中，远期利率协议是近年来发展最快的品种，而远期外汇合约是发展规模最大、最为成熟的金融远期合约，其交易一般在银行间进行。由于远期股票合约在世界上出现的时间较短，仅在小范围内有交易记录，所以在这里不作重点介绍。

（一）金融远期市场的特点

金融远期市场没有固定的交易场所，是一个无组织的、效率较低的、分散的市场。金融远期市场具有以下特点：

1.远期合约标准化程度较低

金融远期交易遵循“契约自由”的原则，合约中的相关条件，如标的物的质量、数量、交割地点和交割月份，都是根据双方的需要确定的。由于交易者的需要千差万别，远期合约条款的具体内容也五花八门，因而远期合约虽具有灵活性的优点，但是却给合约的转手和流通造成很大麻烦，也决定了远期合约的二级市场的不发达。

2.没有固定的交易场所

金融远期市场没有固定的交易场所，交易双方各自寻找合适的交易对象，因而是一个无组织的、效率较低的、分散的市场。在金融远期交易中，银行充当着重要的角色，由于金融远期合约交割较方便，标的物同质性较好，因此，很多银行都提供重要标的物的远期买卖报价供客户选择，从而有力地推动了远期交易的发展。

3.违约风险高

金融远期合约的履行仅以签约双方的信誉为担保，一旦一方无力或不愿履约时，另一方就得蒙受损失，所以，金融远期交易的违约风险很高。

4.定价效率低

远期合约的交割价格是由交易双方直接谈判并私下确定的。由于远期交易没有固定的场所，因此在确定价格时信息是不对称的，不同交易双方在同一时间所确定的类似远期合约的价格可能相差很远，因此金融远期交易市场的定价效率低。

5.履约方式为实物交割

由于金融远期合约是非标准化合约，转让相当困难，并要征得对方同意（由于信用度不同），因此绝大多数远期合约只能通过到期实物交割来履行。而实物交割对双方来说都是费时费力的事。

（二）远期利率协议

远期利率协议最早于1983年由伦敦的银行推出，英国的银行至今仍然是最主要的做市者，目前伦敦是远期利率协议的交易中心，纽约的银行在这方面的发展也很快。

1.远期利率协议的概念

远期利率协议是买卖双方同意在未来一定时间（清算日），以商定的名义本金和期限为基础，由一方将协定利率与参照利率之间差额的贴现额度付给另一方的协议。实际上，远期利率协议的买方相当于名义借款人，而卖方则相当于名义贷款人，双方签订远期利率协议，相当于同意从未来某一商定日期开始，按协定利率借贷一笔数额、期限、币种确定的名义本金。只是双方在清算日时并不实际交换本金，而是根据协议利率和参照利率之间的差额及名义本金额，由交易一方支付给另一方结算金。

2.远期利率协议的功能

远期利率协议最重要的功能在于通过固定将来实际交付的利率而避免了利率变动风险。签订远期利率协议后，不管市场利率如何波动，协议双方将来收付资金的成本或收益总是固定在合同利率水平上。例如，当参照利率上升时，表明协议购买方的资金成本加大，但由于他可以从协议出售方得到参照利率与协议利率的差价，正好可弥补其加大了的资金成本，而协议出售则固定了他的资金收益；反之亦然。

另外，由于远期利率协议交易的本金不用支付，利率是按差额结算的，所以资金流动量较小，这就给银行提供了一种管理利率风险而无须通过大规模的同业拆放来改变其资产负债结构的有效工具，这对于增加资本比例，改善银行的资产收益率十分有益。

与金融期货、金融期权等场内交易相比，远期利率协议具有简便、灵活、不需支付保证金等特点，更能充分满足交易双方的特殊需求。但与此同时，其信用风险和流动性风险也较场内交易的金融期货合约要大。但其市场风险较金融期货小，因为它最后实际支付的只是利差而非本金。

3.远期利率协议市场

远期利率协议市场的主要作用是避免利率波动带来的风险。远期利率协议是资本市场上最灵活、最简单的资产负债表表外工具（off-balance sheet instrument）。远期利率协议的价格（将来某时期的利率）与未来市场的存款利率和资本市场的远期利率相关联，而且远期利率协议的价格与其他远期市场利率的差额受套利交易的制约。

（三）远期外汇合约

远期外汇合约是汇率的远期合同。交易双方在签订合同的时候，就确定将来进行交割时的远期汇率，到期按此汇率交割。标准合约期限一般为1~3个月，最长也可超过1年。

人们进行远期外汇交易的具体目的是多方面的，但不外乎是为了套期保值。具体包括以下几方面：

（1）进出口商和外币资金借贷者为避免商业或金融交易遭受汇率变动的风险而进行期汇买卖。在国际贸易中，自买卖合同签订到货款清算之间有相当一段时间，在这段时间内，进出口商可能因计价货币的汇率变动而遭受损失，为避免汇率风险，进出口商可预先向银行买入或卖出远期外汇，到支付或收入货款时，就可按原先约定的汇率来办理交割。同样的，拥有外币的债权人和债务人可能在到期收回或偿还资金时因外汇汇率变动而遭受损失，因此，他们也可在贷出或借入资金时相应卖出或买入相同期限、相当金额的期汇，以防范外汇风险。

（2）外汇银行为平衡其远期外汇头寸而进行远期外汇买卖。进出口商为避免外汇风险而进行期汇交易，实质上就是把汇率变动的风险转嫁给外汇银行。外汇银行为满足客户要求而进行期汇交易时，难免会出现同一货币同一交割期限或不同交割期限的超买或超卖，这样，银行就处于汇率变动的风险之中。为此，银行就要设法平衡它的外汇头寸，即将不同期限不同货币头寸的余缺进行抛售或补进，由此求得期汇头寸的平衡。

（3）外汇投机者为牟取投机利润而进行期汇买卖。在浮动汇率制下，汇率的频繁剧烈波动，会给外汇投机创造有利的条件。所谓外汇投机是指根据对汇率变动的预期，有意保持某种外汇的多头或空头，希望从汇率变动中赚取利润的行为。其特点是：投机活动并非基于对外汇有实际需求，而是想通过汇率涨落赚取差额利润。投机者与套期保值者不同，他们是通过有意识地持有外汇多头或空头来承担外汇风险，以期从汇率变动中获利。

拓展知识：完善中国金融市场体系的改革方案研究

二、金融期货市场

（一）金融期货的含义与分类

金融期货（financial futures），是指以各种金融工具或金融商品（如外汇、债券、存款证、股价指数等）作为标的物的期货交易方式。换言之，金融期货是指人们在集中性的交易场所，以公开竞价的方式所进行的标准化金融期货合约的交易。

目前，世界各大金融期货市场，交易活跃的金融期货合约有数十种之多。期货合约根据基础资产的不同，可分为商品期货和金融期货，而后者又包括利率期货，其基础资产是收入随利率变化的债券和其他票据；外汇期货，其基础资产是某种外汇的汇率；股票指数期货，其基础资产是虚拟的股票指数的资产组合。所以，根据各种合约的标的物的性质，金融期货大致可分为三大类：利率期货、外汇期货和股票指数期货。

（二）金融期货与金融远期的差别

金融期货合约与金融远期合约尽管存在许多相似之处，但二者之间也存在较大差别：

第一，期货合约是由交易所制定发行的，是一种集中在交易所内通过公开叫价方式进行交易的场内产品，而远期合约则是通过双方谈判后自行签订的广泛存在于交易双方之间的场外交易产品。

第二，前者是标准化合同，而后者的条款由双方自行商定。

第三，前者的结算有一套特定的制度，由结算公司集中结算，从而使绝大部分期货合约在到期前平仓，不再进行实物交割，而远期合约绝大部分在到期时进行交割结算。

实际上，期货合约可以看作远期合约的标准化，它在交易方式上对远期合约进行了一次革命。

（三）期货交易的运行和制度

1.期货交易的运行

期货合约的交易是在交易所内进行的，期货交易所的组织结构、运作机制与股票交易相类似。在交易所内交易的经纪人有两种：佣金经纪人（commission broker）和自营经纪人（locals）。前者是客户代理期货交易、收取佣金的经纪人，常见的委托方式有市价委托（market order）和限价委托（limit order），后者是进行自营交易的经纪人。

投资者购买或出售期货合约称为“开仓”（opening），买方称为多头，卖方称为空头。投资者要想结束他在期货市场建立的仓位，可以有两种选择：第一是到期进行实际资产交割；第二是在到期日之前，在市场上买卖与自己合约品种相同数量但方向相反的期货，通过这种对冲交易（reversing transition）来结清他在交易中的权利责任关系。在实际操作中，进行实际资产交割的很少，在金融期货中还不到1%。

期货交易的结算是通过结算公司集中进行的，参加结算公司结算的只有结算公司会员，其余非会员经纪人可以通过会员进行结算。在实际操作中，期货合约买卖方并不知道自己的对手是谁，而由结算公司来充当买方的卖方、卖方的买方，从而在买卖双方之间架起一座桥梁。图5-2a表示没有结算公司作中介的合约交易，图5-2b表示有结算公司作中介的合约交易。图5-2表明了结算公司的作用，它是交易双方的中介。由于结算公司的介入，合约双方无须向交易对手负责，也无须调查对手的资信状况。结算公司介入双方，保证每一笔交易的履行，因此也就承担了期货交易的信用风险。

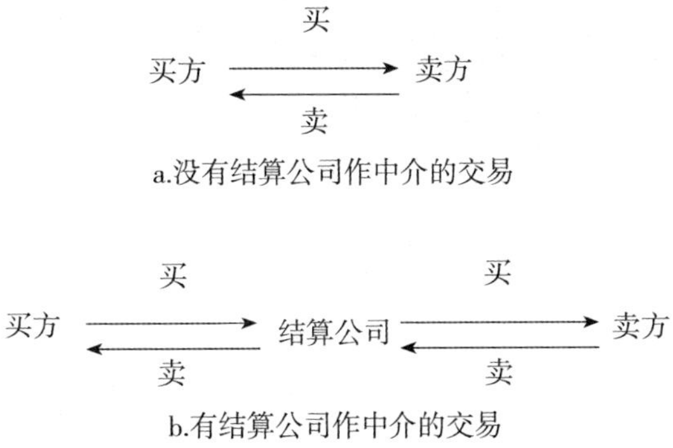

图5-2 有无中介的期货交易对比

2.期货交易制度

（1）保证金（margins）制度和盯市（mark-to-market）制度

为了有效地防止交易者因市场价格波动而导致的违约行为，期货交易建立了保证金和盯市制度。保证金不是交易的预付款，而是一种履约保证。保证金分为结算公司向会员收取的保证金和会员向客户收取的保证金两种。保证金比例的高低影响着投资期货的杠杆效应和期货交易的活跃程度。

期货合约买卖双方都要向经纪人缴纳保证金，存入到保证金账户。如果该经纪人不是结算公司会员，他还必须向其他会员经纪人缴纳保证金。保证金分为初始保证金（initial margin）和维持保证金（maintenance margin）。客户开仓时交纳的保证金叫作初始保证金，一般相当于合约价值的5%~10%。该比例由经纪人确定，但不得低于结算公司规定的最低标准。初始保证金存入后，随着期货价格的变化，期货合约的价格也在变化，这样，与市场价格相比，投资者未结清的期货合约就出现了账面盈亏，因而在每个交易日结束后，结算公司根据当日的结算价格（一般为收盘价），对投资者未结清的合约进行重新估价，确定当日的盈亏水平，这被称为盯市。

随着期货价格的变化，投资者保证金账户的余额也在发生变化，但是该余额必须维持在规定的最低水平，这就是维持保证金。它通常为初始保证金的75%。如果根据盯市制度计算出保证金账户中余额低于维持保证金水平，则经纪人会要求客户再存入一笔保证金，以达到初始保证金水平，这就是追加保证金（margin call）。如果客户不马上存入追加保证金，则经纪人将给予强行平仓。

一般情况下，由于保证金制度和盯市制度的实行，使投资者所交纳的保证金可以抵付每日价格波动所带来的风险增加，防止亏损的过量累计，从而有效地防范了信用风险。

（2）价格涨跌停板（price movement limits）制度

期货交易中的价格涨跌停板制度就是将每日价格波动限定在一定范围内，一般是在上一个交易日收盘价（有时为结算价）基础上上下浮动一定数量或比例。涨停板（limit up）和跌停板（limit down）是由交易所规定的，任何买方还价或卖方开价超过这个范围都会被禁止。有的交易所还规定，如果某个合约连续几天都达到了涨停板或跌停板的幅度，则涨停板或跌停板可以适当放大。价格涨跌停板制度旨在通过人为干预的方式，缓和期货价格的剧烈波动，控制投机头寸，保证市场的合理波动。

（3）持仓限额（position limits）制度

有的期货交易所还规定了持仓限额，也就是对于投资者来说，他的某一交割月份的期货合约持仓量最多不能超过某一限额。这样，可以防止某些投资者通过大量持仓垄断市场，进行操纵。但是，对于真正的套期保值者来说，他们并不受这个制度制约。

（四）金融期货市场的特点

20世纪70年代初，西方国家出现严重的通货膨胀，固定汇率制也被浮动汇率制所取代，国内外经济环境和体制安排的转变使经济活动的风险增大。这种情况反映到金融市场上就是利率、汇率和证券价格的急剧波动，原有的远期交易由于其流动性差、信息不对称严重、违约风险高等缺陷而无法满足人们急剧增长的需要，金融期货应运而生。

与金融远期市场相比，金融期货市场有固定的交易场所，是一个有组织的、有秩序的、统一的市场。它的主要特点有：

1.金融期货合约标准化

期货交易所为各种标的物的期货合约制定了标准化的数量、质量、交割地点、交割时间、交割方式、合约规模等条款，只有价格是在成交时根据市场行情确定的。由于开展期货交易的标的物有限，相关条件又是固定的，因此期货合约在满足人们具体需要方面虽然不如远期合约，但标准化却大大便利了期货合约的订立和转让，使期货合约具有极强的流动性，并吸引了众多的交易者。

2.场内交易

期货合约在交易所内交易，一般不允许场外交易。交易所不仅为期货交易提供了交易场所，而且为期货交易提供了许多严格的交易规则（如涨跌停板制、最小价格波动幅度、报价方式、最大持仓量、保证金制度等），并为期货交易提供信用担保。由于期货合约是标准化的，期货交易又在交易所内进行，因此交易十分方便，当交易一方的目的（如投机、套期保值和套利）达到时，他无须征得对方同意就可通过平仓来结清自己的头寸并把履约权利和义务转让给第三方。在实际中，绝大多数期货合约都是通过平仓来了结的。而且，期货合约的履行完全不取决于对方而只取决于交易所或清算公司，所以不需要了解对方的信用状况，交易者甚至不知道交易的对方是谁，这样就极大地方便了期货交易。

3.违约风险很小

期货合约的履行由交易所或清算公司提供担保。交易双方直接面对的都是交易所，即使一方违约，另一方也不会受到丝毫影响。交易所之所以能提供这种担保，主要是依靠完善的保证金制度和结算会员之间的连带无限清偿责任来实现的。可以说，期货交易的违约风险几乎为零。

4.市场定价效率高

期货交易的价格是在交易所中由很多买者和卖者通过其经纪人在场内公开竞价确定的，有关价格的信息较为充分、对称，产生的期货价格较为合理、统一，因此期货市场的定价效率较高。

5.采取每日清算的结算方式

期货交易是每日清算，当同品种的期货市场价格发生变动时，就会对所有该品种期货合约的多头和空头产生浮动盈余或浮动亏损，并且当天晚上就在其保证金账户中体现出来。因此，当市场价格朝自己有利的方向变动时，交易者不必等到到期就可逐步实现盈利。当然，若市场朝自己不利的方向变动时，交易者在到期前就得付出亏损的金额。

（五）金融期货市场的功能

金融期货市场有多方面的经济功能。其中，最基本的功能有两个：一个是套期保值；另一个是价格发现。

1.套期保值

在现代经济生活中，各行各业的生产经营者和投资者都普遍地面临着日益严重的金融风险，其中尤以利率风险、外汇风险即股票市场的价格风险为最主要的风险。金融期货市场正是应人们规避这些风险的需要而建立和发展起来的。所以，套期保值是金融期货市场的首要功能。

所谓“套期保值”（hedging），是指人们为了规避或减少各种金融风险，而在金融期货市场建立与其现货市场相反的部位，并在期货合约到期前实行对冲以结清部位的交易方式。利用这种交易方式之所以能规避或减少金融风险，是因为金融期货价格与金融现货价格一般呈同方向的变动关系。交易者在金融期货市场建立了与金融现货市场相反的部位之后，若价格（利率、汇率、股价指数等）发生变动，则他必然在一个市场受损，而在另一个市场获利，以获利补亏损，即可达到保值之目的。

2.价格发现

价格发现（price discovery），也称价格形成（price formation），是指金融期货市场能提供各种金融商品的价格信息。

在金融期货市场上，各种金融商品的期货合约都有很多买者，也有很多卖者。这些买者与卖者之间是以公开喊价、讨价还价的形式进行交易的。因此，通过激烈的竞争而形成的某一成交价格，便是当时的供求平衡的价格。它综合地反映了许多买者和许多卖者对当时和以后某一时间某种金融商品价格的观点，也反映了当时该种金融商品的供求情况。

金融期货市场上所形成的价格也为金融期货市场以外的金融商品的交易提供了有用的价格信息。这种信息可作为其确定交易价格的一个重要的依据。目前，金融期货市场正日益趋于国际化和全球一体化，因此，某一金融期货市场的竞争价格一旦形成，便立刻向全世界传播，从而促使世界价格的形成。

金融期货市场的价格发现机制有利于形成公平、合理、统一的价格，从而也有利于消除垄断，促进竞争，使各生产经营者、投资者和金融机构都根据这一价格做出合理的生产经营决策和投资决策，以实现公平合理、机会均等的竞争。

（六）金融期货市场的种类

金融期货市场按照基础资产的不同可分为利率期货市场、外汇期货市场和股票指数期货市场。

1.利率期货市场

利率期货（interest rate future）交易指买卖双方按照事先约定的价格在期货交易所买进或卖出某种有息资产，而在未来一定时间内进行交割的一种金融业务。利率期货是有利息的有价证券期货，进行利率期货交易主要是为了固定资金的价格，得到预先确定的利率或收益。

目前，利率期货市场已经发展成为最大的金融期货市场，期货品种繁多，如各国政府债券期货、商业票据期货、大额定期存单期货等。

2.外汇期货市场

外汇期货是指在集中性的交易市场以公开竞价的方式进行的外汇期货合约的交易。外汇期货合约是由交易双方订立的、约定在未来某时期以成交时所确定的汇率交收一定数量的某种外汇的标准化契约。

外汇期货问世于20世纪70年代初期，其充分发展是在80年代。外汇期货经过30多年的发展，目前已具备相当规模。

3.股票指数期货市场

股票指数期货，就是以股票市场的股票价格指数为买卖对象的期货。股票指数期货交易就是买卖股票指数期货合约的交易。股票指数期货合约是参与股票指数期货市场的买卖双方根据事先约定好的价格同意在未来某一特定时间进行股票指数交易的一种协定。

1982年股票价格指数的问世被认为是股票交易中的一场革命，为投资者提供了新的投资机会和套期保值方式。股票指数期货市场是金融期货市场中最年轻、最复杂的市场。

三、金融期权市场

（一）金融期权概述

金融期权是期权的一种。期权（options）是一种能在未来某特定时间以特定价格买进或卖出一定数量的某种特定商品的权利。期权交易就是这样一种权利的交易。金融期权（financial options）则是以金融商品或金融期货合约为标的物的期权交易形式。在金融期权交易中，期权购买者向期权出售者支付一定费用后，就获得了能在未来某特定时间以某一特定价格向期权出售者买进或卖出一定数量的某种金融商品或金融期货合约的权利。

金融期权按不同的分类标准可以做出以下分类。

1.按权利不同划分

按所赋予的权利不同，金融期权可以分为三大类，即买方期权、卖方期权和双向期权。

买方期权是指期权的购买者拥有一种权利，而非义务，在预先规定的时间以执行价格从期权出卖者手中买入一定数量的商品或资产。为取得这种权利，期权购买者需要在购买期权时付给期权出卖者一定数量的保证金。买方期权也称为看涨期权，购买这种期权可以获得在未来一定时期内根据合同确定的价格购买一种特定的商品或资产的权利。它是人们预期某种商品或资产的未来价格上涨时购买的期权，因此也被称为看涨期权。

卖方期权是指期权的购买者拥有一种权利而非义务，在预先规定的时间以执行价格向期权出卖者卖出规定的金融工具。为取得这种卖出的权利，期权购买者需在购买期权时付给期权出卖者一定数量的保险金。卖方期权也称为看跌期权，购买这种期权可以获得在未来一定时期内根据合约确定的价格卖出一定数量商品或资产的权利。它是人们预期某种商品和资产的未来价格下跌时购买的期权，因此也被称为看跌期权。

双向期权，也叫期货与期权对冲交易，是指购买者在未来一定时期内，根据合同约定的价格买进或卖出某种商品或资产的双向权利，即购买者在同一时间内既买进看涨期权，又购买看跌期权，双向期权购买者事实上获得了买进或卖出某种商品或资产的权利。当预测某种商品或资产的未来市场将大幅度波动，并对波动方向把握不住时，人们乐于购买双向期权。因此无论未来市场价格是升还是降，双向期权购买者都可以达到降低汇率风险的目的。期权交易中的对冲操作：期权与期权的对冲，即看涨期权持有人可通过出售一份看跌期权合约来为看涨期权交易保值，交易过程与一般期权交易相同。它是利用套期保值的原理，用看跌期权交易中的收益来弥补看涨期权交易中可能出现的亏损。

2.按交易环境不同划分

按交易环境不同，金融期权可分为交易所期权与柜台式（场外）期权。

交易所期权是一种标准化的期权，在交易所大厅内以正规的方式进行交易。柜台式期权是期权的出卖者为满足某一购买者的特定需求而产生的，它不在交易所大厅中交易。

3.按时间不同划分

按其执行时间不同，金融期权可分为欧洲式期权与美国式期权。

欧洲式期权只允许期权的购买者在到期日进行交易；而美国式期权则允许期权购买者在到期日或到期日之前的任何一天进行交易。由于欧洲式期权的规定过于严格，又出现了一种“改变的欧洲式期权”，它允许期权购买者在一定的时间范围内进行交易。可以看出，美国式期权为期权购买者提供了更多的选择机会，因此它的购买者往往需支付更高的保险金。

4.按载体不同划分

按其金融载体不同，金融期权可分为股票期权、外汇期权、利率期权。以上各种期权是同一种期权原理在不同金融工具的交易中应用的结果。它们分别是对股票、外汇、利率期货的价格进行预期，协议一个期权合同的类别（买方期权或卖方期权），并规定一个执行价格，届时将市场现行价格与执行价格相比较，选择对期权购买者有利的方式进行交易。

（二）金融期权交易

1.外汇期权交易

外汇期权的产生归因于两个重要因素：国际金融市场日益增长的汇率波动和国际贸易的发展。在远期外汇和货币期货这两种保值交易的基础上，期权的产生不仅具有避免外汇风险、固定成本的作用，而且克服了远期与期货交易的局限，即能在市场汇率向有利方向波动时获得无限大的盈利，从而因其执行灵活的特点得到国际金融市场的青睐。

外汇期权（foreign exchange option）是一种选择契约，其持有人即期权买方享有在契约到期或之前以规定的价格购买或销售一定数额某种外汇资产的权利。当行市有利时，他有权买进或卖出该种外汇资产，如果行市不利则不行使期权，放弃买卖该种外汇资产，而期权卖方则有义务在买方要求履约时卖出或买进期权买方的该种外汇资产。

与远期外汇交易相似，场外交易期权的金额、期限等规格及履约价格均由买卖双方根据需要斟酌商定。而交易所场内期权规定固定划一，在交易所内集中买卖，并可于市场转让出售。投资人在未过期前，通过经纪商号至交易所将它转售于其他仍有实际需要的对象。在通常情况下，场外交易金额比交易所内交易金额大得多，也不仅限于几种货币，甚至还包括交叉货币的期权。另外，期限可有一年内甚至超过一年的任何一段有效期，且不必依靠市场开张，总之，更适合于那些有特殊需要的客户。

2.利率期权交易

利率期权是指以将来的利率作为对象进行买卖的权利，即利率期权交易中交易双方买卖的是在指定的未来日期购进或售出某种价格的有息资产的权利。利用利率期权防范利率风险的原理基本上与利率期货相同，但前者更灵活，因为它是一种选择权利，而不是义务。

利率期权交易对不同的参与者有不同的作用，投机者可利用其进行投机牟利，保值者可通过其避免利率波动造成的风险损失。

3.股票指数期权交易

股票指数期货交易存在一定的局限性，正如商品期货、外汇期货和利率期货一样，进行股票指数期货交易时，每天计算盈亏，亏损者要不断补交保证金，以保证交易所的"无负债"交易制度的实施。而且，从事股票指数期货交易的风险很大，如果预期的结果与实际的股票指数价格走势不符，那么交易者损失的不仅是保证金。于是，为了弥补股票指数期货风险大的缺陷，保证整个股票指数期货市场的正常运作，为投资者提供更全面、更灵活、更有吸引力的投资场所，股票指数期权应运而生。

（1）股票指数期权的含义

股票指数期权就是允许买方在一定的时期内按敲定价格向卖方购买或出售特定的股票指数期货合约，它实际是一种权利交易。购买这种权利所付的费用称为“权利金”，买主获得这种权利后，就可在股票指数向有利于自己的方向波动时，行使这种权利。建立在股票指数期货基础上的期权，使期货交易者面临的风险变得可预见、可限制（最大损失限于购买期权所付的权利金），而且不必为补交保证金所苦恼。然而凡事有一利就有一弊，虽然股票指数期权使投资者所蒙受的风险和损失变小，但在期权交易上赚的钱也会被期货交易上的亏损吃掉，或后者赚的钱也会被前者的亏损吃掉。

（2）股票指数期权交易操作

股票指数期权交易与股票指数期货交易的套期保值方法很相似，但就总体保值功能来说，股票指数期权优于股票指数期货，其常见的保值交易目标包括：

①保护资产不受价格波动影响；

②以期权权利金收入弥补红利收入的不足；

③在波动的市场中稳定收益；

④当股票价格下降幅度较小时起缓冲作用。

股票指数期权投机性交易的选择，首先是对股票指数期权和股票指数期货的选择。二者各具特点，恰是这些特点影响投机者的选择。就总体而言，股票指数期权更适宜投机性交易。

（三）金融期权市场的结构及其运行

1.金融期权市场结构

金融期权市场经20世纪80年代的迅速扩展，目前已发展为一个门类齐全、结构完善的市场。它包括现货期权市场和期货期权市场以及相应的现货和期货金融商品，如图5-3所示。

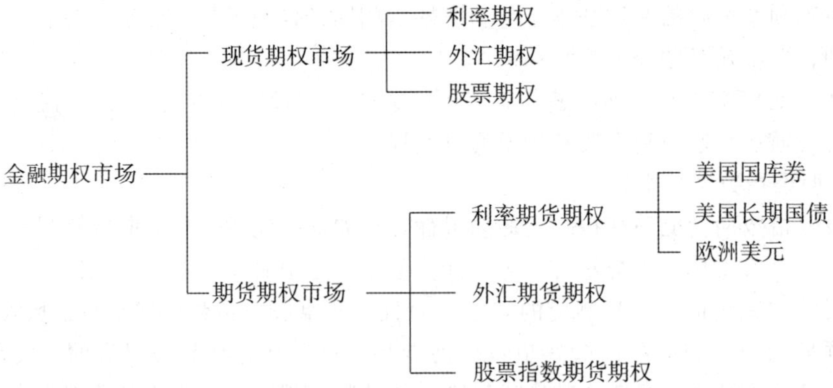

图5-3 金融期权市场结构

2.期权市场运行

(1)期权交易所

期权交易可在交易所内进行，也可以在场外进行。在交易所进行交易的期权合约内容是标准化的，协议价格和到期日都有统一规定。期权交易所同期货交易所一样，也实行会员制，非会员必须委托会员代为交易。

(2)期权结算公司

在期权交易所内完成的期权交易都必须经过期权结算公司（the option clearing corporation，OCC）进行清算和交割。OCC是由一定数量的会员（称为清算行或清算会员）组成的，一般来说，清算会员必须满足资本的最低限额要求，并且必须提供某种特殊基金，若有任一会员在清算时无法提供需要的资金，则可使用该基金。

(3)期权交易的参与者

期权交易必须有买卖两方市场交易方可进行，出售期权合同的一方称为期权合同发行人或签署人，购买期权合同的一方称为期权持有人。在金融资产的期权交易中，一般前者是银行，后者是企业，也可以是另一家银行。期权交易中，买卖的是期权发行人随时应期权买方要求买进或卖出一定数额的商品或金融资产的保证。对期权的买方而言，期权合同赋予其在规定的期限内按有利的市场价格买进或卖出某种商品或金融资产的权利，如果市场价格发生了不利于期权买方的变化时，则可以放弃行使期权，任其作废，所以是主动性履约。对期权的卖方而言，则有责任或义务在规定的期限内卖出或买进期权交易对方买进或卖出的某种商品或金融资产，所以是被动性履约。

(4)商品和金融资产的种类与金额

期权合同中指定的商品或金融资产既有现货也有在交易所进行交易的期货。交易所必须有相关的商品或金融资产的期货交易才能被准许进行相同商品或金融资产的期权交易，如交易所必须有某种货币（如英镑）的期货交易，才能从事该种货币的期权交易。并且，期权合同上规定的商品或金融资产金额也是以期货合同规定的金额为依据，前者的金额与后者的金额相同，或者为后者的二分之一。

(5)协议价格

期权的协议价格又称行使价格，是指期权交易双方商定的在规定的未来某时期内执行买权或卖权合同的价格。协议价格是以当时市场行市为基础制定的，如果某种商品或金融资产的市场价格趋于上涨，则该商品或金融资产的期权价格比当时的行市要高一些，若某商品或金融资产的市场价格趋于下跌，则期权价格比当时的行市要略低一些。

(6)期权费

期权费又称为保险金，是购买期权的费用，或者说是期权市场上期权卖方向买方收取的交易费用。对期权卖方来说，收取期权保险费是为了补偿今后商品或金融资产价格波动造成的损失；对期权买方来说，期权保险费是买方的成本，代表了买方进入期权市场所遭受的最大风险，即期权买主的最大损失。此外，期权价格是由期权市场上的供求关系决定的。

（7）期权合同交割的时间

期权合同的交割月份与期货合同的交割月份相同，也是在3、6、9、12月，但期权交割日常常是规定在相关商品或金融资产期货合同交割月之前一个月的某天，例如12月期权合同的期权在11月某日交割，但名称仍为12月期权。这是为了在期权买方欲行使期权、期权卖方为履约责任和义务必须买进或卖出某种商品或金融资产的期货合同之前，让期权卖方能有一段时间在期货市场上做出反向的期货合同交易以对冲，从而避免期权卖方可能不愿进行的实际交割。

四、金融互换市场

按照国际清算银行（BIS）的定义，金融互换是买卖双方在一定时间内，交换一系列现金流的合约。具体地说，金融互换是指两个（或两个以上）当事人按照商定的条件，在约定的时间内，交换不同金融工具的一系列支付款项或收入款项的合约。

金融互换（financial swaps）是迄今为止最为成功的场外交易金融衍生工具。1981年金融互换市场的交易量仅有几亿美元，到1991年年底，利率互换和通货互换未偿名义本金分别达30 651亿美元和8 072亿美元。它的飞速发展和业务量的迅速扩大，充分显示出其在功能上有独特的发展优势。

（一）金融互换的功能

1.降低筹资成本或提高资产收益

从前述利率互换和货币互换的实例中可以清楚地看到，筹资者通过互换交易，可充分利用双方的比较优势，大幅度降低筹资成本。同理，投资者也可通过资产互换来提高资产收益。

2.优化资产负债结构，转移和防范利率风险和外汇风险

互换交易使企业和银行能够根据需要筹措到任何期限、币种、利率的资金。同时可根据市场行情的变化，灵活地调整其资产负债的市场结构和期限结构，以实现资产负债的最佳搭配，从而减少中长期利率和汇率变化的风险。

3.逃避各类管制

互换交易属表外业务，不计入资产负债表，因此可以逃避外汇管制、利率管制及税收管制。

（二）金融互换产生的理论基础

金融互换产生的理论基础是比较优势理论。该理论是英国著名经济学家大卫·李嘉图提出的。他认为，在两国都能生产两种产品，且一国在这两种产品的生产上均处于有利地位，而另一国均处于不利地位的条件下，如果前者专门生产优势较大的产品，后者专门生产劣势较小（即具有比较优势）的产品，那么通过专业化分工

和国际贸易，双方仍能从中获益。

互换交易正是利用交易双方在筹资成本上的比较优势而进行的。具体而言，互换产生的条件可以归纳为两个方面：一是交易双方对对方的资产或负债均有需求；二是双方在这两种资产或负债上存在比较优势。比如在1981年，世界银行需要用瑞士法郎或德国马克这类绝对利率水平较低的货币进行负债管理，与此同时IBM公司则希望筹集美元资金以便同其美元资产相匹配，避免汇率风险。由于世界银行在欧洲债券市场上信誉卓著，筹集美元资金的成本低于IBM公司，而IBM公司发行瑞士法郎债券的筹资成本低于世界银行。在存在比较优势的情况下，世界银行和IBM公司分别筹集自己具有优势的资金，并通过互换获得自己所需的资金，从而降低筹资成本。

拓展知识：远期利率协议的定价与风险防范措施

（三）金融互换的种类

金融互换的发展历史虽然较短，但品种不断创新，除了传统的货币互换和利率互换外，各种新的金融互换品种不断涌现。

1.利率互换

利率互换（interest rate swaps）是指双方同意在未来的一定期限内根据同种货币同样的名义本金交换现金流，其中一方的现金根据浮动利率计算，而另一方的现金流根据固定利率计算。互换的期限通常在2年以上，有时甚至在15年以上。双方进行利率互换的主要原因是双方在固定利率和浮动利率市场上具有比较优势。

2.货币互换

货币互换（currency swaps）是将一种货币的本金和固定利息与另一货币的等价本金和固定利息进行交换。

货币互换的主要原因是双方在各自国家中的金融市场上具有比较优势。

3.其他互换

从最普遍的意义来说，互换实际上是现金流的交换。由于计算或确定现金流的方法有很多，因此互换的种类就很多。除了上述最常见的利率互换和货币互换外，其他主要的互换品种有交叉货币利率互换、基点互换、零息互换、后期确定互换、远期互换等等。

本章小结

本章主要讨论了货币市场、债券市场、股票市场等基础金融市场与金融远期市场、金融期货市场、金融期权市场、金融互换市场等衍生金融工具市场。

货币市场是一年期以内的短期金融工具交易所形成的供求关系及其运行机制的总和。货币市场的活动主要是为了保持资金的流动性。货币市场信用工具包括国库券、商业票据、银行承兑票据、可转让存单、回购协议、企业短期债券、金融债券等。

债券是信贷市场的一种基本融资工具。按发行者的不同可将债券分为政府债券、公司债券和金融债券。债券市场可分为一级市场和二级市场。前者是指债券发行和偿还债券的市场，后者是指已发行债券的流通市场。由于债券到期需要发行人偿还本金，债券一级市场与股票市场相比多了一个偿还环节。

股票是一种最基本和最重要的融资工具。股票市场的投资者包括居民、工商企业、保险公司、投资基金等。股票市场上的资金需求者主要是工商企业，也有金融性企业（股份制银行、基金等）。股票市场可分为一级市场和二级市场。二级市场又分为证券交易所、场外交易市场和其他交易市场。股票市场的中介机构包括证券公司、证券登记结算公司和其他证券服务机构。如果公司的股票在证券交易所上市，就需要受到股票上市法律法规的约束。证券监管机构包括中国证监会、证券交易所和一些证券行业自律组织。

金融远期市场没有固定的交易场所，是一个无组织的、效率较低的、分散的市场。金融远期市场具有的特点有：远期合约标准化程度较低；没有固定的交易场所；违约风险高；定价效率低；履约方式为实物交割等。在金融远期市场中交易的对象是金融远期合约，金融远期合约，简称远期，它是金融衍生工具中的“基础工具”，即作为其他衍生工具基础的衍生工具。金融远期合约主要有远期外汇合约（forward exchange contract）、远期利率协议（forward rate agreement，FRA）和远期股票合约（equity forwards）等。

与金融远期市场相比，金融期货市场有固定的交易场所，是一个有组织的、有秩序的、统一的市场。它的主要特点有：金融期货合约标准化；场内交易；违约风险几乎为零；市场定价效率高；采取每日清算的结算方式等。金融期货市场的基本功能是套期保值和价格发现。金融期货市场按照基础资产的不同可分为利率期货市场、外汇期货市场和股票指数期货市场。

同金融期货相比，金融期权更具灵活性。金融期货到期时必须进行交割，金融期权则可以不必进行实际交割，持有者只要放弃执行期权，期权合约就会自动失效。在期货交易中，若市场行情与交易者的预测相反，交易者可能会遭到巨大的损失；期权交易则不存在这种情况，期权持有人损失的至多是期权费，风险相应减少了。因此，期权的特点使得期权交易量迅速增加，期权市场成为金融市场不可缺少的一部分。金融期权市场包括现货期权市场和期货期权市场以及相应的现货和期货金融商品。金融期权交易按照基础资产的不同可分为利率期权交易、外汇期权交易和股票指数期权交易。

金融互换（financial swaps）是迄今为止最为成功的场外交易金融衍生工具，金融互换产生的理论基础是比较优势理论。金融互换的功能主要包括降低筹资成本或提高资产收益；优化资产负债结构，转移和防范利率风险和外汇风险；逃避各类管制等。互换交易属表外业务，不计入资产负债表，因此可以逃避外汇管制、利率管制及税收管制。

关键概念

货币市场　同业拆借市场　票据市场　短期政府债券市场　货币市场基金　债券市场票据贴现　一级市场　二级市场　普通股　优先股　股票市场　场外交易市场　金融远期合约　金融期货　利率期货　外汇期货　股票指数期货　保证金制度　盯市制度　价格涨跌停板制度　套期保值　金融期权　期权费　买方期权　卖方期权　双向期权　利率期权　外汇期权　股票指数期权　金融互换　利率互换　货币互换

思考题

5.1　货币市场的含义和功能是什么？

5.2　货币市场的基本构成是什么？

5.3　货币市场包括哪些基本类型？各自的特点及功能如何？

5.4　股权融资引起的经济关系是怎样的？股东有哪些权利和义务？

5.5　证券二级市场主要有哪几类？它们之间有何区别与联系？

5.6　什么是金融远期合约？有哪几种常见的金融远期合约？金融远期合约在衍生金融市场中具有什么地位？

5.7　远期外汇交易的功能是什么？

5.8　如何使用远期利率协议进行风险管理？

5.9　金融期货市场的基本功能和种类有哪些？

5.10　金融期货与金融远期的主要差别是什么？前者产生的原因是什么？

5.11　金融期权的种类及产生的原因是什么？

5.12　期货交易制度包括哪些？

5.13　金融互换产生的理论基础及其主要功能是什么？

延伸阅读与参考文献

1.吴晓求．证券投资学［M］．4版．北京：中国人民大学出版社，2014.

2.高士亮，梁莉，周晓东．证券投资学［M］．上海：立信会计出版社，2009.

3.马丽娟．金融市场、工具与金融机构［M］．北京：中国人民大学出版社，2008.

4.朴明根，邹立明，王春红．证券投资学［M］．北京：清华大学出版社，2009.

5.张亦春．现代金融市场学［M］．3版．北京：中国金融出版社，2013.

6.戴国强．商业银行经营学［M］．北京：高等教育出版社，1999.

7.刘舒年．国际金融［M］．3版．北京：对外经济贸易大学出版社，2011.

8.夏德仁，等．金融市场学［M］．大连：东北财经大学出版社，2002.

9.王松奇．金融学［M］．北京：中国金融出版社，2000.

10.胡继之．金融衍生产品及其风险管理［M］．北京：中国金融出版社，1997.

11.施兵超. 金融期货与期权［M］. 上海：上海三联书店，1996.

12.ROSE.货币与资本市场：全球市场中的金融机构与工具［M］. 肖慧娟，等，译. 6版. 北京：机械工业出版社，1999.

13.ROSE.商业银行管理［M］. 刘园，等，译. 4版. 北京：机械工业出版社，2001.

14.ZVI BODIE，MERTON.金融学［M］. 欧阳颖，等，译. 北京：中国人民大学出版社，2000.

15.MISHKIN，EAKINS.Financial Markets and Institutions［M］. 北京：清华大学出版社，2001.

第六章

证券投资分析

引例

谈到证券投资，不可回避地要提到一个人，他就是世人眼中的“股神”、20世纪最伟大的投资人——沃伦·巴菲特。1930年8月30日，沃伦·巴菲特出生于美国内布拉斯加州的奥马哈市。1941年，11岁的他跃身股海，购买了平生第一张股票。1965年，巴菲特购买了伯克希尔公司，把它从一个纺织公司逐渐转型为投资公司，每股净值由当初的19美元成长到2006年年底的55 800多美元，用伯克希尔的每股账面价值增长率和同一年的标准普尔500增长率相比，在与市场的42场较量中，巴菲特只输了6场，获胜率是85.7%，特别是从1981年到1998年连续18年战胜市场；伯克希尔年复合增长收益率约为22.2%，在第二次世界大战后的美国，主要股票的年收益率却只在10%左右，22.2%，听上去在牛市似乎不是很高的收益率，但是，在牛市里数倍甚至数十倍的收益在瞬间化为乌有，跟这样一个个神话的破灭相比，巴菲特却能够42年平均保持如此稳健的增长率，从100美元起家，通过投资积累了440亿美元的财富，他创造了史无前例的投资神话。

2003年4月，正值中国股市低迷徘徊的时期，巴菲特以每股1.6至1.7港元的价格大举介入中石油H股23.4亿股，这是他所购买的第一只中国股票，也是现有公开资料所能查到的巴菲特购买的唯一一只中国股票。四年来，巴菲特在中石油的账面盈利就超过7倍，这还不包括每年的分红派息。一方面巴菲特显得很欣赏中石油，但另一方面他却从2007年7月12日开始分批减持中石油股票，直到2007年10月19日，他将所持有的中石油股票全部清仓。

巴菲特经常宣称，对于那些伟大公司的股票，你永远不应该卖出，他明确表示，他所购买的可口可乐、美国运通等四家公司的股票，他希望永久地保留。到2006年为止，巴菲特持有可口可乐长达20年，持有美国运通长达14年，当巴菲特在2007年7月卖出中石油的时候，中石油的市盈率是15倍，而可口可乐是22.51倍，美国运通是19.25倍。中石油将成为全球市值最大的企业，它同时是亚洲最赚钱的公司，它的市盈率也比可口可乐和美国运通低，但为什么中石油没能成为巴菲特眼中伟大的公司呢？

沃伦·巴菲特说："你知道的，有很多像这样很好的企业，其实我希望我买了更多，而且本应该持有更久，但石油利润主要是依赖于油价，石油在30美元一桶的时候，我们很乐观，如果到了75美元，我不是说它就下跌，但是我就不像以前那么自信，30美元的时候是很有吸引力的价格……中石油的收入在很大程度上依赖于未来十年石油的价格，我对此并不消极，不过30美元一桶的时候我非常肯定，到75美元一桶的时候我就持比较中性的态度，现在石油的价格已经超过了75美元一桶。"

资料来源　佚名. 经济半小时——巴菲特的价值投资原则［EB/OL］.［2007-10-29］. http://news.sina.com.cn/c/2007-10-29/095714186111.shtml.

学习目标

知识目标

了解证券投资分析的意义；熟悉影响证券市场价格的因素；掌握债券投资的定义及其特征；掌握普通股投资的定义及其特征；掌握证券投资基金的定义及其特征。

技能目标

掌握证券投资的基本分析方法；掌握债券的价值评估方法；掌握债券的预期收益率计算；掌握普通股内在价值的估价方法；掌握普通股的预期收益率计算；掌握证券投资基金的价值及收益率计算。

能力目标

掌握债券的投资决策分析；掌握股票的投资决策分析；掌握证券投资基金的价值分析。

本章提要

本章主要阐述了证券投资的基本理论与决策分析方法，回答了什么是证券投资分析及证券投资分析的意义；什么是债券投资及如何进行债券投资决策分析；什么是普通股投资及进行普通股的投资决策分析；什么是证券投资基金及证券投资基金的投资价值确定。

本章内容共分四节。第一节是证券投资分析概述，包括证券投资分析的定义及意义、证券投资的基本分析；第二节介绍债券投资分析，包括债券投资的定义及其特征，重点阐述债券投资的价值及收益率分析；第三节介绍股票投资分析，包括普通股投资的定义及其特征，股票投资的价值及收益率分析；第四节介绍证券投资基金，包括证券投资基金的定义及其特征、证券投资基金的类型、证券投资基金的价值及收益率分析。

第一节 证券投资分析概述

不进行研究的投资，就像打扑克从不看牌一样，必然失败！

——彼得·林奇

一、证券投资分析的含义及意义

（一）证券投资的含义

证券投资是指投资者购买股票、债券、基金等有价证券以及这些有价证券的衍生品，以获取红利、利息及资本利得的投资行为和投资过程，是直接投资的重要形式。

（二）证券投资分析的含义

证券投资分析是指人们通过各种专业性的分析方法和分析手段对对证券价格或价值产生影响的各种信息进行综合分析，并判断其对证券价格或价值产生作用的方向和力度。证券投资分析作为证券投资过程不可或缺的一个组成部分，是进行投资决策的依据，在投资过程中占相当重要的地位。

（三）证券投资分析的意义

证券投资分析的意义主要有：

1.有利于提高投资决策的科学性

投资决策贯穿于整个证券投资过程，其正确与否关系到投资的成败。由于投资者拥有不同的资金量、不同的收益要求、不同的投资周期，同时，投资者的风险承受能力也不相同，因此，在投资决策时，投资者应当正确认识每一种证券的风险性、收益性、流动性和时间性方面的特点，借此选择风险性、收益性、流动性和时间性同自己的要求相匹配的投资对象，并制定相应的投资策略。只有这样，投资者的投资决策才具有科学性，从而尽可能保证投资决策的正确性，以使投资获得成功。进行证券投资分析正是使投资者正确认知证券风险性、收益性、流动性和时间性的有效途径，是投资者科学决策的基础。因此，进行证券投资分析有利于减少投资决策的盲目性，从而提高投资决策的科学性。

2.有利于正确评估证券的投资价值

投资者之所以对证券进行投资，是因为证券具有一定的投资价值。证券的价值取决于它所能带来的现金流入量，但是在商品经济下，由于未来各种因素（经济因素、政治因素、社会因素等）是不确定的，因此，证券所带来的未来现金流量也是不确定的，这就是所谓的投资风险。因此，投资者在决定投资某种证券前，首先应该分析影响证券价值的各种因素，认真评估该证券的投资价值。只有当证券处于投资价值区域时，投资该证券才能有利可图，否则可能会导致投资失败。而证券投资分析正是通过对可能影响证券投资价值的各种因素进行综合分析，来判断这些因素及其变化可能会对证券投资价值带来的影响，因此它有利于投资者正确评估。

3.有利于实现证券投资目的

证券投资的目的是实现证券投资净效用，即收益带来的正效用减去风险带来的负效用的最大化。因此，在风险既定的条件下投资收益率最大化和在收益率既定的条件下风险最小化是证券投资的两大具体目标。证券投资的成功与否往往是看这两个目标的实现程度。但是，影响证券投资目标实现程度的因素很多，其作用机制也十分复杂，证券投资分析则是采用专业分析方法和分析手段对影响证券回报率和风险的诸因素进行客观、全面和系统的分析，揭示这些因素影响的作用机制以及某些规律用于指导投资决策，从而降低投资风险并获得较高的投资收益。

二、证券投资的基本分析

企业的决策层在进行证券投资时，总是想取得较高的投资收益并尽可能降低风险，因此就需要认真分析和研究影响证券市场价格的因素，这些因素概括起来主要分为两大类：一类是基本因素，另一类是技术因素。基本因素主要包括国家及世界的政治形势、重大政治事件、政府政策、宏观经济运行态势、行业动态变化、公司的人员素质、经营状况、财务结构等。[①]技术因素则是指数百年来众多证券投资者在进行证券投资实践中总结出来的多种技术分析方法。本节主要介绍证券的基本因素分析。

（一）证券投资的宏观经济分析

宏观经济因素是指宏观经济运行的周期性波动等规律性因素和政府实施的经济政策等政策性因素。[②]由于证券市场与国家宏观经济有密切的相互关系，因此，企业的决策层要成功地进行证券投资，首先必须认真研究宏观经济状况及其走向。市场上所谓“顺势而生”“选股不如选时、选时不如选势”等格言，其中的“势”即是指宏观经济形势。具体而言包括以下因素分析：

1.经济周期

经济周期也称商业周期、景气循环，一般是指经济活动沿着经济发展的总体趋势所经历的有规律的扩张和收缩，是国民总产出、总收入和总就业的波动，是国民收入或总体经济活动扩张与紧缩的交替或周期性波动变化。每一个经济周期都可以分为上升和下降两个阶段。上升阶段也称为繁荣，最高点称为顶峰。然而，顶峰也是经济由盛转衰的转折点，此后经济就进入下降阶段，即衰退。衰退严重则经济进

① 谢百三. 证券投资学［M］. 北京：清华大学出版社，2005：121.
② 吴晓求. 证券投资学［M］. 北京：中国人民大学出版社，2000：116.

入萧条，衰退的最低点称为谷底。宏观经济这种周期性变化可以表现为一系列宏观经济指标的周期变动，比如：国民生产总值、投资总量、失业率、物价指数、利率等。其中，国民生产总值作为一种综合性指标经常被用于表示经济周期的变化。

证券价格尤其是股票价格会随着宏观经济运行的周期而呈周期性变化。当经济从复苏发展到繁荣这个阶段，企业生产规模扩大，利润增加，股票的分红派息相对丰厚，可能吸引更多的资金流向股市，股票价格会普遍上涨；当经济从繁荣走向衰退时，企业产品滞销，利润下降，股息、红利随之减少，股东因持股收益不佳而纷纷抛售股票，股票价格下跌。一般情况下，不管经济周期处于哪一阶段，股价变动总是比实际的经济周期变动要领先一步。即在衰退之前，股价已经开始下跌，而在复苏之前，股价已经回升；经济周期步入高峰阶段，股价已经见顶；经济仍处于衰退期间，股市已开始从谷底回升。这是因为股票价格的涨跌包含着投资者对经济走势变动的预期和投资者的心理反应等因素。

此外，在经济周期的不同阶段往往形成不同的产业热点。经济扩张初期，最先启动的行业是周期性消费品行业，主要是指住宅与轿车。然后是电子信息、机械设备等资本品以及交通运输业。经济快速增长时期，能源、基础材料开始供不应求，价格上涨，这些行业的增长会延至整个经济扩张期的结束。一旦经济开始收缩，周期性消费品也最先感受到负面因素的影响。因此，投资者应根据经济周期的变化规律选择合适的股票投资策略。

相关链接6-1　　重估经济周期对企业的价值

2008年的全球金融危机是由一系列因素导致的，如滥发纸币、房地产行业的次贷问题，先引发了美国的金融海啸，进而导致全球危机。金融危机必然会对整个经济实体产生影响，会影响劳动力市场，就业率降低，进而缩减消费者的可能收入，这既会对消费品公司产生影响，也会对制造业公司产生影响。

不过，从2008年到2009年的金融危机中，中国并没有像其他国家那样受到很严重影响，中国政府投入巨额资金，使中国经济实现了软着陆。而作为一家在中国做生意的企业，这期间，我们做出了一些特别的调整以应对经济环境的变化，包括努力减少生产过程的程序、减少开支、简化工序等压缩成本的工作，但同时要对研发持续投入，以提升创新能力。现在看来，这些工作是有成效的，从2010年到2011年，我们的订单额增加了18%，同时，销售额增加了16%。

说起经济全球化，就不能回避目前的欧债危机。不过，我认为它迟早能够解决。这是商业经济的典型循环，无论是国家还是企业，都会时不时遇到经济的高低起伏。对很多跨国企业来说，真正的挑战在于，在经济学家、政治家解决这些问题时，企业应该采取哪些措施应对危机。

我的个人观点是，企业应该利用这段时间重新审视自己的公司、商业模式和竞争优势。比如，成本高的企业，应考虑如何减少成本；效率低的公司，要考虑如何提高效率；产品不对的，应考虑开发出符合消费需要的产品，只有自身观察全球趋势，才能把钱花在未来可能会产生的需求上。此外，企业还要利用经济低迷期的“喘息”时段，调整公司架构、公司模式、成本和资源，让企业能够适应波动起伏的市场，储备竞争力。举个例子，生活中，我们会不时积累各种东西，类似纪念品等，但你要不时清理一下房间，扔掉或卖掉那些不需要的，这样才能腾出更多的空间放更多的东西。企业也是如此，经济衰退时审视一下自己的企业运营情况，这样在经济回升时就可以获得更多的东西。

资料来源　程美玮. 重估经济周期对企业的价值［J］.《财经》(十四周年纪念特刊). 2012（1）.

2.货币政策

货币政策是指政府为实现一定的宏观经济目标所制定的关于货币供应和货币流通组织管理的基本方针和基本准则。①中央银行的货币政策对证券市场价格有非常重要的影响，从整体来说，松的货币政策使得证券市场价格上涨，紧的货币政策使得证券市场价格下跌。具体而言，中央银行主要通过以下几种货币政策工具对证券市场产生影响。

（1）利率

从投资者角度而言，利率上升会影响投资者对金融资产的选择，较高的利率使更多的资金流入银行或债市，从而分流股票市场的资金，使股票价格下跌；利率下降，资金流向的方向则相反。从上市公司角度而言，利率的升降使公司的融资成本相应增加或减少，进而影响盈利和股价水平。如果利率的升降伴随着金融紧缩或扩张政策，则会导致社会投资的减少与增加，影响经济增长速度，从而对股市形成长期向下的压力或向上的动力。

（2）公开市场业务

当经济衰退或经济过热时，政府则倾向于实施宽松的货币政策或紧缩的货币政策，此时，中央银行就会通过购买或出售大量的有价证券，改变证券市场的需求与供给，进而影响证券市场的价格。中央银行的公开市场业务直接以国债为操作对象，通过影响国债的价格间接影响其他有价证券的价格。

（3）准备金率

准备金率是中央银行调节货币供应量、影响货币市场和资本市场的资金供求，进而影响证券市场的威力最大的货币政策工具。中央银行通过提高法定存款准备金率，限制商业银行创造派生存款的能力，致使货币市场供应量减少，证券市场价格下跌；反之，中央银行通过降低法定存款准备金，增加货币供应量，使证券市场资金增多，从而推动证券价格上涨。例如，为贯彻中央经济工作会议确定的从紧货币政策要求，回收市场过剩的流动性，中国人民银行于2007年共10次上调存款类金融机构人民币存款准备金率，通过降低资本市场货币供应量对证券市场价格产生向

① 谢百三. 证券投资学［M］. 北京：清华大学出版社，2005：126.

下的影响。

3.财政政策

财政政策是政府依据客观经济规律制定的指导财政工作和处理财政关系的一系列方针、准则和措施的总称。[①]财政政策的手段主要包括国家预算、税收、国债、财政支出、财政补贴、转移支付等。财政政策对证券市场的影响是多方面的，其中财政收支状况和税收调节政策所产生的影响最重要。如果财政支出增加，则会激励企业增加投入，提高产出水平，使企业利润增加，从而使股票价格和债券价格上升。反之，如果减少财政支出，则会降低社会总需求，公司业绩随之下降，利润减少，造成经济不景气，使证券价格下跌。

税收调节也是一个国家为刺激企业投资增长而采取的重要措施之一。政府降低税率实际上是增加了微观经济主体的收入，刺激经济主体的投资需求，从而扩大社会供给，在这种情况下，直接或间接地引起证券市场价格的上涨。而增加税收、提高税率则会产生相反的效果。

4.汇率

汇率是外汇市场上一国货币与其他国货币相互交换的比率。汇率的高低影响本国的进出口贸易，同时也影响证券市场价格。一般而言，一国对外币的汇率上升将导致更多的外币兑换本币，外国产品的竞争力增强，出口型企业受损，因而此类公司的证券价格就会下降；相反，进口型企业将因成本降低而受益，此类公司的证券价格将上涨。另外，外汇行情与证券市场价格有着密切的联系。一般来说，如果一个国家的货币升值，将导致资本流入本国，本国的证券市场将因需求旺盛而价格上涨；本国货币贬值，则资本流出本国，本国证券市场因需求减少而价格下跌。

相关链接6-2　　汇率与股市不得不说的关系

进入2016年后第一个交易周，沪深股市几度出现大跌，并且多次触及了刚设立的熔断阈值。导致股市下跌的原因有很多，但是当前外汇市场上人民币兑美元汇率大幅度贬值，无疑也是其中的一个主要因素。

汇率与股市的关系有点复杂。一般来说，在本币升值时，股市通常比较容易上涨，反之亦然。这是因为当汇率上升时，客观上表明以本币为代表的本国资产价格上涨，同时本国经济也比较好，股市自然上涨。我国2005年至2007年的股市大牛市，就是与当时人民币升值的走势相吻合的。

当然，也有在汇率贬值时，股市同样也大涨的例子。最近几年日元汇率是下跌的，但是日本股市连续上涨，其中的原因在于日本推行安倍经济学，通过不断释放流动性、引导通胀的办法来实现日元的主动贬值，而这些措施无疑是有利于股市上涨的。当然，当一个国家的本币被动性贬值，其股市就很难不跌了，像发生在1997年的亚洲金融危机，就是相关国家的货币在游资攻击下纷纷败退，不得不贬

---

① 谢百三．证券投资学［M］．北京：清华大学出版社，2005：127.

值，结果引发股市暴跌，进而蔓延为系统性的金融危机。

资料来源　桂浩明. 汇率与股市不得不说的关系［N］. 证券时报，2016-01-09.

5.通货膨胀

通货膨胀也是影响证券市场价格的一个主要因素，较高水平的通货膨胀会导致中央银行提高利率，严控信贷规模，从而导致股票市场价格下跌，另外，通货膨胀会使生产成本增加，致使产品价格增加慢于成本增加的企业经营状况恶化、盈利下降甚至亏损，这些企业的股价将因此下降并拖累大市下跌。同时，通货膨胀也提高了债券的必要收益率，增加了企业经营的不确定性，提高了还本付息风险，从而引起债券价格的下跌。

（二）行业分析

就证券投资分析而言，行业分析是介于宏观与微观之间的重要的经济因素。行业的市场类型、行业的生命周期和行业的发展趋势都对该行业的上市公司有巨大的影响，因此，从某种意义上讲，投资于某上市公司，实际上就是以某行业为投资对象。行业分析的重要意义在于挖掘最具有投资潜力的行业，进而在此基础上选出最有投资价值的上市公司。

1.行业市场结构分析

行业的市场结构随行业中企业的数量、产品的性质、价格的制定和其他一些因素的变化而变化。从市场竞争的角度考虑，行业的市场结构可以分为完全竞争、垄断竞争、寡头垄断和完全垄断。在现实生活中，大多数行业处于完全竞争和完全垄断这两种极端情况之间，往往兼有不完全竞争和寡头垄断的特征。一般而言，行业竞争程度越高，其价格和利润受供求关系影响越大，证券投资的风险越大，反之，垄断程度越高，则证券投资的风险相对就越小。

2.行业生命周期分析

由于行业生命周期各阶段的风险和收益特征不同，因此，决策层在进行投资时要结合资金的来源、资金可使用的周期和企业的风险承受能力选择符合自身实际的行业周期。一般来说，对于初创期的行业，如电脑网络业、生物制造业，由于是刚创建的行业，介入的厂商较少，投资者可选择的余地较小，而且由于创立时间短，收益较少甚至亏损，因此投资风险大。例如，美国的网络股雅虎（Yahoo），在其初创期，股价曾以每笔交易上扬几十美元的速度上涨，最高价达到200多美元，但是当时其业绩仍处于亏损状态，由于价格的大幅上涨没有其业绩基础，雅虎曾经在一个交易日下跌数十美元。由此可见，初创投资的风险较大，一般只适合于投机者或风险基金。而进入成长期的行业，由于利润快速增长，因而其证券价格也呈现快速上扬的趋势。但是，由于在行业快速成长的同时，行业内部会出现厂商之间的分化，相应地，证券价格也表现为在某一成长性行业的证券价格快速上涨的同时，个别证券却表现不佳。成熟期的行业是蓝筹股的集中地，但成长性已较成长期大大降低，几大厂商垄断了市场，垄断利润高，证券价格一般呈稳步攀升之势，大涨和大跌的可能性都不大，投资风险小。处于衰退期的行业由于发展前景黯淡，所以在证券市场上全无优势，是绩平股、垃圾股的摇篮。一般情况下，此类股票不引人关注。

相关链接6-3　上交所拟建战略新兴产业板　定位于相对成熟的企业

全国政协委员、上交所理事长桂敏杰表示，上交所正在研究推动在沪市建立战略新兴产业板，定位于服务规模稍大、已越过成长期，相对成熟的战略新兴产业企业。

对于战略新兴产业板的定位，桂敏杰透露，该板块将定位于服务规模稍大、已经越过成长期，相对成熟的战略新兴企业。一方面要与主板有一定的衔接，另一方面也要与创业板有一定的衔接，同时也有一定的适度交叉。他表示，在研究该板块的推出方案时，将考虑在交易规则、上市规则、发行制度等方面作出适当调整，并与现有市场形成区别。

桂敏杰在谈到规划中的战略新兴产业板与创业板的区别时提出，创业板更侧重创业型企业，特别是规模偏中小、还处于创业阶段的企业，战略新兴产业板块定位与创业板有一定衔接，总体目的在于推动资本市场在支持战略新兴产业方面发挥更大的作用。

王娴透露，除去在沪市设立战略新兴产业板以外，证监会还在修改创业板IPO办法，考虑降低创业板财务标准，服务更多的创新型企业。

资料来源　上证报两会报道组. 上交所拟建战略新兴产业板　定位于相对成熟的企业［EB/OL］.［2014-03-05］. http://news.xinhuanet.com/finance/2014-03/05/c_126221577.htm.

3.产业结构分析

产业结构是指国民经济体系中众多产业之间形成的相互联系和比例关系，主要包括重工业和轻工业之间的关系、传统产业和新兴产业之间的关系以及资本密集型、技术密集型和劳动密集型产业之间的关系等。要选择有潜力的产业进行投资，由产业结构的演进所引起的产业升级是极为难得的投资机会。例如，美国20世纪90年代的行情集中在电子商务、电脑软件、有线电视、通信、生化制品上，其中电脑业在20世纪70年代末80年代初就崭露头角，在90年代成为行情的主流，电脑软件和有线电视从80年代中期开始兴起，90年代成为美国证券市场的主流热点，通信业自80年代末开始为市场所追捧，生化产业在80年代中期至90年代表现非常活跃，这些都与产业结构演进的方向极为一致。我国也有类似情形，1997年科技股在我国证券市场上开始崭露头角，至1999年则形成一波极为壮观的科技股、网络股行情。因此，了解产业结构演进的总趋势，就能够有效把握证券市场主流。

（三）公司财务分析

财务分析通常指财务报表的分析，有效的财务报表分析对评价公司价值非常有用，因为可以从财务报表的数据中得到关于上市公司的一些内部信息，但是作为外部的使用者不会直接接受这些会计数据，因为外部使用者很难区分真实信息和扭曲信息，所以他们依靠对公司所处行业和公司竞争战略的了解来解释财务报表。在具体应用财务报表时完成如下三个步骤：

1.公司战略分析

公司战略分析是财务报表分析的新起点，是进行下一步会计分析和财务业绩分析的基础和导向。[①]公司战略分析是通过对公司所在行业或企业拟进入行业的分析，明确公司自身地位及应采取的竞争战略，以权衡收益与风险，了解与掌握公司的发展潜力，特别是在公司价值创造或盈利方面的潜力。公司战略分析通常包括行业分析和企业竞争策略分析。

【案例6-1】 基于战略分析的诺基亚的陨落

诺基亚曾一度是手机行业的代名词，最辉煌时期手机业务的全球市场占有率达到40%。但进入智能手机时代，昔日霸主却江河日下，处境尴尬。

2006年，随着手机价格低迷，诺基亚决定向互联网公司发展，当时诺基亚的官方宣传语统一改成了“我们是一家互联网公司”。为此，诺基亚共收购了5家软件开发公司和互联网公司。其中，2007年10月，诺基亚豪掷81亿美元收购全球最大的地图供应商Navtep，上百亿美元的投资换来了全新的Ovi邮件和Ovi地图两大应用。面对Ovi地图的“收费模式”，大多数消费者都选择了成熟而免费的谷歌地图，巨大的投入没有得到应有的回报。

与此同时，乔布斯于2007年带来了iPhone，谷歌的安卓系统也在同年发布。这两种操作系统给手机行业带来了翻天覆地的变化。而自塞班系统问世以来，诺基亚的系统创新几乎停止。面临其他品牌先进操作系统的冲击，诺基亚并没有意识到危机，仍然固守传统的塞班系统。2011年，诺基亚与微软合作推出Windows Phone系统，显然是一场赌博式的冒险。新系统的不成熟导致诺基亚新一代智能手机的用户体验不佳，与较为先进的iOS和安卓系统相去甚远。随后几年的销售业绩表明这种冒险是失败的。

2013年9月3日，微软宣布收购诺基亚手机业务部门，这个有着伟大历史的手机品牌正式告别了手机行业霸主的地位。诺基亚的陨落主要是对环境缺少战略分析：一是过于自信，忽视市场发展趋势；二是盲目发展，涉足不熟知的领域；三是调整迟钝，对不合理战略修正不够及时。

2.会计分析

以往我们对上市公司进行财务分析时，通常直接对会计数据进行加工处理，而忽视了财务报表的原始数据可能并没有真实、准确地反映企业经营现实。会计分析的目的就是评价公司会计反映实际业务的程度，一方面通过对会计政策、会计方法、会计披露的评价，揭示会计信息的质量状况；另一方面通过会计灵活性、会计估价的调整修正会计数据，为财务业绩分析奠定基础。

① 张先治. 财务分析［M］. 大连：东北财经大学出版社，2005：32.

3.财务业绩分析

财务业绩分析是通过财务比率分析评价公司的财务状况和经营成果。财务业绩分析主要包括盈利与营运能力分析、现金流量与风险分析。盈利与营运能力分析是以资产负债表和利润表为基础评价公司的投资收益和经营效率；现金流量分析、风险分析主要是利用财务报表进行财务风险分析。

知识拓展：浅谈基本面分析和技术分析在股票市场的应用

第二节　债券投资分析

一、债券投资概述

（一）债券投资的定义

债券（bond）是债务人为筹集资本而发行的、约定在一定期限内还本付息并反映债权债务关系的一种有价证券。债券投资是指投资者将资金投资于债券以获得收益的间接投资行为。

（二）债券投资的特征

股市是下一点小赌注、希望获得惊喜的场所；债券是你以防万一的钱，是你不能冒风险失去的钱，一定给你带来收入的钱投放的场所。

——比尔·格罗斯（太平洋投资管理公司创始人）

债券投资的特征表现为：

1.安全性

由于债券的利率是固定的，不受市场利率变动的影响，筹资人必须按预定的期限和利率向投资者支付利息，直到期满为止，因此，债券投资与其他有价证券投资相比，安全性较高。

2.收益性

债券投资的收益性表现在两个方面：一是债券投资可以获得高于储蓄存款利率的稳定的利息收入；二是债券可以通过在证券交易市场上的买卖，获得比一直持有到偿还期更高的收益。

3.偿还性

债券的投资者在一定条件下，有要求债券发行单位偿还债券本金的权利。

4.流动性

债券的投资者购入债券后，不一定一直持有至到期，可以在债券到期前将债券在证券交易市场上卖出变为现金，也可以到银行等金融机构将债券作为抵押以获得相应金额的贷款。

需要说明的是，上述债券投资的几个特征之间存在着互逆性关系，通常不能同时实现，如安全性高、流动性强的债券其收益率低，风险性大、安全性差、流动性差的债券往往收益率高。投资者如何把握，还要根据多方面因素分析选择。

二、债券价值分析

债券价值是指债券预期未来现金流量按照相应的市场利率进行折现的现值总和。对于投资者而言，只有债券的价值大于购买价格时，才值得购买。债券价值是债券投资决策时使用的主要指标之一。

（一）零息债券的价值

零息债券是指发行人不向投资者进行任何周期性的利息支付，而是把到期价值和购买价格之间的差额作为利息回报给投资者，它的特点就是债券的持有人在债券到期前不能得到任何的现金支付。零息债券是在未来的m年后支付M金额的面值，假设m年中每年的利率都为i（一般把该利率作为市场利率），由于面值是债券支付的唯一现金流量，因此，债券的内在价值为：

$$V=\frac{M}{(1+i)^m}$$

其中：V表示债券的价值；M表示面值；i表示市场利率；m表示期限。

【案例6-2】

假如市场利率为10%，期限为2年且面值为1 000元的零息债券的内在价值为：

$$V=\frac{M}{(1+i)^m}=\frac{1\ 000}{(1+10\%)^2}=826.45\text{（元）}$$

内在价值大约是面值的82.6%。

（二）附息债券的价值

附息债券又称定期债券或固定利息债券，即投资者不仅可以在债券到期时收回本金，而且还可以定期获得固定的利息收入。例如，美国政府和美国企业发行的债券，一般是每6个月支付一次票面利息，直到债券到期。由于债券的价值是未来现金流量的现值总和，一种不可赎回的附息债券的现金流量构成则包括两个部分：（1）到期日之前周期性的票面利息支付；（2）票面的到期价值。因此，附息债券的价值是其利息支付的现金流和本金支付的现值之和：

$$V=\sum_{i=1}^{n}\frac{I_t}{(1+i)^t}+\frac{M}{(1+i)^n}$$

其中：V表示债券的价值；I_t表示每年利息；M表示到期本金；i表示折现率，一般采用当时的市场利率或投资者要求的最低收益率；n表示债券到期前的年数。

【案例6-3】

假设MM公司拟于2015年1月1日购买10 000张票面价值为1 000元、3年期、票面年利率为8%的债券，该债券在每年的6月和12月各支付一次利息，到期一次还本。假设同期市场利率为10%，则债券的市价在什么区间时购买此债券是合算的（不考虑风险问题）？

由于该债券是每半年支付一次利息，因此，该债券半年的利率为4%（8%÷

2)，半年的利息为40元，从2015年到2017年共有6期支付，投资者每期从该债券获得的现金流量见表6-1。

表6-1　**投资者在2015—2017年间获得的现金流量**　单位：元

时间	2015年6月	2015年12月	2016年6月	2016年12月	2017年6月	2017年12月
现金流量	40	40	40	40	40	40+1 000

按照公式，债券的内在价值为：

V=40×（P/A，5%，6）+1 000×（P/F，5%，6）

=40×5.0757+1 000×0.7462

=949.23（元）

所以债券的市价小于949.23元时，购买此债券是合算的。

（三）一次性还本付息债券的价值

一次性还本付息债券的现金流量只有一次，即到期日的本息之和。对于这样的债券，只要按照当时的市场利率或投资者要求的最低收益率对债券的本息之和进行折现就可以了。一次性还本付息债券的估价模型为：

$$V=\frac{M(1+r)^n}{(1+i)^m}$$

其中：V表示债券的价值；r表示票面利率；M表示面值；i表示该债券的折现率；n表示债券从发行日至到期日的时期数；m表示从买入日至到期日的所余时期数。

三、债券的预期收益分析

另一个有助于评价债券收益水平的指标是债券的收益率，常见的债券收益率有以下几种：

（一）当期收益率

当期收益率（current yield）是指持有债券一期且不卖出债券所能得到的报酬率，即债券的当期利息与市场价格之比，计算公式如下：

$$当期收益率=\frac{M\times r}{P}\times 100\%$$

其中：M表示债券面值；r表示每期收到的票面利率；P表示债券持有人购入债券时实际支付的价格。

【案例6-4】

面值为1 000元、期限为10年、票面年利率为8%、每年付息一次、售价为980元的债券的当期收益率为：

$$\frac{80}{980}\times 100\%=8.16\%$$

当期收益率的计算仅考虑了票面利率，没有考虑持有债券期间可能发生的资本利得或损失，也没有考虑货币的时间价值。

（二）到期收益率

到期收益率（yield to maturity，YTM）是指投资者购买债券后一直持有至到期日所获得的年报酬率，也是使债券产生的现金流量等于其初始投资的折现率。到期收益率的计算公式为：

$$P=\sum_{t=1}^{n}\frac{I}{(1+YTM)^{t}}+\frac{M}{(1+YTM)^{n}}$$

其中：P表示债券的买入价格（含息价）；I表示每年支付的利息；M表示面值；n表示付息次数，求出的YTM若要转换成年利率，还要乘上每年的付息频率（m）。

【案例6-5】

HN公司于2009年1月1日购入面值为1 000元，票面利率为7%，6年期的债券100 000张，该债券每年支付一次利息，成交价为985元。若该公司持有该债券至到期日，其到期收益率可通过下列方式求得：

985=70×（P/A，YTM，6）+1 000×（P/F，YTM，6）

计算债券到期收益率一般采用插值法计算，或根据Excel内置函数“RATE”来完成。采用插值法解上式可得到该债券的到期收益率为7.32%，或在Excel电子表格中输入：

=RATE（付息次数，利息，-现值，面值）

=RATE（6，70，-985，1 000）

回车后可得到YTM为7.32%。

在实务中，也可采用简化方式计算到期收益率，其计算公式为：

$$YTM=\frac{I+(M-P)\div n}{(M+P)\div 2}\times m$$

其中：I表示每期利息；M表示债券面值；P表示当前市价；n表示期数；m表示每年付息频率。

将上述的例子代入，可得YTM的近似值为：

$$YTM=\frac{70+(1\,000-985)\div 6}{(1\,000+985)\div 2}\times 1\times 100\%=7.30\%$$

到期收益率是投资者决策是否购买债券的一个重要依据，它反映债券投资按复利计算的真实收益率。如果高于投资者要求的报酬率，则应该买进债券，否则就放弃。

但是值得注意的是，投资者使用到期收益率指标时，要有两个重要的假设，即必须持有至到期日，且收到的利息再投资仍可获得与YTM相同的报酬。

（三）赎回收益率

赎回收益率（yield to call，YTC），是指持有可赎回债券至赎回日所获得的报酬率。由于可赎回债券的发行者可能在到期日之前强制将债券赎回，此时投资者所关心的是赎回收益率，其计算公式如下：

$$P=\sum_{t=1}^{n}\frac{I_t}{(1+YTC)^t}+\frac{P_C}{(1+YTC)^n}$$

其中：n表示距赎回日期数；P_C表示赎回价格。

赎回收益率的计算与到期收益率的计算极为类似，只是以赎回价格代替债券面额，以距赎回日期数代替到期期数，同时赎回收益率的计算也要满足两个假设：必须持有至赎回日；收到的利息再投资仍可获得与YTC相同的报酬率。

第三节　股票投资分析

一、普通股投资概述

（一）普通股投资的定义

普通股是指在公司的经营管理和盈利及财产的分配上享有普通权利的股份，代表满足所有债权偿付要求及优先股股东的收益权与求偿权要求后对企业盈利和剩余财产的索取权，它构成公司资本的基础，是股票的一种基本形式。普通股投资是指投资者将资金投资于普通股股票以获得收益的间接投资行为。

（二）普通股投资的特征

1.期限的永久性

普通股是公司最基本的资本来源，在公司正常的生产经营期限内，投资者一般不能要求公司返还普通股股本，如果股东要抽回股本，可在证券市场上公开转让其股票，或在法律允许的范围内私下转让。只有在公司破产、解散、清算时，普通股股东才有求偿权。

2.责任的有限性

普通股股东作为公司资产的所有者，要承担公司对外的所有债务。一旦公司破产倒闭，股东应承担偿还公司债务的责任，但其偿还责任仅以股东的出资额为限。

3.收益的剩余性

公司在经营过程中创造的收益应首先支付到期债务本息、各种税款、提取各种公积金、公益金以及支付优先股股息，完成上述分配后，剩余收益才能作为普通股股利进行分配。股利的多少取决于剩余收益的多少，无剩余收益，一般不分配股利。

4.清偿的附属性

股份有限公司由于某种原因宣布清偿时，应首先偿还拖欠的职工工资、政府税款和其他公司债权人的债务等。只有在债权人的债务分别清偿完毕后，法律才允许公司将剩余财产（如果有的话）变卖以偿还普通股股东的股本。

5.收益的风险性

普通股投资的收益可分为两类：一是投资者从股份公司领取的红利；二是投资

者可以持股票到证券市场上进行交易，利用股票市场价格的高低变化赚取差价收益。但是股票投资的收益是不确定的，例如，股东是否能获得预期的红利收益，取决于公司的盈利情况，利多多分，利少少分，破产时可能连本金都保不住。此外，股票的市场价格是不断波动的，如果股价下跌，股票持有者会因股票贬值而蒙受损失。

6.管理的参与性

普通股股东有权参加股东大会，并有选举权、被选举权、查账权和表决权，有权就公司重大问题进行发言和投票表决。如果股东不能亲自参加股东大会，也可以委托他人代表其行使股东权利。

（三）普通股投资的收益及成本

1.股票投资的收益

股票投资的收益是由“股利收益”和“资本利得”两部分构成的：（1）股利收益，即股票投资者以股东身份，按照持股的份额，在公司盈利分配中得到的股息和红利的收益。（2）资本利得，是指投资者在股票价格的变化中所得到的收益，即将股票低价买进，高价卖出所得到的差价收益。

2.股票投资的成本

股票投资的成本是由机会成本与直接成本两部分构成的：（1）机会成本。当投资者打算进行投资时面临着多种选择，如选择了股票投资，就必然放弃其他的投资，即放弃了从另外的投资中获取收益的机会，这种因选择股票投资而放弃别的投资获利机会，就是股票投资的机会成本。（2）直接成本。直接成本是指股票投资者花费在股票投资方面的资金支出，它由股票的价格、交易费用、税金和为了进行有效的投资，取得市场信息所花费的开支四部分构成。

二、普通股价值分析

普通股价值等于未来预期现金流量的折现值。当普通股价值高于市价时，则认为该股票具有投资价值。

（一）股票估价的基本模型

股票的内在价值是由一系列的股利和将来出售股票时售价的现值总和所构成，假设投资者买入股票并打算永远持有，那么他及他的后代所获得的就是一系列股利，而当前股票价值就是无限期股利收益的现值。

股票价值（P_0）=期望未来股利的现值总和

$$=\frac{D_1}{(1+K_S)^1}+\frac{D_2}{(1+K_S)^2}+\cdots+\frac{D_\infty}{(1+K_S)^\infty}$$

$$=\sum_{t=1}^{\infty}\frac{D_t}{(1+K_S)^t}$$

其中：D_t表示第t年的股利；K_S表示折现率，即投资者要求的必要报酬率；t表示年份。

但是，在通常情况下，投资者会持股一段时间以后再将股票出售，这时其预期的现金流量包括期望的股利和预期股票的出售价格，而出售时的股票价格又取决于潜在投资者所能得到的股利，因此，假设投资者买入某股票并持有一年，则买入时的价格P_0就等于一年后将得到的本年股利D_1和出售时股票市价P_1的现值之和，计算公式如下：

$$P_0=\frac{D_1}{1+K_S}+\frac{P_1}{1+K_S}$$

在上式中，投资者如何确定P_1呢？P_1是第二年预期的股利现值加上第二年年末股票价格的现值，计算公式如下：

$$P_1=\frac{D_2}{1+K_S}+\frac{P_2}{1+K_S}$$

将P_1代入P_0：

$$P_0=\frac{D_1}{(1+K_S)^1}+\frac{D_2}{(1+K_S)^2}+\frac{P_2}{(1+K_S)^2}$$

其中：第二年年末股票价格又由未来的股利和股票价格的现值决定，这个过程连续不断，最后得出：

$$P_0=\sum_{t=1}^{\infty}\frac{D_t}{(1+K_S)^t}$$

【案例6-6】

某投资者一直关注TLT公司的股票，他认为，该公司最近研制了一种新产品，在今后的两年内会给公司带来丰厚的利润。该投资者预测公司在今后的两年内将会分别支付每股2元和每股3元的股利，两年后股价将会是每股26元，当前投资于与TLT公司具有相似风险的公司股票的投资者拥有12%的投资报酬率，那么该投资者现在愿意为TLT公司股票支付的每股最高价格为多少？

投资者最关心的就是股票预期的未来现金流入的现值，第一年年末他获得每股2元的股利，第二年年末获得每股3元的股利并收回每股26元的售价，则该股票的内在价值为：

$$P_0=\frac{D_1}{(1+K_S)^1}+\frac{D_2}{(1+K_S)^2}+\frac{P_2}{(1+K_S)^2}$$

$$=\frac{2}{1+12\%}+\frac{3}{(1+12\%)^2}+\frac{26}{(1+12\%)^2}$$

$$=2\times0.8929+3\times0.7972+26\times0.7972$$

$$=24.90\text{（元/股）}$$

如果当前TLT股票的市场价格低于每股24.90元，该投资者将会愿意购买；如果高于每股24.90元，投资者将不会进行投资。

（二）固定增长股票的估价模型

假定某种股票的股利总是以固定的比率增长，设这个增长率为g，如果D_0是刚分派的股利，则未来第t期的预期股利为：

$D_t=D_0(1+g)^t$

根据上述股票估价的一般模型：

$$P_0=\sum_{t=1}^{\infty}\frac{D_t}{(1+K_S)^t}$$

可推出固定增长股票的估价模型：

$$P_0=\sum_{t=1}^{\infty}\frac{D_0(1+g)^t}{(1+K_S)^t}$$

假设折现率K_S大于股利增长率g（否则现值是无限的，计算无意义），则该公式可简化为：

$$P_0=\frac{D_1}{K_S-g}$$

这个简洁的结果被称为股利增长模型（dividend growth model），或以Myron J. Gordon命名的戈登模型（Gordon model）。在这个模型中，你可能会感到困惑的是为什么股利会以固定的比率增长，原因在于，大部分公司都以股利稳定增长为其明确的目标，股利增长是股利政策中的一个问题，这将在以后的章节中进一步讨论。

实际上利用股利增长模型不只限于得出当前的股票价值，我们可以利用该模型得出任何时点的股价，如时点t的股票价值为：

$$P_t=\frac{D_t\times(1+g)}{K_S-g}=\frac{D_{t+1}}{K_S-g}$$

【案例6-7】

假设LH公司下一次分派的股利为每股2元，投资者要求的必要报酬率K_S为10%，LH公司预期股利每年增长6%，根据股利增长模型，LH公司股票目前的价值是多少？4年后的价值是多少？

这里要注意的是，公司下一次的股利D_1是2元，因此不用再乘以（1+g）了，股票目前的价值是：

$$P_0=\frac{D_1}{K_S-g}$$

$$=\frac{2}{10\%-6\%}$$

$$=50\text{（元/股）}$$

因为我们已经知道了1年后的股利，因此第4年的股利是$D_1\times(1+g)^3=2\times(1+6\%)^3=2.38$（元），则4年后的价格是：

$$P_4=\frac{D_4\times(1+g)}{K_S-g}$$

$$=\frac{2.38\times1.06}{10\%-6\%}$$

$$=63.07\text{（元/股）}$$

（三）零增长股票的估价模型

如果公司每年均发放固定的股利给股东，即预期股利增长率为零，这种股票称为零增长股（zero growth），此时各年的股利均为一固定常数，即$D_1=D_2=D_3=D=$常数，则股票的价值可以被视为是每期现金流量等于D的永续年金的现值总和，因此，每股股票的价值为：

$P_0=D/K_S$

【案例6-8】

假定PP公司的股利政策是每年分派每股现金股利3元，如果这个政策无限期地持续下去，那么，当投资者要求的必要报酬率为10%时，每股股票的价值是多少？

由于未来的股利不变，其支付过程是一个永续年金，则股票的价值为：

$P_0=3\div10\%=30$（元/股）

（四）非固定增长股票的估价模型

某些股票的股利是按预计的固定比率增长的，但是，股利固定增长这一假说并不适合所有的公司，例如，20世纪20年代的汽车制造业，90年代的微软计算机软件商，21世纪的美国在线网络公司等，这些公司在其成长阶段，股利的增长速度远高于整体的经济水平，是属于异常增长的公司，而这一阶段过后，公司的高增长可能又会降至正常增长率的水平，最后可能会低于正常增长率的水平。由此可见，我们用固定股利增长模型对异常的非固定增长的股票进行估价是不合适的。但是，如果我们假设公司以异常的高速的增长率增长n年（n通常称为到期日），此后再以固定增长率g继续增长，则股票当前的内在价值P_0就是非持续增长期内股利的现值加上固定增值阶段股票价值的现值：

$$\underbrace{P_0=\frac{D_1}{(1+K_S)^1}+\frac{D_2}{(1+K_S)^2}+\cdots+\frac{D_n}{(1+K_S)^n}}_{\text{非持续增长期间股利现值}}+\underbrace{\frac{P_n}{(1+K_S)^n}}_{\text{期日股票价值现值}}$$

其中：$P_n=\dfrac{D_{n+1}}{K_S-g}$

【案例6-9】

假定WK公司与政府签订了一项合约，投资者预计该项合约可以使公司在今后的两年内有很好的业绩，并在两年内维持一个16%的增长率，而两年过后，增长率将迅速跌落到6%的水平。公司当前每年支付每股2元的股利，之后预期股利支付将与公司的增长率保持一致。与WK公司相类似的公司股票的报酬率大约为8%，如果当前WK公司股票每股售价为120元，投资者是否应该购买该股票？

判断是否应该以当前价格购入WK公司的股票，首先要确定股票的内在价值，然后与当前的售价进行对比。如果股票的内在价值高于当前的售价120元，那么购入该股票是有利可图的。

非固定增长股票估价的具体计算可分为以下三个步骤：

第一步：计算非持续增长期每年年末的股利。最近一期支付的股利$D_0=2$元，预计此后第 1 期的股利是在每股 2 元的基础上以增长率 g_1=16%增加，则：

$D_1=D_0(1+g_1)=2\times1.16=2.32$（元/股）

再由 D_1 乘以（$1+g_1$）便可得到第 2 年的股利：

$D_2=D_1(1+g_1)=2.32\times1.16=2.69$（元/股）

在计算 D_3 的过程中，公司的增长率变为了 g_2=6%，则：

$D_3=D_2(1+g_2)=2.69\times1.06=2.85$（元/股）

第二步：计算固定增长期股票价值。非持续增长期结束后，即支付了第二次股利之后，该股票则以固定增长率 g_2=6%持续增长，这时，我们可以用戈登模型计算第 2 年年末股票的价值，即到期日股票价值。

$$P_2=\frac{D_3}{K_S-g}=\frac{2.85}{8\%-6\%}=142.5\text{（元/股）}$$

第三步：将各期预计的现金流按必要报酬率折算成现值，然后加总。

$$P_0=\frac{D_1}{(1+K_S)^1}+\frac{D_2}{(1+K_S)^2}+\frac{P_2}{(1+K_S)^2}$$

$$=\frac{2.32}{1+8\%}+\frac{2.69}{(1+8\%)^2}+\frac{142.5}{(1+8\%)^2}$$

$$=2.32\times0.9259+2.69\times0.8573+142.5\times0.8573$$

$$=126.62\text{(元/股)}$$

通过估价可以看到，现在股票的价值要比它当前的价格每股高出 6.62 元，如果估价是正确的，那么短期内股票的价格将会攀升，投资者现在购入股票将是明智之举。

知识拓展：股票投资价值分析研究综述

三、普通股预期收益率分析

投资者在进行股票投资时还可以运用普通股的预期收益率进行评价分析，以决定是否购入股票。股票的预期收益率是预期的未来报酬率，而不是过去的实际报酬率。只有当普通股的预期收益率大于投资者要求的必要报酬率时，投资者才认为股票具有投资价值。

普通股预期收益率包括两个部分：预期股利收益率（dividend yield）和资本利得收益率（capital gains yield）。我们可以通过股利增长模型得出其计算公式，按照股利增长模型：

$$P_0=\frac{D_1}{K_S-g}$$

如果我们把式子移项整理，则：

$$K_S=\frac{D_1}{P_0}+g$$

其中：D_1/P_0 表示股利收益率，因为它是由预期现金股利除以当前股价得到的，在观念上类似于债券的当期收益率；g 表示从公司整体的角度出发，包括股利支付和股票价格被认为是以增长率 g 增长的。

【案例 6-10】

假设BN公司本年每股派发股利0.2元，以后每年的股利按4%递增，必要投资报酬率为9%，要求计算该公司股票的预期收益率。

由于：$P_0=\frac{D_1}{K_S-g}=\frac{0.2}{9\%-4\%}=4$（元/股）

则：$K_S=\frac{D_1}{P_0}+g=\frac{0.2}{4}+4\%=5\%+4\%=9\%$

因为股利逐年增加，股票价值也同比例上升，故投资者每年可获得4%的资本利得，即预期报酬率等于当年的股利收益率与股利预计增长率之和。

相关链接 6-4　　怎样才能挖掘到物美又价廉的个股

价值和价格的双重分析

我们知道，价值投资理论是由格雷厄姆创立的，其最重要的思想是“安全边际”，之后费雪的“成长股”投资理论补充和发展了价值投资理论的内涵。巴菲特则吸收并融合了这两位教父的理论精华，提出“用合理的价格买入优质的企业，比用低廉的价格买入平庸的企业要好得多”的观点，也因此巴菲特自称是“85%的格雷厄姆+15%的费雪”。

按照巴菲特的投资思想，价值投资就是“选择好企业，在股价合理甚至低估的情况下买入并长期持有”。这里包含三层意思，首先要求所投资的企业是好企业；其次还要价格合理甚至低估，也就是物美也要价廉；最后就是耐心等待时间来实现复利收益。用公式来表示就是：价值投资=（物美+价廉）×时间。也就是说，成长和安全边际是价值的两个核心要素，片面强调其中一个方面的作用都是有失偏颇的，也是错误的。只有在两者共同作用并形成合力，随着时间的推移才能使价值投资的效应充分放大。

投资股票看重的是未来，因此，投资者追逐“成长股”是情理之中的事情，但一定要头脑清楚，估值的基础是盈利，“成长”必须是真正的成长，不是“高成长”概念。同时也不能为“成长”付出过高的价格，否则过程看似精彩，实际收获甚微，热脸贴上冷屁股，甚至造成亏损，赔了夫人又折兵。在此，我们简单举例加以说明。

为了说明我们确实重视“成长股”的投资价值，我们假设公司A是一个标准的十年十倍的“成长股”，那么其年均复利增长率约为26%，然后公司步入稳定增长阶段。根据国际市场的统计数据，稳定增长的消费类蓝筹股的估值大致在PE20倍左右，为了计算方便，我们取整数PE20倍为估值标准。按此逻辑，假设公司A现在的真实盈利是每股1元，每年复合增长26%，十年后真实盈利每股10.08569元，市场最终给予其估值为PE20倍，那么10年后的价格是201.71元。

在上述前提下，我们以不同的买入价格来计算十年后的收益率。很明显，以不同的价格买入相同的公司，最后的收益率差异巨大。价廉并不是无所谓，便宜也是硬道理。

由于我们不是账房先生，而未来又是不确定的，因此，我们习惯给予风险资产一定的估值折扣。万一人算不如天算，比如公司十年的实际利润复合增长率只有15%，那么十年后的每股收益是4.045558元。

常识告诉我们，高增长是难以持续的，一旦增长放缓，过高的买入价格就意味着低收益甚至风险。菜刀也能砍死拳击师，艺高人胆大，但并不意味着无往而不胜。小心驶得万年船，物美价廉才是我们应该重视和追求的。

案例分析：基于股利折现模型的佛山照明公司股权价值分析

第四节 证券投资基金

一、证券投资基金概述

（一）证券投资基金的定义

证券投资基金（以下简称投资基金）是指一种利益共享、风险共担的集合证券投资方式，即通过发行基金单位集中投资者的资金，由基金托管人托管，由基金管理人管理和运用资金，从事股票、债券等金融工具的投资，并将投资收益按基金投资者的投资比例进行分配的一种间接投资方式。

不同的国家和地区对证券投资基金的称谓各不相同，例如美国称之为共同基金或互惠基金（mutual fund），也称之为投资公司（investment company），英国和我国香港称之为单位信托（unit trust），日本和我国台湾则称之为证券投资信托基金，虽然称谓有所不同，但内容和操作却有很多共性。

（二）证券投资基金的特征

1.组合投资、分散风险

根据投资专家的经验，要分散风险、获得稳定的收益，至少要持有10种以上的股票，这对于中小投资者来说很难办到。而证券投资基金通过汇集众多中小投资者的小额资金，形成雄厚的资金实力，分散投资在金融市场内的多种证券上，寻求组合的多元化。通过分散投资，降低了投资风险，保证投资基金获得稳定的投资收益。

2.专家运作、专业管理

证券投资基金是由专业的基金管理公司负责运作管理，为了保证投资者的利益，基金管理公司聘用了大量的投资专家，他们不仅掌握广博的投资分析和投资组合理论知识，而且在投资领域积累了相当丰富的实践经验，由他们对基金资产运营和管理，克服了投资者专业知识、时间和精力上的不足，提高了资产的运作效率。

3.利益共享、风险共担

基金投资者是基金的所有者。基金投资人共担风险，共享收益。基金投资收益在扣除由基金承担的费用后的盈余全部归基金投资者所有，并依据各投资者所持有的基金份额比例进行分配。为基金提供服务的基金托管人、基金管理人只能按规定收取一定的托管费、管理费，并不参与基金收益的分配。

4.严格监管、信息透明

为切实保护投资者的利益，增强投资者对基金投资的信心，中国证监会对基金业实行比较严格的监管，对各种有损投资者利益的行为进行严厉的打击，并强制基金进行较为充分的信息披露。在这种情况下，严格监管与信息透明也就成为基金的一个显著特点。

5.独立托管、保障安全

基金管理人负责基金的投资操作，本身并不经手基金财产的保管。基金财产的保管由独立于基金管理人的基金托管人负责。这种相互制约、相互监督的制衡机制对投资者的利益提供了重要的保护。

二、证券投资基金的类型

证券投资基金的分类很复杂，各国根据各自不同的需要设立了多种投资基金，形成庞大的家族，而且随着金融产品的不断出新，投资基金的品种繁衍很快，因此，在这里我们只就重要的、性质不同的几种类型加以介绍。

1.按基金的组织形式分为契约型基金和公司型基金

契约型基金是指专门的投资机构（银行或企业）根据信托法共同出资组建一家基金管理公司（即基金管理人），基金管理公司依据投资者、管理人和托管人三方签订的基金信托契约负责基金的经营和管理操作；基金的托管人作为基金资产的名义持有人，负责保管基金资产，执行基金管理人的指令，办理基金名下的资金往来；投资者通过购买受益凭证予以投资，享有基金投资收益。

公司型基金是按照《公司法》的要求以股份公司形式建立的，该基金公司通过发行股份的方式募集资金，并依据基金公司章程运营基金，在组织形式上基金公司与股份有限公司类似，基金公司的资产为投资者（股东）所有，由股东选举董事会，董事会选聘基金管理公司负责管理基金业务。投资者不像契约型基金那样购买受益凭证，而是购入该公司的股票而成为该公司的股东，凭其持有的股份依法享有投资收益，并通过股东大会享有参与管理基金公司的权利。由此可见，公司型基金的投资者比契约型基金的投资者权利要多一些。

2.按基金运作方式分为封闭式基金和开放式基金

封闭式基金（closed-end fund）是指基金的发起人在设立基金时，事先确定了基金单位的发行总额，筹集到这个总额后，基金即宣告成立并进行封闭，在基金的存续期内不再接受新的投资。基金上市后投资者可以通过证券市场转让、买卖基金单位的投资基金，但在封闭期内不能追加认购或赎回。封闭期满后管理人对基金资产进行清产核资，并将清产核资后的基金净资产按照投资者的出资比例进行公正合理的分配。如果基金在运行过程中，因为某些特殊情况而无法继续运作，报主管部门批准可以提前终止。

开放式基金（open-end fund）是指基金发起人在设立基金时，基金单位的总数是不固定的，可视投资者的需要随时增减。开放式基金没有预定的存续期限，投资者可以随时按基金报价在国家规定的营业场所申购或者赎回基金单位的投资基金。

3.按投资的标的物分为国债基金、股票基金、货币市场基金、衍生证券投资基金和其他投资基金

国债基金（bond fund）是一种以国债作为主要投资对象的证券投资基金。由于国债的收益稳定，风险较低，因此这类基金适合于稳健型的投资者。通常国债基金的收益受货币市场利率的影响，当市场利率下调时，其收益就会上升；反之，若市场利率上调，则基金收益率将下降。

股票基金（stock fund）是以股票作为主要投资对象以获取股息、红利和资本增值的证券投资基金，它是最原始、最基本的基金品种之一。股票基金一般会将大部分资金投向收益高且风险大的股票上，以保证基金的高收益。同时，也会将一部分资金投向风险低、易流动的短期政府债券或商业票据，以保证基金一定的流动性和变现性。

货币市场基金（currency fund）是以全球的货币市场作为投资对象的一种基金，其投资工具期限在1年内，包括银行短期存款、国库券、公司债券、银行承兑票据及商业票据等。

衍生证券投资基金（deriative fund）又叫杠杆型投资基金（leverage fund），是以衍生证券为投资对象的投资基金，由于衍生证券一般都是高风险、高收益的投资品种，因此这种基金的风险也较大。

其他投资基金是指20世纪70年代以来出现的新的基金品种，主要有指数基金（index fund）和对冲基金（hedge fund）。指数基金是试图完全复制某一证券价格指数或者按照证券价格指数编制原理构建投资组合而进行证券投资，以使投资者获得与市场平均收益相接近的投资回报。指数基金的特点是收益稳定、投资分散，因此比较适用于社保基金等数额较大、风险承受能力较低的资金投资。但是需要注意的是，指数基金并不能直接购买指数，而是要在实际市场条件下，根据构成指数的每一种证券在指数中所占的比例购买相应比例的证券来实现，由于交易成本及时间差等因素，指数基金的表现并不能与其所追踪的指数完全一样，必然存在一定的差异。

对冲基金也叫避险基金，是指基金管理公司利用股票市场上的认股权证和股票指数期货这两种高风险投资工具进行对冲，从而达到套期保值的目的。对冲基金与一般的股票或债券基金的不同之处在于，当利率上升对股票及债券市场不利时，对冲基金反而可伺机抛空股票，因此，无论股市上升抑或下跌，对冲基金都能把握机会为投资者赚钱。但是对冲基金的风险较高，不太适合一般的投资者。

4.按投资目标分为成长型基金、收入型基金和平衡型基金

成长型基金（growth fund）是基金中最常见的一种，它追求的是基金资产的长期增值，因此该种基金主要投资于信誉度较高、有长期成长前景的上市公司的股票。成长型基金重视资金的长期稳定和持续的增长，是投资基金中数量最大的一种。

收入型基金（income fund）主要投资于可带来现金收入的有价证券，以获取当期的最大收入为目的。收入型基金追求的目标是稳定的当期收入，不强调基金的长期利得和成长。由于收入型基金资产成长的潜力较小，损失本金的风险相对也较低，因此较适合保守的投资者和退休者进行投资。

平衡型基金（balanced fund）的投资目标是既要获得当期收入，又要追求资本的长期增值，因此将资金分散投资于以取得收入为目的的债券及优先股和以资本增值为目的的普通股，这样使得基金的净资产较稳定，收入和成长性呈适度发展趋势。平衡型基金的风险较低，适合于资金量小的中小投资者。

5.按投资理念分为主动型基金与被动（指数型）基金

主动型基金是以寻求取得超越市场的业绩表现为目标的一种基金。与主动型基金不同，被动型基金并不主动寻求取得超越市场的表现，而是试图复制指数的表现。被动型基金一般选取特定的指数作为跟踪对象，因此，通常又被称为指数型基金。

6.特殊类型基金

（1）伞型基金。

伞型基金也称“伞子基金”或“伞子结构基金”，是基金的一种组织形式。在这一组织结构下，基金发起人根据一份总的基金招募书，设立多只相互之间可以根据规定的程序及费率水平进行转换的基金，这些基金称为“子基金”或“成分基金”；而由这些子基金共同构成的这一基金体系被称为“伞型基金”。

（2）保本基金。

保本基金是指通过采用投资组合保险技术，保证投资者的投资目标是在锁定下跌风险的同时力争有机会获得潜在的高回报。目前，我国已有多只保本基金。

（3）交易型开放式指数基金（ETF）与上市开放式基金（LOF）。

交易型开放式指数基金，通常又被称为交易所交易基金（exchange traded funds，ETF），是一种在交易所上市交易的、基金份额可变的一种开放式基金。上市开放式基金（listed open-ended funds，LOF）是一种既可以在场外市场进行基金份额申购赎回，又可以在交易所（场内市场）进行基金份额交易、申购或赎回的开放式基金。

三、证券投资基金的价值与收益分析

（一）证券投资基金的价值

证券投资基金的价值取决于基金净资产的现在价值。由于投资基金不断变换投

资组合，未来收益较难预测，因此基金的价值主要由基金资产的现有市场价值决定。

基金单位净值也称为单位净资产值或单位资产净值，是在某一时点每一基金单位（或基金股份）所具有的市场价值，计算公式为：

$$基金单位净值=\frac{基金净资产价值总额}{基金单位总份数}$$

其中：基金净资产价值总额=基金总资产市场价值-基金负债总额

基金负债总额=以基金名义对外融资借款+应付投资者的分红+应付基金管理人的经理费

（二）证券投资基金的收益率

基金收益率用以反映基金增值的情况，它通过基金净资产的价值变化来衡量。基金净资产的价值是以市价计量的，基金资产的市场价值增加，意味着基金的投资收益增加，基金投资者的权益也随之增加。

$$基金收益率=\frac{年末持有份数\times基金单位净值年末数-年初持有份数\times基金单位净值年初数}{年初持有份数\times基金单位净值年初数}$$

其中：持有份数表示基金单位的持有份数。如果年末和年初基金单位的持有份数相同，基金收益率就简化为基金单位净值在本年内的变化幅度。

年初的基金单位净值相当于购买基金的本金投资，基金收益率也就相当于一种简便的投资报酬率。

【案例 6-11】

××基金公司发行的是开放基金，2013 年相关资料见表 6-2。

表 6-2　**2013 年××基金公司相关资料**　金额单位：万元

项目	年初	年末
负债账面价值	600	640
基金总资产市场价值	3 000	4 000
基金单位	1 000 万单位	1 200 万单位

要求：

（1）分别计算年初、年末的下列指标：

①该基金公司基金净资产价值总额；②基金单位净值。

（2）计算 2013 年基金的收益率。

其计算结果：

（1）计算年初的有关指标：

①基金净资产价值总额=基金总资产市场价值-基金负债总额

=3 000-600=2 400（万元）

②基金单位净值=2 400÷1 000=2.4（元）

（2）计算年末的有关指标：

①基金净资产价值总额=4 000−640=3 360（万元）

②基金单位净值=3 360÷1 200=2.8（元）

（3）2013年基金收益率=$\frac{1\,200\times2.8-1\,000\times2.4}{1\,000\times2.4}\times100\%=40\%$

本章小结

证券投资分析是指人们通过各种专业性的分析方法和分析手段对对证券价格或价值产生影响的各种信息进行综合分析，并判断其对证券价格或价值产生作用的方向和力度。证券投资分析的意义在于：（1）有利于提高投资决策的科学性；（2）有利于正确评估证券的投资价值；（3）有利于实现证券投资目的。

证券投资分析方法主要包括基本因素分析和技术分析。

债券投资是指投资者将资金投资于债券以获得收益的间接投资行为。投资者进行债券投资时，用以评价债券收益水平的指标是债券价值和到期收益率。债券的价值或内在价值是指债券未来现金流入的现值。对于投资者而言，只有债券的价值大于购买价格时，才值得购买。债券的到期收益率反映债券投资按复利计算的真实收益率。如果高于投资者要求的报酬率，则应该买进债券，否则就放弃。债券的赎回收益率是指持有可赎回债券至赎回日所获得的报酬率。由于可赎回债券的发行者可能在到期日之前强制将债券赎回，此时投资者关心的是赎回收益率。

普通股投资是指投资者将资金投资于普通股股票以获得收益的间接投资行为。投资者在进行普通股投资时，通常将股票的市场价格与其内在价值进行比较，总是购买那些内在价值大于市场价格的股票，而抛售手中内在价值等于或小于市场价格的股票。普通股内在价值的估价模型主要包括：（1）股票估价的基本模型；（2）固定增长股票的估价模型；（3）零增长股票的估价模型；（4）非固定增长股票的估价模型。

投资者在进行股票投资时还可以运用普通股的预期收益率进行评价分析，以决定是否购入股票。股票的预期收益率是预期的未来的报酬率，而不是过去的实际报酬率。它包括两个部分：预期股利收益率和资本利得收益率。

证券投资基金是指一种利益共享、风险共担的集合证券投资方式。证券投资基金的价值取决于基金净资产的现在价值。基金收益率用以反映基金增值的情况，它通过基金净资产的价值变化来衡量。

关键概念

证券投资　证券投资分析　债券投资　债券内在价值　债券到期收益率　债券当期收益率　债券赎回收益率　普通股投资　普通股预期收益率　证券投资基金　基金单位净值　基金收益率

思考题

6.1　影响证券市场价格的因素有哪些?

6.2　购买零息债券是否意味着投资者无息贷款给债券的发行者?投资者购买零息债券的报酬如何体现?

6.3　在风险程度相同的情况下，到期收益率高的债券是否比较值得投资?

6.4　你认为债券投资和股票投资的最大区别是什么?

6.5　债券、普通股价值评估模型有何不同?

6.6　如何对证券投资基金进行价值分析?

延伸阅读与参考文献

1.谢百三. 证券投资学 [M]. 北京：清华大学出版社，2005.

2.吴晓求. 证券投资学 [M]. 北京：中国人民大学出版社，2014.

3.张先治. 财务分析 [M]. 大连：东北财经大学出版社，2014.

4.谢建平. 现代投资学 [M]. 北京：中国人民大学出版社，2004.

5.中国证券业协会. 证券投资分析 [M]. 北京：中国财政经济出版社，2011.

6.罗斯，等. 公司理财 [M]. 谭跃，周卉，等，译. 北京：机械工业出版社，2014.

7.范霍恩. 财务管理与政策 [M]. 刘志远，主译. 大连：东北财经大学出版社，2011.

8.夏普，亚历山大，贝利. 投资学 [M]. 赵锡军，等，译. 北京：中国人民大学出版社，2013.

9.钱斯. 衍生金融工具与风险管理 [M]. 郑磊，译. 北京：中信出版社，2004.

10.斯特朗. 衍生产品概论 [M]. 王振山，等，译. 大连：东北财经大学出版社，2009.

11.朱孟进，邵明杰. 证券投资学 [M]. 北京：北京大学出版社，2014.

第三篇　公司理财

第七章

公司理财导论

引例

有个人很穷，有个富人很可怜他，想帮他致富，于是送给他一头牛，嘱咐他好好开荒，春天撒下种子，秋天就可能脱离贫穷。

穷人满怀希望开始奋斗。可是没过几天，牛要吃草，人要吃饭，日子比过去还难。于是他想，不如把牛卖了买几只羊，先杀一只吃，剩下的可以生小羊，长大可以卖更多的钱。穷人的计划如愿以偿。只是吃了一只羊之后，小羊迟迟没有生下来，日子又艰难了，忍不住又吃了一只。穷人想，这样下去不得了，不如把羊卖了买些鸡，鸡生蛋的速度要快一些，日子立刻能够好转。

穷人的计划又如愿以偿，但是日子并没改变，又忍不住杀鸡，终于杀到只剩下一只鸡时，穷人的理想彻底崩溃。心想，致富无望了，不如把鸡卖了，打壶酒，一醉解千愁。

春天来了，富人兴致勃勃送来种子，发现穷人醉卧在地上，依然一贫如洗。

人们经常会说一句话，你不理财，财不理你，对于我们普通人来说，这个财指我们的个人财产，如果我们一贫如洗，就像故事里接受馈赠前的穷人，我们没财可理，巧妇难为无米之炊，也就不存在新财富的创造。但一旦有财可理，就像故事里穷人接受的馈赠，我们就要认真规划。富人赠送给穷人一头牛，想让穷人用他的牛创造财富，摆脱贫穷，可穷人没有好好打理自己的财，最后依然一贫如洗。对于企业来说，财就是资产，企业的目标是用自己的资产创造财富，换句话说，要使资本增值，那就要慎重经营管理自己的资产，不然就会像故事里的穷人一样，继续贫穷。如同彼得·德鲁克说过的：“……除非一个企业产生的利润大于其资本成本，否则这个企业是亏损经营的……到挣足它的资金成本以前，企业没有创建价值，是在摧毁价值。”

学习目标

知识目标

理解与掌握企业的目标；掌握公司理财的内涵，明确公司理财主体、对象的特点；明确公司理财的基本内容；理解公司理财框架体系；了解公司理财目标的各种观点；掌握公司理财目标之间的关系；明确资本经营内涵及与其他经营方式的关系；理解与掌握资本经营的四项内容及各自目标；明确企业管理控制的内涵与要素；理解内部管理控制的程序。

技能目标

运用资本经营理念与方法进行资本经营；应用企业管理控制的程序与方法进行管理控制。

能力目标

能够根据公司理财目标解析明确公司理财的要点；明确资本经营、管理控制与公司理财的关系；理解并运用资本经营的不同方式，为企业创造价值；明确管理要素，搞好公司财务控制。

本章提要

本章主要介绍与论述了公司理财的基本理论体系、内容体系和方法体系，包括公司理财的内涵与内容、企业资本经营和企业管理控制。回答了以下问题：什么是公司理财？什么是基于价值的管理？什么是资本经营？资本经营的内容与方式有哪些？什么是管理控制？管理控制的要素与程序有哪些？

公司理财是财务学的重要组成部分，它与金融市场学、投资学、政府和非营利组织财务管理等共同构成现代财务学的完整内容体系。第一节介绍与论述了企业、企业类型及公司理财的内涵，明确了公司理财的基本内容和基于价值管理的理论体系，构建了基于价值的公司治理与财务管理体系，并将资本经营与管理控制确立为现代公司理财的两大支柱。第二节介绍了公司理财目标的各种观点，并对公司理财目标进行了解析，明确了资本增值、利润及经济效益各目标之间的关系。第三节界定了企业资本经营的内涵，论述资本存量经营、资本增量经营、资本配置经营和资本收益经营四项内容，介绍了资本扩张经营和资本收缩经营的方式，建立了企业资本经营的理论体系与方法体系，奠定了公司理财的理论基础。第四节界定了企业管理控制的内涵，论述了管理控制的十大要素，明确了企业管理控制的程序与方法，奠定了公司理财的方法论基础。

本章作为本篇的导论，一方面确立了公司理财理论体系、内容体系和方法体系；另一方面为本篇各章奠定了理论基础和方法论基础。

第一节 公司理财内涵与框架

一、企业的内涵与组织形式

（一）企业的内涵与目标

企业是一种经济组织形式。企业的定义是不断发展的。古典经济学认为，企业作为生产单位，其功能是把土地、劳动、资本等生产要素投入转化为一定的产出。科斯指出："企业的显著标志是，它是价格的替代物。"[①]当通过一个组织（企业），让某个权威（企业家）支配生产要素，能够以较之市场外购更低的成本实现同样的交易时，企业就产生了。显然科斯的定义比古典经济学的定义更加完善，他不但说明了企业的功能，而且说明了企业产生的原因。理解企业内涵的基础是将企业看成是建立在生产要素提供者和产出品消费者之间的一组合约之上的。

从企业的内涵与功能可以看出，企业从投入资源到向消费者提供产品无非经历"取得各种资源，生产出产品，销售给消费者"三个过程，即供应过程、生产过程和销售过程。在企业供产销过程中涉及许多活动。现代管理之父法约尔将企业的活动分为六大类：（1）技术活动，即生产和制造；（2）商业活动，即购买、销售和交换；（3）财务活动，即寻找资本及最适当地利用资本；（4）安全活动，即保护财产和人员；（5）会计活动，即盘存、资产负债表、成本和统计；（6）管理活动，即计划、组织、指挥、协调和控制。[②]

企业各类活动都为着一个目标，即企业目标，是以尽可能少的资源投入，创造出尽可能多的满足消费者需要的产出品。在商品经济条件下，这一目标又具体体现为价值目标。因为企业的目标从根本上必然与企业的所有者目标相一致。作为一个企业，其生存与发展的基础是拥有一定的资源，包括资本资源和劳动力资源。关于谁是企业的当家人或所有者的问题，有两种不同的观点：一种观点认为，资本所有者是企业的所有者，即资本所有者以其资本投入为基础，雇佣劳动力，资本所有者是企业的所有者，劳动者是企业的雇工，这就是所谓资本雇佣劳动制。另一种观点认为，劳动所有者即劳动者是企业所有者，劳动者以劳动为基础，通过雇佣资本进行生产经营。此时，劳动者是企业所有者，资本是企业购买的生产要素，这就是所谓劳动雇佣资本制。经济学研究表明，人们对风险的不同态度可能是决定谁充当监控者（所有者）的决定性因素之一。因为资本所有者通常比劳动所有者对风险的厌恶程度要小，所以，在一般情况下，企业资本所有者成为企业主或企业所有者。另

① 科斯.企业、市场和法律［M］.盛洪，陈郁，译.上海：上海三联书店，1990.
② 法约尔.工业管理和一般管理［M］.曹永先，译.北京：中国社会科学出版社，1987.

外，在劳动雇佣资本制度下，企业只能负盈，不能负亏，或者说劳动者只能分享收益，不能承担风险。因此，企业所有者是资本所有者，企业目标应与企业资本所有者的目标相一致，即资本的保值与增值。[①]

（二）企业基本法律形式

企业依据所有者性质和数量可以划分为三种主要法律形式，即业主制、合伙制和公司制。由于企业所有者是资本所有者，因此企业的三种法律形式是根据资本所有者的数量与特征来划分的：

业主制企业是最简单的企业形式。业主制企业只有一个资本所有者。企业是业主的个人财产，由业主直接经营。业主享有该企业的全部所得，同时对它的债务负有完全责任。

合伙制企业是在两个或两个以上业主的个人财产的基础上经营的。合伙人分享企业所得，共同对企业债务承担责任。

公司是企业的一种组织形式，是按照《公司法》组建并登记的、以营利为目的的企业法人。公司有独立的法人财产，享有法人财产权。公司以其全部财产对公司的债务承担责任。因各个国家对设立公司的要求不同，公司的法律概念也不尽相同。从公司的投资者角度来看，传统的观念认为，公司是由2个以上的投资者设立的法人实体。现今，多数国家的《公司法》一般规定公司须有2个以上的投资者，但也有一些国家允许单一投资者公司的存在。我国新修订的《中华人民共和国公司法》即允许单一投资者公司的存在。从公司的组织形式角度来看，有的国家《公司法》规定了有限责任公司、股份有限公司、无限公司、两合公司等组织形式。我国法律规定的公司分为有限责任公司和股份有限公司两种形式。

企业集团是由多个经济法人在自愿互利的基础上，以追求规模经济效益为目的，以资本或产品等为纽带而联结在一起的经济联合体。[②]企业集团按联结纽带不同可分为以资本为纽带的企业集团、以产品为纽带的企业集团、以高新技术为纽带的企业集团和以经营服务为纽带的企业集团等。第一种类型的集团，也称股权联结型，是组建企业集团的最基本、最典型的形式。后三种类型集团，可统称为契约联结型企业集团，它们不是以资本为纽带的，而是以产品、技术等为内容，通过契约形式组建的企业集团。这种类型的集团由于与传统的条块分割管理体制冲突少、有利于生产技术协作等优点而得以较快发展。但由于其组织结构松散、联结纽带脆弱等缺点而难以形成较大规模。股权联结型和契约联结型结合组建的集团，称为混合联合型企业集团，将集团企业分为核心企业层、紧密层、半紧密层和松散层四个层次。其保持了前两种类型的优点，克服了其缺点，因此是是组建企业集团的一种较好的形式。企业集团的主要类型是股权联结型或以资本为纽带的企业集团。随着集团的扩张与发展，也可能演变为混合联合型企业集团。

---

① 张先治.资本增值计算与评价理论及方法［J］.财经问题研究，2002（3）.

② 罗先，傅荣.企业集团会计专题［M］.北京：中国财政经济出版社，1999：1.

不同类型的公司形式，其出资人数不同，股权结构不同，设立条件不同，股东的权利与责任等也不同。因此，其财务管理体制、内容、方式与方法也都有所不同。公司理财，必须注意区别不同类型公司进行管理。当然，各种类型公司都有其优点与缺点，只有根据环境选择适当的公司组织形式并采取适当的财务管理方法才能取得成效。

二、公司理财的内涵与内容

（一）公司理财的内涵

公司理财是财务学的重要组成部分，它与金融市场学、投资学、政府和非营利组织财务管理共同构成现代财务学的完整内容体系。公司理财是对公司财务活动的管理，即通过对公司资金或资本运筹的管理，协调与处理公司各种利益相关者的关系，其最终目的是实现公司资金或资本的运筹效率和效果。

1.公司理财的主体

公司理财的主体与公司的主体和公司利益相关者相关。公司所有者作为公司的主人，显然是公司理财的第一主体；公司的经营管理者受公司所有者的委托，管理公司包括财务活动在内的各项业务活动，是公司理财的重要主体；公司的基层管理者及员工作为公司的管理者和劳动者，其从事的作业活动与公司的财务活动和财务关系紧密相关，也是公司理财主体的组成部分；同时与公司资金与资本运作相关的公司利益相关者，他们的决策及行为对公司财务活动与效果都会产生影响，从某个角度或某种意义上讲，他们也构成公司理财的主体。

2.公司理财的对象

公司理财的对象是公司的财务活动或资本运筹活动。虽然财务活动从总体上看是资本的筹集、使用和分配，但作为公司理财对象的财务活动与其他类型组织的财务活动还是有很大区别的。这种区别体现在筹资渠道与方式不同、资本投放渠道与方式不同、资本运营经历的供、产、销等环节不同，以及资本分配或回收的方式与方法不同。关于公司理财对象在这些方面的特点和内容，将在以后各节中论述。

3.公司理财的目标

公司理财的目标由公司的性质和特点所决定。公司作为一个营利组织，其财务管理目标显然应与营利组织财务管理目标相一致。也就是说，实现公司资本的增值是公司理财的根本目标。当然，人们对资本增值的理解不同，可能导致对公司理财目标具体表述不同，如股东财富最大化、公司价值最大化、利润最大化等。

（二）公司理财基本内容

公司理财的基本内容与组织公司财务活动及在此活动中处理各种利益关系相关联。从这个角度出发，公司理财基本内容通常可分为公司筹资管理、公司资金使用管理、公司资金回收与分配管理。由于公司资金回收与分配与公司资金需求和筹集紧密相关，资金使用包括项目投资和资金运营两个不同方面，因此，公司理财基本内容可分为公司筹资管理、公司投资管理和公司运营管理三个部分。

1.公司筹资管理

资金是公司持续从事经营活动的基本条件，筹集资金是公司理财活动的起点。无论是公司日常的生产经营还是公司开展对外投资活动和调整资本结构，都需要筹措和集中资本，所以，资金的筹集直接制约着资金的投入和运用。公司筹资管理以筹资活动与价值创造的关系为主线，以公司资本结构决策为核心问题。

筹资活动能够为公司创造价值，主要体现在扩大公司筹资的规模或数量、降低筹资成本、优化资本结构、选择适合的股利政策都可以提高企业价值。

正确认识长期资本和短期资本的内容和特点，有利于合理安排两者之间的比例关系。资本结构决策的目的是在可承受的适度风险的前提下，确定最佳的资本结构，从而降低资本成本，获得杠杆利益，促进企业价值最大化或股东财富最大化目标的实现。

公司的利润分配管理就是决定公司的税后利润如何进行分配的问题。内部筹资和股利分配是一个问题的两个方面。在实务中，公司股利政策和股利支付方式都会影响企业价值。

2.公司投资管理

公司投资管理是以公司作为投资主体，以特定项目为对象，围绕着生产经营中所需固定资产数量的增加与质量的改善而进行的生产性投资管理。公司的项目投资与公司价值这两者之间是必然关联的。如果公司投资一项产生正的净现值的项目，项目的收入大于成本，则会增加公司的价值，增加股东的财富，从而使公司的股票价格上涨。项目投资中采用现金流量而非会计净收益的主要原因是采用现金流量指标有利于考虑时间价值因素并可以使项目投资更符合实际情况。项目投资决策所使用的方法，按是否考虑货币的时间价值可以分为非折现的现金流量分析法与折现的现金流量分析法。

现实的经济活动充满着不确定性，每一项投资都存在一定的风险。因此，在进行投资决策分析时，我们应当考虑风险并加以度量。常用的两种考虑风险的项目投资评价方法是风险调整折现率法和确定当量系数法。

3.公司运营管理

公司运营管理是指公司通过合理配置和使用资产，优化公司资产结构、提高资产运营效率，使公司以一定的资产投入取得尽可能多的收益，保证资产保值增值。公司运营管理由流动资产运营管理和资产重组管理两个方面的内容组成。流动资产运营管理主要包括对现金及有价证券、应收账款以及存货的管理，其目的为在保证企业经营的效果和效率的前提下，尽可能地使流动资产的持有量保持在最低水平。资产重组是指企业股份制改造过程中将原企业的存量资产，经过剥离、分立和合并等方式，对企业的资产和组织重新组合，确定合理资产结构的行为。资产重组可以分为不涉及资产所有权与涉及资产所有权两种方式。企业资产重组管理通过对企业总资产中流动资产、固定资产、无形资产及对外投资的配比实现价值创造。

三、公司理财框架体系

明确了公司理财的内涵，我们可以此为理论基础探讨公司理财的体系问题。在明确了公司理财学科定位及基本内涵的基础上，可构建公司理财体系与内容框架，如图7-1所示。

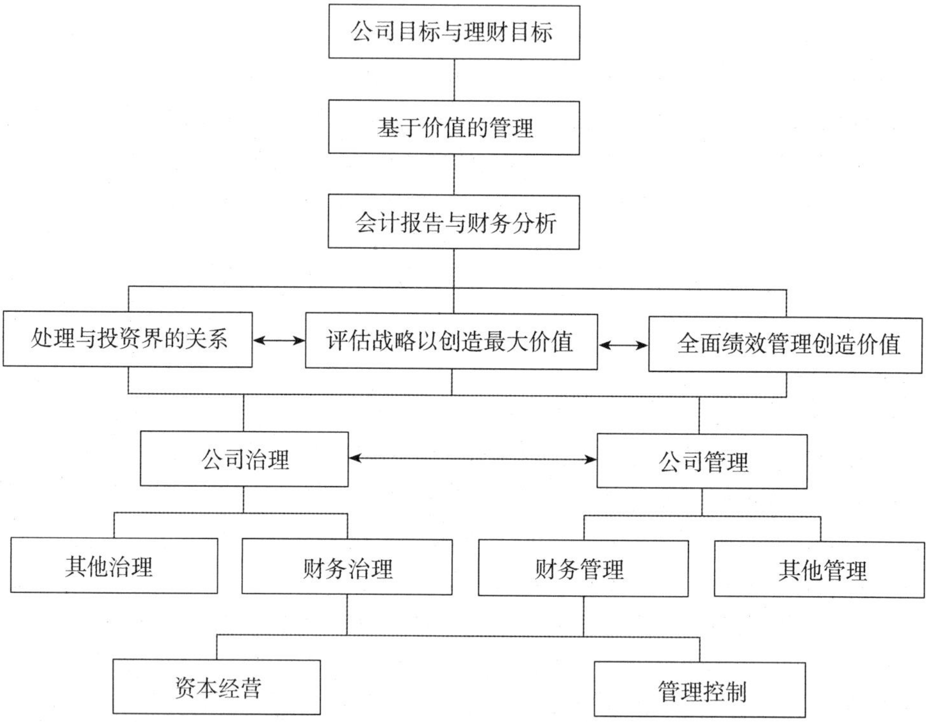

图7-1 公司理财体系框架图

公司理财体系框架可表述为：以资本增值为公司目标和理财目标，以基于价值的管理为理财导向，以会计报告与财务分析为理财基础，以处理与投资界的关系、评估战略以创造价值和借助全面绩效管理创造价值为理财领域，以资本经营与管理控制为理财两翼的全面、系统、综合的理论体系与应用体系。

公司理财目标应该服务于公司的目标。公司作为营利组织，其目标是以尽可能少的资源投入，创造出尽可能多的满足消费者需要的产出品。在商品经济条件下，由于公司所有者是资本所有者，公司目标应与公司资本所有者目标相一致，即资本保值与增值。资本的保值与增值是在资本的经营与管理过程中实现的，而这个过程和目标正是公司理财的过程和目标。因此，在现代企业制度下，公司理财目标与公司目标是高度一致的，这也正是公司理财在企业管理中处于中心地位的根本原因所在。

公司为实现资本保值增值进行的价值经营与管理过程，可以称为基于价值的管理，或VBM。VBM的真正含义在于：它使公司中每个部门、每个人的行动都与公司价值创造、价值实现，即资本增值目标保持一致。因此，VBM是以资本增值目标为中心，以价值创造与价值实现为导向，将公司各个部门和个人的行为联合起来的、综合的、完整的价值管理系统。

基于价值管理的信息基础是以价值计量与报告的信息，会计报告与财务分析信息是进行价值管理的最重要的信息。正因为如此，有专家将运用价值分析进行经营与管理，称为基于价值的管理①。

公司理财在基于价值的管理的导向下，围绕处理与投资界的关系、进行战略决策和全面绩效管理三个领域进行价值创造和价值实现的管理。处理与投资界的关系，就是要使公司现有的投资者和潜在投资者掌握充分的信息以了解公司的价值创造状况、风险状况，增加投资者对企业的信心，保证公司价值的实现。进行公司战略决策，就是要使公司高层决策者有充分的信息以了解和掌握公司所面临的经济环境、体制环境、竞争对手情况和自身优势与劣势，制定出适合本公司的战略目标与战略措施，从而使公司创造出更大的价值。全面绩效管理，就是要使公司管理层与员工，在公司战略指导下，通过一系列管理控制程序，实现公司战略和价值创造目标。全面绩效管理是一种有效的战略执行方法，是保证公司目标及战略得以实现的一个管理控制信息系统。

公司的各种事务和运行机制通常可以分为公司治理和公司管理两个层次。在VBM中，公司治理的核心是财务治理，公司管理的中心是财务管理。公司理财应从财务治理和财务管理两个方面进行，公司理财的关键是资本经营与管理控制。

第二节　公司理财目标

一、公司理财目标各种观点述评

对于公司理财目标的表述，国外和国内学者都提出过许多不同的见解，主要有：（1）利润最大化；（2）经济效益最大化；（3）股东财富最大化；（4）现金股利最大化；（5）产值最大化；（6）投资者、经营者和社会利益最大化；（7）长期资本增值；（8）资金运动合理化；（9）企业价值最大化等。现仅就在国外和国内被广泛应用的三种观点加以评述。

（一）利润最大化

利润最大化目标是指通过对企业财务活动的管理，使企业的利润在一定的时间内达到最大。这种观点认为企业是以营利为目的的经济组织，创造利润是企业生存发展的基础，利润代表着企业经济活动的成果，利润越多投资者的财富增加得越

① Penman.Financial statement analysis and security valuation［M］. 2th ed.McGraw Hill，1998.

多，因而，追求利润最大化应该是公司理财的目标。利润最大化起源于亚当·斯密的“经济人”假说，是西方经济学的理论基础。20世纪50年代以前，西方许多经济学家都将其作为评价企业行为和绩效的标准。以利润最大化作为公司理财目标，有其合理的一面：

（1）利润是企业一定时期内收入和耗费的差额，是企业最综合的指标，能够反映企业整体经营管理和公司理财的水平。

（2）利润既是资本报酬的来源，又是企业增加资本公积、扩大经营规模的来源。

（3）利润是企业生存和发展的必要条件，追求利润是企业和社会经济发展的重要动力。

（4）利润是企业新创造的财富与价值，是社会财富的真实积累。企业以利润最大化为目标，必然能够加强管理、改进技术、降低成本、提高劳动生产率。这些措施都有利于资源的合理配置，有利于企业竞争能力的提升。

但是，这种观点也有其不可避免的缺陷：

（1）没有考虑货币的时间价值，即只考虑了利润的实现数额，而忽视了利润取得的时间因素。

（2）没有考虑投入与产出的关系，利润作为一个绝对数，无法反映出所获利润与投入资本的关系，无法衡量资本的使用效率，也不利于不同资本规模的企业和同一企业不同期间的业绩比较。

（3）没有考虑风险问题，一般而言，风险与收益正相关，收益越大，风险也越大，盲目追求利润最大化，财务管理人员可能选择利润额高、风险也大的投资项目，这样企业就处在一个高风险的运营状态，容易陷入窘境甚至破产。

（4）利润最大化无法反映企业未来的发展潜力。利润只是企业当期的经营成果，不代表企业未来的发展能力；片面追求利润最大化很可能导致企业只顾实现目前的最大利润，忽视在产品开发、生产安全、人才培养以及履行社会责任方面的投入，即以未来企业综合实力的下降或丧失为代价换取当前的利益，这对企业的长期健康发展是十分不利的。

（二）股东财富最大化

股东财富最大化目标是指企业通过财务上的合理经营，采取最优的财务政策，最大限度地为股东谋取财富。西方国家比较推崇将股东财富最大化作为企业公司理财目标，其理由是股东作为资本提供者，是企业的终极产权所有者，享有企业最终的财产权与收益权，同时，又是企业最终风险的承担者，股东的地位是至高无上的，企业的一切活动都应服务于股东的利益。受股东委托的经营者在处理企业的日常经营管理工作时，应该以股东财富最大化为目标行使各项权利，实现权益资本的保值增值。股东财富是指股东在企业中所拥有的净资产在资本市场上的市场价值，在股份制经济条件下，股票是股东拥有企业财富的凭证，股票的市场价格也就体现了股东财富的大小，因而，股东财富最大化又演变为股票价格最大化。该观点较之利润最大化目标有如下积极方面：

（1）股票市场价格以每股市价表示，受预期每股收益影响，反映了资本和利润的关系，也便于与其他社会资本的获利能力相比较。

（2）股东财富最大化目标考虑了风险因素，风险的高低会对股票价格产生直接的影响。

（3）股票市场价格包含了投资者对企业未来获利的预期，因而能够在一定程度上克服企业在追求利润上的短期行为。

（4）股票市场价格反映了投资大众对企业经营状况和发展前景所作的评价，具有客观性。

但应该看到，这种观点也存在一定的缺陷：

（1）股东财富最大化目标以股票的市场价格来计量是隐含着一个前提的，即资本市场充分有效。正如Allen C. Shapiro教授所说："在运行良好的资本市场里，投资者可以自由地以最低的交易成本销售金融证券，股东财富最大化可以理解为最大限度地提高现在的股票价格。"（Allen C. Shapiro，1992）在无效的资本市场条件下，该目标会导致财务决策的不合理，从而导致整个社会经济资源的低效或无效配置。

（2）对上市公司来说，可以用上市公司的股票价格衡量股东财富，但对非上市公司则很难有一个比较公允客观的股票价格来衡量股东财富。

（3）股票市场价格受多种因素的影响，除了受公司内部经营状况的影响外，还受到社会政治经济环境、公众心理等许多不可控因素的影响，理财人员的行为不能有效地影响股东财富。

（4）该目标只是站在投资者或股东的角度说明企业财务活动的目标，只强调股东的利益，而忽略了政府、债权人、企业员工等其他利益相关者的利益，这样会影响股东财富最大化目标的实现。

（三）企业价值最大化

企业价值，从理论上来讲是指企业未来报酬（通常用现金流量表示）按加权平均资本成本（贴现率）进行折现的现值。企业价值最大化目标是指在关心企业所有关系人利益的前提下，充分考虑资金的时间价值以及风险与报酬的关系，在保证企业长期稳定发展的基础上追求企业价值的最大化。这种观点认为，企业是多边契约关系的总和：股东、债权人、经营者、员工以及政府等对企业的发展缺一不可，各方面都有自身的利益，共同参与构成企业的利益制衡机制，只有兼顾和协调各方面的利益，才能实现企业长期稳定地发展。因而，公司理财目标应该体现企业各个利益集团的利益，是各个利益集团互相博弈的结果。企业价值最大化，能够保证各利益集团应分得的份额，做到兼顾各方利益，实现各方利益的最优化，因此，成为企业公司理财的目标。以企业价值最大化为目标的优点主要有：

（1）考虑了报酬取得的时间因素，在计算企业价值时，根据货币的时间价值原理对未来报酬进行贴现。

（2）考虑了报酬取得的风险因素，在计算企业价值时，加权平均资本成本是企业各收益索偿权持有人要求报酬率的一个加权平均值，其值越高，表明企业的风险越大，企业价值越小；其值越低，表明企业的风险越小，企业价值越大。

（3）符合企业可持续发展的长远利益。因为不仅当前的利润能够影响企业的价值，而且预期未来的利润对企业价值的影响也十分重要，这样，企业不再只强调企业当前的微观经济利益，更注重微观经济利益与宏观经济利益的协调一致，更讲求信誉，更注重企业的长期稳定发展。

（4）考虑了所有关系人的利益。以企业价值最大化作为公司理财目标，不仅考虑了企业的经济效率，而且兼顾了其他利益相关者的要求和企业的社会责任，有助于公司理财形成一种良性循环。

企业价值最大化目标从理论上看虽然很全面，但它仍然存在着难以克服的缺陷：

（1）企业价值是一个比较抽象的概念，不易被人们所理解和接受。

（2）在计算企业价值时，理论上需要知道企业未来各年的报酬和加权平均资本成本，这两个基本要素是很难预计的，预计中也可能出现较大的误差。

（3）在现有的经济模式下，各利益集团存在着难以解决的各种利益冲突，难以实现各方利益的统一。

二、公司理财目标解析

相关链接7-1　　不同人对目标的理解

有个人经过一个建筑工地，问那里的石匠们在干什么。

三个石匠有三种不同的回答。

第一个石匠回答：“我在做养家糊口的事，混口饭吃。”

第二个石匠回答：“我在做最棒的石匠工作。”

第三个石匠回答：“我正在盖一座教堂。”

结果这个人发现，第三个石匠的技术最好，最符合盖教堂的技术要求。

前面已经明确，组织的财务目标与组织的目标是一致的。公司作为营利组织，其目标是以尽可能少的资源投入，创造出尽可能多的满足消费者需要的产出品。在商品经济条件下，这一目标又具体体现为价值目标，即资本的保值与增值。公司目标从根本上必然与公司所有者目标相一致。作为一个企业，其生存与发展的基础是拥有一定的资源，包括资本资源和劳动力资源。关于谁是企业的所有者问题，有两种不同的观点：一种观点认为，资本所有者是企业的所有者，即资本所有者以其资本投入为基础，雇佣劳动力，这就是所谓资本雇佣劳动制。另一种观点认为，劳动所有者即劳动者是企业的所有者，劳动所有者以劳动为基础，通过雇佣资本进行生产经营，这就是所谓劳动雇佣资本制。经济学研究表明，人们对风险的不同态度可能是决定谁充当监控者（所有者）的决定性因素之一。因为资本所有者通常比劳动所有者对风险的厌恶程度要小，所以，在一般情况下，公司资本所有者成为企业主或企业所有者。另外，在劳动雇佣资本制度下，公司只能负盈，不能负亏，或者说劳动者只能分享收益，不能承担风险。因此，公司所有者是资本所有者，公司目标应与公司资本所有者目标相一致，即资本保值与增值。那么，在现代企业制度下，由于公司财务目标与公司目标的一致性，资本保值与增值也是公司理财的根本目标。而要实现资本保值增值，除要明确资本保值增值内涵外，还应搞清资本保值增值与利润及经济效益的关系。

（一）资本保值增值内涵

研究资本保值增值的内涵，关键在于搞清资本的内涵和保值增值的内涵。企业资本从不同角度可界定为财务资本和实物资本。按国际会计准则委员会的界定：财务资本“如同投入的货币或投入的购买力，是企业的净资产或产权的同义词”。实物资本则“如同营运能力，被看作是以每日产量等为基础的企业的生产能力”。通常，会计上使用的资本是指财务资本。

研究保值增值内涵的关键是保值，因为超过保值的额度就是增值。而进行资本保值内涵研究应以资本保全理论为依据。会计上的资本保全理论是企业收益计量理论的核心，它有两种概念：一是财务资本保全，二是实物资本保全。财务资本保全要求所有者投入资本的价值保持完整，即期末资本价值等于期初资本价值。实物资本保全要求所有者投入资本的实际生产能力保持完整，即期末实际生产能力等于期初实际生产能力。值得探讨的问题是：资本保值与资本保全是否完全相同呢？我们认为，资本保值与资本保全是紧密联系但又有所区别的。资本保值是以资本保全理论为依据的，资本保全是资本保值的基础，没有资本保全，就谈不上资本保值。但是，资本保全并不是资本保值的全部内涵。资本保值是在资本保全的基础上，进一步考虑货币或资本的时间价值（而会计上的资本保全概念并没考虑货币的时间价值）。

（二）资本保值增值与利润及经济效益的关系

1.资本保值增值与利润的关系

要研究二者的关系，在明确资本保值增值内涵的基础上，还要搞清利润的内涵。

利润通常是指收入或产出与成本或投入之间的差额。利润一般可分为会计利润和经济利润两类，其计算公式为：

会计利润=收入-会计成本

经济利润=收入-经济成本

由经济成本与会计成本之间的关系可引出经济利润与会计利润之间的关系：

经济利润=收入-（会计成本+隐含成本或正常利润）

=（收入-会计成本）-隐含成本或正常利润

=会计利润-隐含成本或正常利润

会计上的资本保全理论是企业收益计量理论的核心，因此，资本保值增值与利润是紧密相关的，在不考虑投入资本变动、物价变动及利润分配的情况下，其关系可用下式表示：

期末资本=期初资本+会计利润

资本变动值=期末资本-期初资本=会计利润

当会计利润为零时，即：

资本保全=期末资本-期初资本=0

当会计利润大于零、经济利润为零时，即：

资本保值=期末资本-期初资本×（1+正常利润率）=0

当经济利润大于零时，即：

资本增值=期末资本-期初资本×（1+正常利润率）>0

可见，资本保值增值的关键在于利润，特别是经济利润。

2.利润与经济效益的关系

研究利润与经济效益的关系，首先应搞清经济效益的内涵。关于经济效益的定义有许多种观点。本书认为，经济效益是指在社会经济（或社会再生产）活动中产生的经济效率及其相应的收益，它反映了投入或所费经济资源与产出或所得的经济成果之间的关系。正确理解经济效益的定义，需要搞清以下几点：

第一，经济效益的实质是经济效率，即：

$$经济效益=经济效率=\frac{\sum(产出量\times产出价格)}{\sum(投入量\times投入价格)}$$

第二，经济效益的收益是有效率或效率提高产生的收益，即：

经济效益=投入值×（实际经济效率-基准经济效率）=效率收益

利润与经济效益是紧密联系的，这可从会计利润和经济利润两方面说明。

第一，会计利润与经济效益。根据会计利润的计算公式，可推导出会计利润与经济效益的关系如下：

会计利润=收入-会计成本

=会计成本×（收入/会计成本-1）

或 =资本×（会计利润/资本）=资本×净资产利润率

会计利润与经济效益的关系说明：有会计利润一定有经济效益，但会计利润增加并不一定说明经济效益提高；有经济效益就一定有会计利润，经济效益提高将引起会计利润增加。可见，会计利润只能说明经济效益的有无，不能说明经济效益的高低。

第二，经济利润与经济效益。经济利润与经济效益之间的关系式可通过经济利润的计算公式推导出：

经济利润=会计利润-正常利润

=资本×（会计利润/资本-正常利润/资本）

=资本×（净资产利润率-正常利润率）

从上式可见，经济利润不仅受资本投入和实际的经济效益水平影响，而且受应达到的经济效益水平（正常利润率水平）影响。根据经济利润与经济效益之间的关系式，可得出以下基本结论：

第一，经济利润可用于判断或评价经济效益（效率）水平。如果将正常利润率看做是理想或正常的经济效益水平，那么，当经济利润大于零时，不仅意味着一定有经济效益，而且意味着有较理想的经济效益；当经济利润小于零时，并不一定意味着没有经济效益，但一定意味着没有理想的经济效益；当经济利润等于零时，则意味着达到正常的经济效益水平。

第二，经济利润水平制约着资本投入与经济效益的关系。在经济利润大于零时，即会计利润率大于正常利润率时，资本投入增减变动不仅与经济利润呈正比，而且与经济效益呈正比；当经济利润小于零时，资本投入的变动则与经济利润和经济效益呈反比；当经济利润为零时，资本投入变动与经济利润无关，但与经济效益呈正比。

第三，经济利润能体现经济效率与经济收益的统一，微观经济效益与宏观经济效益的统一。从以上两个结论可知：经济利润的存在（即经济利润大于或等于零），一方面说明有着理想的经济效率，另一方面说明经济收益（会计利润）是有效率的收益，体现了经济效益的两个方面；依据经济利润的存在与否进行资源配置，不仅有利于微观经济效益的提高，而且有利于宏观经济效益的提高。

以上分析说明，经济利润比会计利润更能准确地反映经济效益。

根据上述分析可得出公司理财的目标，即：根本目标是资本增值；直接目标是利润；核心目标是经济效益。没有经济效益，就没有利润；没有利润，就没有资本的保值与增值。因此，要实现资本增值，核心是要提高经济效益，从而使利润最大化，资本增值最大化。

知识拓展：现代公司理财目标的讨论

第三节 公司资本经营

一、资本经营的内涵

研究资本经营内涵，首先应搞清产品经营、商品经营、资产经营的内涵，在此基础上界定资本经营，以及资本经营与其他经营之间的关系。“经营，本谓经度营造，引申为筹划营谋。专指经管办理经济事业。”因此，从总体看，无论何种经营，都有筹划营谋之意，或筹划营谋产品、或筹划营谋资产、或筹划营谋资本等。具体地说，各种经营或筹划营谋内容又因公司经营方式及目标不同而有所区别。

（一）产品经营、商品经营与资产经营

产品经营是与单纯生产型的企业经营方式紧密相联的。所谓单纯生产型，它的基本特点是企业只管生产，不管供应与销售，更不管筹资、投资等。此时的企业严格讲并不是真正意义上的企业，而只是一个生产车间。单纯生产型企业管理的目标是完成生产任务，降低生产消耗量。因此，产品经营的基本内涵就是在国家计划指导下，企业组织产品生产，以一定的人力、物力消耗按时、保质、保量生产出一定的产品。

商品经营是与生产经营型的企业经营方式紧密相联的。所谓生产经营型，其基本的特点是围绕产品生产进行经营管理，包括对供应、生产和销售各环节的管理及相应的筹资与投资管理。生产经营型企业管理的目标是追求供产销的衔接及商品的盈利性。因此，商品经营的基本内涵是企业以市场为导向，组织供产销活动，以一定的人力、物力消耗生产与销售尽可能多的社会需要的商品。

商品经营和产品经营既相互联系、又有所区别。第一，产品经营是商品经营的一个环节，且是一个最基本的环节；商品经营是产品经营的扩展。第二，产品经营主要侧重于产品实物经营，而不强调投入品与产出品的价格；商品经营不仅重视产品实物经营，而且强调价值经营，即考虑投入品与产出品的价格。第三，商品经营目标比产品经营目标更综合。要实现商品经营目标，既要搞好产品经营，提高生产技术效率，又要重视供产销的衔接及价值管理，提高商品的经济效率。

资产经营是与资产经营型的企业经营方式紧密相联的。所谓资产经营型，其基本特点是把资产作为企业资源投入，并围绕资产的配置、重组、使用等进行管理。在资产经营情况下，产品经营或商品经营要以资产经营为基础，即围绕资产经营进行商品经营和产品经营。资产经营型企业的管理目标是追求资产的增值和资产盈利能力的最大化。因此，资产经营的基本内涵是合理配置与使用资产，以一定的资产投入，取得尽可能多的收益。

资产经营与商品经营及产品经营既相互联系、又相互区别。第一，资产经营不能离开商品经营而独立存在，没有有效的商品经营是不能取得好的资产经营效果的。第二，资产经营是对商品经营的进一步发展，它不仅考虑商品本身的消耗与收益，而且将资产的投入与产出及周转速度作为经营的核心。第三，资产经营目标比商品经营目标更综合。商品经营目标是实现资产经营目标的基础，但不是全部。要实现资产经营目标，应在商品经营基础上，进一步搞好资产重组与有效使用，加快资产周转速度。

（二）资本经营内涵及与其他经营的关系

资本经营是与资本经营型的企业经营方式紧密相联的。所谓资本经营型，其特点是围绕资本保值增值进行经营管理，把资本收益作为管理的核心，资产经营、商品经营和产品经营都服从于资本经营目标。资本经营型企业的管理目标是资本保值与增值，或追求资本盈利能力最大化。因此，资本经营的内涵是指企业以资本为基础，通过优化配置来提高资本经营效益的经营活动，其活动领域包括资本流动、收购、重组、参股和控股等能实现资本增值的领域，从而使企业以一定的资本投入，取得尽可能多的资本收益。

目前人们在使用“资本经营”概念时往往与“资产经营”相混淆。这种混淆从表面看主要产生于对“资本”和“资产”概念的不同认识。因此，要搞清资本经营与资产经营的关系，首先应搞清资本与资产的内涵。从经济学角度看，资本的内涵与我们通常所说的资产的内涵是基本相同的，它侧重于揭示企业所拥有的经济资源，而不考虑这些资源的来源特征。从这个角度看的资本经营实际上等同于上述的资产经营。从会计学角度看，狭义的资本通常是指企业所有者投入资本，或自有资本，或所有者权益，它与资产是不同的。广义的资本是由狭义资本（自有资本）和负债（他人资本）构成的。会计学资本实质上在于揭示企业经济资源的来源及特征。从这个角度看，资本经营与资产经营是不同的。研究资产经营与资本经营的关系，正是应从这个角度或在这个前提条件下进行的。它们之间的区别主要表现在：第一，经营内容不同，资产经营主要强调资产的配置、重组及有效使用；资本经营主要强调资本流动、收购、重组、参股和控股等。第二，经营出发点不同，资产经营从整个企业出发，强调全部资源的运营，而不考虑资源的产权问题；资本经营则在产权清晰的基础上从企业所有者出发，强调资本（主要指自有资本）的运营，把资产经营看作是资本经营的环节或组成部分。它们之间的联系主要表现在：首先，资本与资产的关系决定了二者之间相互依存、相互作用，资本经营要以资产经营为依托，资本经营不能离开资产经营而孤立存在；其次，资本经营是企业经营的最高层次，商品经营是对产品经营的进步，资产经营是对商品经营的进步，而资本经营是对资产经营的进步，因此，资本经营目标必然综合反映了资产经营、商品经营和产品经营的目标。

（三）公司理财目标的层次性及与经营方式的关系

在前面明确资本增值与利润、经济效益之间关系的基础上，我们还应进一步明确公司理财目标与经营方式的关系以及由此产生的公司理财目标的层次性。

1.资本经营目标与资产经营目标

资本经营与资产经营的直接目标是一致的，即利润目标。区别关键在于核心目标，研究它们之间的关系，应从经营目标的核心目标——经济效益目标入手。反映资本经营核心目标的指标是净资产收益率，即企业净利润与企业净资产（或资本）之比。反映资产经营核心目标的指标是总资产报酬率，即企业息税前利润与企业总资产之比。资本经营目标与资产经营目标的关系可用净资产收益率与总资产报酬率之间的关系来反映，即：

$$\text{净资产收益率}=[\text{总资产报酬率}+(\text{总资产报酬率}-\text{负债利息率})\times\frac{\text{负债总额}}{\text{资本总额}}]\times(1-\text{所得税税率})$$

从上式可以看出，企业要实现资本经营目标，即提高净资产收益率，一方面要搞好资产经营，提高总资产报酬率或资产盈利能力；另一方面要搞好资本运作，优化资本结构。

2.资产经营目标与商品经营目标

资产经营与商品经营的直接目标也相同，即利润目标，区别仍在于核心目标。前面谈到，反映资产经营核心目标的指标是总资产报酬率，要明确资产经营目标与商品经营目标的关系，还应明确反映商品经营核心目标的指标。反映商品经营经济效益的主要指标是销售利润率，包括销售成本利润率和销售收入利润率。总资产报酬率与销售利润率之间的关系，可以反映出产品经营目标与商品经营目标之间的关系，即：

总资产报酬率=总资产周转率×销售利润率

其中：销售利润率中的利润是指息税前利润。

上式说明，企业要搞好资产经营，即提高总资产报酬率，一方面要搞好商品经营，提高销售利润率或商品的盈利能力；另一方面要搞好资产配置与重组，提高资产的周转速度。

3.商品经营目标与产品经营目标

应当注意，无论是商品经营、资产经营还是资本经营，它们之间的关系主要体现在反映其核心目标的指标不同，而其直接目标相同，即利润目标。而产品经营与商品经营目标的关系却主要反映为直接目标不同。产品经营的直接目标是产量的最大化。因此，商品经营目标与产品经营目标之间的关系可用下式表示：

$$销售收入\times销售利润率=\sum[产量\times产品销售率\times(销售价格-销售成本)]$$

等式左边说明，企业从商品经营角度追求利润最大化的直接目标：一要提高销售利润率，二要扩大销售规模与水平。等式右边说明，要实现商品经营的利润最大化，产品经营是基础，即通过产品经营增加产量；同时，要注重产销平衡及投入品与产出品的价格。

二、资本经营的内容

（一）资本存量经营

1.资本存量经营内涵

资本存量经营是企业资本经营的重要组成部分。所谓资本存量或存量资本，从企业资本经营角度看，是指企业现存的全部资本资源。从资本使用或占用形态看，资本存量表现为企业现存的全部资产，包括流动资产、长期投资、固定资产、无形资产及递延资产等。从资本的来源看，资本存量表现为企业的现有负债和所有者权益，或称他人资本和自有资本。资本存量是相对于资本增量而言的。资本存量经营是指在不增加资本投入（或不考虑资本增量）的情况下，对企业现存资本（或存量资本）的经营。

从资本经营的目标，即资本增值出发，资本存量经营，就是要充分、有效地利用现有资本，提高资本使用效率与效益，使现有资本不断增值。在企业存量资本中，有使用中的资本，也有未使用或闲置资本；在使用资本中，有使用效率高的资本，也有使用效率低的资本；在资本使用效率一定的情况下，由于资本投向不同，有资本增值率高的资本，也有资本增值率低的资本。因此，进行资本存量经营，从广义上说包括：第一，盘活资本存量，使闲置资本充分发挥作用；第二，提高资本使用效率，使效率低的资本提高利用率；第三，重组或重新配置存量资本，使低增值率资本向高增值率资本转移。前两项内容属于纯粹的盘活存量资本，不涉及存量资本结构调整，后一项内容实际上属于存量资本重新配置。狭义的资本存量经营，主要指前者，而后者的存量结构调整，可划归到资本配置经营中去。本部分介绍的资本存量经营主要采用狭义的概念。

进行资本存量经营，应围绕资本存量经营目标，进行资本存量预算、控制、经营、考核与评价。

2.资本存量经营目标

明确资本存量经营的内涵，为确定资本存量经营目标奠定了基础。资本存量经营，从提高经济效益这一资本经营根本目标看，主要是通过对闲置资本和使用效率低的资本的运作，挖掘潜在经济效益，使一定的资本存量，取得尽可能大的产出。因此，挖掘潜在经济效益是资本存量经营的根本目标。

潜在经济效益，是指在一定技术水平和资源投入情况下的实际经济效益水平与最大可能经济效益水平之间的差异。实际经济效益水平是指实际产出或所得与实际投入或所费之间的比率；最大可能经济效益水平是指在技术水平一定的情况下可能达到的最大产出水平与投入之间的比率。潜在经济效益相对于实际经济效益水平而言是一种负效益，从静态角度看，潜在经济效益越高，说明实际经济效益水平越低；反之，潜在经济效益越低，说明实际经济效益水平越高。从动态角度看，提高经济效益，就是要降低潜在经济效益。潜在经济效益的内涵较广，既包括人力资源的潜在经济效益，也包括资本资源的潜在经济效益。资本存量经营，关键在于挖掘资本潜在经济效益。

资本潜在经济效益是指企业资本资源利用不充分所引起的经济效益损失。资本资源利用不充分必然使一定资本资源投入的实际产出与最大可能产出不一致。企业中资本资源投入指生产经营过程中使用和占用的各种资本，既包括已经形成生产能力或用于生产活动的各种设备、建筑物及存货，即在用的固定资产和存货，也包括封存、未使用、不需用的固定资产，积压的存货，在建工程等。

资本潜在经济效益的存在主要是资本资源利用率低下所致。资本资源利用率是指资本资源使用率和资本利用系数之积。资本资源使用率是指使用中的资本与资本资源投入量之比，反映全部资本资源的使用程度。资本利用系数是指有效利用资本与使用中的资本之比，反映在用资本的利用程度。资本存量经营，一方面要充分使用资本资源，避免资源的闲置与浪费，提高资本使用率；另一方面要有效利用资本，避免开工不足等，提高资本利用系数。

（二）资本增量经营

1.资本增量经营内涵

一个持续经营发展的企业，仅有资本存量经营是不够的，必然涉及资本增量经营问题。资本增量是相对资本存量而言的。前面谈到，资本存量，从企业资本经营角度看，是指企业现存的全部资本资源，它通常可反映企业现有生产经营规模和技术水平。资本增量是指企业在资本存量基础上增加的资本投入量，它一方面表现为企业资产的增加，另一方面也表现为企业权益（负债或所有者权益）的增加。资本增量经营正是研究在企业资本增加过程中的资本运作及其效果。

从资本经营的目标，即资本增值出发，进行资本增量经营，涉及增量资本如何取得和增量资本投向何处的问题。在当代资本市场发达、企业经营方式多样化的今天，资本的筹资渠道和筹资方式较以前有了很大发展，这既给企业筹资提供了便利与机遇，也增加了筹资的复杂性与风险性。同样，在投资方面，投资领域、投资方式也发生了重大变化，增量资本如何使用才能产生更大效益成为关注的要点。因此，进行资本增量经营：第一，要以最低的筹资成本取得企业所需要的增量资本；第二，要以资本增值为目标，充分有效使用增量资本。增量资本的有效使用表现在：第一，以增量资本盘活存量资本；第二，以增量资本推进企业扩张，优化企业规模；第三，以增量资本提高企业技术水平。

资本增量经营直接表现为企业资本扩张。资本扩张作为现代财务管理的重要内容，一方面，应讲究成本效益原则，即以较低的资本扩张成本，取得尽可能大的资本扩张效益。在现代企业的重组中，企业合并、合资、兼并、收购等都是资本低成本扩张的主要形式，也是资本增量经营的主要形式。另一方面，资本扩张将引起企业组织形式的变化，即从独资企业、合伙企业发展为公司制企业，或从公司制企业发展为集团企业或控股公司等。因此，资本增量经营还应结合企业的组织形式进行研究。

2.资本增量经营目标

资本增量经营的内涵为明确资本增量经营目标奠定了基础。资本增量经营的目标，从根本上说是资本增值。而要实现资本增值，离不开经济效益的提高。因此，具体地说：第一，通过资本增量经营，扩大企业规模，提高规模经济效益；第二，通过资本增量经营，加快技术进步步伐，提高技术进步经济效益；第三，通过资本增量经营，盘活存量资本，挖掘潜在经济效益。潜在经济效益目标在资本存量经营目标中已论述，这里主要就规模经济效益目标和技术进步经济效益目标进一步进行研究。

（1）规模经济效益目标

所谓规模经济效益，一般是指由于经济规模的变动所引起的经济效益的提高。具体地说，规模经济效益是指由于生产力诸因素集约度的变动所引起的投入产出率的提高。正确理解规模经济效益要抓住以下几点：

第一，规模经济效益是经济效益的组成部分，因此，其内涵应与经济效益的一般内涵相一致，即反映经济规模引起的投入与产出比率的变动，而不是仅指成本的降低。

第二，规模经济效益是一种动态经济效益，它是指经济规模变动所产生的经济效益。

第三，规模经济效益提高只是相对自身而言在不同时期的经济规模改善。对于不同的分析对象，如不同的企业，规模经济效益高的企业其经济规模并不一定就优于规模经济效益低的企业。例如，当某企业已经达到最佳经济规模，在技术条件不变的情况下，它的规模经济效益只能等于或小于零。

要提高规模经济效益，关键在于优化经济规模。所谓经济规模优化，概括地说，是指以经济效益为目标，通过调整经济规模，实现规模经济效益和达到最佳经济规模的过程。提高经济效益是经济规模优化的目标，经济规模调整是经济规模优化的核心。经济规模调整，一般地说，是指全部资源或生产要素投入规模的调整，即全部资源或生产要素投入量都是可变的。严格地说，经济规模调整是指在各种资源或生产要素投入比例不变的情况下的资源或生产要素投入量的调整。从狭义规模经济效益定义出发，经济规模调整应作后一种解释。

（2）技术进步经济效益目标

所谓技术进步经济效益，一般来讲，是指由于技术变动而引起的投入产出率的变动，或生产率的变动。非技术变动引起的经济效益变动不属于技术进步经济效益，如闲置资源利用产生的经济效益等就不构成技术进步经济效益的内涵。技术进步经济效益的内涵说明：第一，技术进步经济效益是经济效益的一部分，而不是经济效益的全部；第二，技术进步经济效益是一种动态经济效益，它反映的是技术进步对经济效益产生的增量；第三，技术进步的内涵决定着技术进步经济效益的内涵。研究技术进步经济效益应考虑上述三点。

提高技术进步经济效益的核心在于加快技术进步，技术进步的前提在于正确的技术选择，技术进步的根本在于技术创新和技术扩散，技术进步的捷径在于技术改造和技术引进，技术进步的保证在于经济体制改革。

（三）资本配置经营

1.资本配置经营内涵

资本配置是资源配置的重要组成部分。从经济学角度看，资源主要分为资本资源、人力资源和自然资源。资源配置主要是研究在全部资源中各种资源如何配置，使总产出最大化。资本配置，从广义上说，既应研究资本资源本身的配置，又应研究资本资源与人力资源、自然资源的配置；从狭义上说，资本配置主要研究资本在不同来源或用途之间的配置，这个配置既包括空间上的配置，即资本在不同产品、不同行业、不同产业、不同地区间的配置等，又包括时间上的配置，即资本在不同时期的配置等。我们这里采用资本配置的狭义解释。资本配置状况可用资本配置结构或资本结构来表示。所谓资本结构，一般地说，是指在全部资本中各种资本所占的比重。它通常可用两种方式来表示：一是资本的使用结构，即在总资产中各项资产所占的比重，即资产结构；二是资本的来源结构，指在全部资本来源中各种资本的来源比重，如负债占总资本的比重，所有者权益占总资本的比重等。

2.资本配置经营目标

资本配置经营就是要通过经营资本，使资本配置结构优化，实现资本增值目标。资本结构优化是资本配置经营的核心内容。资本结构优化可从资本使用结构优化和资本来源结构优化两方面进行。资本使用结构优化，有利于促进企业资产结构、产品结构优化，也可促进行业结构、地区结构优化，使资本发挥最大使用效率和效益，实现企业价值最大化。资本来源结构优化，通过调整负债与所有者权益结构以及负债和所有者权益内部结构，均衡风险与收益，使自有资本发挥最大控制力和效率，实现所有者价值最大化。资本配置结构优化是资本使用结构优化和资本来源结构优化的统一。

要实现资本结构优化，离不开资本经营。目前实践中采用的各种资本经营方式都与资本结构优化相关。因为无论是合并、联合、兼并、收购等资本扩张方式，还是分立、出售、破产等资本收缩方式，从总体看都要以资本结构优化为基础。

资本配置经营目标从总体看当然与资本经营目标，即资本增值目标相一致。要实现资本增值，从资本配置角度看，就是要通过资本配置经营，提高资本配置经济效益。

资本配置经济效益是指由于资本配置结构变动所产生的经济效益。研究资本配置经济效益的内涵可从两方面进行：一是研究在资本投入一定的情况下，如何配置资本使产出最大；二是研究在产出一定的情况下，如何配置资本使投入最小。

（四）资本收益经营

1.资本收益经营内涵

资本经营从一个周期看，往往始于资本筹集与投放，终于资本收益及分配。资本经营要实现资本增值，就是要取得资本收益。资本收益是资本经营的所得或成果，既可表示为当期收入与成本费用之差，也可表示为期末回收资本与期初投入资本之差。资本收益的实质是利润。从持续经营角度看，企业的资本收益既可继续留在企业用于经营，也可以分配给企业所有者或股东，退出企业经营。因此，资本收益经营包括资本收益形成管理与资本收益分配管理两部分。

资本收益形成涉及企业资本经营的方方面面，前面所论述的资本存量经营、资本增量经营和资本配置经营，都与资本收益相关，其经营效果最终都可通过资本收益来体现。因此，对资本收益形成的管理，我们不按资本经营方式和内容进行研究，而是从资本收益的构成和管理的职能角度进行，即资本收益形成管理包括营业利润管理、投资收益管理和营业外收支管理。

资本收益分配从持续经营角度看，既是资本经营的终点，也是资本经营的起点。因此，资本收益分配管理是资本经营的不可缺少的重要环节。资本收益分配管理主要包括对收益分配程序、股利分配政策和股利分配种类及选择的管理。资本收益分配管理效果的好坏，直接影响着资本经营的持续、健康运行。例如，资本收益分配政策与分配方式选择，对持续经营企业的资本经营、筹资、股票市场价值等都是十分重要的。

2.资本收益经营目标

资本收益经营作为资本经营的重要内容和环节，其具体目标更接近于资本经营根本目标，即增值目标。然而资本收益经营是通过何种方式或途径提高经济效益、实现资本增值的呢？应当讲，资本收益经营既涉及资本存量经营、增量经营和配置经营，又不等同于资本存量经营、增量经营和配置经营。因此，潜在经济效益、规模经济效益、技术进步经济效益和配置经济效益，既与资本收益经营有一定关系，又不能涵盖资本收益经营的效果。为了将资本收益经营目标与资本存量经营、增量经营和配置经营目标相区别，我们将由于资本收益经营产生的经济效益称为管理经济效益。

从资本经营的内容与环节看，我们试图将管理经济效益界定为除潜在经济效益、规模经济效益、技术进步经济效益和配置经济效益以外的所有经济效益的总和。从定量角度看，管理经济效益等于综合经济效益与潜在经济效益、规模经济效益、技术进步经济效益和配置经济效益之差。从定性角度看，管理活动或资本收益经营，包括除资本存量经营、增量经营和配置经营之外的全部资本经营活动。管理经济效益，实际上就是指由于管理水平的提高而产生的经济效益。管理经济效益的提高，在资源投入一定的情况下，可使生产可能性边界向外移动，即产出增加；或者说在产出一定的情况下，使等产量曲线向靠近原点方向移动，即资源投入减少。当然，管理经济效益作为独立概念的提出，必将有其特定的内涵，它至少应包括管理体制经济效益和管理职能经济效益两方面。理论界与实践中提出的抓制度效益和抓管理效益，与管理经济效益的内涵是一致的。

三、资本经营的方式

（一）资本扩张经营方式的内涵

企业资本扩张经营的方式是多种多样的。目前我国企业资本扩张中通常采用的方式有兼并、合并、收购等。但对资本扩张经营种种方式的理论界定还比较模糊，因此，要进行资本扩张经营，首先界定企业资本扩张经营的种种方式是必要的。

1.合并（consolidation）

合并指两个或更多企业组合在一起，原有所有企业都不以法律实体形式存在，而建立一个新的公司。如将A公司与B公司合并成为C公司。但根据1994年7月1日生效的《中华人民共和国公司法》的规定，公司合并可分为吸收合并和新设合并两种形式。一个公司吸收其他公司为吸收合并，被吸收的公司解散；两个以上公司合并设立一个新的公司为新设合并，合并各方解散。吸收合并类似于“merger”，而新设合并则类似于“consolidation”。因此，从广义上说，合并包括兼并。

2.兼并（merger）

兼并指两个或更多企业组合在一起，其中一个企业保持其原有名称，而其他企业不再以法律实体形式存在。如财政部1996年8月24日颁发的《企业兼并有关财务问题的暂行规定》中指出，兼并是指一个企业通过购买等有偿方式取得其他企业的产权，使其失去法人资格或虽保留法人资格但变更投资主体的一种行为。

3.收购（acquisition）

收购也称为股份收购，指一个企业以购买全部或部分股票的方式购买了另一企业的全部或部分所有权，或者以购买全部或部分资产（或称资产收购）的方式购买另一企业的全部或部分所有权。股票收购可通过兼并或标购来实现。兼并的特点是与目标企业管理者直接谈判，或以交换股票的方式进行购买；目标企业董事会的认可通常发生在兼并出价获得目标企业所有者认同之前。使用标购方式，购买股票的出价直接面向目标企业的所有者。收购其他企业部分或全部资产，通常是直接与目标企业管理者谈判。收购的目的是获得对目标企业的控制权，目标企业的法人地位并不消失。

4.接管或接收（take over）

接管或接收是指某公司原具有控股地位的股东（通常是该公司最大的股东）由于出售或转让股权，或者股权持有量被他人超过而使其控股地位旁落的情况。

5.标购（tender off）

标购是指一个企业直接向另一个企业的股东提出购买他们所持有的该企业股份的要约，达到控制该企业的目的的行为。这发生在该企业为上市公司的情况下。

（二）资本裂变及收缩经营方式的内涵

在企业经营过程中，随着企业经营战略和条件的变化，会出现一些不适合企业长期战略、没有成长潜力或影响企业整体业务发展的子公司、部门或产品生产线，为了使资源集中于经营重点，从而更具有竞争力，企业改制中可以对其进行剥离、分立、出售或破产等，以使资产获得更有效的配置，提高企业资产的质量和资本的市场价值。资本裂变与收缩并非一定是企业经营失败的标志，它可能是企业发展战略的合理选择，属于与扩张经营相对应的资本裂变与收缩经营。

在资本经营过程中，资本裂变经营方式有多种，目前在我国理论界和实务中，剥离、分立、售卖、破产等名词的使用率已经相当高。但是，对这些方式的内涵的理解，却不尽相同。准确界定各种资本裂变方式的内涵，对规范资本裂变经营是十分重要的。

1.剥离

“剥离”一词的理论定义目前主要来自于对英文“divestiture”的翻译．指一个企业出售它的下属部门（独立部门或生产线）资产给另一企业的交易。具体说是指企业将其部分闲置的不良资产、无利可图的资产或产品生产线、子公司或部门出售给其他企业以获得现金或有价证券。剥离的这一定义与我国目前的企业或资产售卖的含义基本相同。本书认为将“divestiture”翻译．售卖更准确。那么，剥离是否等于售卖呢？事实是不完全相同的。剥离是指企业根据资本经营的要求，将企业的部分资产、子公司、生产线等，以出售或分立的方式，与企业分离的过程。因此，剥离应包括售卖和分立两种方式。

2.售卖

根据上述剥离的含义，售卖是剥离的一种方式。售卖是指企业将其所属的资产（包括子公司、生产线等）出售给其他企业，以获取现金和有价证券的交易。在国有企业改制中，国有资本所有者根据资本经营的总体目标要求，将小型国有企业整体出售，也属于售卖范畴。

3.分立

分立从英文“spin-offs”本义看，是指公司将其在子公司中拥有的全部股份按比例分配给公司的股东，从而形成两家相互独立的股权结构相同的公司。这一定义实质上与我国国有企业股份制改造中的资产剥离含义基本相同。我国国有企业改制中的资产剥离往往是指将国有企业非经营资产或非主营资产，以无偿划拨的方式，与企业经营资产或主营资产分离的过程。通过资产剥离，可分立出不同的法人实体，而国家拥有这些法人实体的股权。

4.破产

破产简单地说是无力偿付到期债务。具体地说，指企业长期处于亏损状态，不能扭亏为盈，并逐渐发展为无力偿付到期债务的一种企业失败。企业失败可分为经营失败和财务失败两种类型。财务失败又分为技术上无力偿债和破产。破产是财务失败的极端形式。国有企业改制中的破产，实际上是企业改组的法律程序，也是社会资产重组的形式。

（三）资本经营动机与价值创造

企业资本营运作为企业行为和企业经营战略的重要组成部分，其根本目的或动因主要有两个：一是最大化现有股东的价值；二是最大化现有管理者的财富。二者可能是一致的，也可能发生冲突。无论如何，增加企业价值是实现这两个目的的根本。企业资本经营的价值来源主要体现在以下几方面。

1.获取战略机会

兼并者的动机之一是要购买未来的发展机会。当一个企业决定扩大其在某一特定行业的经营时，一个重要的战略是兼并在那个行业中的现有企业，而不是依靠自身内部发展。原因在于：第一，直接获得正在经营的发展研究部门；第二，获得时间优势，避免了工厂建设延误的时间；第三，减少一个竞争者并获得其在行业中的位置。

企业合并型重组的另一战略机会是市场力的运用。两个企业采用同一价格政策，可使它们得到的收益率高于竞争收益率。大量信息资源可能用于披露战略机会。财务信息可能起到关键作用。如会计收益数据可被用于评价行业内各个企业的盈利能力、行业盈利能力的变化等。这对企业重组是十分有意义的。

2.创造协同效应或合成力（synergy）

企业资本扩张或合并型重组的协同效应是指并购等可产生1+1>2的效果。产生这种效果的原因主要来自以下几个领域：

（1）在生产领域，通过重组：第一，可产生规模经济性；第二，可接受新的技术；第三，可减少供给短缺的可能性；第四，可充分利用未使用的生产能力。

（2）在市场及分配领域，通过重组：第一，可产生规模经济性；第二，形成进入新市场的捷径；第三，扩展现存分布网；第四，增加产品市场的控制力。

（3）在财务领域，通过重组：第一，充分利用未使用的税收利益；第二，开发未使用的债务能力；第三，减少破产的可能性；第四，减少资本供给量。

（4）在人事领域，通过重组：第一，吸收关键的管理技能；第二，使多种研究与开发部门融合。

在各个领域中要通过各种方式实现重组效果，都离不开财务分析。例如，当要估计更好地利用生产能力的收益时，分析师要检验行业中其他企业的盈利能力与生产能力利用率之间的关系；要估计融合各研究与开发部门的收益，则应包括对这些部门的成本分析。

3.提高管理效率

企业购并的另一价值来源是增加管理效率。一种情况是，现在的管理者以非标准方式经营，因此，当其被更有效率的企业收购后，现在的管理者将被替换，从而使管理效率提高。要做到这一点，财务分析有着重要作用。分析中要观察：第一，兼并对象的预期会计收益率在行业分布中所处的位置；第二，分布的发散程度。企业在分布中的位置越低，分布越发散，新的管理者的收益越大。

企业购并增加管理效率的另一种情况是，当管理者的自身利益与现有股东的利益更好地协调时，则可增加管理效率。如采用杠杆购买后，现有管理者的财富构成取决于企业的财务成功。这时管理者可能将其注意力高度集中于使公司市场价值最大化。

4.发现资本市场错误定价

如果一个个体能发现资本市场证券的错误定价，他可从中获益。财经出版物经常刊登一些报道，介绍某单位兼并一个公司，然后出售部分资产就收回其全部购买成本，以零成本取得剩余资产。投资银行家在这个领域表现得很活跃，而他们在咨询管理与依据管理者的重组决策收取费用之间存在冲突。问题在于，人们认为投资银行家的咨询是值得怀疑的。

企业的资本扩张活动是市场经济条件下的一种普遍和正常的现象，是企业为了生存和发展而自发做出的战略选择，是一种经济行为。但从我国企业的并购行为来看，其动因却是复杂且多样的，既有上面述及的因素，又有某些政府行为，如政府消灭亏损企业、安置职工就业等。

总之，企业并购的根本动因在于价值创造，在市场经济条件下，“拉郎配”等政府行为并不可取，国有企业在股份制改组过程中必须根据实际情况结合企业的发展战略与资本运营战略对并购行为进行正确决策。

知识拓展：企业的资本经营与财务导向

第四节　公司管理控制

一、管理控制的内涵

管理控制是指内部控制者为保证经营活动有效性目标所进行的控制过程的总和。如果将管理控制的控制者看作是以管理者为主的组织中的各类成员，将经营活动有效性目标看作是组织的战略目标，则管理控制是指管理者影响组织中其他成员以实现组织战略的过程。[1]管理控制的目的是使战略被执行，从而使组织的目标得以实现。在此定义下，要研究内部管理控制的内涵应从以下几方面进行界定。

（一）从管理控制职能范围看管理控制内涵

从这个角度看管理控制有广义、中义和狭义三种解释。广义的管理控制是指发挥管理的职能，特别是控制职能。管理控制的内涵包括战略控制和经营控制。因为管理控制与被用于驾驭组织以实现其目标的管理系统的设计相关，因此管理控制还包括计划、组织和领导这些管理的职能。[2]威廉·纽曼认为，管理控制系统的内涵是管理的控制职能，控制是管理的基础，管理控制涉及管理的全部领域。这种管理控制的特点是既包括定量控制又包括非定量控制，或者说是定量控制与非定量控制并重。

中义的管理控制是指由确定标准、评价业绩、纠正偏差构成的管理控制系统。因为管理控制强调的是战略执行的控制，而战略执行过程控制是由确定标准、评价业绩、纠正偏差构成的管理控制系统。这种管理控制的特点是强调定量控制，或者说以定量为主的控制。

狭义的管理控制是指管理会计中的责任会计。这种管理控制的特点是货币计量控制，或者说是以货币计量为主的控制。

管理控制从三种控制职能手段或三种研究领域角度的三种内涵目前都有专业学者在研究，通常广义内涵由管理学者进行研究居多；中义内涵由战略及财务学者进

① Anthony.Management control systems [M]. 9th ed.McGraw Hill, 1998.
② Maciariello, Kirby.Management control systems [M]. 2th ed. Prentice Hall, 1994.

行研究居多；狭义内涵由会计学者研究居多。

我们认为从管理控制的研究目的和应用目标看，广义内涵太宽，而狭义内涵太窄，结合我们自身财务与会计专业的优势及特点，本书将管理控制作中义解释。

（二）从管理控制者看管理控制内涵

管理控制的主体是管理者及组织中的其他成员。管理控制亦可称为管理者对组织中各项管理活动的控制，管理者是管理控制的主力军。但是，管理控制中的管理者不能离开组织中的其他成员孤立地进行控制。管理控制的主体除管理者外，对上包括代表股东利益的董事会，对下包括代表职工利益的全体员工。从这个角度看，管理控制也可分为广义管理控制、狭义管理控制和中义管理控制。

广义的管理控制包括：以董事会为主体的公司治理控制或战略计划；以管理者为主体的管理控制和以员工为主体的任务控制或作业控制。三种控制各自发挥作用，共同为实现组织战略目标服务。

狭义的管理控制是指以管理者为主体的管理控制，不包括作业控制及战略控制等。

中义的管理控制是指管理者影响组织中其他成员以实现组织战略目标的过程。中义的管理控制以管理者控制为主，同时兼顾董事会控制及员工的控制。

本书将管理控制作中义解释。

二、管理控制的要素

依据管理控制系统确立理论基础和管理控制系统内涵，管理控制要素可归纳为十个基本要素。

1.控制环境

控制环境，指一个组织进行管理控制所面临的环境，包括组织外部环境和内部环境。外部环境包括国际环境，国家政治、经济、社会发展环境，行业环境，地区环境等；内部环境包括组织信奉的诚信原则和道德价值观，组织的战略选择，组织结构与职权划分，责任中心建立，人力资源政策与实务等。从内部控制角度看，内部管理控制环境对不同组织控制方式和手段的影响极大。不考虑控制环境将不可能实施有效的内部管理控制。

2.控制变量

控制变量，指影响一个组织战略目标的关键因素和风险因素。组织目标能否顺利实现主要在于对风险因素、价值驱动因素等影响组织目标的关键因素的控制。因此，要搞好内部管理控制，找出关键控制变量因素，特别是风险控制变量因素是至关重要的。例如，企业可将资产负债率作为筹资控制变量，将无形资产与总资产的比率作为投资控制变量，将净资产收益率作为资本经营中心的控制变量，将成本降低率作为成本中心控制变量等。

3.控制标准

控制标准，指对一个组织进行管理控制的依据或准绳，它是对控制变量的量化。控制标准规划了组织应该怎么做、做到何种程度。控制标准是组织战略控制目标的分解。按控制对象划分，控制标准可分为投入控制标准、过程控制标准和结果控制标准。按控制依据划分，控制标准可分为预算控制标准、行业控制标准、历史控制标准等。按控制标准形式划分，控制标准可分为比率控制标准和总量控制标准。控制标准正确与否将直接影响管理控制的成效。

4.信息报告

信息报告，指对组织中的各项活动的信息进行计量、记录与报告。信息报告反映了组织正在做什么。信息报告的相关性、可靠性是管理控制对信息报告最基本的质量要求。管理控制中的信息报告相关性主要体现在与控制变量及控制标准的相关方面；管理控制中的信息报告可靠性体现在对组织活动的真实反映。信息报告主要包括会计信息报告、统计信息报告和业务信息报告。

5.执行评估

执行评估，指对一个组织的活动状况进行评定与估价。执行评估的过程实际上是将信息报告与控制标准进行比较、分析的过程。因此，执行评估的状况既决定于控制标准和信息报告的质量，又决定着纠正偏差的效果。执行评估时关键要区分实际与标准产生差异的主观因素与客观因素，可控制因素与不可控制因素，以保证业绩评价的准确性、及时性。

6.纠正偏差

纠正偏差，指对评估过程中发现的实际执行情况与控制标准之间的不利差异进行及时矫正或纠正。控制的本质在于纠正偏差，这是保证控制标准和管理控制目标实现的关键，也是决定管理控制质量的根本要素。纠正偏差根据控制程度要求可分为“松控制”与“紧控制”。“松控制”通常是指允许实际报告与控制标准之间有较大不利偏差（如5%）才进行纠正；而“紧控制”则是指当实际报告与控制标准之间有较小不利偏差（如2%）就进行纠正。

7.业绩评价

业绩评价，指对一个组织的管理者的管理控制结果或业绩进行评价。一个组织的业绩与组织中管理者的业绩可能是不同的。管理控制中的经营业绩评价更侧重于对管理者或控制者业绩的评价。业绩评价的原则主要有：第一，经营成果指标评价与驱动因素指标评价相结合；第二，组织内部评价与组织外部评价相结合；第三，财务指标评价与非财务指标评价相结合。

8.激励机制

激励机制，指根据业绩评价结果对管理者进行奖励与惩罚。管理控制的效果只有与管理者的报酬相衔接才能保证管理控制的长期有效运行。管理者报酬的构成主要有工资、福利和激励三部分。激励往往是根据管理者当期对组织的贡献大小确定的。激励是管理者贡献价值的体现，管理控制水平高低或效果如何应与对管理者的激励相结合。从控制角度看，激励机制是管理报酬的关键。

9.沟通交流

沟通交流，指上述管理控制要素之间的信息及时传递或交流。这是管理控制的基础与保证。不明确控制环境和控制变量，就无法确定控制标准；没有控制标准与信息报告的沟通，就无法执行评估和纠正偏差。因此，没有各要素之间信息的及时、准确交流与沟通，就没有有效的管理控制系统。在管理控制中要做到信息沟通交流准确、及时，建立管理信息系统是十分必要的。

10.监督控制

监督控制，指对执行管理控制过程的质量进行监督。管理控制者本身也需要被控制或监督，这是一个完善的控制系统的必备要素。如果对管理控制水平高低没有监督与评价，或者说控制好坏对控制者都一样，势必影响管理控制的水平与效果。如内部审计在内部控制系统中的功能就是要对管理控制者控制过程进行监督控制。

上述十个管理控制系统要素构成了完善的管理控制系统，任何一个组织在构建管理控制系统时都必须全面系统地考虑这十个方面的要素，缺少任何一个要素都将影响管理控制的质量。

三、管理控制的程序

管理控制程序通常包括战略目标分解、控制标准制定、内部控制报告、经营业绩评价、管理者报酬五个步骤，要完成每一步骤又涉及许多环节，从而形成管理控制程序系统的矩阵结构图，如图7-2所示。

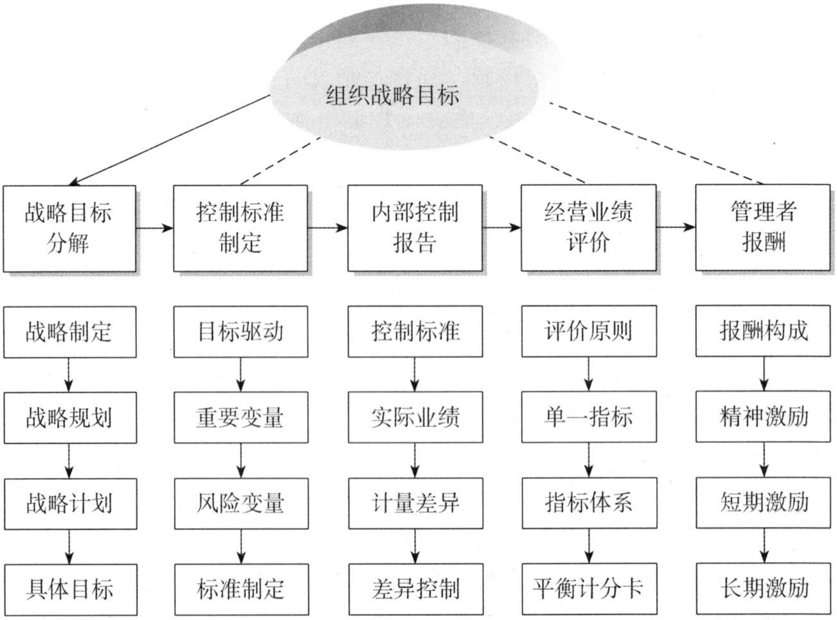

图7-2 管理控制程序与系统

（一）战略目标分解

战略描述了一个组织计划为达到其目标的总方向。战略制定是决定组织目标和达到这些目标的战略过程。企业组织目标有财务目标和非财务目标；非营利组织同样有其目标。在战略制定过程中，组织目标通常被看作已知，但有时战略制定也强调目标本身。一个组织可选择许多方法以实现其目标，即战略选择。战略制定过程实际上也是战略选择过程。当组织战略确定后，如何使组织目标及战略得以实现是管理控制的基本任务。

战略制定与管理控制是有区别的：战略制定是决定新战略的过程；管理控制是决定如何执行战略的过程。从系统设计的观点看，二者的最重要的区别在于战略制定是非系统的，管理控制是系统的。另外，一个战略的提出往往涉及相当少的人，而管理控制过程涉及组织中各个层次的管理者和职工。同时，战略制定仅涉及组织的某部分，引起某一战略的变化，而许多其他战略不受影响；而管理控制过程涉及整个组织，使管理控制的各部分相互协调。

战略目标分解是管理控制的第一步骤。战略目标分解过程如图 7-2 所示。图中展示了从组织目标到控制标准这一战略目标分解过程。前面我们已论述了组织目标与战略制定的关系。要理解这一战略分解过程，还应明确战略制定与战略规划，战略规划与战略计划，战略计划与控制标准的关系。

战略本身是重大的和重要的计划。战略规划是一个长期的战略计划，它决定组织将采取的方案和这一方案在接下来的一些年度内所需分配的资源数量。战略制定反映了一个高级管理者对其组织的发展定向；战略规划则是在组织方向一定的情况下制订的资源配置与使用的长远计划。

战略计划是为实现组织长远战略规划，在短期内（通常一年）所应采取的资源配置方案。可见，战略计划是战略规划的分解，是战略规划得以落实的保证。在管理控制过程中，战略计划是关键，一方面它使组织战略目标和规划具体化、制度化、系统化，另一方面它是明确控制变量、制定控制标准的基础。

（二）控制标准制定

管理控制必须按管理者（控制者）的意图进行，这个控制意图从总体上说是组织目标或控制目标，从具体上看是控制标准。因此，在战略计划的基础上制定管理控制标准是实施有效控制的重要步骤。

管理控制标准制定从具体环节上包括：第一，明确组织目标影响因素或目标驱动因素；第二，找出影响战略目标执行的重要变量；第三，确定关键的风险变量作为控制重点；第四，制定先进、可行的管理控制标准。

管理控制标准制定从内容上看包括财务标准和非财务标准。财务控制标准应用最广泛的主要是预算标准，如财务预算、经营预算、资本支出预算等。非财务标准从平衡计分卡方法看主要涉及顾客、供应商、员工等。

管理控制标准从形式上包括：定量标准与定性标准；效率（比率或相对数）标

准与效果（总量或绝对数）标准。

管理控制标准制定从水平上看包括：行业标准、历史水平、战略计划标准等。

（三）内部控制报告

管理控制的关键在于运用标准控制实际经济运行。因此，在确定控制标准的基础上，对实际经济运行状况的真实计量与反映是管理控制的重要步骤。完成这一步骤的关键是编制内部控制报告。

内部控制报告实际上也是整个组织及各部门的业绩报告，它的基本格式如表7-1所示。内部控制报告的种类及内容应根据管理控制标准及要求而定。例如，编制内部预算控制报告的种类通常是有多少种预算，就应编制多少种预算控制报告；预算有何内容，控制报告就应有何内容。

表7-1　**内部控制报告**

	控制标准	实际业绩	差异计量	差异程度	差异分析 可控/不可控	备注
部门1						
项目1						
项目2						
⋮						
部门2						
项目1						
项目2						
⋮						
部门3						
项目1						
项目2						
⋮						

根据表7-1，内部控制报告的编制应按控制标准、实际业绩、差异计量、差异程度、差异分析几个步骤进行，但其关键步骤在于实际业绩计量与差异分析。实际业绩计量包括会计核算、统计核算与业务核算等。在管理控制中，这些核算的关键一是要与控制标准相对应，即核算应符合控制的要求；二是要核算及时，即能根据核算及时纠正偏差。这也是管理控制对组织核算的基本要求，否则，控制将无从谈起。

差异分析关键在于对差异原因进行分析，特别是分清可控差异与不可控差异，从而明确控制重点。另外，根据差异程度确定控制程度是管理控制过程中的重要环节。控制程序可分为紧控制与松控制，这要视被控项目的重要程度及通常差异程度而定，有的差异率超过1%就需要纠正偏差，有的则差异率超过5%才需要纠正偏差。

（四）经营业绩评价

经营业绩评价实际上也是控制业绩的评价，如果对控制成效缺少评价必然影响控制者的积极性。应当注意，一个组织的业绩与组织中管理者或控制者的业绩可能是不同的。管理控制中的经营业绩评价更侧重于对管理者或控制者业绩的评价。

经营业绩评价的原则主要有：第一，组织（企业）业绩评价与经营者业绩评价相结合原则；第二，经营成果指标评价与驱动因素指标评价相结合原则；第三，组织内部评价与组织外部评价相结合原则；第四，财务指标评价与非财务指标评价相结合原则。

目前理论界与实务中研究与应用较为普遍的经营业绩评价方法主要有三类：单一指标评价、指标体系评价、平衡计分卡评价。

1.单一指标评价

单一指标评价是指采用一个最综合的指标评价经营业绩，以控制组织战略目标。EVA（附加经济价值或经济利润）是人们广泛认同的指标。EVA的计算公式是：

EVA=税后营业净利润-资本成本

其中：税后营业净利润=营业利润-所得税

资本成本=投资资本×加权平均资本成本

计算EVA的步骤是：

步骤一：选择EVA的计算起点。如以营业利润为起点，对营业利润进行初步调整，将利息费用以及营业性投资收益加回到营业利润中去；

步骤二：对初步调整的营业利润进行进一步调整，以消除其会计失真；

步骤三：计算投资资本，先利用公式计算出初步调整的投资资本，再对投资资本进行再调整以消除其会计失真；

步骤四：计算权益资本成本，并计算出企业的加权平均资本成本，最后计算出企业资本成本；

步骤五：利用步骤二计算出的营业利润先扣除企业所得税，然后减去步骤四计算出的资本成本，即可算出EVA。

EVA为正反映经营为企业创造了价值；EVA为负说明经营使企业价值贬值；EVA越高说明经营业绩越好。

在单指标评价中通常还有使用MVA（市场增加值）指标。市场增加值说明股东财富增加的方式是通过将一个企业的总市场价值和投资者已提供给企业的资本总量之间的差额最大化。其计算公式是：

MVA=企业总市值-企业总资本

总市值是债务的账面价值与权益的市场价值之和，而总资本是债务与权益的账面价值之和。

MVA评估一个组织的管理行为从开始以来对股东财富的影响，而EVA评估了在某个特定年份的管理效果。

【案例7-1】　　　　青岛啤酒案例

1999年到2001年，青岛啤酒陷于现金短缺且不能有效地创造价值的困境中，此时青岛啤酒开始考虑进行重组或出售业务以便将资源进行重新分配。2001年底，青岛啤酒决定采纳以EVA为核心的管理重组方案，建立一个更加合理、科学的激励与约束机制。

2002年起青岛啤酒正式推行EVA体系，当年青岛啤酒逐渐能够有效地创造价值，但依然面临资金短缺的危险；2003年青岛啤酒渐入佳境，业务产生的现金足以满足发展，且可以利用剩余的现金加速发展；2004年，EVA变为负值，使股东财富增长的能力衰退，同时虽然现金仍有剩余，但已处于较紧张状态；2005年青岛啤酒又回归到2002年的状态，但经过一年的改造，自2006年起直到2010年，青岛啤酒创造价值的能力优异同时资金富余，且基本上一年比一年更好。

由上述分析可以看出，2002年是一个分水岭，在此之前，青岛啤酒处于一个极糟的状况，在2002年开始实施EVA绩效评价体系后，经历了一段波动的时期，但总的来说还是向好的方向发展，到2006年后便进入了最优的状态。也可以说，这从另外一个方面体现了青岛啤酒实施EVA绩效评价体系所取得的良好效果。

2.指标体系评价

指标体系评价是指运用一系列指标从不同角度或侧面评价经营业绩。指标体系评价根据评价方法特点不同分为：指标分解评价系统和指标综合评价系统。指标分解评价系统是从最综合（或结果）的指标入手，经过指标层层分解形成反映经营业绩过程和不同侧面的指标体系。杜邦财务分析评价体系就是典型的指标分解评价系统。

指标综合评价系统是从反映经营活动的过程或各个侧面入手，应用一定的方法经过综合得出一个分数或指数，用以评价经营业绩。经营业绩评价综合指数法以及现行企业效绩评价功效系数法都属于指标综合评价系统。

3.平衡计分卡

平衡计分卡实际上也属于指标体系评价系统，但与传统指标体系评价不同的是它在指标分类、评价特点、评价程序方面都有所创新。

平衡计分卡的特点主要体现在以下几方面：第一，财务评价与非财务评价的平衡；第二，外部评价与内部评价的平衡；第三，成果评价与动因（过程）评价的平衡；第四，定量评价与定性评价的平衡；第五，短期评价与长期评价的平衡。

通常，平衡计分卡的内容由四类指标组成：第一是财务类指标，这类指标要评价企业或组织为取得财务成功，为股东做了些什么；第二是顾客类指标，这类指标评价企业或组织为达到愿景，为顾客做了些什么；第三是内部营运类指标，这类指标评价为实现股东和顾客目标，企业在内部运营的流程方面做了些什么；第四是学习与成长类指标，这类指标评价为实现企业或组织原景及战略，企业或组织的革新与提高情况。

平衡计分卡的程序是：第一，建立企业愿景与战略；第二，从平衡计分卡的四个方面明确目标；第三，根据目标选择最合适的指标；第四，进行企业内部沟通与教育；第五，确定各类指标的标准与权数；第六，将报酬与平衡计分卡评价相结合；第七，不断修正平衡计分卡指标及标准。

【案例7-2】　　敦豪公司案例

中外运敦豪国际航空快递有限公司（以下简称“敦豪公司”）是由DHL与中国对外贸易运输集团总公司各注资50%于1986年成立的国际航空快递公司。2002年，敦豪公司利用平衡计分卡建立了管理目标和奖励系统相结合的评价控制模式。其平衡计分卡包含三个层面的内容：财务指标、效率指标和服务质量指标。评价流程包括五个步骤：总部根据战略目标及网络的要求确定考核指标的权重及标准；管理人员了解公司的愿景、战略、目标与绩效衡量指标；每月8日由相关负责部门及人员提供各分公司指标完成情况的信息；每月15日向分公司、区域、总部公布指标完成情况的信息；年终考核结果直接与年终奖金分配制度挂钩。受益于评价控制模式，敦豪公司的管理层得以及时跟踪并修正指标，管理变得更加便捷有效，公司业务年平均增长率达40%，营业额跃升60多倍。

（五）管理者报酬

管理控制的主体是管理者。管理者的控制动机必然与其自身利益相关。因此，管理控制的效果只有与管理者的报酬相衔接才能保证管理控制的长期有效运行。从这点看，管理者报酬既是管理控制的终点，也是管理控制的起点。

管理者报酬的构成主要有工资、福利和激励三部分。工资往往根据管理者的学历、经历、以前的业绩和职位等确定；福利往往是根据企业或组织整体业绩状况及管理者的职位确定；激励往往是根据管理者当期对企业或组织的贡献大小确定。工资与福利是管理者基本价值的体现；激励则是管理者贡献价值的体现。管理控制水平高低或效果如何主要应与对管理者的激励相结合。从控制角度看，管理者激励是管理者报酬的关键。

对管理者的激励可分为精神激励与物质激励两方面。精神激励包括在职消费、晋升激励、授予激励（授权、荣誉称号）等。物质激励包括短期物质激励（如奖金、年薪制）和长期物质激励（如股票期权等）。管理控制中的精神激励与物质激励都是必要的，二者不可偏废。当然，在社会物质财富没有极大丰富的情况下，物质激励的作用可能更突出。而在物质激励中，长期激励可能更为重要。

目前，实践中的长期激励方式主要有：股票期权、股票增值权、虚拟股票、业绩股份等。其中股票期权是最主要的长期激励方式。股票期权是指标的资产或商品是股票的期权。激励中的股票期权又分为：（1）激励型股票期权。激励型股票期权的行权价与市价相等。股票期权价值来自于税后利润的分配。运用这种期权，员工在为公司服务期内不存在酬劳成本确认和酬劳费用分摊问题。（2）酬劳型股票期权。这一期权的特点是：股权给予日（授权日）股票行权价与市价不等。期权价值是由给予日股票市价与行权价之间的差额所决定的，它是公司为激励员工而支付的酬劳成本。股票期权价值是员工工资收入和公司人工成本的组成部分。

案例分析：论企业的战略管理与内部风险控制——以多乐士为例

本章小结

企业是一种经济组织形式。企业的活动可分为六大类：（1）技术活动，即生产和制造；（2）商业活动，即购买、销售和交换；（3）财务活动，即寻找资本及最适当地利用资本；（4）安全活动，即保护财产和人员；（5）会计活动，即盘存、资产负债表、成本和统计；（6）管理活动，即计划、组织、指挥、协调和控制。企业目标应与企业资本所有者目标相一致，即资本的保值与增值。

企业有三种主要法律形式，即业主制、合伙制和公司制。不同类型的企业由于所有者的数量与特征不同，其财务管理的主体、客体的内容与形式就有所区别，其承担责任与享有的权利就有所不同，财务管理的复杂性也不同。公司理财，特别是现代公司理财必须注意区别不同类型企业进行管理。当然，各种类型的企业都有其优点与缺点，只有根据环境选择适当的企业组织形式并采取适当的财务管理方法才能取得成效。

公司理财是财务学的重要组成部分，它与金融市场学、投资学、政府和非营利组织财务管理共同构成现代财务学的完整内容体系。公司理财是对公司财务活动的管理，即通过对公司资金或资本运筹的管理，协调与处理公司各种利益相关者的关系，其最终目的是实现公司资金或资本的运筹效率和效果。公司理财基本内容可分为公司筹资管理、公司投资管理和公司运营管理三个部分。

公司理财体系框架可表述为：以资本增值为公司目标和财务目标，以基于价值管理为公司理财的导向，以会计报告与财务分析为理财基础，以处理与投资界的关系、评估战略以创造价值和借助全面绩效管理创造价值为理财领域，以资本经营与管理控制为理财两翼的全面、系统、综合的理论体系与应用体系。

关于公司理财目标，国外和国内学者都提出过许多不同的见解，主要有：（1）利润最大化；（2）经济效益最大化；（3）股东财富最大化；（4）现金股利最大化；（5）产值最大化；（6）投资者、经营者和社会利益最大化；（7）长期资本增值；（8）资金运动合理化；（9）企业价值最大化等。公司理财的根本目标是资本增值；直接目标是利润；核心目标是经济效益。没有经济效益，就没有利润；没有利润，就没有资本的保值与增值。因此，要实现资本增值，核心是要提高经济效益，从而使利润最大化，资本增值最大化。

资本经营的内涵是企业以资本为基础，通过优化配置来提高资本经营效益的经营活动，其活动领域包括资本流动、收购、重组、参股和控股等能实现资本增值的领域，从而使企业以一定的资本投入，取得尽可能多的资本收益。资本经营的内容包括资本存量经营、资本增量经营、资本配置经营和资本收益经营。资本经营方式包括资本扩张经营和资本收缩经营两种类型。资本经营的动机与目标在于创造企业价值。

管理控制是指内部控制者为保证经营活动有效性目标所进行的控制过程的总和。如果将管理控制的控制者看作是以管理者为主的组织中各类成员，经营活动有效性目标看作是组织的战略目标，则管理控制是指管理者影响组织中其他成员以实现组织战略的过程。管理控制要素可归纳为十个基本要素：控制环境、控制变量、控制标准、信息报告、执行评估、纠正偏差、业绩评价、激励机制、沟通交流和监督控制。上述十个管理控制系统要素构成了完善的管理控制系统，任何一个组织在构建管理控制系统时必须全面系统地考虑这十个方面的要素，缺少任何一个要素都将影响管理控制的质量。管理控制程序通常包括战略目标分解、控制标准制定、内部控制报告、经营业绩评价、管理者报酬五个步骤。

关键概念

企业　公司理财　公司理财内容　公司理财目标　公司治理　财务治理　资本经营　资产经营　商品经营　产品经营　资本存量经营　资本增量经营　资本配置经营　资本收益经营　企业管理控制　管理控制要素　管理控制程序

思考题

7.1　企业的内涵、本质与目标是什么？

7.2　公司理财在财务学中的地位如何？

7.3　公司理财的内涵与特点是什么？

7.4　如何理解公司理财的基本框架体系？

7.5　公司理财的目标如何解析？

7.6　公司理财包括哪些内容？

7.7　资本经营与资产经营及商品经营的关系如何？

7.8　资本经营在公司理财中处于什么地位？

7.9　如何理解管理控制的内涵与要素？

7.10　管理控制在公司理财中处于何种地位？

延伸阅读与参考文献

1.布雷利，等. 公司财务原理［M］. 方曙红，等，译. 北京：机械工业出版社，2004.

2.罗斯，等. 公司理财［M］. 吴世农，沈艺峰，译. 北京：机械工业出版社，2000.

3.达摩达兰. 应用公司理财［M］. 郑振龙，译. 北京：机械工业出版社，2000.

4.爱默瑞，芬尼特. 公司财务管理［M］. 荆新，王化成，李焰，等，译. 北京：中国人民大学出版社，1999.

5.陈雨露. 公司理财［M］. 北京：高等教育出版社，2003.

6.陈文浩. 公司财务［M］. 上海：上海财经大学出版社，2003.

7.胡玉明. 公司理财［M］. 大连：东北财经大学出版社，2002.

8.刘淑莲. 公司理财［M］. 北京：中国人民大学出版社，2012.

9.伯克，等. 公司理财［M］. 姜英兵，译. 北京：中国人民大学出版社，2014.

10.张先治. 企业资本经营论［M］. 北京：中国财政经济出版社，2001.

11.张先治. 内部管理控制论［M］. 北京：中国财政经济出版社，2004.

12.张先治. 公司理财.［M］. 北京：中国财政经济出版社，2009.

13.王斌. 公司财务理论［M］. 北京：清华大学出版社，2015.

第八章

公司筹资管理

引例

有资料显示，1970—1985年间，英国与西德的留存收益筹资在资本结构中所占比重分别为74.2%和67.1%，债务筹资为23.7%和21.1%，股权筹资则分别仅占4.9%和2.1%，就连严重依赖外部资本的日本留存收益筹资占比也达到了40%。而1979至1992年间美国的内部留存筹资占比也一直在65%以上，平均为71%，最高的1992年甚至达到97%。筹资为何首先关注内部资本？

如果依据贵州茅台酒股份有限公司（股票代码为600519）披露的2006—2007年连续两年的报表资料进行计算，2006年该公司的销售收入较上年增长了47.81%，而其净利润却增长了89.25%。如此高的净利润增长，缘由何在？该公司

2006—2014年的分红派息情况一直按每10股现金（含税）派发，9年间各年派发情况分别为：2006年7元、2007年8.36元、2008年11.56元、2009年11.85元、2010年23元、2011年39.97元、2012年64.19元、2013年43.74元、2014年43.74元。该公司为了吸引投资者，采用了怎样的股利政策？

万德数据库统计显示，我国上市公司资产负债率呈现不断攀升状况，2011—2015年5年间，我国上市公司资产负债率从2011年的61.19%上升到2015年的85.45%。如果对其进行分析，我们就会感觉到，实务中的企业财务运作，没有一家企业采用全债权筹资或全股权筹资，这是为什么？而纵观国外企业的成长历史表明，因增长过快而破产与因增长过慢而破产的公司数量几乎一样多。①企业应该如何均衡发展？

① 干胜道.财务规划［M］. 北京：清华大学出版社，2005：21.

学习目标

知识目标

掌握筹资管理的原则与内容，了解筹资的种类；了解筹资活动与价值创造的关系；掌握资本需要量预测的各种定量方法；掌握短期筹资方式的种类及不同种类筹资的优缺点；掌握长期筹资方式的种类及不同种类筹资的优缺点；了解制定股利政策的影响因素，掌握不同股利政策的特点；掌握股利支付的一般方式种类及近似支付方式的种类；掌握杠杆的种类及形成原因以及与风险的对应关系；掌握资本结构的影响因素及优化资本结构的方法种类。

技能目标

掌握销售百分比法在资本需要量中的预测；掌握内含增长率与可持续增长率的计算；掌握三个杠杆系数的计算以及相应影响指标的预测期值的估算；掌握加权资本成本最低法和每股收益最大法的计算及决策标准。

能力目标

能够区分筹资方式及筹资渠道；解释内含增长率以及预期销售增长率与可持续增长率之间的关系；掌握应否放弃现金折扣的决策；掌握股利支付程序中的四个日期的确定。

本章提要

什么是筹资管理？筹资的种类有哪些？筹资活动与价值创造存在怎样的关系？如何预测资本需要量？短期筹资方式有哪些？长期筹资方式有哪些？股利政策需要解决哪些问题？杠杆的种类有哪些以及与风险之间的关系如何？如何优化资本结构？

本章共分六节对以上问题做出解答。第一节介绍筹资管理的内涵，筹资的种类及筹资方式，说明筹资活动对价值创造的影响；第二节介绍资本需要量的预测方法，包括平均法、资本习性预测法和销售百分比预测法，分析了销售增长与外部筹资的关系；第三节介绍了短期筹资方式的种类及其优缺点，长期筹资方式的种类及其优缺点；第四节介绍了股利政策的影响因素、种类、股利支付方式及股利支付程序；第五节介绍了经营杠杆、财务杠杆、总杠杆的概念，形成原因，衡量指标及其与风险之间的关系；第六节介绍了资本结构的影响因素以及资本结构优化的定量方法。

第一节　筹资管理与价值创造

一、筹资管理的内涵

资本是企业的“血液”，如果一个企业的资本无法顺畅流转，则其一切经营活动都无法实现，因此，合理进行筹资管理，是确保企业永续发展的前提。

（一）筹资管理的概念及内容

筹资管理是指企业围绕着筹资活动进行的合理安排。通常发展中的企业需要资本做支撑，为了有的放矢，需要事先预测资本的需要量，需要考虑利润的留存比例，需要结合资本成本安排外部资本的来源以及资本的取得方式；为了规避风险，需要考虑短期资本与长期资本的构成、负债与所有者权益资本的构成，由此决定筹资管理的内容主要包括：（1）采用一定的方法，预测资本需要量；（2）确定短期资本与长期资本的筹资方式；（3）选择合理的股利政策，明确留存比例；（4）利用杠杆原理控制风险；（5）确定较优的资本结构。

（二）筹资管理的原则

企业筹资管理中，需遵循一定的原则。

1.依法筹资原则

企业无论是利用内部资本筹资，还是利用外部资本筹资，国家都有相关的规定，如利润分配须遵守利润分配的程序规定；发行股票或债券须具备一定的条件等。筹资时，企业必须严格遵守国家的相关法律法规，不能违法筹资。

2.以需定筹原则

实际中企业需要筹资多少，取决于经营发展的需要，确定筹资规模时必须结合企业未来的收入状况，根据需求确定筹资总量、筹资渠道与筹资方式、筹资期限等，绝不能盲目筹资。

3.讲求效益原则

就长期资本而言，企业无论以何种方式取得资本，都是有成本代价的，因此，筹资时需要比较所筹资本的代价与所筹资本运用的收益，只有前者小于后者，才能筹资，否则应放弃投资与筹资。

二、筹资活动的种类及筹资方式

筹资活动与筹资方式是筹资管理中的两个重要概念，而筹资方式常常与筹资渠道密切相关。

（一）筹资活动的种类

筹资活动是指企业根据其生产经营、对外投资及调整资本结构的需要，通过一定的渠道，采取适当的筹资方式，经济有效地筹措和集中所需资本的活动。为企业筹资是公司财务管理的一项基本工作，也是一项主要内容。实际中的筹资活动具有多样性，它可以按不同的标志进行分类，从而形成不同种类的筹资。

1.短期筹资与长期筹资

如果按筹资使用期限的长短来划分，筹资可以分为短期筹资和长期筹资两类。短期筹资是指可供1年以内使用的所筹资本。这类资本常常与短期流动资产相匹配，主要用来解决企业生产经营中因季节性或临时性原因而产生的资本短缺。长期筹资是指可供1年以上使用的所筹资本。这类资本常常与长期资产相匹配，主要用来解决企业长期发展所需要的资本。实务中要使企业资金周转顺畅，必须长短期资本搭配使用。

2.所有者权益筹资和负债筹资

如果按筹资的属性不同来划分，筹资可以分为所有者权益筹资和负债筹资两类。所有者权益筹资是指企业依法取得并长期拥有，可以自主调配的资本。此类资本由所有者投入，一般不用还本，企业对其拥有使用权，所有者除依法转让其所有权外，不得以任何方式抽回，因而所有者权益筹资被视为永久性资本，此类资本越多，说明企业的信誉越好。负债筹资是指企业依法取得的，需要按期偿还的借入资本。虽然企业拥有对此类资本的使用权，但常常受到来自债权人的制约，而且需要到期还本付息。实务中，企业要获得财务杠杆利益，必须合理确定二者的比例。

3.内部筹资和外部筹资

如果按筹资的来源不同来划分，筹资可以分为内部筹资和外部筹资两类。内部筹资是指企业通过留存收益等形式而形成的内部资本。此类资本无需花费筹资费用，其数量通常由企业可分配利润的金额和股利政策所决定。外部筹资是指企业向外部筹措而形成的资本。通常处于初创期和成长期的企业，常常开展外部筹资活动，从而大量吸纳外部资本。

4.直接筹资和间接筹资

如果按是否通过中介来划分，筹资可以分为直接筹资和间接筹资两类。直接筹资是指不借助金融中介机构，资本的需求方与供给方直接融通的资本。间接筹资是指资本供需双方都是通过金融中介机构而实现的资本融通。在间接筹资方式下，金融中介机构起着特殊的作用，最典型的间接筹资方式就是银行借款。

（二）筹资方式

企业筹资需要采用一定的筹资方式，它取决于企业资本的组织形式以及金融市场的开发利用程度，而筹资方式与筹资渠道密切相关。

1.筹资方式的概念及种类

筹资方式是指企业筹集资本所采用的具体形式。它体现着资本的属性和期限。目前我国企业的筹资方式主要有以下几种：（1）吸收直接投资；（2）发行股票；（3）利用留存收益；（4）向银行借款；（5）利用商业信用；（6）发行企业债券；（7）租赁等。其中，利用前三种方式融通的资本为所有者权益资本，利用后四种方式融通的资本为债务资本。

2.筹资方式与筹资渠道的关系

所谓筹资渠道是指企业筹集资本的来源方向或通道。它体现着资本的源泉和流量。

（1）筹资渠道的种类

目前，我国企业的筹资渠道主要有以下七种：国家财政资金；银行信贷资金；非银行金融机构资金；其他企业资金；企业内部资金；居民个人资金；国外和我国港澳台资金。其中，国家财政资金政策性很强，只有国家积极扶持的企业才可能获得；其他形式的资金，原则上讲适合于所有企业，但能否获得取决于企业的经营状况、发展前景以及国家的法律政策等。

（2）筹资方式与筹资渠道的关系

筹资方式与筹资渠道是两个完全不同的概念，筹资渠道解决的是资本来源问题，而筹资方式解决的则是通过何种方式取得资本的问题。但二者又有着密切的联系，其联系表现为一定的对应关系：

①同一筹资渠道的资本往往可以采用不同的筹资方式取得。如发行股票、发行债券属于不同的筹资方式，但面向社会公众发行的部分都来自于同一筹资渠道，即居民个人资本。

②同一筹资方式可能只适用于某一特定的筹资渠道。如留存收益筹资方式面对的筹资渠道单一，只能来自于企业的内部资本。

③同一筹资方式也可能适用于不同的筹资渠道。如借款筹资方式，其资本可能来自于银行信贷资本，也可能来自于非银行金融机构资金，还可能来自于国外或我国港澳台资本。

从总体上讲，筹资渠道的多样性决定了筹资方式的多样性，但从筹资管理角度，更多涉及的是筹资方式。企业实际筹资时，应认真分析研究各种筹资渠道和筹资方式的特点及适用性，寻求两者之间的最佳组合。

三、筹资管理与价值创造的具体内容

关于筹资管理与企业价值之间的关系，理论研究者们一直在不懈地对此进行探索，其研究焦点主要集中在以下两个问题：一是资本结构与企业价值的关系；二是股利政策与企业价值的关系。

（一）资本结构与价值创造

资本结构有广义和狭义之分，在其理论研究中，人们常常将其做狭义的理解。狭义的资本结构是指长期资本的构成及其比例关系。关于资本结构与企业价值的关系，自20世纪50年代以来，一直是财务理论研究的热点问题，争议的焦点在于最佳资本结构，目前为止对此没有公认的结论，但总体来看，资本结构会影响企业价值这一点应该说已经达成了共识，至于长期负债与股权资本比例多少为最佳，至今仍然是个谜。

资本结构理论可以分为早期资本结构理论、经典资本结构理论和当代资本结构理论。而早期资本结构理论由于建立在判断或经验的基础上，缺乏严格的推理及证明，因此人们对其并不看好。

1.经典资本结构理论与价值创造

经典资本结构理论即MM理论，该理论于1958年由美国著名的财务学家弗兰克·莫迪格里安尼（Franco Modigliani）和默顿·米勒（Merton H.Miller）提出，被公认为是现代资本结构的开端。MM理论包括无税的MM理论和有税的MM理论。前者在市场完全有效的假设前提下进行论证，得出以下结论：低成本举债带来的利益正好被权益资本成本的上升所抵消，资本结构不影响企业的价值；后者在考虑企业所得税的前提下，结论如下：由于利息可以抵税，从而增加了企业的税后现金流，企业价值会随负债比率的提高而增加，负债越多，企业的加权平均资本成本越低，企业价值越大。MM理论之所以为人们所推崇，是因为其严密的推导和论证。

2.当代资本结构理论与价值创造

当代资本结构理论主要包括权衡理论和信息不对称理论。权衡理论认为，MM理论完全忽视了现代社会中极为重要的两个因素：财务危机成本和代理成本。在考虑这两类成本的基础上，其结论为：当财务危机成本和代理成本的上升恰好完全抵消由于负债所带来的税负节约时，此时的负债比率为最优资本结构，企业价值达到最大；信息不对称理论则认为，MM理论中假设投资者和经营者在获得公司信息的能力和可能性上相同，事实上，经营者总是比投资者更了解公司的内部经营情况并掌握投资者无法知道的信息，企业所选择的资本结构就是把内部信息传递给市场的一个信号。在信息存在不对称性的前提下，内部筹资的使用成本较低，通常不会引起错误的信号，但会提高企业的股权比例；而负债的增加通常会使投资者认为是增加企业价值的信号，从而增强投资者对企业的信心；股票筹资虽然易被投资者所接受，但其风险极大、代价很高，发行新股会引发企业股价被高估的错误信号，进而使得投资者抛售其股票，造成股价下跌。基于此，提出企业筹资的顺序应当为：第一，内部筹资；第二，负债筹资；第三，股票筹资。

纵观资本结构的不同观点，比较而言，当代资本结构理论更接近现实，因此近年来，越来越受到人们的重视。当代资本结构理论给予我们的启示是：资本结构影响企业价值，只有合理安排资本结构，才会使企业价值增值。

（二）股利政策与价值创造

股利政策是指股份有限公司有关股利支付的方针和策略。其核心内容是确定股利的支付比率及留存比例。股利支付能否影响企业价值，对此具有争议，有股利无关论和股利相关论两类观点。由于股利无关论是在市场完全有效的状态下得出的股利支付与企业价值无关的结论，因此更多的人赞成股利支付与企业价值相关的观点，并对此从不同角度进行分析，股利相关论具体又包括信号传递论、“一鸟在手”论、所得税差异论、代理成本论等观点。

1.信号传递论与价值创造

信号传递观点认为，股利发放能够向投资者传递有关公司利润情况的信息，这一信息会反映在公司股价上，引起股价的上升或下降。一般来说，保持股利稳定，并根据利润状况增加股利发放，可能会向外界传递公司成长性较好、经营业绩有所提高、盈利能力增强等信息，公司的股价自然会上涨，从而增加企业价值；反之，则会降低企业价值。

2.“一鸟在手”论与价值创造

“一鸟在手”观点认为，股利是有把握按时获得的收入，而由股票价格升降带来的资本利得则有很大的不确定性，风险较大。在此种情况下，投资者会愿意以较高的价格购买能够支付较高股利的股票，能够支付高股利股票的价格就会上涨，而且，股利支付越多，企业价值越大。

3.所得税差异论与价值创造

所得税差异论观点认为，由于股利所得的税率高于资本利得的税率，因此出于节约税收支出的考虑，投资人可能比较偏好于公司少发放股利，而将多余的盈余保留下来留作再投资之用。如果投资能够成功，公司盈余增加，股票价格就会上升，企业价值也会相应上升，而投资人未来还可以享受潜在的资本利得。

相关链接8-1　　美国的税率规定

从20世纪60年代开始，美国税法规定的股利适用税率先后为90%、80%、70%、50%、40%、33%与39.6%；而几乎与此同时的资本利得适用税率却仅为25%、29.5%、32.5%、35%、28%、33%与28%。显然，获得股利收益要比获得资本利得收益支付更高的个人税。

4.代理成本论与价值创造

代理成本观点认为，股利的支付能够有效地降低代理成本。对股东而言，较高的股利是一个利好消息，它能够增加公司价值，进而引起公司股价的上涨。

纵观股利相关论的各家观点，一定的股利支付是必需的，股利的支付会增加企业价值，但合理的股利支付标准没有公认的结论，这也是理论研究中的一个谜。

第二节　资本需要量的预测

概括地讲，资本需要量的预测有定性预测法和定量预测法两大类。当企业缺乏完备、准确的历史资料时可以采用定性预测法；如果企业历史资料齐全，可以采用定量分析法进行预测。

一、资本需要量的定量预测方法

常用的资本需要量定量预测法有平均法、资本习性预测法和销售百分比预测法。

（一）平均法

平均法是指根据历史资料的平均资本占用数来预测未来资本需要量的一种定量预测方法。依据计算的平均数的不同，平均法又可以分为简单平均法、移动平均法和加权平均法等形式。该类方法计算简单，但未考虑资本与产销量之间的依存关系，因此预测的精确度不高。

（二）资本习性预测法

资本习性预测法是指根据资本习性模型预测未来资本需要量的一种定量预测方法。此法假定资本需要量与销售之间存在线性关系，其资本习性分析模型为Y=a+bx。这里的a表示不变资本，即在一定销售范围内，不受销售变动的影响而固定不变的那部分资本。如维持经营而占用的最低数额的现金、原材料的保险储备、厂房机器设备等固定资产占用的资本等；b表示单位销售量所需的变动资本。所谓变动资本是指随销量的变动而呈正比例变动的那部分资本。如直接构成产品实体的原材料、外购件等占用的资本等。a、b的确定既可以采用高低点法也可以采用一元回归直线法。此法考虑了资本与销售之间的关系，因此预测结果较为合理。

（三）销售百分比预测法

销售百分比预测法是指在明确销售与预计资产、负债、未分配利润关系的基础上，根据销售的变动水平预测计划期需要追加外部资本量的一种定量预测方法。此法假设收入、费用、资产、负债与销售存在稳定的百分比关系。预测公式如下：

$$\text{需要追加的外部资本额}(\Delta F)=\text{预计销售变动额}\times\left(\text{随销售变动的资产百分比}-\text{随销售变动的负债百分比}\right)-\text{预计内部周转资金}-\text{预计留存收益}$$

$$=\Delta S\times\left(\frac{A}{S_0}-\frac{L}{S_0}\right)-D-R$$

其中：

D=预计计提折旧额-预计更新改造需要额

R=计划期销售额×预计销售净利率×（1-股利支付率）$=S_1\times P_1\times(1-d)$

A指依据预计资产负债表确定的随销售变动的资产项。一般货币资金、应收账款、存货等会随销售的变动而变动；固定资产与企业的生产能力利用程度相联系，如果生产能力尚未充分利用，则固定资产与销售的变动无关，如果生产能力已经饱和，则固定资产会随销售的变动而变动；至于长期投资、无形资产等与销售的变动无关。

L指依据预计资产负债表确定的随销售变动的负债项。一般应付账款、其他应付款等项目会随销售的变动而变动，但应付票据、长期负债等则不随销售的变动而变动。

【案例8-1】

假定某公司2015年简略利润表和资产负债表如表8-1所示，表中的N表示该项目与销售的变动无关。

表8-1　**简略利润表和资产负债表（2015年）**　金额单位：万元

项目	金额	占销售百分比	项目	金额	占销售百分比
营业收入	5 000	100%	资产		
营业成本	3 500	70%	库存现金	100	2%
营业毛利	1 500	30%	应收账款	400	8%
管理费用	900	N	存货	450	9%
息税前利润	600	12%	固定资产净值	1 800	36%
利息	100	N	无形资产	450	N
利润总额	500	10%	合计	3 200	
所得税	100	N	负债和所有者权益		
净利润	400	8%	应付账款	600	12%
股利	280	N	非流动负债	1 000	N
未分配利润	120	N	股本	1 400	N
			留存收益	200	N
			合计	3 200	

该公司预计2016年可能实现销售收入5 500万元，销售成本率、股利支付率、股本总额将保持基期水平不变，管理费用为950万元，计提折旧400万元。该公司适用的所得税税率为20%，长期负债利率为10%。该公司没有剩余生产能力，所提折旧全部用于更新改造。

要求：预测2016年需要追加的外部资本。

依据所给资料进行计算：

预计净利润$_{2016}$=（5 500−5 500×70%−950−100）×（1−20%）=480（万元）

预计销售净利率$_{2016}$=$\frac{480}{5\ 500}$×100%≈8.73%

ΔF_{2016}=（5 500−5 000）×（55%−12%）−5 500×8.73%×（1−70%）

=70.955（万元）

拓展知识：浅议修正销售百分比法在资金预测中的应用

二、销售增长与外部筹资的关系

在研究销售增长与外部筹资的关系时，常常需要计算内含增长率和可持续增长率。

（一）内含增长率

内含增长率（用$g_{内}$表示）是指外部筹资需要额为零时的销售增长率。该指标是企业不使用外部资本可以维持的最高销售增长率，当企业的实际或预计销售增长率刚好等于该点，说明内部资本刚好满足销售增长的资本需求，不用外部筹资；而当企业的实际或预计销售增长率低于该点，说明资本结余；当企业的实际或预计销售增长率超过该点，则必须从外部筹资。依据内含增长率的定义，假定所提折旧全部用于更新改造，外部筹资额为零，则可以推导出$g_{内}$的计算公式：

$$g_{内}=\frac{预计销售净利率\times(1-股利支付率)}{随销售变动的资产百分比-随销售变动的负债百分比-预计销售净利率\times(1-股利支付率)}$$

实际中，如果企业不能获得外部资本，其销售增长不能突破该值，但经过一段时间后，企业的股权资本会不断增加，由此会导致资产负债率的降低。

（二）可持续增长率

可持续增长率（用$g_{持续}$表示）是指保持经营效率和财务政策不变条件下的销售增长率。这里的经营效率表现为资产周转率和销售净利率；财务政策表现为权益乘数和留存收益率（即1–股利支付率）。显然，可持续增长率存在假设，如果财务政策保持不变，负债的增长将按照所有者权益的增长而同比例变动，这种增长，在资本上可以永远发展下去，因此，可持续增长率实质是企业同时运用内部资本和外部资本所能支持的销售增长率的最高极限值。相关的计算公式如下：

$$g_{持续}=\frac{销售净利率\times留存收益率\times权益乘数}{资产\div销售额-销售净利率\times留存收益率\times权益乘数}$$

此式中的所有数据均为预计期期末值或预计期的当期发生额。由于可持续增长率是同时运用内部和外部资本可以维持的最大销售增长率，因此，一般可持续增长率会高于内含增长率。

【案例8-2】

依据案例8-1所给资料。要求：计算该公司2016年的内含增长率和可持续增长率。

依据所给资料进行计算：

$$g_{内}=\frac{8.73\%\times(1-70\%)}{55\%-12\%-8.73\%\times(1-70\%)}\approx6.49\%$$

$$g_{持续}=\frac{8.73\%\times30\%\times3\,200\div1\,600}{3\,200\div5\,000-8.73\%\times30\%\times3\,200\div1\,600}\approx8.91\%$$

如果按照可持续增长率的相关假设进行推导，可持续增长率还可以依据以下公式进行计算：

$g_{持续}$=销售净利率×资产周转率×权益乘数（按期初权益期末资产计算）×留存收益率

此式说明了影响可持续增长率高低的四个因素，这四个因素的变动都会使可持续增长率发生同方向变动。研究可持续增长率的一个重要原因是：它可以说明预计销售增长率是否可行。当预计销售增长率等于可持续增长率时，说明销售净利率、资产周转率、权益乘数和留存收益率保持上期水平不变，属于平衡增长，这种状况可以使企业长期发展下去；如果预计销售增长率大于可持续增长率，属于超常增长，需要四因素中的某一个或某几个高于上期水平，这样才能满足超常增长的资本需求；如果预计销售增长率小于可持续增长率，说明四因素中的某一个或某几个低于上期水平，这是超常增长的必然结果，企业对此应有所准备。

第三节 短期筹资方式与长期筹资方式

一、短期筹资方式

短期筹资，也称流动负债筹资，是指资本使用期限不超过一年的筹资。它主要用于企业日常的周转资本需要，具有筹资速度快、便于取得、筹资成本较低等特点。短期筹资涉及的最主要筹资方式有：短期借款和商业信用。

（一）短期借款

短期借款是指企业向银行或其他非银行金融机构借入的期限在一年以内的借款。

1.短期借款的种类

短期借款用来补充企业的短期资本需求，具体又可以分为以下四种：

（1）信用借款

信用借款是指企业完全凭自身信用，无需提供经济担保和财产抵押而从银行取得的借款。这种借款只适用于那些信誉好、经济实力强、经济效益显著的企业。

（2）经济担保借款

经济担保借款是指企业以第三方的经济信誉或财产担保作为还款保证而从银行取得的借款。一般银行要对担保方的资格、承保能力进行审查。而担保方通常会对被担保企业的资信进行调查，以免承担不必要的损失，一旦借款人无力偿还，担保方则有责任代借款人偿还逾期的借款本息。

（3）抵押借款

抵押借款是企业将自己的财产作为抵押物而从银行取得的借款。企业提供的抵押物，必须有明确的所有权，银行首先对抵押物进行估计审查，然后才能签订抵押借款合同。当企业借款不能按期归还时，银行有权处理抵押物并优先受偿。

（4）贴现借款

贴现借款是指持有银行或商业承兑汇票的企业，以未到期的票据贴现从银行取得的借款。企业贴现时，银行要按票据到期值扣除从贴现日到汇票到期日的利息，支付其差额。

2.银行借款的信用条件

（1）信贷额度

信贷额度即贷款限额，是借款人与银行在协议中规定的允许借款人借款的最高限额。如借款人超过规定限额继续向银行借款，银行则停止办理。此外，如果企业信誉恶化，即使银行曾经同意按信贷限额提供贷款，企业也可能得不到借款。这时，银行不会承担法律责任。

（2）周转信贷协定

周转信贷协定是银行有法律义务承诺提供不超过某一最高限额的贷款协议。在协议的有效期内，只要企业借款总额未超过最高限额，银行必须满足企业任何时候提出的借款要求。

（3）补偿性余额

补偿性余额是银行要求借款人在银行中保持按贷款限额或实际领用额的一定百分比（通常为10%~20%）计算的最低存款余额。从银行的角度看，补偿性余额可以降低贷款风险，对于借款公司来说，补偿性余额则提高了借款的实际利率。实际利率的计算公式如下：

实际利率=名义利率÷（1-补偿性余额）

3.短期借款的利息支付方式

（1）一次支付法

一次支付法也称为收款法，它是在短期借款到期时才向银行支付利息的一种方法。通常银行向企业发放的贷款大部分都采用这种形式。在这种方式下，实际利率与名义利率相等。

（2）贴现法

贴现法是银行向企业发放贷款时，预先从贷款中扣除利息的一种支付利息的方法。在这种付息方法下，借款人实际得到的金额是借款额扣除利息后的余额，而到期偿还时必须按借款额偿还，由此导致借款人的实际利率要高于银行的名义利率。实际利率的计算公式如下：

实际利率=名义利率÷（1-名义利率）

（3）加息法

加息法是银行将贷款的利息与贷款本金合并要求借款企业分期等额偿还贷款的一种利息支付方法。在这种方法下，要求借款企业在贷款期内分期偿还本息之和，借款企业实际上只平均使用了贷款本金的一半，却支付了全额利息，由此导致借款企业负担的实际利率是名义利率的2倍。

4.短期借款筹资的优点

（1）筹资速度快

短期银行借款较发行证券筹集资金相比，所需时间较短，另外由于其能在短期内归还，债权人顾虑较少，因此，获得短期借款较长期借款容易且迅速。

（2）筹资成本低

通常从银行借款所支付的利息比发行债券所支付的利息低，另外也无需支付大量的发行费用，因此，短期借款的利率较长期债务的利率低。

（3）借款有弹性

与长期借款不同，短期借款由于期限短，借款契约中限制性条款较少，因此债务人使用短期债务资本具有较大的灵活性，从而使筹资富有弹性。

5.短期借款的缺点

（1）财务风险高

短期负债需要在短期内偿还，如果企业过分筹措短期债务，当债务到期时，企业不得不在短期内筹措大量资本还债，这极易使企业陷入财务危机，甚至破产倒闭。因而与长期借款相比，短期借款的财务风险会高于长期借款。

（2）筹资数量有限

由于短期借款只用于解决企业的临时性资本需求，因此通常银行借出的数额不会太高，它的筹资额远远低于发行债券的筹资额。

（二）商业信用

商业信用是指在商品交易过程中，以延期付款或预收货款形式进行资金结算而形成的企业间的借贷关系。商业信用由于企业间日常经常发生的商品购销活动而自动生成，因而应用广泛，在短期负债筹资中占有相当大的比重。

1.商业信用的形式

商业信用的具体形式有应付账款、应付票据和预收款项等。

（1）应付账款

应付账款是企业购买商品暂未付款而欠卖方的账款。在商品销售和劳务提供过程中，卖方允许买方在购进商品后的一定时期内支付货款，即延期支付，这等于买方向卖方借用资金购进商品，可以满足买方短期资本的需要，由此自动形成应付账款筹资形式。对于卖方来说可以利用这种方式促销，因此这种形式对买卖双方都有利。

通常卖方（供应商）为了鼓励买方（购货商）提前还款，常常规定相关的信用条件。所谓信用条件是指卖方对付款时间和现金折扣时间及折扣比例做出的具体规定，包括信用期限、折扣期限和现金折扣三项内容。如“2/10，n/30”，表示如果买方在购货开发票日之后的10天内付款，就可以享受2%的现金折扣，若超过10天后付款，则不能享受现金折扣，必须按全额付款。这里的30表示信用期限，是指供应商允许买方延期付款的最长期限。如果实际中，买方在现金折扣期限内付款，或供应商没有提供现金折扣只规定信用期限而买方在信用期限内付款，在这两种情况下，都属于免费筹资。如果企业放弃现金折扣，超过现金折扣期限后付款，在这种情况下，属于有代价筹资。其成本代价的计算公式如下：

$$放弃现金折扣的年成本率=\frac{现金折扣\times 360}{(1-现金折扣)\times(信用期限-折扣期限)}$$

实务中，企业是否应放弃现金折扣，需要区分不同情况进行决策。

【案例8-3】

假设某企业按“2/10，n/30”的信用条件购入货物一批，价值100万元。

要求：

（1）如果在折扣期限内付款，计算应该支付的购货款；

（2）如果该企业能从银行以8%的年利率借入资本，该企业是否放弃现金折扣？

（3）如果该企业有一投资机会，预计投资收益率为40%，该企业是否放弃现金折扣？

（4）如果有三家供货商都提出了信用条件，甲为（2/10，n/30）；乙为（1/20，n/30）；丙为（n/50），该企业有充裕的资本还款，应该选择哪一家供货商？

依据所给资料进行计算：

（1）企业在折扣期限内付款应支付的购货款=100×（1−2%）=98（万元）

（2）$放弃现金折扣时的年成本率=\frac{2\%\times 360}{(1-2\%)\times(30-10)}\times 100\%\approx 36.73\%$

因为银行借款利率<放弃现金折扣时的年成本率，所以企业应从银行借入资本而享受现金折扣。

（3）因为预计投资收益率>放弃现金折扣时的年成本率，所以企业应放弃现金折扣。

（4）$现金折扣为1\%时的年成本率=\frac{1\%\times 360}{(1-1\%)\times(30-20)}\times 100\%\approx 36.36\%$

由于丙没有提供现金折扣，因此，其年成本率为0。比较36.73%、36.36%和0，36.73%最高，因此企业应该选择甲供应商。

（2）应付票据

应付票据是购销双方按照购销合同进行商品交易，延期付款而签发的、反映债权债务关系的一种信用凭证。根据承兑人的不同，应付票据分为商业承兑汇票和银行承兑汇票两种。我国的应付票据支付期最长为9个月。应付票据可以带息，也可以不带息，利率一般不高于同期银行借款的利率。

（3）预收款项

预收款项是在商品购销中卖方在交付货物之前向买方预先收取部分或全部货款的信用形式。预收账款相当于卖方向买方借款，而在以后一定时期以商品归还。企业在销售紧俏商品或销售生产周期长、价值高的商品时，经常采用此种方式，以缓和资金需求的矛盾。

2.商业信用的优点

（1）容易取得

利用商业信用筹措资金非常方便。因为商业信用与商品买卖同时进行，属于一种自然性融资，企业不需要办理任何手续就可以获得。

（2）筹资成本低

如果没有规定现金折扣或企业不放弃现金折扣，则利用商业信用筹资属于免费筹资，没有成本代价。

（3）限制条件少

与利用银行借款相比较，商业信用的限制条件非常少，企业使用资本几乎没有约束。

3.商业信用筹资的缺点

（1）期限短

所筹资本可供企业利用的时间不长。

（2）成本高

如果存在现金折扣，放弃现金折扣时的资本成本太高。

（3）有风险

如果企业超过信用期限支付，对企业的信誉极其不利，因此以此方式筹资含有风险。

二、长期筹资方式

长期筹资是指资本使用期限超过一年的筹资。它主要用来解决企业长期发展的资本需求，具有手续较为复杂、筹资成本较高、偿还期限较长等特点。长期筹资涉及的最主要的筹资方式有：长期借款、债券、可转换债券、融资租赁、股票、认股权证等，其中前四种形式属于负债筹资形式，后两种属于所有权筹资形式。

（一）长期借款

长期借款是指企业向银行、非银行金融机构和其他单位借入的、期限在一年以上的借款。主要用于购建固定资产和满足长期流动资金占用的需要。

1.长期借款的利率

银行借款的利息率取决于资本市场的供求关系、借款的期限、借款有无担保及公司资信状况等。一般情况下，长期借款的利息率要高于短期借款的利息率。长期借款的利息率可采用固定利率、变动利率和浮动利率三种。

2.长期借款筹资的优点

（1）融资速度快

与发行股票、债券相比，长期借款免去了证券发行过程中不可缺少的报批、宣传、印刷、发行等环节，程序比证券筹资简单，能较快取得资金。

（2）借款成本较低

长期借款利息可在所得税前支付，使公司减轻了利息负担，而且长期借款筹资不需经过证券机构，减少了筹资费用，使筹资成本低于债券成本。

（3）借款弹性较大

公司借入款项时，与银行商定借款的数额、期限、利率、偿还方式等；借款后，也可变更借款数额、期限、偿还方式等。而证券筹资由于筹资对象是社会广大投资者，协商改变融资条件不现实。

（4）可发挥财务杠杆作用

公司借入款项后，如能使投资收益率大于长期借款的利息率，公司即可获得财务杠杆利益。

3.长期借款筹资的缺点

（1）筹资风险较高

借款通常有固定的利息和固定的偿还期限，公司财务状况不佳无法支付到期债务时，会面临破产的风险。

（2）限制条件较多

贷款银行为了保护自身利益，在与公司签订贷款协议中通常附加许多限制性条款。这些限制性条款限制了企业的经营活动，降低了借款的使用效果。

（3）筹资数量有限

长期借款难以取得债券、股票筹资形式所能取得的资金数额。

（二）债券筹资

债券（bond）是债务人向债权人出具的承诺在一定时期支付约定利息和到期偿还本金的债务凭证。债券属于一种有价证券，由面值、利率和期限三个基本要素构成，其种类多种多样，有公司债券、企业债券、金融债券和政府债券等。

1.债券的信用等级

根据中国人民银行的有关规定，凡是向社会公开发行债券的公司或企业，都必须由中国人民银行及其授权的分行指定的资信评定机构或公证机构进行信誉评定。债券评级的目的是确认债券发行主体的信誉等级，从而向社会公众揭示所发行债券质量的好坏。

按照国际惯例，债券信用等级一般分为十个级别，债券的具体等级从高到低依次排序：AAA，AA，A；BBB，BB，B；CCC，CC，C；D。其中AAA为最高级，C为最低级，D表示债券已经违约。通常认为只有前四个级别的债券信誉高，履约风险小，具有实际投资价值，是“投资级债券”，而低于BBB级的债券信誉低，是“投机级债券”。债券的信用等级与利率呈反比，信用等级高的债券，其利率低。

相关链接8-2　　　标准普尔和穆迪公司的信用评级划分

标准普尔公司（Standard and Poor，S&P）和穆迪投资者服务公司（Moody's Investor Service）是国际上著名的债券信用评级机构，他们从AA至B级，每个级别都可通过添加“+”或“-”或“1，2，3”来显示信用高低的程度，具体信用等级划分情况如表8-2所示：

表8-2　　　标准普尔和穆迪公司信用评级分类表

风险程度	标准普尔	穆迪
还本付息能力极强，有可靠保证，承担风险最小	AAA	Aaa
还本付息能力很强，但风险性比前者略高	AA+ AA AA-	Aa1 Aa2 Aa3
安全性良好，还本付息能力一般，有潜在的导致风险恶化的可能性	A+ A A-	A1 A2 A3
安全性中等，短期内还本付息无问题，但在经济不景气时风险增大	BBB+ BBB BBB-	Baa1 Baa2 Baa3
有投机因素，不能确保投资安全，情况变化时还本付息能力波动大，不可靠	BB+ BB BB-	Ba1 Ba2 Ba3
不适合作为投资对象，在还本付息及遵守契约条件方面都不可靠	B+ B B-	B1 B2 B3
安全性极低，随时有无法还本付息的危险	CCC	Caa
极具投机性，目前违约的可能性较高，正在受监察	CC	Ca
最低等级，完全投机性，收回本金及利息的机会微乎其微	C	C
债务违约	D	D

（资料来源　根据360百科整理获得。）

2.债券筹资的优点

（1）资本成本较低

与股票相比较而言，发行债券筹资的成本较低，一是债券发行费用较低，二是债券利息允许在所得税前支付，减轻了企业的负担，因此企业实际负担的债权成本一般低于股权成本。

（2）可以保证原有股东的控股权

债券持有者无权参与企业的管理，因此发行债券筹资不会分散企业的控股权。

（3）可以发挥财务杠杆作用

由于债券的利息是固定的，且在所得税前支付，企业如能保证债券所筹资本的投资收益率高于债券利息率，就可以使普通股每股收益提高。

（4）能够调整资本结构

企业通过发行可转换债券，或在发行债券时规定可提前赎回的债券，有利于其主动地、合理地调整资本结构，确定负债和权益的比例。

3.债券筹资的缺点

（1）财务风险大

债券有固定的到期日，并定期支付利息，要承担按期还本付息的责任。若企业经营不景气，会给企业带来更大的财务困难，有时甚至导致企业破产。

（2）筹资数量有限

利用债券筹资，通常受一定额度的限制，当企业的负债比率超出了一定程度后，债券筹资的成本就增加了。我国《公司法》规定，企业发行流通在外的债权累计总额不得超过该企业资产的40%。

（3）限制条件严格

发行债券具有严格的条件要求，其限制条件一般比长期借款、租赁筹资的限制条件要多，而且严格，从而限制了企业对债券筹资方式的使用，甚至会影响企业以后的筹资能力。

（三）股票筹资

发行股票是股份有限公司筹集长期资本的基本手段。股票（stock）是指股份有限公司发行的、代表持有者对公司净资产的所有权的证书。股票属于永久性资本，没有偿还期，具有流通性、风险性之特征。按照股东权利和义务的不同，分为普通股和优先股两类。

1.普通股

普通股（common stock）是股份有限公司发行的无特别权利的股份，是股份公司资本构成中最基本、最重要的股份，也是股份有限公司的基础。普通股股东是公司资产的最终所有者，拥有对公司的控制权，具体权利表现为：投票表决权、股利分配权、优先认股权和剩余财产的分配权，是公司风险的主要承担者。

（1）普通股的发行及发行价格的确定

普通股的发行按是否向社会公开募集划分，分为公募发行和私募发行两种。公募发行是指发行时公开向不特定的投资者募集资本的一种发行方式。这种方式的募集对象广泛，面向社会公众。私募发行是指发行时公司向特定少数投资者募集资本的一种发行方式。在这种方式下，募集对象不是社会公众，而是与公司有着一定关系的人或单位，如本公司的职工、银行、保险公司、财务公司等金融机构以及与公司有关的其他公司。

按照国际惯例，普通股的发行价格通常有三种：等价、时价和中间价。等价是指以股票的票面值确定的发行价格，又称平价发行；时价是指以本公司股票在流通市场上买卖的实际市价为基准确定的发行价格，又称市价发行；中间价发行是指股票的发行价格以时价和等价的中间值确定的发行价格。按照我国《公司法》的相关规定，股票只能溢价或等价发行，不能折价发行。

（2）普通股筹资的优点

①没有固定利息负担。一个公司是否发放股利取决于公司的盈利状况和股利分配政策，如果资金短缺或有更有利的投资机会，就可以少支付或不支付股利。

②属于永久性资本。利用普通股筹资，除非公司清算，否则本金不用偿还，这对保证公司的最低资本需求，促进公司长期持续稳定经营具有重要意义。

③能增加公司的信誉。普通股属于公司的自有资本，其数额越多，意味着公司的收益状况越好，其信誉越强。

④能增加公司的举债能力。普通股和留存收益构成公司借入一切债务的坚实基础。有了较多的自有资本，就可为债权人提供较大的损失保障，进而提供强有力的资本支持。

（3）普通股筹资的缺点

①资本成本高。之所以资本成本高，有三方面的原因：一是普通股股利要从税后利润中支付而不能像债务资本那样可在税前扣除；二是普通股一般会向社会公开募集，其发行费用要高于债务的筹资成本；三是普通股股东较优先股股东没有优先权，而且股利不固定，因此股东承担的风险最大。因此，普通股的资本成本会高于优先股和债务资本的成本。

②容易分散控制权。利用普通股筹资，如果原有股东放弃优先认股权，则会导致公司控制权的分散。

③可能导致股价下跌。由于新股东分享公司发行新股前积累盈余，会降低普通股的每股收益，从而可能引起股价下跌。

2.优先股

优先股（preferred stock）是股份公司依法发行的具有一定优先权的股票。

（1）优先股的优先权及性质

优先股股东较普通股股东相比享有一些优先权利，其优先权主要表现在以下两方面：一是优先分配股利权；二是优先分配剩余财产权。

从性质上讲，优先股是一种介于普通股和债券之间的混合证券。优先股与普通股都属于企业自有资本的一部分，而且企业对其不承担法定的还本和支付股利的义务，其股息都在税后收益中支付，不具有抵税作用。然而优先股虽名为“股票”，但却带有债券性质，其股利支付率预先确定，但股利是否支付，又取决于公司的当期经营业绩的好坏，可以支付，也可以不支付，因此优先股是一种混合型的有价证券。

（2）优先股筹资的优点

①属于永久性资本，能够提高公司的举债能力。由于优先股没有固定的到期日，从而使公司可以获得稳定的资本，并以此提高举债的保障资本。

②资本使用有弹性。大多数优先股都附有可赎回条款，在财务状况较弱时发行，而财务状况较好时收回，这样有利于结合资本需求控制公司的资本结构；另外，如果公司发行可转换优先股，也会使公司的资本富有弹性。

③具有财务杠杆效用。由于优先股固定的股利支付并不构成公司的法定义务，而且优先股股东也不能像债权人一样会迫使公司破产，因此可以提高拥有所有权的普通股股东的利益。

④不会改变公司的控制权。通常只要按时发放优先股股利，优先股股东就不能参与公司的经营管理，这就保证了普通股股东对公司的控制权。

（3）优先股筹资的缺点

①资本成本高于债务成本。由于优先股股利在税后支付，而债务利息在税前支付，可以起到抵税作用，因此优先股资本成本通常要高于债务资本成本。

②筹资限制多。为确保优先股股东的利益，通常发行优先股有许多限制性条款，如公司不能连续三年拖欠股息；公司举债额度较大时要先征求优先股股东的意见等。

（四）融资租赁

融资租赁（financial leases）是租赁的形式之一。按照《企业会计准则》的解释，融资租赁是指实质上转移了与资产所有权有关的全部风险和报酬的租赁。融资租赁是企业通过融物以满足自身在资金缺乏情况下对长期资产的需求而采取的一种现代租赁方式。

1.融资租赁租金的构成及计算

融资租赁租金中主要涉及以下几项内容：①租赁设备的购置成本，包括设备的买价、运费和途中保险等；②购置成本的利息，是指出租人为承租企业购置设备融资而应计的利息；③租赁手续费，包括出租人承办租赁设备的营业费以及一定的利润。

租金的支付既可以在每期期初，也可以在每期期末，无论何种形式支付的租金计算都采用等额年金法，这是一种利用年金现值、利率和期数倒求年金的计算。相关的计算公式如下：

$$\text{期初支付时的租金}=\frac{\text{融资租赁物价款}}{[(P/A,\ \text{商定折现率},\ \text{租赁期}-1)+1]}$$

$$\text{期末支付时的租金}=\frac{\text{融资租赁物价款}}{(P/A,\ \text{商定折现率},\ \text{租赁期})}$$

2.融资租赁的优缺点

融资租赁既融资又融物，具有筹资速度快、限制条款少、可以避免设备过时所带来的风险、到期还本负担轻、能够节税等优势。但融资租赁筹资的最显著缺点是资本成本较高。一般来说，其租金要比银行借款或发行债券所负担的利息高得多。在财务困难时，固定的租金也会构成一项较沉重的负担。

（五）认股权证与可转换债券筹资

认股权证实质上属于所有者权益筹资方式，而可转换债券属于负债筹资方式，二者的相同之处，就是其期权特征。

1.认股权证

认股权证（warrants）是指由股份公司发行的，允许其持有人在约定的时间内以预先确定的价格直接向股份公司购买一定数量普通股的选择权凭证。对于拥有认股权证的购入者来讲，认股权证到期时，如果对其有利，购入者将行权，认购该公司的股票，否则，他将放弃行权，从这点来看，认股权证是一种买入期权。

（1）认股权证的发行

认股权证的公开发行有两种形式：一种是伴随着公司债券等一起发行，这种债券被称为附认股权证债券，但二者是可分割的，即投资人购买了附认股权证债券后，可以将认股权证与债券单独进行交易，发行这种债券因投资者对认股权证无须支付认购款项，从而可以增强公司债券等对投资者的吸引力；另一种是单独发行，通常是发行公司对老股东的一种回报。其具体做法是按老股东的持股数量以一定比例配售，有一定的配售价格。

（2）认股权证筹资的优缺点

以认股权证筹资一方面可以增加公司的现金流入量，另一方面对于投资者而言具有以小博大的投资理财效应，因此常常吸引投资者，从而使公司较容易地筹集到所需的资本。

但这种筹资方式具有一定的缺陷：一是认股权证行使转换权的时间不确定。认股权证持有者何时行使转换权往往不能为公司所控制，在公司急需资本但又不便采取其他筹资方式时，会使公司处于既有潜在的资本来源而又无资本可用的困境之中。二是稀释普通股每股收益。当认股权证行使时，普通股股数会增多，每股收益将下降，同时也会稀释原股东对公司的控制权。

2.可转换债券

可转换债券（convertible bonds）是指发行人依照法定程序发行，允许持有人在规定的时间内按规定的价格转换为发行公司或其他公司普通股的一种公司债券。

（1）可转换债券的特征

可转换债券与普通债券一样，需要按票面利率支付利息，因此具有债权性；当其进入转换期时，可以按照约定的价格转换为发行公司的普通股，因此又具有股权性；而对于可转换债券的持有人来讲，转换期内是否行权取决于其个人意愿，因此可转换债券具有期权性，体现的是一种买入期权；通常可转换债券的发行公司为了促使债券持有人在转换期限内行使转换权，常常规定转换权到期之前可以按一定条件提前赎回，因此可转换债券具有可赎回性。

（2）可转换债券筹资的优缺点

由于可转换债券兼有债权和股权双重性质，因此决定了可转换债券的最显著优点有两个：一是筹资成本较低。可转换债券的利率通常低于不可转换债券的利率，另外当债券持有人行使转换权时，公司无须另外支付筹资费用，这也可以降低筹资成本。二是便于吸引投资者，有利于债券的顺利发行。

可转换债券筹资的缺点表现为以下两点：一是低成本筹资具有时限。可转换债券持有者行使转换权后，发行公司将失去低利率的好处。二是承担股价变动风险。如果可转换债券转换时股价低迷，债券持有者将放弃转换权，在这种情况下，就会增加公司偿还债券的压力，加大公司的财务风险。

第四节 股利政策

一、股利政策的影响因素及种类

股利政策即股利分配政策，是指股份有限公司有关股利支付的方针和策略。它涉及的内容很多，如股利支付比率的确定；股利支付形式的选择；股利发放程序的策划等。一个企业的股利政策一旦确定，意味着股利支付比率的确定，相应地留存比率也将确定，进而可供内部使用的资本确定。

（一）股利政策的影响因素

1.法律因素

为了保护债权人和股东的利益，国家的有关法规，如《公司法》《证券法》《税法》等往往对公司的股利分配做出限制，主要限制如下：

（1）资本保全约束

资本保全约束规定公司不能用资本发放股利。

（2）无利不分约束

无利不分约束规定股利分配只能来源于利润，以前年度亏损未完全弥补之前，企业不得提取盈余公积金，也不能向投资者分配利润。

（3）资本积累约束

资本积累约束规定公司必须按净利润的10%提取法定盈余公积金，另外根据股东大会的决议，还可以自定比例从税后利润中提取任意盈余公积金。

（4）超额累积利润约束

西方有些国家规定公司不得超额累积利润，一旦公司的留存收益超过法律认可的水平，将被加征额外税额。此限制的目的在于避免一些公司通过积累利润使股价上涨进而发生帮助股东避税的现象。我国法律目前尚未对公司累积利润做出限制性规定。

2.股东因素

股东出于自身利益的考虑，也会对公司的股利分配产生一些影响，股东考虑的因素如下：

（1）控制权考虑

公司支付较高的股利，就会导致留存收益减少，这又意味着将来发行新股的可能性加大，而发行新股必然会稀释公司的控制权。因此，为防止控制权旁落他人，公司的原有股东们往往主张限制股利的支付，而愿意较多地保留盈余。

（2）避税考虑

由于股利收入的所得税高于股票交易的资本利得，因此，一些高收入的股东出于避税考虑，往往要求较多地保留盈余，以便从股价上涨中获取更多的收益。

（3）稳定收入考虑

有些股东依靠公司发放的股利来维持生活，他们便要求公司支付稳定的股利，而反对公司留存过多的利润。

（4）回避风险考虑

有些股东认为股利收入是确定的，而未来的资本利得含有风险，因此，为规避投资风险，这些股东往往要求公司较多地支付股利。

3.公司因素

就公司的经营需要和经营能力来讲，也存在一些影响股利分配的因素。主要的影响因素如下：

（1）资产的流动性

较多地支付现金股利，会减少公司的现金持有量，使资产的流动性降低，而保持一定的资产流动性是公司经营的基础和必备条件。因此，如果资产的流动性差，即使企业的收益可观，也不宜分配较多的现金股利。

（2）盈利能力

一般来说，盈利能力强、收益稳定的企业对未来取得盈余的可能性预期良好，因而有可能支付较高的股利；盈利能力较弱或收益不稳定的企业则由于对未来盈余的把握性小，而往往采取低股利政策。

（3）举债能力

如果一个公司的举债能力强，在资本短缺时能够较容易地筹措到所需资本，则其有可能采取较宽松的股利政策；反之，举债能力弱的公司由于不得不在企业内留存更多的资本，因而往往采取较紧的股利政策。

（4）投资机会

通常有着良好投资机会的公司，必然需要强大的资本支持，因而往往将大部分盈余用于投资，而只发放小额的股利；暂时没有良好投资机会的公司，则倾向于支付较高的股利，以避免由于保留大量现金而造成的资本闲置。正因为如此，处于成长阶段的公司多采取低股利政策；陷入经营收缩的公司则多采取高股利政策。

（5）资本成本

与发行新股相比，保留盈余的资本成本较低，是一种比较经济的筹资渠道。如果公司有扩大资本的需要，应当采取低股利政策，特别是在公司的负债资金较多、资本结构欠佳时。

4.其他因素

（1）债务合同

公司的债务合同，尤其是长期债务合同，往往有限制公司现金支付程度的条款。为便于在未来筹集负债资本，企业往往会自觉遵守与债权人事先签订的债务合同中的限制性条款，并采用低股利政策。

（2）通货膨胀

在通货膨胀的情况下，公司折旧基金的购买力水平下降，公司将没有足够的资本来重置固定资产。此时企业会不得不把盈余作为弥补折旧基金购买力水平下降的资本来源。因此，在通货膨胀时期，公司往往采取偏紧的股利政策。

（3）国家宏观经济环境

国家经济的发展具有周期性，当经济处于不同的发展阶段时，企业应采取不同的股利政策与之相适应。

（二）股利政策的种类

在财务管理实践中，常见的股利政策有以下五种，这五种股利政策，各有所长，可供企业借鉴。

1.剩余股利政策

所谓剩余股利政策是指当公司有好的投资机会时，首先将净利润用来满足投资所需要的权益资本，然后再将剩余净利润当作股利分发给股东的一种股利分配政策。在这种政策下，只要存在有利的投资机会，就应当首先考虑其资本需求，其次才考虑企业剩余利润的分配。

【案例8-4】

某公司2015年提取公积金后的税后净利润为800万元。第二年的投资项目预计需要资金1 000万元。公司的目标资本结构是权益资本占60%，负债资本占40%。该公司按照剩余股利政策向投资者分配股利。

要求：计算该公司当年可以对外发放的股利额。

依据题意，在确保目标资本结构不变的前提下：

投资方案所需权益资本数额=1 000×60%=600（万元）

公司当年可对外发放的股利额=800−600=200（万元）

剩余股利政策的优点在于，它能够保持理想的资本结构，使企业的综合资本成本最低。但是，此政策会导致股利发放没有一个稳定的水平，各年的波动较大，不利于投资者安排股利收入的支出，也不利于公司树立良好的形象。由于剩余股利政策的缺点突出，因此很少有公司在实务中采用。

2.固定股利额政策

固定股利额政策是指公司每年发放的股利额固定在某一特定的水平，并在较长时期内保持不变的一种股利分配政策。在此种政策下，公司收益的变化并不影响股利额的发放，股利始终保持在稳定的水平上。

固定股利政策的优点在于：第一，固定的股利有利于公司稳定股票价格，树立良好的公司形象，从而增强投资者对公司的信心；第二，固定的股利有利于投资者有规律地安排收入与支出，特别是那些对股利有较高依赖性的股东更是如此。然而，该股利政策也具有缺点，股利支付与公司盈利能力相脱节，当净利润下降或现金紧张时，仍要保证股利的正常发放，容易引起公司资金短缺，导致财务状况恶化，使公司承担较大的财务压力。因此，固定股利政策通常适用于那些收益比较稳定或正处于成长期、信誉一般的公司采用。

3.稳定增长股利政策

稳定增长股利政策是指在某一初始股利基础上，设定一个股利逐年增长率，以后每年的股利均在上期股利水平的基础上按这一增长率向上调升，以此向股东发放各年股利的一种股利分配政策。这种股利政策不受净利润的影响，即使在净利润下降时各年股利也逐年递增。

稳定增长股利政策的优点如下：第一，该政策向投资者传递了这样一个信号——经理人员对公司的未来充满了自信，这有助于稳定投资者的心态，促使公司股票价格上涨，树立良好的公司形象；第二，对那些依靠股利收入生活的投资者来说，逐年增长的股利可以满足其不断提高的生活水平所需的资金。但这种只升不降的股利政策具有显著的缺点，会给公司的财务运行带来压力，很难长期采用。实务中，有些公司为应付股利增长带来的压力，建立了“股利平衡准备金”制度，以保证在净利润下降的年份也有能力维持股利支付的增长率。因此这种股利政策通常适用于预期未来收益水平能不断增长的公司采用。

4.固定股利支付率政策

固定股利支付率政策是指公司确定一个股利支付比例，并把它固定下来，长期按此比例支付股利的一种股利支付政策。在此政策下，各年的股利支付比例固定不变，但股利支付额呈波动状态。

固定股利支付率政策的优点在于：将股利与公司盈余紧密配合，能够很好地体现多盈多分、少盈少分、无盈不分的原则。但其缺点非常明显，通常各年的股利支付额不相等，容易使投资者产生公司经营不善、前景堪忧的印象，不利于公司股价的稳定与上涨。因此这种股利政策在实务中不被看好，很少采用。

5.低正常股利加额外股利政策

低正常股利加额外股利政策是指公司每年按一个固定的、较低的数额向股东支付正常股利，只有公司盈利有较大幅度增加时，才根据实际需要向股东临时发放一些额外股利的一种股利分配政策。显然，此种股利政策是一种较为折中的股利支付政策，正常年份，每年只支付数额较低的股利，在公司经营业绩好、盈利较多的年份，才考虑发放额外股利，但额外股利并不固定化。

低正常股利加额外股利政策具有显著的优点：第一，稳定的低正常股利能够使那些依靠股利生活的投资者安排收支；第二，额外股利可以使公司的财务具有较大的灵活性与弹性；第三，有利于稳定公司的股价和投资者的信心。由于该股利政策集灵活性与稳定性于一身，因此，实务中，被大多数公司所采用。

以上所介绍的是实际生活中常用的几种股利分配策略，它们各有所长。公司在分配股利时，应借鉴其基本思想，充分考虑各项因素的影响，选择并制定适合自己实际情况的股利政策。

二、股利支付方式

股利支付方式是指股利支付的具体形式。实务中，必须结合企业的资金实际状况、发展战略等而定。

（一）股利支付的一般方式

从西方来看，股利支付的形式较多，主要有现金股利、股票股利、财产股利和负债股利等。从我国来看，常常采用的是现金股利与股票股利两种形式。

1.现金股利

现金股利（cash dividend）是指以现金形式向股东分红的一种股利支付方式。这是企业最常见也是最容易被投资者接受的股利支付形式。现金股利的最大优点是操作简单，另外能够满足大多数投资者希望得到一定数额现金的实在收益要求，它的实施可以增强投资者的信心。其缺点是，现金股利方式的实施会增加企业的现金流出量，从而增大企业的支付压力，有时还会使企业不能留存足够的现金以满足未来投资与发展的需要。因此，企业在决定采用此支付形式时，除了要有足够的未指明用途的未分配利润外，还应有足够的现金。

拓展知识：我国上市公司现金股利分配现状的分析

2.股票股利

股票股利（stock dividend）是上市公司以本公司的股票代替现金向股东分红的一种股利支付方式。股票股利通常由资本公积转增资本或红利转增资本，属于无偿增资发行股票。由于所送红股是按股东所持股票的比例分派的，因此每位股东在公司拥有的权益比例不会发生变化，另外，这种分红方式只是使公司账上的留存收益转化为股本和资本公积，公司的资产、负债及所有者权益总额均未受到影响，但所有者权益的内部结构发生了变化。股票股利的显著优点是：分派股利不会增加公司的现金流出量，而且在一些国家，股票股利还可以获得免税的优惠。其缺点是：由于股票数量的增加，会引起公司的每股收益及股价的降低。

（二）股利支付的近似方式

股票分割与股票回购从制度上讲，不属于股利支付方式，但其所起的作用却近似于股利支付的效果。

1.股票分割

股票分割（stock split）是指将一面值较高的股票交换成数股面值较低的股票的行为。股票分割并没有增加股东的现金流量，也没有改变公司的股东权益总额，但会使公司流通在外的普通股股数增加，从而导致每股收益及股价的下跌。从这些特征来看，股票分割与股票股利十分相似，因此股票分割是股票股利的近似形式。

2.股票回购

股票回购（repurchase of stock）是指股份公司按照一定的程序购回发行或流通在外的本公司普通股股票的行为。股票回购使得流通中的普通股股票数量减少，从而会增加每股收益和股票价格，如果此时股东在股票市场上出售股票，他们将获得更多的资本收益。公司回购股票时，可以直接使用现金购回，也可以先发行债券，然后用筹得的款项购回部分股票，无论何种形式的回购，股东都得到了购回的现金流，从这点来看，股票回购与现金股利相似，因此股票回购被视为是现金股利的近似形式。

三、股利支付程序

股份有限公司在向股东支付股利时，有一个过程。从股利宣告至股利的实际付出需要一定时日，一般依次经历股利宣告日、股权登记日、除息日和股利支付日四个时点。

股利宣告日是公司董事会将股利支付情况予以公告的日期。公告中将宣布每股股利、股权登记期限、除去股息日期和股利支付日期等事项。我国的股份公司通常一年派发一次股利，也有在年中派发中期股利的。

股权登记日是指有权领取股利的股东资格登记截止日期，也称为除权日。只有在股权登记日前在公司股东名册上有名的股东，才有权分享股利。股权登记日一般在股利宣告日后的2~3周内。

除息日是指领取股利的权利与股票相互分离的日期。在除息日前，股利从属于股票，持票者享有领取本期股利的权利；从除息日开始，股利享有权与股票相互分离，新购入股票的股东不能分享本次宣告的股利。因此，除息日会对股票价格产生一定的影响，从理论上讲，除息日后的股票价格应当是扣除利息后的价格。通常以股权登记日为界，西方股权登记日后的1~4个交易日为除息日，具体日期由公司自定；我国上市公司常常以股权登记日后的第一个交易日为除息日。

股利支付日是指公司实际向股东支付股利的日期。凡股权登记日登记在册的股东均可领取。

【案例8-5】

A公司的董事会在有关报纸上公布：“经公司董事会2014年5月12日会议决

定，将于2014年6月1日向2014年5月22日登记在册的所有股东发放每股0.3元的股利，除息日为股权登记日的下一个交易日。”要求：确定股利宣告日、股权登记日、除息日和股利支付日。

依据所给资料，2014年的5月12日为股利宣告日；2014年5月22日为股权登记日；2014年5月23日为除息日；2014年6月1日为股利支付日。

第五节 杠杆利益与风险

一、杠杆利益与风险的关系

实务中，由于杠杆的存在，使得企业会利用杠杆效应来增加企业的收益。然而，杠杆的作用是一把“双刃剑”，利用得好，可以使企业获得杠杆利益，利用得不好，则会使企业蒙受损失，从而给企业带来风险。由于杠杆利益与风险同时存在，因此决定企业必须在杠杆损益与风险之间进行权衡，从而为企业资本结构的最终决策奠定基础。

企业的杠杆由经营杠杆、财务杠杆和总杠杆构成，与之相对应的风险分别是经营风险、财务风险和总风险。

二、经营杠杆与经营风险

（一）经营杠杆的内涵

所谓经营杠杆是指企业在经营活动中通过对固定营业成本的利用，导致财务结果变动的现象。这里的固定营业成本简称固定成本，包括固定的生产成本（即固定性制造费用）和固定的非生产成本（固定的销售及管理费用）。此类成本在一定的产销量水平下，不随销售量的变动而变动，具有固定不变性。经营杠杆反映销售量与EBIT之间的关系，在单价、单位变动成本、固定成本保持不变的前提下，企业销售量的变动，会导致单位产品分担的固定成本随销售量的变动而反方向变动，从而导致EBIT以更大幅度变动。由于EBIT变动方向存在不确定性，因而增加了企业的经营风险。之所以存在经营杠杆作用，是由于固定营业成本的存在。

（二）经营杠杆系数的测算

经营杠杆系数是指企业息税前利润变动率相当于销售量变动率的倍数。它反映经营杠杆的作用程度，其测算公式如下：

$$\text{经营杠杆系数（DOL）}=\frac{\text{息税前利润变动率}}{\text{销售量变动率}}=\frac{\Delta EBIT/EBIT}{\Delta Q/Q}$$

为便于计算，可以直接利用基期数据进行测算，变换的测算公式如下：

$$DOL=\frac{\text{销售量}\times(\text{单价}-\text{单位变动成本})}{\text{销售量}\times(\text{单价}-\text{单位变动成本})-\text{固定成本}}=\frac{Q(P-V)}{Q(P-V)-F}$$

（三）经营杠杆与经营风险的关系

所谓经营风险是指由于生产经营中的因素的不确定而给企业的息税前利润带来的不确定性。生产经营中的因素主要指原材料价格、产品需求量、固定成本等。由于经营风险直接作用的指标是EBIT，这一点与经营杠杆作用的结果保持一致，从而使经营杠杆与经营风险之间具有了内在的联系，这种关系用公式表示如下：

$$预测期息税前利润（EBIT_1）=基期息税前利润\times（1+销售量变动率\times经营杠杆系数）$$

$$=EBIT_0\cdot(1+\frac{\Delta Q}{Q}\cdot DOL)$$

此公式说明以下两个问题：一是经营杠杆系数与EBIT呈同方向变动，经营杠杆系数越大，表明企业的经营风险越大；二是如果经营杠杆系数保持不变，EBIT的变动与销售量呈同方向变动，且由于经营杠杆系数的存在，使得EBIT的变动幅度会高于销售量的变动幅度，在这种情况下，经营杠杆系数本身并不是经营风险变化的来源，只不过是放大了EBIT的变动性，也就是放大了企业的经营风险。

三、财务杠杆与财务风险

（一）财务杠杆的内涵

财务杠杆是指企业在筹资活动中通过对固定债务成本的利用，导致财务结果变动的现象。这里的固定债务成本是指负债的利息以及优先股的股利。财务杠杆反映EBIT与EPS之间的关系，当EBIT变动时，就会使得每一元EBIT中分担的固定的负债利息和优先股股利反方向变动，从而导致EPS以更大幅度变动。由于EPS变动方向的不确定性，增加了企业的财务风险。之所以存在财务杠杆作用，是由于固定债务成本的存在。

（二）财务杠杆系数的测算

财务杠杆系数是指企业每股收益变动率相当于息税前利润变动率的倍数。它反映财务杠杆的作用程度，其测算公式如下：

$$财务杠杆系数（DFL）=\frac{每股收益变动率}{息税前利润变动率}=\frac{\Delta EPS/EPS}{\Delta EBIT/EBIT}$$

为了便于计算，可以直接利用基期数据进行测算，变换的测算公式如下：

$$DFL=\frac{息税前利润}{息税前利润-利息-\dfrac{优先股股利}{1-所得税税率}}=\frac{EBIT}{EBIT-I-\dfrac{D}{1-T}}$$

（三）财务杠杆与财务风险的关系

所谓财务风险是指由于企业利用负债筹资或发行优先股筹资而给企业所有者的每股收益带来的不确定性。财务风险直接作用的指标是每股收益，这一点与财务杠杆作用的结果保持一致，从而使财务杠杆与财务风险之间具有了内在的联系，这种关系用公式表示如下：

$$\text{预测期每股收益}(EPS_1)=\text{基期每股收益}\times(1+\text{息税前利润变动率}\times\text{财务杠杆系数})$$

$$=EPS_0\cdot\left(1+\frac{\Delta EBIT}{EBIT}\cdot DFL\right)$$

此公式说明以下两个问题：一是财务杠杆系数与EPS呈同方向变动，财务杠杆系数越大，表明企业的财务风险越大；二是如果财务杠杆系数保持不变，EPS的变动与EBIT呈同方向变动，且由于DFL的存在，使得EPS的变动幅度高于EBIT的变动幅度，在这种情况下，财务杠杆系数本身并不是财务风险变化的来源，只不过是放大了EPS的变动性，也就是放大了企业的财务风险。

四、总杠杆与总风险

（一）总杠杆的内涵

总杠杆也称联合杠杆，是指生产经营中由于经营杠杆与财务杠杆的综合作用，导致财务结果的不确定性。总杠杆反映销售量与EPS之间的关系，当销售量变动时，由于固定营业成本的存在以及固定筹资成本的存在，使得EPS的变动幅度高于销售量的变动幅度。由于EPS的变动方向具有不确定性，因而增加了企业的总风险。

（二）总杠杆系数的测算

总杠杆系数是指普通股每股收益变动率相当于销售量变动率的倍数。它反映总杠杆的作用程度，其测算公式如下：

$$\text{总杠杆系数}(DTL)=\frac{\text{每股收益变动率}}{\text{销售量变动率}}=\frac{\Delta EPS/EPS}{\Delta Q/Q}$$

为了便于计算，不仅可以直接利用基期数据进行测算，而且可以利用经营杠杆与财务杠杆的联动效应进行测算，变换的测算公式如下：

$$DTL=\frac{\text{销售量}\times(\text{单价}-\text{单位变动成本})}{\text{息税前利润}-\text{利息}-\dfrac{\text{优先股股利}}{1-\text{所得税税率}}}=\frac{Q(P-V)}{EBIT-I-\dfrac{D}{1-T}}$$

或 $DTL=DOL\times DFL$

（三）总杠杆与总风险的关系

所谓总风险是指经营风险和财务风险的联合作用。其形成涵盖生产经营及筹资全过程，作用的最终结果表现为每股收益的变动，这一点与总杠杆保持一致，从而使总杠杆与总风险之间具有了内在的联系，这种关系用公式表示如下：

$$\text{预测期每股收益}(EPS_1)=\text{基期每股收益}\times(1+\text{销售量变动率}\times\text{总杠杆系数})$$

$$=EPS_0\cdot\left(1+\frac{\Delta Q}{Q}\cdot DTL\right)$$

此公式说明以下两个问题：一是总杠杆系数与EPS呈同方向变动，总杠杆系数越大，企业的总风险越大；二是如果总杠杆系数保持不变，EPS与销售量呈同方向变动，且由于DTL的存在，使得EPS的变动幅度高于销售量的变动幅度，在这种情况下，总杠杆系数本身并不是总风险变化的来源，只不过是放大了EPS的变动性，也就是放大了企业的总风险。

【案例8-6】

假定某公司生产甲产品，单位售价为30元，单位变动成本为16元，固定成本总额为40 000元，当年销售10 000件。该公司目前的资产总额为80万元，负债率为40%，借款利率为10%，普通股股数为80万股，适用的所得税税率为25%。要求：

（1）计算该公司的经营杠杆系数、财务杠杆系数和总杠杆系数；

（2）如果下年的销售量是20 000件，预测该公司下年的息税前利润及每股收益。

依据所给资料需要首先计算当年的息税前利润及每股收益，然后才能按要求计算。

（1）当年的息税前利润=10 000×（30−16）−40 000==100 000（元）=10（万元）

$$当年的每股收益=\frac{(10-80\times40\%\times10\%)\times(1-25\%)}{80}=0.06375(元)$$

$$DOL=\frac{(30-16)\times10\,000}{100\,000}=1.4$$

$$DFL=\frac{10}{10-80\times40\%\times10\%}\approx1.4706$$

DTL=1.4×1.4706=2.05884

（2）下年的息税前利润=10×（1+100%×1.4）=24（万元）

下年的每股收益=0.06375×（1+100%×2.05884）≈0.1950（元）

（四）总风险的控制

一般来说，总杠杆系数越大，每股收益随销售量增长而扩张的能力就越强，但企业的总风险随之越大，在这种情况下，债权人和投资者要求的贷款利率和预期的投资收益率就越高，从而会导致企业的股价下跌。

为了控制企业的总风险，必须降低总杠杆系数，而总杠杆系数取决于经营杠杆系数和财务杠杆系数的高低。一般来说，企业对财务风险的控制程度相对大于对经营风险的控制程度，因为生产经营中的不确定因素较难把握，相对而言，筹资结构则较容易把握，企业可以通过选择适宜的财务政策，以合理的筹资成本来控制财务风险，从而使总杠杆系数保持在合理的水平。如果企业的财务杠杆系数较低，则采用较高的经营杠杆系数是可行的，否则就应该降低财务杠杆系数。

第六节 资本结构优化

一、资本结构优化的意义及影响因素

资本结构是指企业各种长期资本来源的构成和比例关系。如果考虑短期负债，也就是将整个资产负债表的右方考虑进去，则称为财务结构。由于企业的资本结构

由长期债务资本和权益资本构成，因此，资本结构常常用长期债务资本和权益资本的价值构成比例表示，称为负债比率。

（一）资本结构优化的意义

在资本结构决策中，虽然负债具有杠杆作用，但过多的负债又会使企业的财务风险加大，因此科学、合理地安排债权资本比例，优化资本结构具有重要意义：

1.合理的资本结构可以降低企业的加权平均资本成本

由于债务利息通常低于股票的股利率，而且债务利息具有减税效应，由此导致债权资本成本明显低于股权的资本成本，因此在一定限度内合理地提高债权资本的比例，可以降低企业的加权平均资本成本。

2.合理的资本结构可以获得财务杠杆利益

由杠杆原理决定，只要企业的资产报酬率高于债务的利息率，此时的负债会提高普通股股东的税后利润和每股收益，从而给企业带来财务杠杆的正效应，因此一定负债比例下的资本结构可以使企业受益。

3.合理的资本结构可以增加企业价值

一般而言，一家企业的总价值即总资本的市场价值，应该等于其债权资本的市场价值与股权资本的市场价值之和，用公式表示为：

公司价值=债权资本市场价值+股权资本市场价值=B+S

其中：无论是债权的市场价值还是股权的市场价值都是由未来的现金流折现所形成的，而资本结构的合理与否直接影响二者的市场价值，因此合理的资本结构有利于增加企业的市场价值。

（二）影响资本结构的因素

1.企业的成长性与销售稳定性

通常，一个高速成长并且销售又相当稳定的企业，较之成长慢、销售不稳定的企业更具有负债筹资能力，因为这种企业一般有较好的销售前景，故能承受较多负债引起的利息费用。

2.企业的盈利能力

一般来说，资产报酬率高、盈利能力强的企业一般较少采用负债筹资，因为这些企业有较多的留存收益。但由于财务杠杆利益的作用，这类企业常常保持较低比例的负债水平。

3.企业的财务状况

通常财务状况好的企业，能够承受较大的财务风险，可较多地利用负债筹资，否则，不宜大量使用长期负债。

4.股东及经营者的态度

从股东来看，在企业经营良好时，股东的筹资选择偏向于提高负债率，一方面是出于不愿分散对企业的控制权的考虑；另一方面也是为了得到财务杠杆利益。从经营者来看，通常对于公司控制权甚微的经营者们往往不会热衷于利用财务杠杆，因为若销售额上升，得到利益的是股东而不是他们；另外筹资决策还受经营者的性格与对风险的偏好影响。

5.企业信用等级与债权人态度

实际中，企业能否负债，常常取决于企业的信用等级与债权人的态度，如果企业的信用等级不高，债权人将要求较高的利率或不愿借债给企业，从而使企业无法达到其所希望的负债水平。因此，提高信用等级是企业取得负债的保障前提。

二、资本结构优化的方法

资本结构优化即资本结构决策，就是要确定最佳资本结构。从理论上讲，所谓最佳资本结构是指使得企业预期综合资本成本最低，同时企业价值最大时的资本结构。现实中，资本结构的决策可以采用以下三种方法：加权资本成本最低法、每股收益最大法和市场价值最大法。

（一）加权资本成本最低法

这种方法以企业的加权平均资本成本最低作为选择标准来确定企业的资本结构。

【案例8-7】

假定A公司拟筹集长期资本1 000万元，其中，债务筹资成本为6%，股权筹资成本为10%。方案一：债务筹资400万元，股权筹资600万元。方案二：债务筹资600万元，股权筹资400万元。要求：做出选择哪一种方案的决策。

方案一的加权平均资本成本=40%×6%+60%×10%=8.4%

方案二的加权平均资本成本=60%×6%+40%×10%=7.6%

因为方案二的加权平均资本成本较低，因此选择方案二。

（二）每股收益最大法

这种方法以每股收益最大作为选择标准，通过确定每股收益无差别点来确定企业的资本结构。所谓每股收益无差别点是指不同资本结构下的每股收益相等时的息税前利润。该指标是进行资本结构决策的核心，如果设每股收益相等时的息税前利润为$EBIT^*$，I是债务的利息，T是所得税税率，D是优先股股利，N是普通股股数，则$EBIT^*$可以依据下式计算求得：

$$\frac{(EBIT^*-I_1)(1-T)-D_1}{N_1}=\frac{(EBIT^*-I_2)(1-T)-D_2}{N_2}$$

具体决策中，以$EBIT^*$为基点，如果预计未来的$EBIT>EBIT^*$，选择负债较高的筹资方案，这样可以获得较高的财务杠杆利益，从而提高每股收益；如果预计未来的$EBIT<EBIT^*$，选择负债较低的筹资方案，这样可以规避财务风险，且每股收益较高；如果预计未来的$EBIT=EBIT^*$，不同方案下的每股收益均相等，因此选择任何一个方案都可以。

【案例8-8】

假定B公司目前的总资本为1 000万元，债务资本为40%，利率为6%；股权资本为60%，股票数量为60万股，适用的所得税税率为20%。公司现在拟为一项目筹资400万元，方案A：全部利用股权筹资，即发行40万股股票。方案B：债务筹资50%，即举债200万元，利率6%；股权筹资50%，即发行20万股股票。要求：做出选择何种方案的决策。

依据每股收益无差别点等式计算每股收益无差别点时的EBIT*：

$$\frac{(EBIT^* - 1\,000 \times 40\% \times 6\%) \times (1-20\%)}{100} = \frac{(EBIT^* - 600 \times 6\%) \times (1-20\%)}{80}$$

解得：EBIT*=84（万元）

当预计的EBIT>84万元时，应选择方案B；当预计的EBIT<84万元时，应选择方案A；当预计的EBIT=84万元时，方案A与方案B无差异，选择哪一个都可以。

（三）市场价值最大法

这种方法以最优资本结构的理论概念作为选择标准，通过列示不同负债水平下的企业价值和加权平均资本成本来确定企业的资本结构。如前所述，企业的市场价值等于债务资本的市场价值（用B表示）与股权资本的市场价值（用S表示）之和。如果假设债务资本的市场价值等于其面值，未来企业的获利能力各年保持一致，K_w表示加权平均资本成本，K_S表示股权资本成本，K_b表示债务资本成本，V表示企业的市场价值，则股权资本市场价值以及加权平均资本成本的计算公式如下：

$$S=\frac{(EBIT-I)(1-T)}{K_S}$$

$$K_w=K_b\frac{B}{V}(1-T)+K_S\frac{S}{V}$$

【案例8-9】

假定C公司现有的资本结构中没有负债，权益资本的市场价值为2 250万元，息税前利润为300万元，适用的所得税税率为25%。现在考虑通过增加负债来调整公司的资本结构，不同负债水平下的债务资本成本及股权资本成本见表8-3。要求：确定最佳的负债水平。

表8-3　　不同负债水平下的资本成本

债务额（万元）	0	200	400	600	800	1 000
债务资本成本（%）	0	5	6	7	8	9
股权资本成本（%）	10	10.5	11	12.5	14	16

根据所给资料，计算该公司不同负债水平下的市场价值及加权平均资本成本，见表8-4。

表8-4　　市场价值及资本成本计算表　　金额单位：万元

债务的市场价值	0	200	400	600	800	1 000
股权的市场价值	2 250	2 071	1 882	1 548	1 264	984
公司的总价值	2 250	2 271	2 282	2 148	2 064	1 894
加权平均资本成本（%）	10	9.91	9.86	10.47	10.90	11.34

从表8-4可以看出，当债务增加到400万元时，公司的总价值达到最大值，为2 282万元，同时加权平均资本成本达到最低，为9.86%，所以，负债400万元是该公司的最佳选择。

（四）方法比较及实务选择

从加权资本成本最低法和每股收益最大法的决策原理来看，这两种方法与理论上的最佳资本结构有出入，前者只考虑了资本成本而忽视了企业价值，而后者认为每股收益影响企业价值但没有考虑资本成本，因此，均具有一定的局限性；市场价值最大法似乎满足了资本结构最佳的所有要求，但在实务中缺乏可操作性。

案例分析：股权结构会影响筹资决策吗_来自中国赛格系公司的案例

我们应该看到，理论上所述的最佳资本结构，在实践中很难找到，不过人们通过实务的运作得到了一些经验数据。通常稳健的人认为企业的负债率不应超过50%，乐观的人认为企业的负债率不应超过60%，总之50%~60%的负债水平对企业来说，一般是适宜的区间。

本章小结

筹资管理的内容主要包括：（1）采用一定的方法，预测资本需要量；（2）确定短期资本与长期资本的筹资方式；（3）选择合理的股利政策，明确留存比例；（4）利用杠杆原理控制风险；（5）确定较优的资本结构。

筹资管理中应坚持以下原则：（1）依法筹资原则；（2）以需定筹原则；（3）讲求效益原则。

筹资的种类较多，按不同的分类方式，有短期筹资和长期筹资、所有者权益筹资和负债筹资、内部筹资和外部筹资、直接筹资和间接筹资。

筹资方式与筹资渠道不同，但二者又有着密切的联系。

从筹资活动与价值创造的关系来看，认为资本结构与企业价值相关；另外股利政策也与企业价值相关。

资本需要量的定量预测法包括平均法、资本习性预测法和销售百分比预测法。其中前两种方法预测的是资本总量，而销售百分比法预测的是外部筹资总额。分析销售增长与外部筹资的关系时需要计算内含增长率和可持续增长率。

短期筹资方式主要有短期借款和商业信用两类形式。商业信用又包括应付账款、应付票据、预收款项三种。如果应付账款信用条件中规定有现金折扣，则放弃现金折扣的年成本率非常高。

长期筹资方式主要有长期借款、债券、可转换债券、融资租赁、股票和认股权证几种形式。可转换债券和认股权证具有期权性，是一种买入期权。

确定股利政策时应考虑以下因素的作用：法律因素、股东因素、公司因素和其他因素。公司股利政策的种类有：剩余股利政策、固定股利额政策、稳定增长股利政策、固定股利支付率政策、低正常股利加额外股利政策。

股利支付形式主要有现金股利、股票股利、财产股利和负债股利，我国采用的是前两种。股票分割是股票股利的近似形式，股票回购是现金股利的近似形式。

股份有限公司向股东支付股利有一个过程，依次经历股利宣告日、股权登记日、除息日和股利支付日四个时点。

企业的杠杆由经营杠杆、财务杠杆和总杠杆构成，与之相对应的风险分别是经营风险、财务风险和总风险。

影响资本结构的因素有：企业的成长性与销售稳定性、企业的盈利能力、企业的财务状况、股东及经营者的态度、企业信用等级与债权人态度。

优化资本结构的定量方法有三种：加权资本成本最低法、每股收益最大法和市场价值最大法。

关键概念

筹资管理　筹资渠道　筹资方式　销售百分比法　内含增长率　可持续增长率　短期借款　商业信用　普通股　优先股　债券　认股权证　融资租赁　股利政策　股票分割　股票回购　经营杠杆　财务杠杆　总杠杆　经营风险　财务风险　总风险　资本结构　最佳资本结构

思考题

8.1　筹资管理包括的内容有哪些？筹资管理中应坚持怎样的原则？

8.2　筹资方式与筹资渠道存在怎样的关系？

8.3　如何理解筹资活动与价值创造之间的关系？

8.4　按照当代资本结构理论的观点，企业筹资的顺序如何？为什么？

8.5　如何利用销售百分比法预测外部筹资额？如何计算内含增长率和可持续增长率？

8.6　短期筹资方式有哪些？不同短期筹资方式筹资的优缺点是什么？

8.7　长期筹资方式有哪些？不同长期筹资方式筹资的优缺点是什么？

8.8　制定股利政策时应考虑哪些因素？股利政策的种类有哪些？

8.9　股利支付方式有哪些？股利支付程序需要确定的四个日期是什么？

8.10　资本结构决策的方法包括哪些？在实务中应如何选择？

8.11　出现经营杠杆、财务杠杆和总杠杆的原因是什么？

8.12　影响资本结构的因素有哪些？如何从定量的角度确定最优资本结构？

延伸阅读与参考文献

1.布瑞翰，休斯顿. 财务管理基础［M］. 胡玉明，主译. 大连：东北财经大学出版社，2004.

2.罗斯. 公司理财［M］. 吴世农，译. 9版. 北京：机械工业出版社，2012.

3.杨淑娥. 财务管理学［M］. 北京：高等教育出版社，2012.

4.赵振全，等. 公司理财［M］. 2版. 北京：高等教育出版社，2011.

5.刘淑莲. 财务管理［M］. 4版. 大连：东北财经大学出版社，2016.

6.布雷利，迈尔斯. 公司财务原理［M］. 方曙红，等，译. 7版. 北京：机械工业出版社，2004.

7.荆新，王化成，刘俊彦. 财务管理学［M］. 7版. 北京：中国人民大学出版社，2015.

8.陆正飞. 财务管理［M］. 大连：东北财经大学出版社，2010.

9.刘淑莲. 高级财务管理理论与实务［M］. 大连：东北财经大学出版社，2012.

10.CHARLES， MCGUIGAN， KRETLOW.Contemporary financial management［M］. 7th ed.大连：东北财经大学出版社，1998.

11. MCLANEY.Business finance：theory & practice［M］. 7th ed.FT Prantice Hall，2006.

第九章

投资管理

引例

太子奶堕落真相：从央视标王，走向破产穷途

湖南太子奶集团成立于1996年，曾是中国知名的发酵型乳酸菌饮料代表企业，自成立以来一直保持着高速发展趋势，曾一度占据中国发酵奶行业产量、销量、市场占有率第一的位置。然而在2008年末，这一切的风光烟消云散。尽管对于太子奶的陨落，业界有着各类的评价和分析，但投资决策的失误却是不争的事实。2007年，太子奶耗费巨资研发纯牛奶，但是纯牛奶市场已然存在高度竞争，且由蒙牛、伊利等乳业巨头主导。结果可想而知，不到半年的时间，太子奶的低温纯牛奶全线溃败。此外，作为一家乳制品公司，太子奶盲目地对一系列自己不擅长、不熟知的领域进行了投资，诸如调味品、童装、日化用品、酿酒、旅游休闲、餐饮、零售、传媒、房地产等，使公司陷入了困境。

太子奶的陨落说明，缺乏管理的、盲目的投资决策会给公司带来巨大损失，合理、有效的投资管理对于公司的发展至关重要。

学习目标

知识目标

掌握投资活动的类型；熟悉生产性投资项目的决策程序；理解生产性投资项目与企业价值创造的关系；理解投资决策中采用现金流量的原因；掌握项目投资中现金流量的估算原则；掌握项目投资中现金流量的构成内容；掌握非折现评价方法与折现评价方法的优缺点；掌握投资项目风险的类型；掌握投资项目风险调整的基本思想和方法种类。

技能目标

掌握投资项目现金流量的估算方法；掌握非折现投资决策方法的计算与应用；掌握折现投资决策方法的计算与应用；掌握增量内含报酬率的计算与应用；掌握年等额净回收额的计算与应用。

能力目标

运用投资决策评价方法进行投资项目的财务可行性分析；掌握折现与非折现评价方法的比较分析；能够对投资项目进行风险分析；掌握风险调整折现率法和确定当量系数法的应用原理。

本章提要

本章主要阐述了项目投资的基本理论与决策分析方法，回答了什么是投资及投资的类型；如何进行项目的投资决策？项目投资与企业价值创造的关系是怎样的？什么是现金流量？为什么在项目投资中要采用现金流量？如何估算投资项目的现金流量？项目投资决策的方法有哪些以及如何使用这些方法？项目投资的风险类型有哪些？如何对项目进行风险分析等问题。

本章共分四节内容。第一节介绍投资活动与价值创造，包括投资的概念、投资活动的类型、生产性投资项目的决策程序以及生产性投资项目与企业价值创造的关系；第二节介绍投资项目的现金流量预测，包括项目投资中采用现金流量的原因、现金流量的估算原则、现金流量的构成内容和投资项目的现金流量分析实例；第三节阐述项目投资决策方法及其比较，包括项目投资决策方法的具体计算和应用、项目投资决策方法的比较分析；第四节阐述项目投资的风险分析，包括与项目投资相关的风险类型及其度量和风险调整方法等内容。

第一节 投资活动与价值创造

一、投资活动的类型

投资是指个人或机构通过持有资产，获得该资产未来产生的收益并承担相应风险的过程。任何投资活动都存在一段或长或短的时间间隔，在开始投资时投资价值是确定的，而将来预期获得的投资价值是不确定的，因此，时间要素和不确定性便构成投资的两大特征。投资所包括的范围十分广泛，根据不同的划分标准有以下几种分类。

（一）按投资回收时间长短分为长期投资和短期投资

长期投资是指一年以上才能收回的投资，主要指对厂房、机器设备、无形资产和长期有价证券的投资；短期投资是指能够并且准备在一年以内收回的投资，主要指对现金、应收账款、存货、短期有价证券等流动资产的投资。从投资的角度来看，长期投资与短期投资只是一个相对的概念，只要能转让，投资者就能将长期投资转化为短期投资。

（二）按与企业生产经营的关系分为直接投资和间接投资

直接投资是把资金投放于从事实质性生产经营的资产，以便获取利润的投资活动；间接投资是把资金投放于证券等金融资产，以便取得投资收益和资本利得的投资活动。直接投资强调将资金直接投放于生产经营领域，而间接投资强调的是资金通过金融工具间接地被投放到生产领域。

（三）按投资对象分为生产性投资和金融性投资

生产性投资通常是以企业作为投资主体，以特定项目为对象，围绕着生产经营中所需固定资产数量的增加与质量的改善而进行的投资。生产性投资是企业长期发展战略的财务体现，它是构成企业的核心能力和竞争优势的关键。金融性投资以有价证券为投资对象，目的是为了获取利息、使用费或股利而使得资本增值或获得对特定资源、市场及其他企业的控制权，主要包括债券投资和股票投资。这种分类与直接投资和间接投资的内涵是一致的，只是角度不同，它更强调投资的对象性。虽然这两种投资所使用的财务概念相同，都包括资产的流动性、风险性和收益性等，但是，其投资决策的内容与方法并不相同，关于金融性资产的投资在第六章证券投资分析中已经详细地介绍了，因此本章只阐述生产性投资项目决策的程序和方法。

二、生产性投资项目决策程序

（一）生产性投资项目类型

生产性投资项目的种类很多，不同的投资项目适用的评价分析方法也不相同，为了便于分析，企业一般将生产性投资项目分为以下六种类型：

（1）与维持企业现有生产经营有关的重置性投资，例如，更换已报废或损坏的生产设备的项目投资。

（2）与降低成本有关的重置性投资，例如，用高效的新设备更换可用但已陈旧的生产设备所作的项目投资。

（3）与现有产品和市场有关的扩充性投资，例如，为了增加产量或扩大销售渠道所作的项目投资。

（4）与新产品和新市场有关的扩充性投资，例如，为了生产新产品和开辟新市场所作的项目投资。

（5）与工业安全和环境保护有关的强制性或非营利性投资，例如，为了达到排污法规要求而更换水处理设备所作的投资。

（6）其他投资决策。凡不属于上述各类决策的投资方案，例如，为修建停车场或办公大楼等所进行的投资决策。

（二）生产性投资项目决策的一般程序

企业进行生产性投资项目的决策通常包括五个步骤：

1.投资项目的提出

企业内部的各个层次都能提出投资项目方案，一般而言，企业的高级领导（如总经理）提出的投资项目，多数是大规模的战略性投资，其方案一般由生产、市场、财务等各方面专家组成的专门小组来拟订。基层或中层人员提出的投资项目，主要是战术性投资项目，其方案由主管部门组织人员拟订。一般来说，投资项目方案都要提交给高层管理人员进行审核，相对于支出较小的方案而言，项目支出较大的方案要接受更严格的审核。

2.投资项目的审核与分析

一项投资项目需要审核分析以下内容：①审核该项目在企业整体目标与计划下的适当性，更重要的是考虑其经济效益。②估算投资项目的预期现金流量，包括投资项目在未来某一特定时日结束时所产生的残余资产价值。③运用各种投资决策方法对现金流量进行分析，评价项目的可行性。④在评价过程中，要把与项目有关的风险和经济分析结合起来予以计算和记录。⑤经济分析结束后形成一份带有建议书的总结性报告，提交给决策者。

3.投资项目的决策

一项投资应由企业的哪一层组织决策取决于项目投资的支出数额及其重要性。通常董事会保留超出一定限额的投资项目决策权，而小金额的投资支出则可以授权其他部门来决策。一般来说，在企业生产紧张的时期，可以不需要严格地按照投资支出计划来进行。在这种情况下，为了保证生产的顺利进行，虽然有时投资支出的数额超出了车间主任的决策权限，但他还是被授权做出必要的决策。

4.投资项目的执行

一旦一项投资已经被批准而且资金已经到位，那么执行阶段就开始了。对于小额的投资支出，执行程序相对固定。数额相对较大的支出，则需要进行严格的控制，以保证项目是在预算成本下进行的。执行过程中发生的单独的提案需经公司主管人员签字批准。

5.投资项目的反馈

这一过程包括在执行过程中，是对结果进行监控。把项目收益与成本之间的产出比与该项目预期数据以及历史数据进行比较，当实际产出偏离预期产出时，削减成本、提高收益或终止该项目的进行。

三、生产性投资项目与企业价值创造

企业的生产性投资项目与企业价值这两者之间是有必然关联的。如果企业投资一项产生正的净现值的项目，项目的收入大于成本，则会增加企业的价值，增加股东的财富，从而使企业的股票价格上涨。这一结论已由马克康乃尔和马斯塔卡拉（McConnell and Muscarella）做了检验，他们通过仔细研究美国公司的投资活动对其股票市值的影响[①]，发现对于大多数工业企业而言，增加有计划的资本性支出的公告往往伴随着普通股股票价格的大幅度上扬，而减少资本性支出的公告则往往导致股票价格的大幅度下跌。因此，为了增加公司价值，企业尽力寻找或创造那些现金流入量现值大于资本支出现值的投资机会，但是，在一般情况下，企业的资金来源是有限的，不能满足所有净现值为正的投资项目，那么，企业应当如何进行项目投资才能实现企业价值的最大化呢？经济学的基本原理提供了一个有益的分析框架，即当企业总投资的边际收益等于总投资的边际成本时企业的价值最大。其中，投资的边际收益是指单个投资项目的投资报酬率，也叫内含报酬率，投资的边际成本是指边际资本成本。图9-1是生产性投资项目与企业价值最大化关系的简化模型。

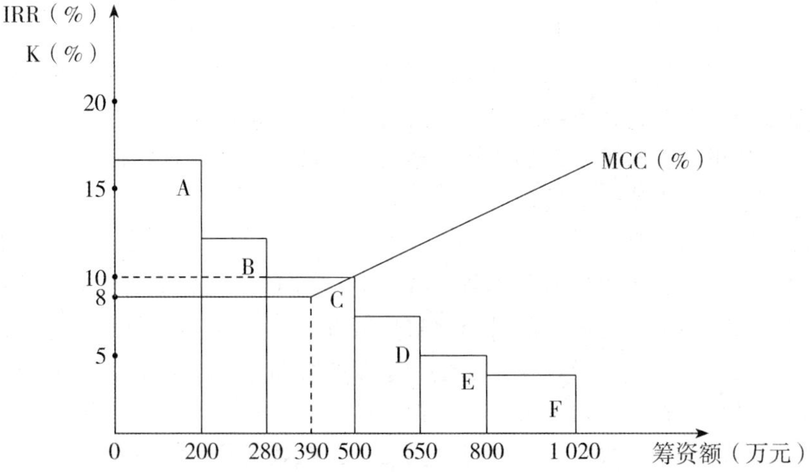

图9-1 生产性投资项目与企业价值最大化关系

① MCCONNELL，MUSCARELLA.Corporate capital expenditure decisions and the market value of the firm [J]. Journal of Financial Economics，1985：399-422.

在图9-1中，企业的投资数额在390万元之前，边际资本成本（MCC）都是8%，而当企业的投资数额超过390万元之后，边际资本成本就开始上升，这是由资金市场供求变化和企业本身资本结构改变所导致的。随着投资数额的增加，单位投资额的边际资本成本呈递增趋势，而单位投资额的边际投资收益呈递减趋势，当边际投资收益线与边际资本成本线相交时，即边际投资收益率（10%）与边际资本成本（10%）相等时，所对应的投资额或筹资额（500万元）是最佳的投资规模，此时，企业将接受A、B、C投资项目，而舍弃D、E、F项目。因为前三个项目的投资报酬率都高于各自的资本成本，即产生正的净现值，这一决策能使公司价值达到最大化。

表9-1列举了一些可创造“正净现值”的途径。

表9-1　　创造“正净现值”的途径①

途　径	实　例
推出新产品	苹果公司1976年推出第一台个人电脑
拓展核心技术	本田公司开发小型发动机技术，高效生产汽车、摩托车、除草机等
设置进入障碍	宝丽来公司掌握即拍即洗的技术专利
革新现有产品	克莱斯勒公司推出微型货车
创造产品差别化	可口可乐公司的广告：“这才是可乐!”
变革组织机构	摩托罗拉公司采用“日本式管理”：即时零库存管理；民主议事程序；业绩激励制度

毫无疑问，这里只是列举了部分可能产生正NPV的来源。然而，重要的是牢记这个事实：真正能产生正NPV的项目并不多。最起码的商业知识告诉我们：竞争性行业比非竞争性行业更难寻找到正NPV项目。

第二节 投资项目现金流量预测

我坚持认为现金是最重要的。如果一个公司没有现金的话，公司的流动性就不存在，结果就是破产……现金是衡量一个公司实力的重要标准，足够的现金储备能够为公司的投资提供支付保障。

——柯达公司财务总监毕盛

一个企业的死亡，其直接原因往往不是它的利润，而是现金流量。

——海信集团总裁周厚健

① 罗斯，等.公司理财［M］.吴世农，沈艺峰，等，译.北京：机械工业出版社，2000：149-150.

一、投资决策中采用现金流量预测的原因

（一）现金流量的概念

现金流量（cash flow），是指在投资项目评价中一个投资项目引起的企业现金流入量（cash flow-in，CFI）和现金流出量（cash flow-out，CFO）的统称，它是计算项目投资决策评价指标的主要依据。但应该注意的是，这里的“现金”与会计学上所讲的现金不同，它指的是广义的现金，不仅包括各种货币资金，而且包括项目需要投入的企业拥有的非货币资源的变现价值或重置价值。例如，一个新项目需要使用原有的厂房、设备和材料等，则相关的现金流量是指它们的变现价值，而不是它们的账面成本。

（二）项目投资中采用现金流量的原因

企业在项目投资决策中并不是以利润作为评价项目经济效益高低的基础，而是以净现金流量作为项目的“净收益”，以此来评价投资项目的可行性，其原因主要有两个：

1.采用现金流量指标有利于考虑时间价值因素

不同时间的资金具有不同的价值，科学的项目投资决策必须认真考虑资金的时间价值，因此，在对项目投资时，一定要明确每笔收入与支出款项的具体发生时间。由于利润的计算是以权责发生制为基础的，并不考虑资金收付的时间，而现金流量指标则可以序时动态地反映项目投资的流向与回收之间的投入产出关系，便于更加完整、准确、全面地评价具体投资项目的经济效益。

2.采用现金流量指标可以使项目投资更符合实际情况

由于利润的计算是以会计的权责发生制为基础的，在一定程度上受到固定资产折旧方法、存货估价方法和费用摊配方法的影响，使得利润的计算具有更大的主观性，从而导致利润信息的相关性差、透明度不高，而现金流量指标则不存在这方面的缺陷。另外，在项目的投资分析中，现金的流动状况往往比盈亏状况更重要，假如一个项目在第3年需追加投资50万元，企业当年的净利润为100万元，但这100万元都是应收账款，尚未收回，那么此时企业就无法拿出50万元现金用于项目的追加投资，由此可能导致项目的停滞。因此，一个项目能否维持下去，不取决于一定期间是否盈利，而取决于有没有现金用于各种支付。现金一旦支出，不管是否消耗，都不能用于其他目的，只有将现金收回后，才能用来进行再投资。因此，在项目投资中更要注重对现金流量指标的分析。

二、现金流量预测的原则

（一）增量现金流量原则

在估算投资项目的现金流量时，所应遵循的最基本原则是：只有增量现金流量才是与项目相关的现金流量。所谓增量现金流量，也称为相关现金流量，是指公司有无被决策项目时未来现金流量的差值，也就是由决策引起的公司总未来现金流量

的变化。例如，某公司正考虑推出一项新产品，该产品可能与现有产品形成竞争，那么用预计新产品的销售额来表示项目的现金流量是不合适的，我们必须考虑推出的新产品对现有产品收入的“蚕食”效果，必须在增量销售额的基础上预测现金流量，因此，预测现金流量的关键在于对采用和不采用这项新投资的情况做对比分析，只有增量现金流量才有意义。

为了正确计算投资项目的增量现金流量，需要正确判断哪些支出会引起公司总现金流量的变动，哪些支出不会引起公司总现金流量的变动。在进行这种判断时，要注意以下四个问题：

1.沉没成本

沉没成本（sunk cost）是指过去发生的成本，它并不因接受或摒弃某个项目的决策而改变，在项目分析时不应将其包括在内。例如，某化学品公司计划建设一个专门生产新型洗涤剂的车间，为此，公司已经向一家咨询公司支付了10万元人民币作为市场调研费，这项支出是去年发生的，它与该生产线的投资决策是否相关呢？答案是无关的。因为这10万元的支出是不可收回的，是沉没成本，当然，将10万元用于市场分析的决策本身属于项目投资决策分析的内容，当它沉没之前是绝对相关的，分析时是必须考虑的，但是一旦这项费用发生了，这项成本就与将来的任何决策都无关。

2.机会成本

机会成本（opportunity cost）原是经济学术语。它以经济资源的稀缺性和多种选择机会的存在为前提，是指在经济决策中应由中选的最优方案负担的、按所放弃的次优方案潜在收益计算的那部分资源损失，也叫机会损失。在这里可以简单理解为若投资项目不使用公司现有的资产，这些资产所能产生的净现金流量。例如，上述化学品公司刚好有一块土地可以用来兴建车间，在进行投资项目可行性分析时，因为公司不必动用资金去购置土地，那么是否可以不将土地的成本考虑在内呢？答案是否定的。因为该公司若不利用这块土地来兴建车间，则可将这块土地移作他用，以产生收入，但由于要在这块土地上兴建车间，故公司只有放弃这笔收入，则这笔收入就代表兴建车间使用土地的机会成本。值得注意的是，不论公司当初以多少成本购入这块土地，都应以现行市价作为这块土地的机会成本。

机会成本不是我们通常意义上的“成本”，它不是一种支出或费用，而是失去的收益。这种收益不是实际发生的而是潜在的。机会成本总是针对具体方案的，离开被放弃的方案就无从计量确定。

3.净营运资本的改变

一方面，一般情况下，当企业开办一项新业务且销售额也因此扩大时，它对存货和应收账款的需求也会增加，企业必须筹措新的资金以满足这种额外的需求，另一方面，企业扩大销售的结果，使应付账款与一些应付费用等流动负债也随之增加，它们的增加可以降低企业流动资本的实际需要。所谓净营运资本的改变（change in net operating working capital）是指流动资产需求增加和流动负债自然地增加的差额。正常情况下，在投资项目存续期的末期，存货将被使用而无需购买新的存货，应收账款也将被收回并且不会产生新的应收账款，应付账款和应付费用也随之偿付，这样就使得净营运资本恢复到原有水平。因此，在投资分析时，都假定企业在净营运资本上的投资在项目结束时被收回。

4.制造费用

在确定项目现金流量时，对于制造费用，要做进一步分析，只有那些确因本项目投资而引起的费用（如增加的管理人员、租金和动力支出等），才能计入投资的现金流量；与项目投资与否无关的费用，则不应计入投资的现金流量中。

（二）考虑外部性原则

当企业接受某个投资项目后，该项目可能对企业的其他部门产生影响，经济学家称之为外部性（externalities）。例如，新建车间生产的产品上市后，企业原有产品的销售可能减少，而整个企业的销售额也许不增加甚至减少。因此，企业在进行投资分析时，应扣除其他部门因新产品上市而减少的销售收入，以增量现金流量作为分析依据。当一个新项目转移了现有产品的销售收入时就称为“价值转移”，实质上，企业不希望现有产品出现价值转移，但实践证明，如果企业自身不出现价值转移，价值转移也会出现在其他公司。例如，IBM公司拒绝为它的个人电脑部门提供全部的支持，因为它不希望其高利润的大型主机项目的销售受到影响，但后来证明这一决策是一个巨大的战略失误，它使英特尔、微软、康柏和其他企业成为计算机行业的统治者。因此，企业在进行投资分析时，应该考虑与计划新项目有关的全部因素。

（三）税后原则

企业所能收到的现金流量都要考虑到所得税，因此在评价投资项目时所使用的现金流量应当是税后现金流量，因为只有税后现金流量才对公司价值有实质贡献。

三、现金流量的构成内容

一般来说，项目的现金流量可分为三个部分：初始现金流量、经营现金流量和终结现金流量。

（一）初始现金流量

初始现金流量是投资开始时至项目正常运行之前（主要指项目建设过程中）发生的现金流量，主要包括：

（1）固定资产投资支出，如设备购置费、运输费、安装费等。

（2）垫支的营运资本，是指项目投产前后分次或一次投放于流动资产上的资本增加额。其计算公式为：

某年营运资本增加额=本年流动资本需用额-截至上年的流动资本投资额

其中：

本年流动资本需用额=该年流动资产需用额-该年流动负债需用额

（3）其他费用，指不属于以上各项的投资费用，如投资项目的筹建费、职工培训费等。

（4）如果涉及资产更新决策，则初始现金流量还应包括待更新固定资产的变现净收入，指固定资产更新时旧设备出售时的变价收入与清理费用之差。

（5）所得税效应，是指固定资产更新时变价收入的税负损益。按规定，出售资产（如旧设备）时，如果出售价高于原价或账面净值，应缴纳所得税，多缴的所得税构成现金流出量；出售资产时发生的损失（出售价低于账面净值）可以抵减当年所得税支出，少缴的所得税构成现金流入量。诸如此类由投资引起的税负变化，应在计算项目现金流量时加以考虑。

（二）经营现金流量

经营现金流量是指项目建成后，生产经营过程中发生的现金流量，这种现金流量一般是按年计算的。经营现金流量主要包括：

（1）增量净收入，是指投资项目投产后增加的现金收入（或成本费用节约额）。

（2）增量经营成本，是指在经营期内为满足正常生产经营而需以现金支付的各种成本费用，不包括固定资产折旧费以及无形资产摊销费等，又称付现成本。

（3）各种税金支出，是指项目投产后依法缴纳的，单独列示的各项税款，包括营业税、所得税等。

（4）其他现金流出，是指不包括在以上内容中的现金流出项目，如营业外净支出。

经营现金流量的确认可根据有关利润表的资料分析得出。其基本计算公式为：

经营期某年的净现金流量（NCF_t）=该年收现销售收入-该年经营成本费用-该年所得税

其中，“经营成本”一般是指总成本减去固定资产折旧费、无形资产摊销费等不支付现金的费用后的余额。因此，该公式还可简化为：

经营期某年的净现金流量（NCFt）=该年收现销售收入-（该年总成本-该年折旧-该年摊销）-该年所得税

=（该年收现销售收入-该年总成本-该年所得税）+该年折旧+该年摊销

=该年税后利润+该年折旧+该年摊销

（三）终结现金流量

终结现金流量主要指项目经济寿命终了时发生的现金流量，主要包括两部分：经营现金流量和非经营现金流量。经营现金流量的计算同上，非经营现金流量主要包括以下两部分：

1.垫支营运资本的收回

这部分资本不受税收因素的影响，税法把它视为资本的内部转移，就如同把存货和应收账款换成现金一样，因此，收回的营运资本仅仅是现金流量的增加。

2.固定资产残值变价收入以及出售时的税负损益

固定资产出售时税负损益的确定方法与初始投资时出售旧设备发生的税负损益相同。如果预计固定资产报废时残值收入大于税法规定的数额，就应上缴所得税，形成一项现金流出量，反之则可抵减所得税，形成现金流入量。例如，某设备预计报废净残值为8 000元，而按税法规定应提取残值10 000元，假定所得税税率为25%，则此时确认的残值收入形成的现金流量并非8 000元，而应是8 500元（8 000+（10 000-8 000）×25%）。

四、投资项目的现金流量分析实例

（一）扩充性投资方案的现金流量分析

【案例9-1】

AL公司为了扩大营业规模，欲购入一台特殊的加工设备，设备价款为100 000元，运输安装费用为5 000元，设备可使用5年，采用直线法计提折旧，5年后按税法规定有残值收入约25 000元，根据市场部门预测，在未来的5年内，该设备每年可为公司带来90 000元的额外销售收入，发生的包括动力、原材料、人工等费用在内的年付现成本为50 000元，第1年年初垫支的营运资本为20 000元，这笔资金将在第5年年末收回，所得税税率为25%，根据以上资料，则该投资项目的初始现金流量、经营现金流量和终结现金流量见表9-2。

表9-2　**AL公司“购买设备”方案的现金流量分析**　单位：元

构成项目	初始现金流量	经营现金流量				终结现金流量
时间	0	1	2	3	4	5
新设备的购置成本	100 000					
资本性支出（运输、安装费）	5 000					
垫支的营运资本	20 000					
营业收入		90 000	90 000	90 000	90 000	90 000
付现成本		50 000	50 000	50 000	50 000	50 000
折旧		16 000	16 000	16 000	16 000	16 000
税前利润		24 000	24 000	24 000	24 000	24 000
所得税（25%）		6 000	6 000	6 000	6 000	6 000
税后利润		18 000	18 000	18 000	18 000	18 000
折旧		16 000	16 000	16 000	16 000	16 000
设备的残值收入						25 000
收回营运资本						20 000
各年净现金流量（NCF_t）	-125 000	34 000	34 000	34 000	34 000	79 000

（二）重置性投资项目的现金流量分析

【案例 9-2】

WQ公司考虑购置一台新设备替换旧设备，以降低其生产成本，旧设备的原值为108 000元，账面净值为68 000元，每年折旧额为10 000元，估计还可用6年，6年后按税法规定有残值8 000元，若现在变卖可获净收入40 000元，使用该设备所生产的产品每年可为企业创造营业收入90 000元，每年发生付现成本60 000元。新设备的购置成本为125 000元，使用寿命为6年，期满后按税法规定有残值5 000元，新设备按直线法计提折旧，使用新设备不会增加收入，但每年节约付现成本约20 000元，所得税税率为25%。

在本例中，有两个备选方案，或是继续使用旧设备，或是购置新设备，如果购置新设备、放弃旧设备，其增量现金流量计算如下：

更新设备比继续使用旧设备增加的投资额=新设备的投资−旧设备的变现净收入

=125 000−40 000

=85 000（元）

经营期第1年因旧设备提前报废发生净损失而抵减的所得税税额=（68 000−40 000）×25%

=7 000（元）

经营期第1~5年每年因更新改造而增加的折旧=（125 000−5 000）÷6−10 000=10 000（元）

经营期第1~5年每年收入的变动额=0

经营期第1~5年每年付现成本的变动额=−20 000元

经营期第1~5年每年总成本的变动额=该年增加的付现成本+该年增加的折旧

=−20 000+10 000=−10 000（元）

经营期第1~5年每年营业利润的变动额=0−（−10 000）=10 000（元）

经营期第1~5年每年因营业利润的增加而导致的所得税变动额=10 000×25%=2 500（元）

经营期第1~5年每年因营业利润的增加而导致的净利润变动额=10 000−2 500=7 500（元）

终结点第6年的残值差额=5 000−8 000=−3 000（元）

终结点第6年因营业利润的增加而导致的净利润变动额=10 000−2 500=7 500（元）

整理后得出初始投资增量净现金流量为：

ΔNCF_0=−（125 000−40 000）=−85 000（元）

经营期增量净现金流量为：

ΔNCF_1=7 500+10 000+7 000=24 500（元）

ΔNCF_{2-5}=7 500+10 000=17 500（元）

终结点增量净现金流量为：

ΔNCF_6=7 500+10 000+（−3 000）=14 500（元）

第三节　项目投资决策方法及其比较

对项目投资进行评价时，按是否考虑货币的时间价值可以分为非折现的现金流量分析法（non discounted cash flow method，Non DCF Method）与折现的现金流量分析法（discounted cash flow method，DCF Method），前者计算较为简单、方便，后者计算较为复杂，但更加科学、合理。

一、非折现的现金流量分析法

非折现的现金流量分析法主要有回收期法和平均会计收益法。

（一）回收期法

1.回收期法的定义

回收期（payback period，PP）是指通过项目的净现金流量来回收初始投资所需要的时间，一般以年为单位，它是用来评价投资项目的一种常用的评价标准。

2.回收期的计算

回收期的计算因投资项目每年的经营净现金流量是否相等而有所不同。

如果投资项目的投资额是一次支出，且每年的经营净现金流量相等，其计算公式为：

回收期=初始投资额÷年净现金流量

如果投资项目每年的净现金流量不相等，回收期是指年净现金流量累积到初始投资可以被收回的时间，其计算公式为：

$$\text{回收期}=\text{投资成本足额回收前的年数}+\frac{\text{年初未收回的成本}}{\text{本年现金净流量}}$$

3.回收期法的决策准则

利用回收期法对独立项目与互斥项目进行决策的准则有所不同，独立项目是指各项目的现金流量之间是互相独立的，独立项目的决策准则很简单，就是一个可接受的项目回收期必须小于规定的最大回收期，我们可将这一准则表示如下：

回收期<规定的最大回收期→接受

回收期>规定的最大回收期→拒绝

互斥项目意味着一旦采纳了一个项目，其他项目就必须否决。比如，在货仓里安装一条传送带系统与购买一批铲车就是互斥项目——接受了其中一个就意味着放弃另一个。互斥项目的回收期决策准则就是回收期越短越好，如果P_A和P_B分别代表项目A和项目B的回收期，我们可将决策准则表示如下：

$P_A<P_B$→选择项目A，拒绝项目B

【案例9-3】

表9-3列示了TEL公司两个独立项目的资本支出数据，第0年的现金流量代表了初始投资，假设公司规定的最大回收期为3年。

则利用回收期的计算原理分别计算它们各自的回收期：

由于A投资项目的投资额是一次支出，且每年的净现金流量都相等，其回收期

表 9-3　　TEL公司资本支出数据　　单位：万元

年度	项目 A		项目 B	
	现金流量	净收益	现金流量	净收益
0	-200		-200	
1	80	20	40	20
2	80	20	80	35
3	80	20	100	55
4	80	20	150	70

的计算为：

200÷80=2.5（年）

B投资项目每年的净现金流量都不相等，其累计的净现金流量状况分布见表9-4。

表 9-4　　B项目累计净现金流量状况　　单位：万元

项目	0	1	2	3	4
净现金流量	-200	40	80	100	150
累计净现金流量	-200	-160	-80	20	170

根据表9-4，项目B的投资回收期计算如下：

2+80÷100=2.8（年）

由计算结果可以看出，项目A和项目B的投资回收期均小于3年，都可以接受，但项目A的回收期相对更短一些，如果A、B为互斥项目，企业应选择A项目。

4.回收期法的优缺点

回收期法的最大优点是计算容易并且通过直觉可以进行判断，一般认为，回收期越短，项目的风险就越低，并且流动性越强，因此，它在一定程度上赋予管理层识别项目的风险性和流动性的能力。因此，回收期法非常流行，特别是在一些小公司，常应用回收期法作为决策标准，或者作为复杂决策方法的补充。

回收期法是项目投资决策中一个非常简单但不精确的方法，它的缺点表现为：第一，没有考虑货币时间价值因素，将第1年发生的1元现金流入视为与第1年以后发生的1元现金流入具有同等的价值，而事实上二者的价值是不能等同的。第二，它忽视了回收期以后的现金流量，因此不能把它看作获利能力的度量。例如，两个初始投资均为60万元的方案，如果前三年每年的净现金流量都是20万元，那么它们有相同的回收期，但假如其中一个方案预期三年后没有现金流量，而另一个方案预期随后的三年中每年产生10万元的现金流量，回收期法就无法衡量其真实的获利能力。因此，回收期法更偏向高流动性的短期投资，这一点对小公司而言，可能非常重要，对大公司则可能不太重要。

5.现值回收期法

现值回收期法是由回收期法改进而来的一种方法，它企图弥补回收期法忽视货币时间价值的缺陷。在这种方法中，首先以一个恰当的折现率将所有的现金流量折现，然后再计算回收期。这种方法在理论上是有意义的，但是它仍然没有解决第二个缺陷，同时又失去了回收期法“快速而粗略”的简洁性。因而，这种方法很少被使用。

（二）平均会计收益率法

在对投资项目的决策评价中，有时还需要利用投资方案的会计净收益指标。

1.平均会计收益率的定义

平均会计收益率（ARR）是指投资项目年平均净收益除以整个项目期限内的项目平均投资额。这个比率越高，说明项目的获利能力越强。

2.平均会计收益率的计算

平均会计收益率的计算公式为：

$$\text{平均会计收益率}=\frac{\text{年平均净收益}}{\text{项目平均投资额}}\times 100\%$$

其中，“年平均净收益”可按项目投产后各年净收益（税后利润）总和简单算术平均计算；“项目平均投资额”是指原始投资的算术平均数。

3.平均会计收益率法的决策准则

利用平均会计收益率衡量投资项目的准则是：对于独立项目，如果会计收益率大于基准会计收益率（通常由公司自行确定或根据行业标准确定），则应接受该项目，反之则应放弃。这一准则可以表示如下：

投资项目的ARR≥基准会计收益率→接受

投资项目的ARR<基准会计收益率→拒绝

在有多个互斥方案的选择中，则应选择平均会计收益率最高的项目。具体表示如下：

$ARR_A>ARR_B$→选择项目A，拒绝项目B

【案例9-4】

M公司在考虑是否要在一处商业区进行项目投资，有两种项目可供选择：一种是购买养生会馆，另一种是购买超市。购买养生会馆的价格为200万元，每年的净收益分别为30万元，35万元，40万元，20万元，10万元；购买超市的价格为300万元，每年的净收益分别为40万元，50万元，60万元，50万元，40万元。

两种项目的经营期限均为5年，且期末必须完全拆除，无残值，采用直线折旧法。

请计算养生会馆和超市两个项目的平均会计收益率，并确定应当选取的投资方案，假定公司的基准会计收益率为20%。

养生会馆项目的平均会计收益率为：

$$平均会计收益率=\frac{(30+35+40+20+10)\div 5}{200\div 2}\times 100\%=27\%$$

超市项目的平均会计收益率为：

$$平均会计收益率=\frac{(40+50+60+50+40)\div 5}{300\div 2}\times 100\%=32\%$$

两种项目的平均会计收益率均大于20%，因此，企业都可以接受，但是超市项目的平均会计收益率要高于项目养生会馆项目，如果是互斥项目，企业应选择超市项目。

4.平均会计收益率法的优缺点

平均会计收益率具有简明、易懂、易算的优点，但也存在很多明显的缺点，主要表现为：第一，忽略了货币的时间价值，只是将不同时点的会计数据加以平均，得出的是一个不具有任何经济意义的报酬率，无法与金融市场上所提供的报酬率相比较。第二，会计收益率是按投资项目账面价值计算的，当投资项目存在机会成本时，其判断结果与净现值等指标差异很大，有时甚至得出相反的结论，影响投资决策的正确性。因此，实际工作中仅仅依据平均会计收益率进行决策的情况非常少见。

二、折现的现金流量分析法

折现的现金流量分析法就是考虑货币时间价值的决策方法，它主要有净现值法、内含报酬率法和获利指数法。

（一）净现值法

1.净现值的定义

如果一项投资能为企业创造价值，那么就值得进行，但如何衡量一项投资是否为企业创造了价值呢？一般意义上讲，如果一项投资在市场上的价值高于我们取得它的成本，那么这项投资就创造了价值。净现值（net present value，NPV）就是反映投资项目的市价与其取得成本之间的差。换句话说，净现值是对进行一项投资所创造或增加的价值进行计量的尺度。企业的目标是实现企业价值最大化，因此，项目决策的过程可以看作是寻找正的净现值的投资的过程。

2.净现值的计算

一个项目的净现值是将项目在整个建设和生产服务年限内各年净现金流量按一定的折现率计算的现值之和，其计算公式为：

$$NPV=\sum_{t=0}^{n}\frac{NCF_t}{(1+K)^t}=\sum_{t=0}^{n}NCF_t(1+K)^{-t}$$

其中：NCF_t代表第t期净现金流量；K代表项目资本成本或投资必要收益率（为简化起见，假设项目各年的资本成本不变）；n代表项目周期（指项目建设期和生产期）。

3.净现值法的决策准则

根据企业价值最大化的原则，利用净现值指标进行项目决策的原则是：如果项目的净现值大于或等于零，表明该项目投资获得的收益大于资本成本，或获得了与投资风险相适应的收益，则项目是可行的，具体来讲，独立项目的决策准则是：

NPV>0→接受投资

NPV<0→拒绝投资

如果现金流入量的现值超出现金流出量的现值越多，则项目的净现值越大，预期对股东财富的贡献就越大。换句话说，一个大的净现值项目好于一个小的净现值项目，这就是互斥项目的决策准则，即：

$NPV_A>NPV_B$→选择项目A，拒绝项目B

【案例9-5】

以表9-3的资料为依据，计算项目A和项目B两个方案的净现值，并确定企业应当选取的投资方案，假定公司的资本成本为15%。

由于项目A各年的NCF均相等，其净现值可以简化计算为：

$$\begin{aligned}NPV&=-200+80\times(P/A,\ 15\%,\ 4)\\&=-200+80\times2.8550\\&=28.4\text{（万元）}\end{aligned}$$

项目B各年的NCF不等，我们利用净现值的计算公式得出：

$$\begin{aligned}NPV&=\sum_{t=0}^{n}\frac{NCF_t}{(1+K)^t}\\&=-200+\frac{40}{(1+15\%)^1}+\frac{80}{(1+15\%)^2}+\frac{100}{(1+15\%)^3}+\frac{150}{(1+15\%)^4}\\&=-200+40\times0.8696+80\times0.7561+100\times0.6575+150\times0.5718\\&=46.79\text{（万元）}\end{aligned}$$

两个投资项目的净现值均为正数，都是可取的，但项目B的净现值大于项目A，若为互斥项目则应选择项目B。

4.净现值法的优缺点

净现值法的优点是考虑了项目周期各年现金流量的现时价值，反映了投资项目的可获收益，并与企业价值最大化目标一致，在理论上也比其他方法更为完善。其缺点是净现值计算中的现金流量和相应的资本成本的估计都依赖于净现值计算时所能获得的信息，估计时会有一定误差。另外净现值法只能说明投资项目的报酬率高于或低于预定的报酬率，而无法揭示投资项目本身的报酬率，而且净现值本身是一个绝对数，不利于不同投资规模项目之间的比较。

（二）内含报酬率法

1.内含报酬率的定义

内含报酬率法（internal rate of return，IRR）是净现值法最重要的替代方法，它反映的是投资项目本身的报酬率，只依赖于来自该项投资的现金流量，而不受任何其他报酬率的影响，因此，我们称它为“内部的”报酬率。

2.内含报酬率的计算

一项投资的内含报酬率就是NPV等于零时的折现率，其计算公式为：

$$NPV=\sum_{t=0}^{n}NCF_t(1+IRR)^{-t}=0$$

其中：NPV代表项目的净现值；NCF_t代表第t期净现金流量；n代表项目周期（指项目建设期和生产期）；IRR代表项目的内含报酬率。

由于内含报酬率的计算公式是一个n次方程，通常采用试错法（trial and error）或计算机搜索法求出IRR值。

3.内含报酬率法的决策准则

由于项目的IRR是投入项目的资金的报酬率，而资本成本反映了企业使用长期资金必须支付的报酬率，因此，对于独立项目而言，只有项目的IRR超过公司的资本成本K，才接受该投资项目，即：

IRR>K→接受

IRR<K→拒绝

对于互斥方案而言，企业更偏爱于具有更高报酬率的投资而不是那些低报酬率的投资，因此，IRR越大越好。

$IRR_A>IRR_B$→选择项目A，拒绝项目B[①]

【案例9-6】

N公司现有A、B、C三个独立项目可以投资。其中，第0年的现金流量代表了初始投资，假定公司的资本成本为15%，各年的现金净流量如表9-5所示。

表9-5 **项目净现金流量状况** 单位：万元

	项目A	项目B	项目C
0	-500	-500	-500
1	180	0	160
2	180	0	175
3	180	0	185
4	180	780	200

请计算三个项目的内含报酬率，并确定应当选取的投资方案。

项目A的每年NCF都相等，可采用如下方法计算IRR值：

$$年金现值系数=\frac{初始投资}{每年NCF}$$

$$=2.78$$

① 但在互斥项目的选择中，利用这一标准有时会得出与净现值不同的结论，这一问题在投资决策方法的比较分析中讨论。

查年金现值系数表，第四年与2.78相邻近的年金现值系数为2.7982和2.6901，分别对应的折现率为16%和18%，现用插值法计算如下：

折现率

$$\left.\begin{array}{l}\left.\begin{array}{l}16\%\\ ?\%\end{array}\right\}x\%\\ \qquad 18\%\end{array}\right\}20\%$$

系数

$$\left.\begin{array}{l}\left.\begin{array}{l}2.7982\\ 2.78\end{array}\right\}0.0182\\ \qquad 2.6901\end{array}\right\}0.1081$$

$$\frac{x}{20}=\frac{0.0182}{0.1081}$$

$x=0.34$

项目A的内含报酬率为：16%+0.34%=16.34%

项目B只有第4年有现金流入，可用如下方法计算IRR值：

$$复利现值系数=\frac{初始投资}{每年WCF}$$

$$=0.64$$

查复利现值系数表，第四年与0.64相邻近的年金现值系数为0.6830和0.6355，分别对应的折现率为10%和12%，现用插值法计算如下：

折现率

$$\left.\begin{array}{l}\left.\begin{array}{l}10\%\\ ?\%\end{array}\right\}x\%\\ \qquad 12\%\end{array}\right\}2\%$$

系数

$$\left.\begin{array}{l}\left.\begin{array}{l}0.6830\\ 0.64\end{array}\right\}0.0430\\ \qquad 0.6355\end{array}\right\}0.0475$$

$$\frac{x}{2}=\frac{0.0430}{0.0475}$$

$x=1.81$

项目B的内含报酬率为：10%+1.81%=11.81%

由于项目C每年的NCF不相等，必须逐次进行测算，假设先估计折现率为16%，进行第一次测算，结果净现值为-3.04，说明应降低折现率，用15%进行第二次测算，计算出的净现值为7.45，则：

IRR=15.71%

项目C的内含报酬率为15.71%。

从以上计算出的三个方案的内含报酬率可以看出，B方案的内含报酬率小于15%，所以不予采纳。A、C两个方案的内含报酬率都超过15%的资本成本，企业都可以接受，但是A方案的内含报酬率更高，如果为互斥项目，企业应选择A。

4.内含报酬率法的优缺点

内含报酬率法的优点是考虑了货币的时间价值，反映了投资项目的真实报酬情况，概念也易于理解。缺点是在互斥项目的选择中，内含报酬率法可能得出与净现值不同的结论。

（三）获利指数法

1.获利指数的定义

获利指数（profitability index，PI）又称现值指数，是指初始投资以后所有预期未来现金流量的现值与初始投资的比值。获利指数法在本质上是净现值法的一个变形，NPV是初始投资以后所有预期未来现金流量的现值与初始投资的差，当预期未来现金流量的现值超过初始投资时，PI将大于1，同时产生正的净现值。

2.获利指数的计算

获利指数的计算公式表示为：

$$获利指数（PI）=\frac{初始投资所带来的后续现金流量的现值}{初始投资}$$

获利指数代表每投资1元所创造的价值，如果按公式计算出的获利指数为1.1，则代表每投资1元就会得到1.1元的价值回报，也就是得到0.1元的NPV，因此，获利指数测度了“钱的回报”。

3.获利指数法的决策准则

对于独立项目，则：

$PI>1.0$→接受

$PI<1.0$→拒绝

对于互斥方案，则：

$PI_A>PI_B$→选择项目A，拒绝项目B[①]

【案例9-7】

以表9-3的资料为例，计算项目A和项目B两个方案的获利指数，并确定应当选取的投资方案，假定公司的资本成本为15%。

项目A初始投资后未来现金流量的现值总和=80×（P/A，4，15%）=228.4（万元）

$$项目B初始投资后未来现金流量的现值总和=\frac{40}{(1+15\%)^1}+\frac{80}{(1+15\%)^2}+\frac{100}{(1+15\%)^3}+\frac{150}{(1+15\%)^4}$$

$$=246.79（万元）$$

则：

$$项目A的获利指数（PI）=\frac{初始投资所带来的后续现金流量的现值}{初始投资}$$

$$=\frac{228.4}{200}$$

$$=1.14$$

① 但在互斥项目的选择中，利用这一标准有时会得出与净现值不同的结论，这一问题在投资决策方法的比较分析中讨论。

$$项目B的获利指数（PI）=\frac{初始投资所带来的后续现金流量的现值}{初始投资}$$

$$=\frac{246.79}{200}$$

$$=1.23$$

项目A与项目B的获利指数均大于1，故两个方案都可进行投资，但项目B的获利指数更大，若两个方案为互斥方案，应选择项目B。

4.获利指数法的优缺点

获利指数法的优点是考虑了货币的时间价值，能够真实地反映投资项目的收益水平，也有利于在初始投资额不同的投资项目之间对比。其缺点和净现值法一样，不能揭示投资项目本身的报酬率。

三、项目投资决策方法的比较分析

20世纪50年代以前，各国企业在进行投资决策时，一般都以非折现的现金流量评价方法为主。50年代以后，折现现金流量的评价方法开始受到重视，并在投资决策中发挥越来越大的作用，到了70年代，折现现金流量的评价方法已经占据主导地位。目前，几乎所有的大公司在投资决策中都使用折现现金流量的评价方法。为什么会出现这种情况？我们可以通过对非折现评价方法和折现评价方法的比较分析来加以解释。

（一）非折现评价方法与折现评价方法的比较

（1）非折现评价方法中的回收期法没有考虑货币的时间价值，且并未将投资项目的全部现金流量都考虑进去；平均会计收益率法虽然克服了回收期法的第二个缺点，考虑了项目周期的全部现金流量，但是依然忽略了货币的时间价值，因此，这两种方法是不科学的。而折现评价方法则考虑了项目周期内的全部现金流量，并且把不同时点的现金流量按统一的折现率折算到同一时点上，使不同时期的现金具有可比性，有利于管理者做出正确的投资决策。

（2）非折现评价方法中的回收期法只能反映投资的回收速度，不能反映投资的主要目标——为企业创造多少价值。同时，由于回收期没有考虑货币时间价值，因而夸大了投资的回收速度。而折现评价方法中的净现值直接反映投资项目为企业创造的价值，符合公司价值最大化的财务目标。

（3）非折现评价方法中的平均会计收益率法，由于没有考虑货币的时间价值，因而，实际上夸大了项目的盈利水平。而折现评价方法中的内含报酬率法是以预计的现金流量为基础，是考虑了货币时间价值以后计算出的真实的报酬率。

（4）非折现评价方法中的回收期法和平均会计收益率法对寿命不同、资金投入的时间和产生收益的时间不同的投资项目缺乏鉴别能力。而折现评价方法则可以通过净现值、内含报酬率和获利指数等方法进行综合分析，从而做出正确合理的决策。

通过以上分析我们可以看到，由于非折现评价方法存在的固有缺陷，不能满足项目评价标准应具备的条件，因此，逐渐被折现评价方法所取代。

（二）折现评价方法的比较

折现评价方法是一种科学的方法，而净现值、内含报酬率和获利指数都属于折现指标，企业在进行投资决策时应选取哪一种更好？通过比较可以获得答案。

1.净现值与内含报酬率的比较

在投资项目是相互独立且是常规项目①的情况下，运用净现值法和内含报酬率法总能得出一致的结论，即如果投资项目的内含报酬率大于其资本成本，决策者决定接受该投资项目，这时投资项目的净现值一定为正数。但对于非常规项目②，则可能会出现多个内含报酬率，其个数要视现金流量序列中正负号变动的次数而定，在这种情况下，利用内含报酬率法则无法做出正确决策。但对于净现值法，无论是常规项目还是非常规项目，总能做出正确的决策。

如果投资项目是互斥项目，在下列两种情况下，两种方法所得出的结论可能产生差异：

（1）项目投资规模不同，一个项目的初始投资大于另一个项目的初始投资。

（2）项目现金流量的模式不同，一个项目的前期现金流入较多，另一个项目的后期现金流入较多。

下面举例来具体说明。

【案例9-8】

假设企业有两个互斥项目A和B，它们的初始投资不一致，详细情况见表9-6。

表9-6　**A、B项目的现金流量及NPV、IRR、PI的计算表**　金额单位：元

指标	年度	A项目	B项目
初始投资	0	100 000	10 000
经营净现金流量	1	40 000	5 000
	2	40 000	5 000
	3	40 000	5 000
	4	40 000	5 000
NPV		32 485	6 561
IRR		21.86%	34.91%
PI		1.32	1.66
资本成本		8%	8%

① 投资项目只在前期初始投资时出现负的现金净流量，以后各期出现的都是正的现金净流量，也就是说，现金流量只发生一次变号。

② 投资项目的现金流量是交错型的，如现金流量为--++⋯-++，即非传统型现金流量，现金流量在整个项目有效期内发生多次变号。

按不同折现率计算项目A和项目B的净现值，见表9-7。

表9-7 **不同折现率情况下的净现值计算表** 金额单位：元

折现率（%）	NPV_A	NPV_B
0	60 000	10 000
5	41 838	7 730
10	26 795	5 849
15	14 199	4 275
20	3 549	2 944
25	−5 536	1 808
35	−20 122	−15.26

将表9-7中不同折现率情况下算出的净现值绘入图9-2。

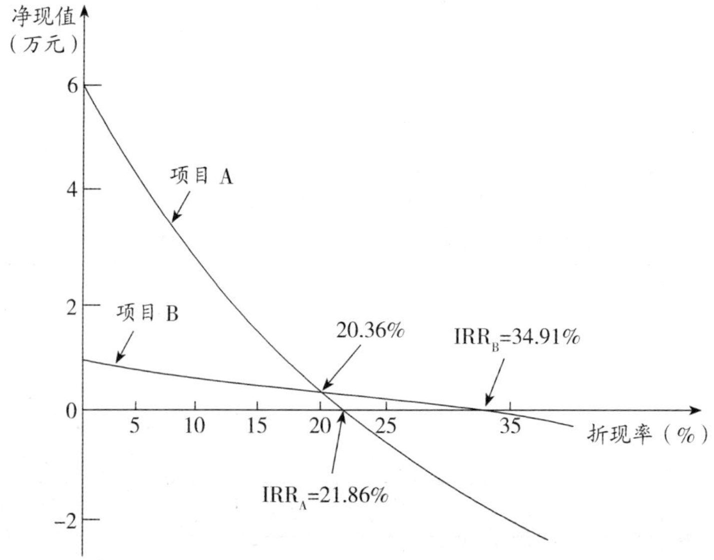

图9-2 净现值与内含报酬率对比图

如图9-2所示，本例中两个项目的净现值曲线相交于20.36%处，我们把这一点称为净现值无差别点。如果项目的资本成本大于20.36%，则项目B的净现值大于项目A，同时由于项目B的内含报酬率大于项目A，则按净现值法和内含报酬率法会得出相同的结论，即应该采纳项目B而拒绝项目A；如果项目的资本成本小于20.36%（本例中的资本成本为8%），则项目A的净现值大于项目B，这时按净现值法应采纳项目A而拒绝项目B，但是按内含报酬率法则得出相反的结论，即采纳项目B而拒绝项目A。由此可见，对于这种初始投资不同的投资项目要进行决策，净现值法和内含报酬率法可能会有相互矛盾的结论。

对于项目现金流量模式不同的项目也会出现上述矛盾。那么产生这种分歧的根本原因是什么呢？其根本原因在于这两种方法对再投资的报酬率的假设各不相同。净现值法假定公司将投资项目产生的现金流量再投资后所得到的报酬率等于该项目的资本成本；而内含报酬率法假定公司能够按照投资项目的内含报酬率将该项目产生的现金流量予以再投资。但对于大多数公司而言，它们较有可能按照投资方案的资本成本而非内含报酬率将现金流量进行再投资，因此，一般来说，净现值法的再投资报酬率假设比内含报酬率法的再投资假设要合理得多，因此，我们认为净现值法优于内含报酬率法。

2.净现值与获利指数的比较

在评价独立项目优劣时，净现值法与获利指数法所得的结论是一致的，即净现值大于零，获利指数必然大于1。但对于互斥项目的评价，有时就会产生分歧。如表9-6中的项目A和项目B（这两个项目的初始投资不一致），当资本成本为8%时，项目A的净现值为32 484元，获利指数为1.32；项目B的净现值为6 561元，获利指数为1.66。如果按净现值法，则应选择项目A；如果按获利指数法，则应选择项目B。产生了相互矛盾的结论。产生矛盾的原因是评价方法本身的原因，因为净现值是用各期现金流量现值总和减初始投资，而获利指数是用各期现金流量现值总和除以初始投资（假设投资仅发生在期初），因而，评价结果可能产生不一致，这种差异只有初始投资不同时才产生。那么我们在作投资决策时应该如何选择呢？由于最高的净现值符合企业的最大利益，也就是说，净现值越高，可为企业带来越多的财富。而获利指数只反映投资回收的程度，不反映投资回收额的多少。因此，在有资本限量的情况下的互斥选择决策中，应选用净现值较大的投资项目，也就是说，当获利指数与净现值得出不同结论时，应以净现值为准。

相关链接9-1　　　　投资决策技术的国际比较

受美国大规模问卷调研的影响，20世纪80年代后期加拿大、英国、欧洲和东亚等国财务学者纷纷展开了对企业投资决策技术的问卷调研，但不同国家或地区差别很大。Wong，Farragher和Leung（1987）对马来西亚、中国香港和新加坡企业、Kester et. Al.（1999），对澳大利亚、中国香港、印度尼西亚、马来西亚、菲律宾和新加坡的问卷调查都证实大部分样本企业在对项目筛选时首选PB法，不过DCF方法的重要性有所上升。Hermes，Amid和Yao（2005）的调查结果显示中国企业最常使用IRR和PB方法，其使用大大超过NPV法。南京大学会计系（2002）对中国77家企业的会计实务做了问卷调查，62.2%的企业最重视投资回报率这一指标，41.9 %的企业最重视PB法。齐寅峰等（2005）调查发现企业中使用最多的投资决策方法是PB法，而且在对企业特征的分层分析发现了疑点，那就是中国的上市公司、大企业比非上市公司、小企业更倾向于使用回收期法，与Graham和Harvey的结果刚好相反，这明显不符合规模效应。

总体来看，同时期欧洲企业使用DCF的比例要低于美国企业，Brounen，De Jong和Koedi j k（2004）对欧洲四国的调查得到令人吃惊的结果：除荷兰企业外，其他国家的企业使用最多的是PB方法。他们加入国家虚拟变量和企业特征控制变量，并用多元逻辑回归方法分析投资决策的影响因素。结果显示：国家因素是影响DCF法使用的重要因素。此外，研究发现欧洲企业的规模和DCF方法使用正相关，大公司以及首席执行官有MBA学历的企业使用NPV方法的更多。而私募企业比上市公司更倾向使用PB技术，小企业比大企业更多使用PB技术。

综上可知，在欧洲、亚洲PB方法是最为重要的预算方法。对于资金严重受到约束的企业来说，如果项目不能及早提供正的现金流，一旦企业破产关门，未来有现金流入也就毫无意义，所以PB法有其合理性。

欧亚企业重视PB方法是与其银行主导的融资体制相适应的，欧洲及亚洲国家的证券市场发展规模不大，银行借贷是最主要的融资渠道，面临融资约束的企业只有尽快收回投资以偿还贷款。遗憾的是已有的调查研究并没有继续验证这个可能的原因，有待今后调查落实。

资料来源　刘松. 企业投资决策的实地调查研究综述［J］. 经济问题探索，2009（3）.

四、互斥项目的决策

如果评价独立项目，无论利用何种折现指标进行评价，其决策结论是一致的，但如果评价的是互斥项目，有时计算的不同项目的折现指标常常出现矛盾的结论，如前述的NPV与IRR的矛盾，或NPV与PI的矛盾，在这种情况下，为了排除干扰，可以采用专门的决策方法进行决策，主要决策方法有：净现值法、增量内含报酬率法和年等额净回收额法。

（一）净现值法

互斥项目决策中的净现值法是指计算出不同投资项目的净现值，据此进行比较并决策的一种互斥项目评价方法。此法需要依据给定的资本成本并区分不同项目，分别计算各项目的净现值，净现值大的方案为优选方案。此法既适用于独立项目的决策，也适用于互斥项目的决策；互斥决策前提下，适用于初始投资额相等，且项目计算期相同的两个或两个以上不同互斥项目的比较决策。

【案例9-9】

沿用案例9-6所给资料。要求：做出选择哪个项目的决策。

该题中，A、B、C三个项目的初始投资额都是500万元，项目的期限都是4年，资本成本为15%。据此计算的各项目的净现值如下：

$NPV_A=-500+180(P/A, 15\%, 4)=-500+513.90=13.90$（万元）

$NPV_B=-500+780(P/F, 15\%, 4)=-500+446.004=-53.996$（万元）

$NPV_C=-500+507.45=7.45$（万元）$=7.45$（万元）

因为B项目的净现值小于零，因此，不予采纳。A项目的净现值大于C项目，因此，应该选择A项目。此方法的决策结果与案例9-6决策结果相同，但计算较案例9-6简单。

（二）增量内含报酬率法

增量内含报酬率法是指在计算出增量现金净流量的基础上，计算增量现金净流量的内含报酬率，并据以决策的一种互斥项目评价方法。此法以掌握增量现金净流量数据为前提，增量内含报酬率的计算与独立项目内含报酬率的计算原理相同，只不过依据的基点现金净流量不同。当计算出的增量内含报酬率大于资本成本时，选择第一个投资项目，否则，选择第二个投资项目。此法适用于初始投资额不相等，但项目计算期相同的互斥项目比较决策。

【案例9-10】

沿用案例9-2所给资料及各年增量现金净流量的计算结果：ΔNCF_0=-85 000元；ΔNCF_1=24 500元；$\Delta NCF_{2\sim5}$=17 500元；ΔNCF_6=14 500元，假定资本成本为10%。要求：做出是否更新旧设备的决策。

该题中，各年增量现金净流量不相等，因此需要逐次测算，按10%进行测试，计算出的净现值为-4 112.72元；按8%进行测试，计算出的净现值为+491.37元。据此确定的增量内含报酬率如下：

$$\Delta IRR=8\%+\frac{491.37-0}{491.37-(-4\,112.72)}\times(10\%-8\%)\approx 8.21\%$$

因为增量的内含报酬率（8.21%）小于资本成本（10%），所以WQ公司应该继续采用旧设备，不应用新设备替换旧设备。

（三）年等额净回收额法

年等额净回收额法是指在计算出不同投资项目净现值的基础上，再计算年等额净回收额并据以决策的一种互斥项目评价方法。此法需要首先按照资本成本计算不同投资项目的净现值，并以净现值为基点计算不同投资项目的年等额净回收额。年等额净回收额反映不同投资项目预期未来的等额回收现金净流量，计算公式如下：

$$年等额净回收额=\frac{净现值}{年金现值系数}=\frac{NPV}{(P/A,\ i,\ n)}$$

$$年等额净回收额=\frac{净现值}{(P/A,\ i,\ n)}$$

依据计算出的年等额净回收额就可以进行决策，应该选择年等额净回收额大的投资项目作为优选方案。此法适用于初始投资额不相同，项目计算期不相同的互斥投资项目的比较决策。

【案例9-11】

某公司有A、B两个投资项目可供选择。A投资项目的初始投资额为1 500万元，项目计算期为11年，净现值为980.5万元；B投资项目的初始投资额为1 200万元，项目计算期为10年，净现值为966.36万元。假定资本成本为10%。

要求：做出选择何种方案的决策。

依据所给资料计算A、B投资项目的年等额净回收额如下：

$$年等额净回收额_A=\frac{980.5}{(P/A,\ 10\%,\ 11)}=\frac{980.5}{6.49508}\approx150.96（万元）$$

$$年等额净回收额_B=\frac{966.36}{(P/A,\ 10\%,\ 10)}=\frac{966.36}{6.14457}\approx157.27（万元）$$

因为A投资项目的年等额净回收额小于B投资项目的年等额净回收额，所以该公司应该选择B投资项目进行投资。

知识拓展：项目投资价值分析方法研究综述

第四节 项目投资的风险分析

在前面的项目投资评价当中，我们简单地假设项目获得的是确定的现金流量，没有考虑项目评估中的风险因素。但实际上，现实的经济活动充满着不确定性，每一项投资都存在一定的风险。因此，在进行投资决策分析时，我们应当考虑风险并加以度量。

一、项目投资的风险类型及分析方法

（一）项目投资的风险类型

在讨论如何根据项目的风险调整投资计划时，我们首先要明确应该调整何种风险，即识别风险的类型。在项目投资中，项目的风险可以从以下三个角度来看待。

1.项目特有风险

项目特有风险是指某一投资项目本身特有的风险，即不考虑与公司其他项目的组合风险效应，单纯反映特定项目未来收益可能产生的结果相对于预期值的离散程度。其风险的高低可以用项目的标准差进行衡量。项目特有风险常常源于项目特有因素的影响而导致风险出现，如项目收入的变动、初始投资的变动、建设期及项目寿命期的变动、日常经营费用的变动等。

2.公司风险

公司风险是指单纯站在公司立场上的公司总风险，即公司未来资产收益可能产生的结果相对于预期值的离散程度。其风险的高低可以用公司资产收益率标准差进行衡量。如果将公司资产看成是多个投资项目的组合，在这种情况下可以参照投资组合风险分析方法来衡量公司资产的总风险。如果某项目具有高度的不确定性，但该项目在整个公司收益中所占的比重相对较小，而且该项目的收益与公司其他资产的收益并不密切相关，那么，该投资项目的风险就可以在与公司其他资产的组合中被分散掉。通常，公司规模越大，这种分散效应就越大。一个项目的公司风险常常源于公司因素的影响，如企业的经营管理水平、技术进步状况、投资决策部门的预测能力、意外事故等。

3.市场风险

市场风险是指单纯站在公司股东角度衡量投资项目所反映的风险，即无法由多元化投资加以消除的那部分风险。其风险高低可以用投资项目的β系数来衡量。从理论角度出发，股东是多元化投资组合的股票拥有者，他们必然关注市场风险，因为一个投资项目的特有风险可以通过多元化投资组合加以消除，但投资项目所面临的市场风险是无法消除的。如果一个具有高度不确定性的风险项目与社会经济范围内的大部分资产密切相关，那么该项目同时具有高度的市场风险。一个项目的市场风险常常源于公司的外部因素变动，如市场状况及市场利率的变动、消费者偏好的改变、政治与经济形势的变化、国家政策变动等。

（二）项目投资的风险分析方法

概括而言，项目投资的风险分析方法有两类：敏感性分析法和风险调整法。敏感性分析法（sensitivity analysis）是在假定其他条件不变的前提下，分析某个不确定因素变化对项目NPV或IRR影响程度的一类定量风险分析方法。风险调整法是在随机现金流量的基础上，通过计算期望NPV或风险调整后的NPV进行决策的一类定量风险分析方法。这两类方法的共性之处在于：（1）都是针对因素的不确定而进行的分析；（2）都是围绕着投资决策的主要指标净现值等进行的分析。

二者的不同在于：（1）分析的出发点不同。敏感性分析法的出发点建立在确定性决策的基础上，而风险调整法建立的基点是具有不确定性的随机现金净流量。（2）对风险的考虑不同。敏感性分析法将因素变动分析视为对风险的考虑，而风险调整法以事先估计的因素变动为出发点，结合风险的作用，进行风险调整，通过计算期望NPV或风险调整后的NPV进行决策。

二、项目投资的敏感性分析

（一）敏感性分析的目的

在敏感性分析中，如果某一因素的预测值只有很小的变动，就会影响NPV或IRR，使其有很大改观，则表明该因素是敏感性因素，反之，即使某一因素有很大的变化，但对项目的NPV或IRR影响很小，则称该因素为非敏感性因素。敏感性分析的目的是要找出项目的NPV或IRR对哪些因素最敏感，从而抓住主要矛盾，为决策者提供重要的决策信息。

（二）敏感性分析的内容

进行项目投资的敏感性分析，可以从两方面进行：一是计算主要不确定因素变动对NPV、IRR的影响；二是计算主要不确定因素的变动临界值。

1.计算主要不确定因素变动对NPV、IRR的影响

在计算分析过程中，先假定一个因素变化而其他因素不变，计算变动因素对NPV或IRR的影响结果，并依次将对投资项目指标有影响的所有主要因素都算完为止，再根据计算的结果确定项目的敏感性因素，并据以分析。一般进行此类敏感性

分析的具体步骤如下：

（1）确定项目评价指标的基础值。在进行敏感性分析时，首先根据不同投资项目的特点，以NPV、IRR等作为分析对象，然后以正常情况下预期的现金流量为基础，计算出项目预期的NPV或IRR，并将这一数值称为“基础值”，作为计算其变动幅度的基础。

（2）选择敏感性分析变量，即确定主要的不确定因素。敏感性分析不需要对全部可能出现的不确定因素逐个分析，只是考察对项目产生影响的主要因素。不同规模、类型的投资项目，其主要的影响因素也不相同。例如，对投资生产某种产品的机器设备进行敏感性分析，需要考虑的主要不确定因素有机器成本、销售额、产品价格、制造成本、机器寿命、折现率等；如果是对一家工厂改建项目进行敏感性分析，必须考虑总改建费用（包括机器成本）、劳动力成本、广告费用、原材料成本和与销售收入有关的现金流量。此外，还需要有关折现率和项目寿命期的信息。

（3）确定不确定因素的变化范围。不确定因素的变化范围一般是根据历史的统计资料和对市场的调查预测来进行估计，可按其发生变化时增加（减少）一定的百分比（±10%、±15%、±20%）分别计算出这些因素变化对项目NPV、IRR等评价指标的影响。

（4）通过比较找出项目的敏感性因素。表9-8显示销售量、单价以及折现率分别增减10%、15%（每次只有一个因素变化）后某项目新的净现值的计算结果，按照正常的现金流量计算该项目的净现值是29 221元，由此可以分析销售量、单价和折现率单独变动对净现值影响的敏感程度。

表9-8 **各项因素变化对净现值的影响** 单位：元

影响净现值因素变动百分比	销售量	单价	净现值
115%	52 325	71 115	19 852
110%	44 889	50 033	23 256
100%	29 221	29 221	29 221
90%	13 246	10 648	34 857
85%	6 879	2 797	39 436

从表9-8的计算结果来看，项目净现值对单价最为敏感（变动幅度比较大），其次为销售量，相对而言，折现率变动对净现值的影响较为平缓。

2.计算主要不确定因素的变动临界值

此类分析是通过计算各种主要不确定因素允许变动的临界值来对投资项目进行敏感性分析。临界值是指在不改变某一评价指标决策结论的条件下，如NPV为负值之前，计算每个影响因素的最大不利值。临界值与正常值之间的差异反映了该影响因素的“安全边际”，管理者通过了解每种影响因素的安全边际，并识别高敏感性的影响因素，以对投资项目做出正确的评价。

知识拓展：项目投资决策风险的分析与评价

（三）对敏感性分析的评价

敏感性分析在一定程度上就多种不确定因素的变化对项目评价指标的影响进行定量分析，它有助于决策者了解项目决策时需要重点分析与控制的因素。但敏感性分析也存在一定的缺陷，它孤立地处理每个因素的变化，没有考虑到各因素之间的相关性，事实上，不论有利情况还是不利情况，各因素可能同时变化，而不仅仅是某个因素发生变化，因此综合数个相关变量对评价结果的影响来判断投资项目风险才是客观的。

三、项目投资的风险调整

如果项目的现金净流量具有不确定性，此时可以采用风险调整方式对其进行决策。具体的决策方法有以下几种：蒙特卡罗模拟、决策树分析、风险因素调整。

（一）蒙特卡罗模拟

蒙特卡罗模拟（Monte Carlo simulation）又称计算机模拟法，是根据项目主要变量和变量之间的关系对投资项目建立一个模型，然后通过模拟不确定因素的随机变化，计算随机状态下的项目NPV及其概率分布的一种风险分析方法。这种方法依据NPV分布及概率分布，可以计算期望NPV及其标准差，以判断投资项目的风险程度。

蒙特卡罗模拟的优点在于科学性，通过模拟计算，可以对投资项目未来可能出现的各种情形进行全面的预测和模拟，得到净现值的概率分布，从而定量地衡量出项目所承担的风险。然而，该方法也存在不容忽视的缺点：第一，在计算机模拟当中，每一个因素的输入值都有变化范围和概率分布，然而概率分布是由过去的统计数据或主观经验确定的，因此带有一定的误差；第二，假定各因素之间相互独立，与实际中的因素可能多重相关有出入；第三，该方法只注重分析单个项目的风险而忽略了市场风险和公司风险。

（二）决策树分析

决策树分析（decision trees analysis）是通过绘制决策树，标明一段时期内需要多次决策状态下投资项目现金流量的序列，通过计算投资方案的期望净现值进行决策的一种风险分析方法。此法在项目周期内会涉及多次决策问题，因此最适合一个项目中含多次决策的情况下采用。

决策树风险分析方法的优点在于通过决策树描述，直观地反映了投资项目未来各年现金流量之间的相互关系及分布以及相应的概率分布，全面反映了投资项目的风险特征，是一种较好的风险分析方法。它的主要缺点在于决策树图要求列示整个项目期内不同决策前提下各年现金流量和相应概率的分布，当一个项目的经济年限较长、现金流量的各种可能性又较多的前提下，决策树图将变得过于庞大，完整绘制可能较为困难，另外此种状况下的期望净现值计算也十分繁琐。

（三）风险因素调整

1.风险因素调整的基本思想

如果项目计算期内的预期现金流量具有不确定性，此时的决策含有风险，而给出的折现率被假定为无风险折现率，从而低估了项目的风险。因此投资项目风险因素调整的基本思想是，首先对影响净现值计算的重要因素进行调整，然后按调整后的结果计算项目的净现值并进行决策。依据调整因素的不同，可以分为风险调整折现率法和确定当量系数法两种。

2.风险调整折现率法

风险调整折现率法假定项目的折现率为无风险折现率，预期的现金流量具有不确定性。此法首先将折现率调整为含风险的折现率，并与不确定的现金流量相匹配，据此计算项目净现值并决策。这种方法建立在风险和收益匹配原则的基础上，认为如果投资所含的风险高于普通项目所含的风险，那么就应该调高折现率并补偿超额部分的风险。显然这种方法的关键是确定风险调整折现率。

（1）风险调整折现率的确定方法

①利用预期收益率模型确定风险调整折现率。

一般而言，投资项目的折现率不能低于同等风险程度的金融证券投资所获得的报酬率水平。依据此原理，一个投资项目的折现率应该是无风险报酬率加上风险补偿率的合计值，而能够用于此种形式确定折现率的具体方法有两种：一种是基于总风险的预期投资收益率模型，另一种是基于系统风险的资本资产定价模型。

预期投资收益率模型反映投资与总风险之间的关系，它可以用来估算风险投资项目的折现率，相关的计算公式如下：

$$\text{某投资项目的风险折现率}（K_j）=\text{无风险报酬率}+\text{风险系数}\times\text{标准离差率}=R_f+b\times c$$

此公式中的风险系数可以参照以往适中风险程度的同类投资项目的历史资料推算；标准离差率是投资项目现金流量的标准差与其期望值的比值。

资本资产定价模型反映某资产预期收益率与不可分散风险之间的关系，它可以用来估算风险投资项目的折现率，计算公式如下：

$$\frac{\text{某投资项目的风险}}{\text{调整折现率}（K_j）}=\frac{\text{无风险}}{\text{报酬率}}+\beta\text{系数}\times\left(\frac{\text{证券市场}}{\text{平均报酬率}}-\frac{\text{无风险}}{\text{报酬率}}\right)$$

$$=R_f+\beta_j\times（R_m-R_f）$$

②按投资项目的风险等级确定风险调整折现率。

这种方法将投资项目分成若干类别，然后再以无风险折现率或资本成本为基础，根据经验判断每一类投资项目的风险大小并由此确定风险调整折现率。如某企业的资本成本或无风险折现率为10%，估计重置性项目的风险会高出2%、增加新生产线项目的风险会高出8%、研究开发项目的风险会高出15%，则由此确定的各类投资项目的风险调整折现率分别为12%、18%、25%。

比较上述三种方法，基于总风险的预期收益率或基于资本资产定价模型确定的风险调整折现率较按投资项目的风险等级确定的风险调整折现率，前两种方法计算复杂，主要表现为项目标准离差率的计算或β系数的获得比较复杂；而按投资项目的风险等级确定风险调整折现率，其计算简单，容易确定，但这种方法需要对影响投资项目风险的各因素进行评分并确定风险等级，根据风险等级来调整折现率。这期间的分析主要根据管理人员以往的经验来设定，需要销售、生产、技术、财务等部门的人员共同参与，人为因素较大。

（2）对风险调整折现率法的评价

从逻辑上说，风险调整折现率法较好，它对风险大的项目采用较高的折现率，对风险较小的项目采用较低的折现率，简单明了，符合逻辑，在实际中运用具有可操作性。但这种方法把风险报酬与时间价值混在一起，并以此进行现金流量的折现，这样，必然会使风险随着时间的推移而被人为地逐年扩大，有时与事实不符。

3.确定当量系数法

在假定项目的折现率为无风险折现率，预期的现金流量具有不确定性的前提下，确定当量系数法与风险调整折现率法不同，此法首先利用确定当量系数将存在风险的现金流量调整为无风险的现金流量，并与无风险折现率相匹配，依据无风险折现率计算净现值并决策的一种方法。确定当量系数法的关键在于如何确定合理的确定当量系数。

（1）确定当量系数的确定

确定当量系数是指某年确定的现金流量与该年不确定现金流量的比值。由于时间延续越长，现金流量的风险程度越大，因此确定当量系数随着时间的延长会逐年或逐期下降。依据该系数，可以将各年含有风险的现金流量换算成无风险的现金流量，如表9-9所示。

表9-9　**投资项目利用确定当量系数对各年现金流量的换算**　金额单位：元

项目/年份	0	1	2	3	4
期望现金流量	-100 000	25 000	35 000	53 000	80 000
确定当量系数	1.00	0.95	0.90	0.85	0.80
调整后的确定现金流量	-100 000	23 750	31 500	45 050	64 000

（2）对确定当量系数法的评价

确定当量系数法将风险因素与时间因素分开讨论，克服了风险调整折现率法夸大远期风险的缺点，在理论上是成立的，也具有可操作性。但这种方法的显著缺点在于当量系数的确定困难，该系数目前为止没有一致公认的客观标准，一般由经验丰富的财务管理人员凭主观判断确定，其高低常常取决于管理层对风险的好恶程度，因此这种方法的人为因素作用非常大。

案例分析：安彩集团项目投资失败的分析

本章小结

根据不同的投资方式和内容，投资有不同的分类。本章所讨论的是以企业作为投资主体，以特定项目为对象，围绕着生产经营中所需固定资产数量的增加与质量的改善而进行的生产性投资。

企业进行项目投资决策通常包括五个步骤：(1) 投资项目的提出；(2) 投资项目的审核与分析；(3) 投资项目的决策；(4) 投资项目的执行；(5) 投资项目的反馈。

企业的项目投资与企业价值这两者之间是必然关联的。如果企业投资一项产生正的净现值的项目，项目的收入大于成本，则会增加企业的价值，增加股东的财富，从而使企业的股票价格上涨。

项目投资中采用现金流量主要是因为采用现金流量指标有利于考虑时间价值因素并可以使项目投资更符合实际情况。

在估算投资项目的现金流量时，所应遵循的最基本原则是：增量现金流量原则、外部性原则和税后原则。

一般来说，项目的现金流量可分为三个部分：初始现金流量、经营现金流量和终结现金流量。每一部分都有其各自的内容。

项目投资决策所使用的方法，按是否考虑货币的时间价值可以分为非折现的现金流量分析法与折现的现金流量分析法。非折现的现金流量分析法主要有回收期法和平均会计收益法；折现的现金流量分析法主要有净现值法、内含报酬率法和获利指数法。前者计算较为简单、方便，后者计算较为复杂，但更加科学、合理。

现实的经济活动充满着不确定性，每一项投资都存在一定的风险。因此，在进行投资决策分析时，应当考虑风险并加以度量。概括而言，项目投资的风险分析方法有两类：敏感性分析法和风险调整法。

风险调整法中常用的是风险调整折现率法和确定当量系数法。从逻辑上说，风险调整折现率法较好，它对风险大的项目采用较高的折现率，对风险小的项目采用较低的折现率。简单明了，符合逻辑，在实际中运用较为普遍。但这种方法把风险报酬与时间价值混在一起，并依此进行现金流量的折现，这样必然会使风险随时间的推移而被人为地逐年扩大，有时与事实不符。确定当量系数法将风险因素与时间因素分开讨论，克服了风险调整折现率法夸大远期风险的缺点，并在理论上是成立的。这种方法的主要缺点就是当量系数很难确定，每个人都会有不同的估算，数值差别很大。

关键概念

投资　现金流量　沉没成本　机会成本　外部性　回收期法　平均会计收益率法　净现值法　内含报酬率法　获利指数法　增量内含报酬率　年等额净回收额

项目特有风险　公司风险　市场风险　敏感性分析　蒙特卡罗模拟　决策树分析　风险调整折现率法　确定当量系数法

思考题

9.1　大多数高层管理者都是用净利润而不是用净现金流量来评估工作业绩的，为什么在项目投资决策评价中却使用增量现金流量而不是用增加的净利润来衡量？

9.2　为什么沉没成本不应该包括在项目投资决策分析中，而机会成本和外部性成本则应该包括在内？

9.3　请解释净营运资本在项目期末如何被收回，为什么在项目投资分析中考虑这个问题？

9.4　请解释净现值法的基本原理，并说明为什么在理论上一个高净现值的项目要优于一个低净现值的项目？

9.5　内含报酬率法和净现值法在何种情况下会得出相反的结论？为什么？

9.6　评价互斥投资项目时，如果折现指标出现矛盾的结果，可以采用哪些方法进行决策？

9.7　投资项目风险分析有哪些方法？你认为哪种方法比较好？为什么？

9.8　风险调整折现率法和确定当量系数法有何联系与区别？

延伸阅读与参考文献

1.杨淑娥. 财务管理学［M］. 北京：高等教育出版社，2013.

2.齐寅峰. 公司财务学［M］. 4版. 北京：经济科学出版社，2008.

3.王庆成，郭复初. 财务管理学［M］. 北京：高等教育出版社，2009.

4.刘兴云，汪平. 财务管理学［M］. 北京：经济科学出版社，2002.

5.李翔，齐寅峰. 我国企业投资决策程序的现状与问题［J］. 经济问题，2005（5）.

6.罗斯，威斯特菲尔德，乔丹. 公司理财：精要版［M］. 谭跃，周卉，李丹，译. 10版. 北京：机械工业出版社，2014.

7.爱默瑞，芬尼特. 公司财务管理［M］. 荆新改编. 北京：中国人民大学出版社，2007.

8.布雷利，迈尔斯，艾伦. 公司财务原理［M］. 赵英军，译. 10版. 北京：机械工业出版社，2013.

9.拉舍. 财务管理实务［M］. 陈国欣，译. 北京：机械工业出版社，2004.

10.刘淑莲. 高级财务管理理论与实务［M］. 大连：东北财经大学出版社，2012.

第十章 资产运营管理

引例

美国苹果公司的轻资产运营模式

2012年3月1日，苹果公司每股股价最高达到547.61美元，市值约为5 106亿美元，成为全球市值最高的公司。自2003年苹果内容的同步引擎iTunes实现与Windows系统兼容以来，产品销量高速翻倍增长，稳坐全球智能电子产品市场份额第一把交椅，虽然只占全球手机市场6%的市场份额，却赚取了近80%的利润。而2010年第一代iPad发布不到1年时间，便占据了全球平板电脑市场90%的市场份额。

然而，在惊讶于苹果公司今日耀眼的业绩的同时，我们也看到，它也曾经历过黑暗的岁月。20世纪90年代初期的苹果公司连年亏损甚至濒临破产，股价跌入深谷：1996年，公司在主营的个人电脑（PC）领域的市场份额由80年代末期的近16%跌至不到4%，加之公司经营混乱，产品线杂乱，库存居高不下，甚至被一些行业分析师列入了计算机行业死亡名册。

苹果公司的起死回生正是得益于它的轻资产运营模式，苹果公司的资产负债表显示的资产结构呈现出典型的“轻资产”特征：

（1）现金储备极高。现金储备（现金及现金等价物、短期证券、长期有价证券）与总资产比值在70%上下浮动，16年的时间里，公司现金储备由最初的17.5亿美元飙升至259.5亿美元，上涨了近14倍。

（2）流动资产很高。1996年至2008年，苹果公司的流动资产长期占据了总资产的80%以上，2009年起苹果公司开始购入长期债券，流动资产比重有所降低。

（3）应收账款与存货比例很低。考虑到苹果公司产品的终端销售多为信用卡结算，应收账款规模较小，自1998年起，苹果公司存货在总资产中的比重骤降至2%，1999年至2011年始终控制在总资产1%边缘上下浮动，最高值也不过为1.4%（2007年）。

（4）固定资产比例很低。2003年以前，固定资产始终保持在10%左右总资产的水平，2004年至2011年，固定资产与总资产比值平均维持在7%左右。

（5）有息负债和长期负债极低。公司流动负债长期保持在30%左右总资产的规模，其中超过一半为应付账款；1999年后，公司长期负债更是一直维持在很低的5%左右总资产规模的水平上。

最令人惊讶的莫过于公司账面上的巨额现金储备，从绝对数额来讲，2011财年苹果公司的现金储备高达816亿美元，高于美联储全年的财政收入总额，可谓富可敌国。

资料来源　汤谷良，等．财务战略驱动企业盈利模式——美国苹果公司的轻资产运营模式案例研究［J］．会计研究．2012（11）．

学习目标

本章的目标是使学生理解企业资产运营的内涵及其与价值创造的关系，并掌握流动资产管理的方法与资产重组的程序与方法。其具体目标包括：

知识目标

理解资产运营的含义与分类；理解资产运营的投资与融资策略；了解企业持有现金的目的、持有有价证券的目的与策略；理解应收账款的产生原因以及信用政策的构成；了解存货成本的构成；熟悉资产重组的含义及影响因素；理解资产重组在价值创造中的作用。

技能目标

掌握现金管理的成本分析模型、存货模型与随机模型；掌握现金日常收支管理的方法；掌握有价证券的选择标准；掌握存货储备的最佳进货时间和进货批量决策模型；掌握企业资产重组的程序与方法。

能力目标

理解资产结构的内涵与资产运营的各种策略及其运用问题；能够结合企业实际情况，运用最佳现金持有量决定模型确定企业现金持有量；理解并实施信用政策，进行应收账款管理；能够灵活运用存货储备决策模型确定企业最佳进货时间和进货批量。

本章提要

本章主要介绍与论述企业资产运营的基本理论与方法问题，包括资产运营的内涵及其与价值创造的关系、流动资产管理与资产重组管理。回答了以下问题：什么是企业资产运营？资产运营与股东价值之间有何联系？流动资产管理的内容与方法有哪些？什么是资产重组？资产重组管理的程序与方法有哪些？

相对于投资、融资与分配等企业财务管理的内容，资产运营所涉及的理论较少，偏重于实际运用，决策技术发展较为成熟。然而这并不意味着资产运营是一项较为次要的财务管理内容，企业财务人员通常把大部分的时间用于此项内容，其工作的结果将对企业产生很大的影响。第一节介绍与论述了资产运营的内涵与资产运营策略，并讨论资产运营对价值创造的影响。接下来的两节分别讨论资产运营的两个主要内容：流动资产运营与企业资产重组。在流动资产运营管理中，将介绍现金、应收账款与存货的产生原因与管理方法；在资产重组管理中，将讨论资产重组的影响因素及其与企业价值的关系，并介绍资产重组的程序与方法。

第一节 资产运营与价值创造

一、资产运营的内涵

（一）企业资产分类

资产是指企业过去的交易或者事项形成的、由企业拥有或者控制的、预期会给企业带来经济利益的资源。根据企业会计准则，符合资产定义的资源，需要同时满足以下两个条件，才能被确认为资产：一是与该资源有关的经济利益很可能流入企业；二是该资源的成本或者价值能够可靠地计量。

企业的资产从不同角度看可产生不同的分类或形成不同的资产组合。资产按其拥有状况，一般可分为各种财产、债权和其他权利。资产按其流动性状况，一般可分为流动资产和非流动资产。资产按其形态状况，一般可分为有形资产与无形资产。资产按其经营主体状况，一般可分为自营资产与对外投资。资产按其是否形成收取现金或其他金融资产（或交换金融负债或权益性工具）的合约权利，一般可分为金融资产与非金融资产。此外，还可以从资产与企业未来盈利的角度，将其分为待用资产、生产用资产、待售资产和其他资产；从资产重组的角度，将其分为高效资产、低效资产和无效资产。资产的不同分类，反映了各类资产的不同功能及相应的管理特点。

资产是企业经济资源的投入，资产的功能在于通过与人力资源的配合和经济资源本身的运营，产出更多的满足消费者需要的产品与劳务。企业的投入与产出及其关系说明：第一，经济资源或资产与人力资源是企业不可缺少的两种资源，资产功能的发挥离不开人力资源的配合，人力资源与资产的投入规模和结构决定着企业的产出；第二，在人力资源既定的情况下，资产的投入、经营及管理决定着资产功能的发挥和企业的产出水平。下面可从企业的投入与产出循环中看资产的功能与作用，如图10-1所示。

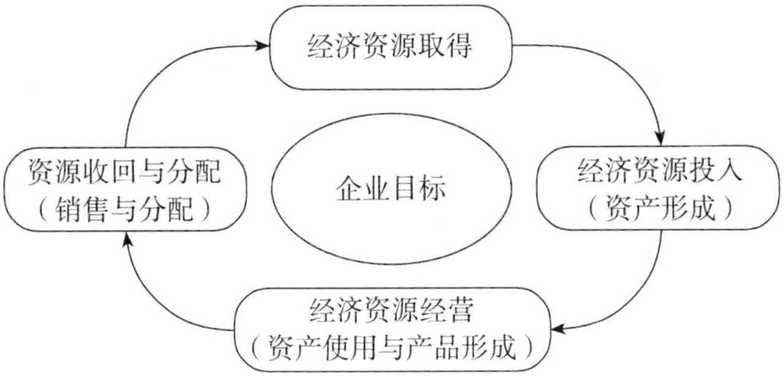

图10-1 资产投入与产出图

（二）资产运营的含义

关于资产运营的定义有很多。一种定义强调产权经营，认为资产运营就是通过产权经营实现资本保值增值，这实际上等同于资本经营。还有一种定义认为，资产运营就是公司对其可以支配的所有资源进行优化配置，以实现资本增值目标的过程，这实际上等同于企业管理。

本书中所说的资产运营，其含义是企业通过合理配置和使用资产，优化企业资产结构、提高资产运营效率，使企业以一定的资产投入取得尽可能多的收益，保证资产保值增值。企业运营管理由流动资产运营管理和资产重组管理两个方面的内容组成。资产运营的核心是资产的投入与产出及周转速度。资产运营具有以下两个特点：第一，资产运营的内容强调资产的配置、重组及有效使用；第二，资产运营以整个企业作为经营的出发点，强调全部资源的运用而不考虑资源的产权问题。

二、资产结构与运营策略

（一）资产结构的内涵

所谓资产结构，是指各类资产的价值在总资产价值中所占的比重，如无形资产比重、流动资产比重等，广义上的资产结构还包括某类资产内部进一步细分的资产项目在该类资产中所占的比重，如流动资产内部速动资产的比重。资产结构通常受企业的经营领域、经营策略和经验方式以及企业外部经营环境等多方面因素的影响。

企业的资产结构能反映企业资产运营情况、企业财务状况与经营特点，对资产结构的分析与管理是企业财务管理中的一项重要内容。企业资产运营管理必须在一定的企业规模条件下，结合自身的经营特点和需求，寻求一个高效低险并有一定变现能力的最佳资产结构，即以流动性、安全性和盈利性为原则，合理安排流动资产、固定资产、长期投资等各项资产之间，以及各项资产内部细分资产之间的比例关系。

（二）资产运营投资策略

资产运营投资策略就是要解决在既定的总资产水平下，流动资产与固定资产及无形资产等长期资产之间的比例关系问题。

企业资产运营投资策略可分为适中型、保守型和冒险型三种。采用适中型资产运营，往往在风险与收益的权衡上选择风险与收益都适中的资产运营。既不期望最高收益，也可避免冒大的风险。采用保守型资产运营投资策略，在风险与收益的权衡上则选择风险小的资产运营，此时，其对收益的要求较低，因此，承担风险也较小。采用冒险型资产运营投资策略，其在收益与风险权衡上往往选择高风险的资产运营。只有勇于冒高风险，才能追求到高收益。从企业资产运营看，如果将投资的资产分为流动资产与非流动资产两类，则不同的资产运营投资策略的资产运营特征将有所不同。

1.适中型资产运营投资策略

在适中型资产运营投资策略下，流动资产对非流动资产的比例，以保证生产经营正常需要，再适当留有一定保险储备为标准。采用这种策略，企业风险与收益都将处于一般水平。因为流动资产保险储备的存在，在正常情况下实际上是资本的闲置，这必然影响企业资本收益的提高；但同时应看到正是由于流动资产保险储备的存在，往往可避免由于流动资产供应不足产生的停产损失，减少了经营风险。适中型资产运营选择了风险与收益都较适中的状况，是大部分企业所采用的策略。

2.保守型资产运营投资策略

在保守型资产运营投资策略下，流动资产对非流动资产的比例，以保证正常的生产经营需要与正常的储备需要，再加上非正常或额外储备需要为标准。采用这种策略，企业风险与收益都将处于较低水平。因为流动资产保险储备的存在，再加上非正常储备，使资本闲置增加，这必然给企业资本收益的提高带来不利影响；但同时应看到正是由于流动资产保险储备，特别是非正常保险储备的存在，往往可避免由于各种原因造成的流动资产供应不足产生的停产损失，减少了经营风险。保守型资产运营选择了风险与收益都较低的状况，通常不愿冒险，偏好安全第一的经营者往往采用这种策略。

3.冒险型资产运营投资策略

在冒险型资产运营投资策略下，流动资产对非流动资产的比例，以保证生产经营正常需要量为标准，通常不留有或只留有较低的保险储备。采用这种策略，企业风险与收益都将处于较高水平。因为流动资产保险储备不存在或较低，企业资本的闲置较少，这必然使在总资产一定的情况下企业资本收益提高；但同时应看到正是由于流动资产保险储备的不存在，往往不可避免由于流动资产供应不足产生的停产损失，增加了经营风险。冒险型资产运营选择了风险与收益都较高的状况，敢于或愿意冒风险的企业往往采用这种策略。

（三）资产运营融资策略

企业的融资行为可以分为短期融资和长期资本融资两种形式。短期融资形成流动负债，长期资本融资则形成所有者权益和长期负债。在财务会计的层面上，流动负债可以分为短期借款、应付短期债券、应付票据、应付账款、预收账款、其他应付款以及应付费用等；在财务管理的层面，一般按照是否具有自然属性而把流动负债分为自然性融资和协议性融资两个部分，前者如应付票据、应付账款、预收账款、其他应付款以及应付费用等，是在企业日常交易中自然发生的，一般没有名义上的融资成本；后者如短期借款、应付短期债券，其取得均需要签订正式的融资协议，也存在一定的融资成本。

资产运营融资策略就是要解决在既定的总资产水平下，流动负债融资与长期资本融资的比例关系问题。企业资产运营融资策略同样可分为适中型、保守型和冒险型三种。

1.适中型资产运营融资策略

在适中型资产运营融资策略下，临时性流动资产所需资本以流动资本及短期融资来筹集，而永久性流动资产、固定资产、无形资产等长期资产所需资本则由长期负债、自有资本等长期融资来筹集。这种融资策略的基本思想是尽可能地将资产和负债的期间相配合，以使企业不能偿还到期债务的风险和债务的资本成本都保持在较为适中的水平上。适中型资产运营融资策略如图10-2所示。

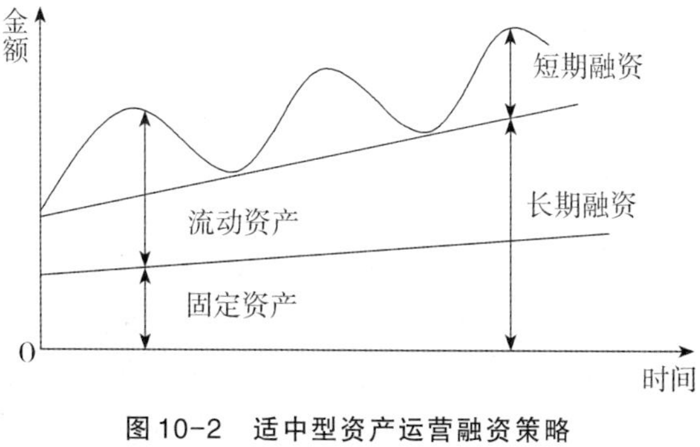

图10-2 适中型资产运营融资策略

2.保守型资产运营融资策略

在保守型资产运营融资策略下，全部长期资产以及部分临时性流动资产均由长期融资来筹集，其余部分临时性流动资产由短期融资来筹集。采用这种融资策略，流动负债占全部资产的比例被限制在一个较低的水平，企业的流动比例较高，从而偿债风险较低，但由于长期融资比重较高而使资本成本上升，企业的收益水平降低。保守型资产运营融资策略如图10-3所示。

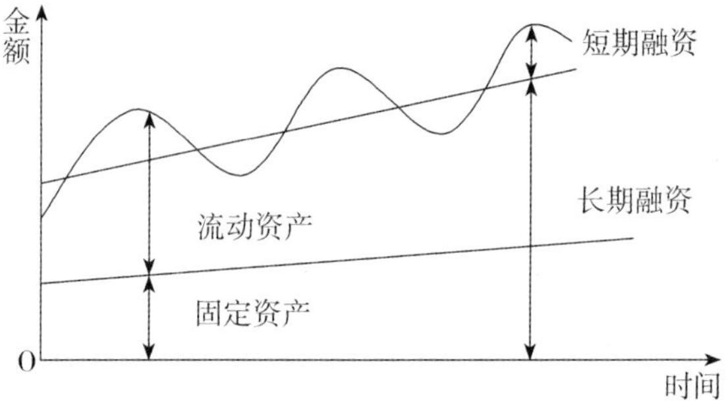

图 10-3　保守型资产运营融资策略

3.冒险型资产运营融资策略

在冒险型资产运营融资策略下，临时性流动资产和一部分永久性流动资产由流动负债及短期融资来筹集，其余的长期资产则由长期融资来筹集。采用这种融资策略，流动负债占全部资产的比例大大提高，从而可以使企业资本成本下降，利息支出减少，企业收入增加。但由于这时候流动比率下降，企业面临的偿债风险较大。冒险型资产运营融资策略如图 10-4 所示。

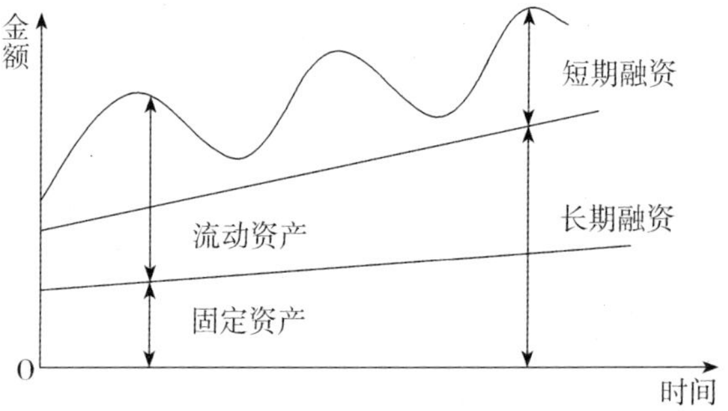

图 10-4　冒险型资产运营融资策略

三、资产运营与价值创造概述

现代企业的生产经营活动应该尽可能地为股东创造价值，实现资本保值与增值的企业经营目标。价值的创造从根本上取决于企业持续的盈利能力，而这一能力来源于企业的竞争优势。在企业投入规模有限的条件下，优化资产结构、提高资产运营效率就成为企业提高竞争优势、最大程度地创造价值的必然手段。

（一）资产结构与价值创造

任何企业投入经营的权益资本和债务资本总是有限的，在一定的资产规模下，资产结构会在各个方面对企业的价值产生重要的影响。因此企业必须对有限的投入资本在具体资产形态上进行合理分配与动态调整，使之产生最大的竞争优势和盈利能力，更好地服务于企业的价值创造活动。我们从流动资产占总资产的比重、流动资产内部比例以及无形资产占总资产的比重等三个方面来分析资产结构对价值创造的影响。

1.流动资产占总资产的比重

尽管固定资产的获利能力一般要高于流动资产，但并不意味着固定资产在总资产中所占比例越高越好，为保证企业良好信誉和生产经营活动的正常进行，拥有一定数量的流动资产必不可少，因此企业流动资产占总资产的比重必须适度。一般认为，工业企业中流动资产若能占资产总额的40%~50%，商业企业能达到80%，企业就具有较强的营运能力和获利能力。从“总资产利润率=销售利润率×流动资产周转次数×流动资产占资产总额的百分比”的关系式中可以看出，在维持现有销售利润率和流动资产周转率水平的条件下，只要能有效提高流动资产占资产总额的比重，总资产利润率就会有可观的提高。

2.流动资产内部比例

流动资产具有变现性强、周转周期短的特点，然而如果忽视流动资产内部货币资金、应收账款和存货等资产的比例问题，即使企业拥有适当的流动资产比重，也有可能出现资产运营不灵活、资产周转率低和经营效益低下的现象，从而对企业价值产生不利影响。

在流动资产内部比例的分配中应着重注意两个方面的问题：（1）在流动资产中，应保持适量的速动资产的比重，避免存货的长期大量积压导致非速动资产比重大幅上升。一般认为存货占流动资产的比重，工业企业保持在40%~60%，商业企业为80%左右比较理想。（2）合理安排速动资产中应收账款的比重，注意切忌盲目地利用赊销的营销策略，以避免应收账款数量和欠账时间的大幅提高。

3.无形资产占总资产的比重

近年来两个方面的因素导致无形资产在企业资产结构中占据了越来越重要的地位。首先是科学技术的飞速发展及其向经济领域的不断渗透，使其成为企业市场竞争优势的重要组成部分；其次是消费者购买力和需求层次的提高，使企业产品的品质、服务、品牌价值等取代产品本身的功能而成为产品市场竞争力的决定因素。事实表明，可口可乐、微软、IBM等成功的企业无不具有较高的无形资产比重。因此，企业在优化资产结构中应该加强无形资产的投入与管理，强化无形资产在企业经营中的地位，以利于企业价值持续稳定的增长。但是也应该注意，凡事都不可走极端，无形资产的比重并非越高越好，过高的无形资产结构将加大企业的风险，包括经营风险和财务风险（如果存在负债融资）。

（二）资产运营效率与价值创造

前面提到，优化资产结构、提高资产运营效率是企业创造价值的必然手段。效率泛指日常工作中所消耗的劳动量与所获得的劳动成果的比率，具体到企业经营中，资产运营效率可以理解为一定的资产投入通过资产运营活动所获得的经济收益。显然，资产运营效率的提高就意味着同等规模的资产产生更大的收益，有利于企业价值的增加。资产结构的优化是提高资产运营效率的一个重要前提和手段，除此之外，还需通过以下几种途径来提高资产运营效率，更好地为企业创造价值。

1.资产与负债的协调

从提高资产运营效率、为企业创造价值出发，资产与负债的协调应该成为资产运营管理的重要组成部分。企业应该根据自身的生产经营特点、所在的行业、市场销售情况和当时的融资与投资环境等因素，保证流动资产与流动负债以及固定资产与长期负债两个方面的协调。国际经验认为，流动资产相当于流动负债的2倍，速动资产（即流动资产与存货之差）与流动负债相当时，表明企业既具有较强的短期偿债能力，又具有充足的营运资金。同样，固定资产和长期负债之间也应该保持一个合理的比例，不宜过高或过低，以便在把企业风险维持在一定水平的同时最大限度地利用企业财务杠杆收益。

2.提高流动资产运营效率

流动资产周转速度、流动资产流动性以及流动资产相关成本等各个因素都会对企业的经营活动和企业价值产生重要影响，因此企业必须加强流动资产运营管理，既要保证生产经营的需要，又要合理节约使用资金，提高流动资产运营效率。流动资产运营管理的具体内容将在下一节详细阐述。

3.剥离和并购

剥离和并购的资产重组方式也是企业提高资产运营效率的重要途径。当存在可以提高企业市场竞争力、符合企业经营方向的外部资源时，或者当企业希望获得规模效益时，可以通过并购的方式吸纳外部资产；当企业内部存在与自身经营方向不一致或使用效益低下的资产时可以通过分立、出售、破产等方式将其剥离出去。如果使用得当，这两种方式都可以使企业价值得以增加。

知识拓展：资产运营管理新模式

第二节 流动资产运营管理

一、现金及有价证券管理

现金的定义有很多，狭义的现金仅指库存货币和活期存款，广义的现金则包括库存货币、业务周转金、支票、汇票和定期银行存款等。本章中涉及的现金指狭义的现金概念。有价证券指具有一定票面金额，证明持券人有权按期取得一定收入，并可自由转让和买卖的所有权或债权证书。

（一）企业持有现金的目的

1.交易性动机

企业在日常经营活动中，会因为现金形式的收入而产生现金余额，也会因为现金形式的支付而需要保持一定的现金余额，这就是持有现金的交易性动机。现金支付可能用于购买原材料、支付工资、缴纳税款、偿付到期债务以及派发现金股利等。同时，企业拥有足够的日常支付现金还可以使其充分利用商品交易中的现金折扣，为企业节省开支。

由于交易性动机而使企业持有的现金余额被称为交易性现金余额。交易性现金余额主要取决于企业的生产经营规模，通常随着规模的扩大而增加。此外，企业生产经营的性质、特点等也会影响到交易性现金余额的大小。

近年来，金融市场和信息技术的发展使得持有现金的交易性动机正在减弱，然而企业对流动性的需求和对流动性进行有效管理的需要仍然存在。

2.预防性动机

企业为应付意外的事件而存在持有一定的现金的需要，这种需要被称为预防性动机。企业经营所依赖的外部经济环境、法律文化环境以及自然环境等都存在着很大的不确定性，因而未来的现金流入流出都难以准确估计。为了满足未来意外事件所引起的支付需要，企业应该保持一个比正常交易需要量高的现金余额。

由于预防性动机而使企业持有的现金余额被称为预防性现金余额。预防性现金余额主要取决于以下三个方面：一是企业愿意承担风险的程度，企业若倾向于避免突发事件所带来的风险，就会保持较多的预防性现金余额；二是企业临时举债的能力，如果企业能够很容易地借到短期资金，就可以适当减少预防性现金余额；三是企业对现金流量预测的可靠程度，预测的可靠性越差，预防性现金余额的数量就越大。

现代企业的经济活动和其所处的经济环境日趋复杂，企业面临着比以往更大的不确定性，这些因素使得持有现金的预防性动机有增加的趋势。

3.投机性动机

投机性动机指企业为利用额外的投资机会（例如低价购买原材料与其他资产的机会）而持有一定现金的需要。

由于投机性动机而使企业持有的现金余额被称为投机性现金余额。投机性现金余额一般取决于企业所参与的实物市场和金融市场的波动性和企业对待风险的态度这两个因素。对于大多数企业而言，投机性动机不是其持有现金的主要原因，企业很少经常性地为未来可能发生的价格波动而保持专门的现金储备。

4.补偿性余额

企业有时候被要求在商业银行中保持一定的现金余额，作为其接受银行服务的补偿，这一现金余额即补偿性余额。

除了以上所介绍的四种动机以外，企业的现金余额往往还会受到自身与外部各种其他因素的影响，企业在确定现金余额时应该综合考虑各种因素。值得注意的是，虽然我们在理论上分析了持有现金的各种动机，但这并不意味着现实中可以明确地按照这样的划分标准把现金余额区分开来。由于各种动机所需的现金可以调节使用，企业持有的现金总额并不等于各种动机所需现金余额的简单相加，前者通常小于后者。

（二）现金管理目标与决策

由于交易、预防、投机和补偿性余额等动机的存在，企业必须保持一定数量的现金余额。但是，现金余额的数量并非越多越好，这是因为现金作为盈利性最差的资产，其数额过多会导致企业盈利水平下降；大量的现金还容易导致挪用、贪污等问题，这就势必会导致对其管理的难度增加、成本加大。因此，对现金的管理成为企业财务管理中的一项重要内容。企业现金管理的目标是保证公司正常经营所需现金支付的同时尽量减少闲置现金的数量，提高现金的使用效率，或者说是在收益与风险之间进行权衡，确定最佳的现金持有额度，从而更好地为企业创造价值。

对于如何确定最佳现金持有量，人们提出了很多种模型，这里介绍其中的成本分析模型、存货模型和随机模型。

1.成本分析模型

成本分析模型的基本原理是分析不同现金余额下持有现金的相关成本，从而求得使总成本最小的现金余额。在成本分析模型中，企业持有现金的相关成本主要有：（1）机会成本，即企业因持有现金而丧失将这笔钱投资于别的项目所可能获得的最大收益。在一定的范围内，可以近似地认为现金持有的机会成本与持有量呈正比关系。（2）短缺成本，指企业因现金持有量不足而不能满足开展业务对资金的需求所导致的损失。现金余额越少则短缺成本越大，但一般情况下短缺成本和现金余额并不服从严格的反比关系。随着现金持有量的增加，短缺成本的下降速度逐渐减缓。（3）管理成本，指企业由于持有现金而发生的相关管理费用，如安全设施的建造、相关人员的工资和福利等。在一定的范围内，管理成本与现金持有量没有明显的数量关系，可以近似地认为它是一种固定成本，因而它与最佳现金持有量的决策无关。

现金持有量与持有现金的机会成本、短缺成本、管理成本以及各项成本之和的关系可以用坐标图表示出来。如图10-5所示，现金持有的总成本线是一条上凹的抛物线，在这条曲线上总可以找到一个最低点，代表相关总成本最低时的现金持有量。

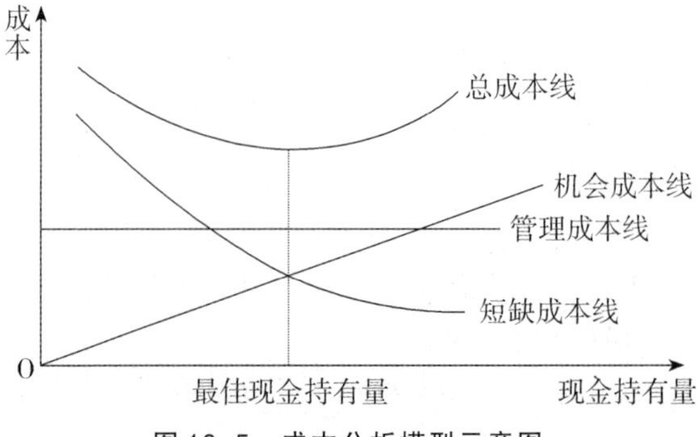

图10-5　成本分析模型示意图

成本分析模型适合于企业不持有易销型有价证券的情况下使用。如果能比较准确地确定各种成本与现金持有量之间的函数关系，该模型的运用就具有较强的可操作性。

2.存货模型

存货模型来源于存货的经济批量模型，由美国经济学家鲍莫（William J. Baumol）首先提出，又称鲍莫模型。该模型假设企业持有足够的易销型有价证券，在现金短缺时可以方便快捷地卖出有价证券，使现金余额回归到最佳现金持有量。存货模型的基本原理与成本分析模型类似，即分析持有现金的相关成本与现金持有量之间的函数关系，求得总成本最低时的现金持有量。存货模型中企业持有现金的相关成本主要有：（1）机会成本，与成本分析模型中的含义相同。（2）转换成本，指企业在现金与有价证券之间不断转换的交易费用。目标现金余额数量越大，需要转换的次数就越少，因此转换成本也越低。（3）管理成本，因其与现金持有量无明显的函数关系，故可以视作决策无关成本。

存货模型适用于企业预算期内现金支出过程较为稳定，需求总量可以预测，并且所持易销型证券的利息率、交易费用已知的情况，如果这些条件能够满足，则现金持有量与相关成本之间存在明确的函数关系，可以据此准确地求解最佳现金持有量。

设T为一个周期内现金总需求量；F为每次转换有价证券的固定成本；Q为最佳现金持有量（每次证券变现的数量）；K为有价证券利息率（机会成本）；TC为现金管理相关总成本。则：

现金管理相关总成本=持有机会成本+转换成本

即：

$$TC=(Q/2)\times K+(T/Q)\times F$$

存货模型中现金持有量与其相关成本之间的关系如图10-6所示。

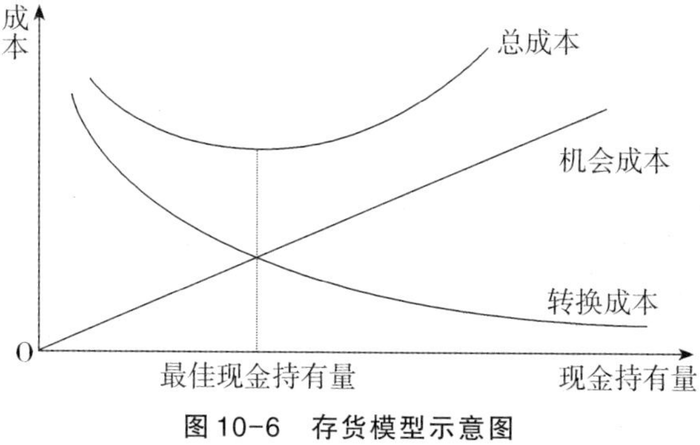

图10-6　存货模型示意图

从图10-6中可以看出，由于机会成本和转换成本随现金持有量的变化趋势相反，总成本曲线呈上凹抛物线状。这条曲线上的最低点就是企业的最佳现金持有量，此时持有现金的机会成本与转换成本相等。

3.随机模型

随机模型，又称米勒-奥尔模型，假设企业的现金流入和流出的变化是随机的，现金余额的变化量接近于正态分布。随机模型的基本原理是确定一个现金控制区域，当现金持有量达到区域的上限或下限时通过现金与有价证券之间的相互转换使得现金余额回到最佳持有量，这样现金持有量就始终处于两个极限之间，如图10-7所示。

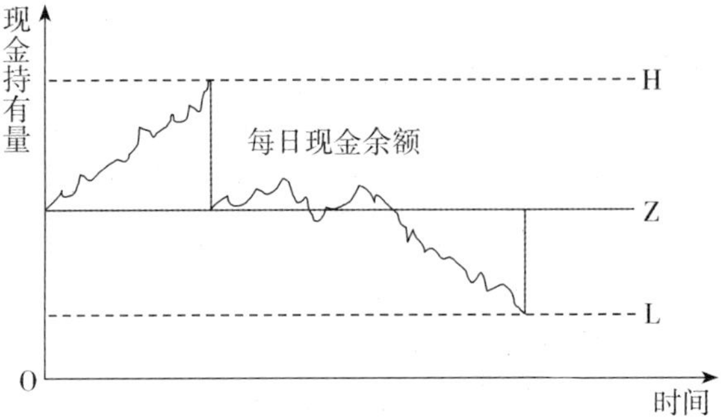

图10-7　随机模型示意图

在图10-7中，H为上限，L为下限，Z为目标现金持有量。当现金持有量上升至H时，购进（H-Z）金额的有价证券，使之回落到Z；当现金持有量下降至L时则出售（Z-L）金额的有价证券，使之恢复到Z。

确定Z的依据依然是使得持有现金的相关总成本，即机会成本与转换成本之和最低，其计算公式如下：

$$Z=\sqrt[3]{3FQ^2/4K}+L$$

$$H=3Z-2L$$

其中：F为每次转换有价证券的固定成本；Q^2为日现金净流量的方差；K为持有现金的日机会成本（证券日利率）。

随机模型计算出来的最佳现金持有量比较保守，往往比运用成本分析模型和存货模型的计算结果大。

（三）有价证券管理

有价证券是企业所拥有的流动性仅次于现金的资产，并且还具有比现金高得多的收益性，因此经常被用作现金的替代品。有价证券的管理主要包括两个方面的内容：（1）确定现金与有价证券的持有比例；（2）选择具体的持有证券种类。常见的有价证券包括国库券、企业债券、企业股票、大额定期可转让存单、回购协议等。

1.有价证券的持有目的

企业通常出于以下两种目的而持有有价证券：

（1）保持资产的流动性

在证券市场比较发达的条件下，有价证券能够迅速变现，其流动性几乎与现金相同，因此在企业现金持有量不变的情况下，有价证券越多，企业的变现能力就越强，日常生产经营活动就越有保障。持有有价证券还能给企业带来另外一个好处，即如果持有大量有价证券，表明企业具有较强的变现能力和偿付能力，银行有可能因此而愿意给予企业更大的信用额度，从而提高企业的融资能力。

（2）赚取投资收益

企业往往会由于各种原因而产生大量的闲置现金，而现金是一种不盈利或盈利非常小的资产，因此有价证券经常会作为现金的转换形式，以提高企业的盈利能力。当企业因融资、日常生产经营等活动而产生闲置的现金时，可以将其兑换为有价证券；而当投资、日常生产经营、股利分配等活动需要补充现金时，再将有价证券换为现金。另外，有些企业还会把有价证券作为一种重要的投资手段，利用有价证券市场价格的波动来赚取额外收益。

在上述两个有价证券的持有目的中，首要目的是保持资产流动性以保证企业日常生产经营的现金需要，其次才是赚取投资收益，有价证券的管理应该以保证有价证券的流动性和安全性为前提，在此基础上应尽可能地把闲置现金转换为有价证券并提高其收益率。

2.有价证券的投资策略

对有价证券进行管理首先应该决定用来购买证券的金额，在企业速动资产已经确定的情况下，就是决定现金与有价证券的持有比例。由于各企业对待投资风险与收益的态度不同，形成了以下三种基本的有价证券投资策略：

（1）保守的有价证券投资策略

这种策略注重手头持有的可用现金余额，只有现金余额巨大时才考虑进行有价证券投资。

（2）激进的有价证券投资策略

这种策略不愿意手头持有太多现金，最大限度地将现金用于购买有价证券，并且注重有价证券投资的收益性，往往会较为频繁地买进卖出证券以赚取价差。

（3）中庸的有价证券投资策略

这种策略对待投资的态度介于保守与激进之间，通过预测最佳现金持有额度和未来的现金流来安排证券投资金额，使企业在持有最佳现金余额的基础上追求最大的证券投资收益。

3.有价证券的选择标准

在既定的有价证券的投资策略下，有价证券管理的重点是选择合适的证券品种，以构建企业的最佳证券投资组合。企业在选择所要购买的有价证券时，一般应该把握以下标准：

（1）较高的安全性

安全性，即必须保证所购买的证券是可偿付的，这是对证券进行选择的基本标准。一般认为国库券是安全性最高的有价证券，除此之外规模较大、业绩较好的企业所发行的债券也有很高的安全性。企业应避免购买安全性差的有价证券。

（2）较强的流动性

流动性，即在短期内变现的可能性。通常情况下应该购买二级市场活跃的证券。

（3）适宜的投资收益

较高的收益总是伴随着较高的风险和较差的流动性，考虑到持有有价证券的首要目的，不宜追求过高的投资收益。

（4）较低的投资风险

证券投资的风险分为系统性风险和非系统性风险。对于系统性风险，可通过对国家政策走向、宏观经济状况、证券市场行情等因素的分析来规避；对于非系统性风险，可通过不同种类证券投资的有效组合，减少这种风险。

二、应收账款管理

应收账款是企业因对外销售商品、提供劳务等而应向购买货物或接受劳务的单位收取的款项。应收账款形成于企业之间的商业信用，是商品销售及劳务提供过程中的货与钱在时间上分离的结果。

（一）应收账款的产生原因

应收账款产生的原因是什么？换句话说，企业为什么允许出现应收账款？这是因为向客户提供商业信用，即赊销，会给企业自身带来两点好处：（1）扩大销售。首先，赊销意味着在销售商品的同时，向客户提供了一笔无息贷款，从而有利于吸引客户；其次，赊销给了客户充足的时间来检验商品，可以减少企业与客户之间的信息不对称的情况。因此，赊销是一种重要的促销手段，对于企业扩大产品销售、开拓市场具有重要的意义。（2）减少存货。持有存货需要管理费用、仓储费用和保险费用等各方面的支出，许多时候这些支出超过了其货款的时间价值。赊销可以加速产品销售的实现，减少产成品存货，节约各种支出。

企业在采取赊销方式促进销售的同时，也会因持有应收账款而产生相应的成本：（1）机会成本，即企业由于持有应收账款而放弃的可能投资于其他项目所获取的收益。（2）管理成本，即企业由于对应收账款进行管理而耗费的开支。（3）坏账成本，即应收账款因各种原因无法收回而给企业带来的损失。因此，应收账款管理应该在利用赊销扩大销售减少存货的同时，尽可能地降低应收账款可能带来的成本，从而更好地为企业创造价值。

（二）信用政策的构成

在规范的应收账款管理中，企业会对客户进行授信和收账的行为制定基本的原则与规范，这些原则与规范构成了应收账款的信用政策。具体包括信用标准、信用条件和收账政策三个方面的内容。

1.信用标准

信用标准是指企业用来衡量客户是否有资格享有商业信用的基本条件，通常以预期的坏账损失率作为判断标准。信用标准的高低在很大程度上影响着企业的销售和盈利水平，较高的信用标准会减少机会成本、坏账成本、管理成本等应收账款的相关成本，但同时也会丧失一部分市场份额，削弱企业的市场竞争力；相反，较低的信用标准虽然有利于企业扩大销售，提高市场竞争力和占有率，但同时也会导致应收账款相关成本的增加。

2.信用条件

信用条件是指企业要求客户支付赊销款项的条件，一般包括信用期限、折扣期限和折扣率。信用期限指企业允许客户从购货到支付货款的时间限定，即企业给予客户的延期付款期限。折扣期限指客户能够享受某一现金折扣的优惠期限，而现金折扣率是在客户提前付款时给予的优惠比例，一般以销售收入的百分比表示。如账单中的“2/10，n/30”就是一项信用条件，表示如果客户在发票开出的10天内付款就可享受2%的现金折扣，如果不想取得折扣也应在30天内付清。提供比较优惠的信用条件能增加销售量，但也会带来额外的负担，如会增加应收账款机会成本、管理成本、坏账成本和现金折扣成本。

3.收账政策

收账政策是指客户在规定的信用期限内仍未支付欠款时，企业采取的收账策略与措施。收账政策的制定再次涉及了收益和费用之间的权衡问题：积极的收账政策可以使应收账款的相关成本下降，但收账费用也会相应提高，而且可能会影响企业与客户之间的关系，进而影响到以后期间的销售量；消极的收账政策则会产生相反的结果。收账政策的制定应该宽严适度，以获得最好的收账效果。

一般来说，收账费用与坏账损失之间存在着一定的关系，但这种关系往往不是线性的。通常情况是：开始花费一些收账费用，坏账损失有小部分降低；收账费用继续增加，到一定程度时坏账损失显著降低；收账费用增加到一定限度后坏账损失的减少就不再明显甚至不再下降了。这个限度一般被称作饱和点，收账费用应该避免超过这一点。具体如图10-8所示。

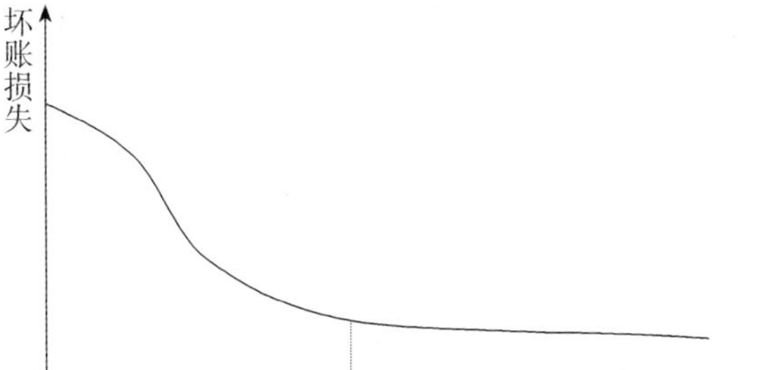

图10-8　收账费用与坏账损失的关系

（三）信用政策的实施

信用政策建立之后，需要对其具体实施。信用政策的实施主要包括信用评价、信用额度、应收账款监控和收账的程序与方法等四个方面。

1.信用评价

信用评价是应收账款管理中的重要内容，正确地评价客户的信用状况是执行企业信用标准进而实施企业信用政策的前提。

要想合理地评价顾客的信用状况，首先要对顾客信用进行调查，搜集有关的信息资料。信用调查的渠道通常包括：（1）直接调查。直接调查指调查人员通过与客户接触、分析本企业与其交往的记录、查阅其财务报表等方式获取信用资料的方法。直接调查具有准确、及时的优点，但若得不到被调查者的合作，则结论往往不够全面、深入。（2）银行和信用评估机构。在许多国家，银行和专门的信用评估机构会定期发布有关企业的信用等级报告，这些报告一般评估方法合理，可信度较高。另外通过被调查者的开户银行还可以获得其在银行的平均现金余额、贷款金额、有关历史记录及一些其他的财务信息。（3）第三方企业。通过与被调查者有业务来往的其他企业，可以了解到客户的一般信用状况。（4）其他渠道。如财税部门、工商部门、企业上级主管部门、证券交易部门、消费者协会及新闻媒体的相关报道等。

通过信用调查搜集好客户的信用资料后，就应该分析这些资料以对客户信用状况进行评价。“5C”分析法是实践中应用最为广泛的一种信用评价方法。所谓“5C”是指影响客户信用的五个方面，这五个方面的英文单词首字母都是C：（1）品德（character），即客户履行其付款义务的态度，这是信用评估中最重要的因素。（2）能力（capacity），即客户的偿债能力，主要通过流动资产、流动比率等情况判断。（3）资本（capital），即客户所拥有的资本，可以反映客户的财务实力。（4）抵押品（collateral），即客户为获取商业信用所提供的担保财产。（5）条件（condition），即社会经济环境对企业的影响。通过对这五个因素进行综合分析，基本上就可以判断客户的信用状况，作为最后决定是否向其提供商业信用的依据。

2.信用额度

信用额度指企业对客户承担的可容忍的赊销和坏账风险。较高的信用额度会给企业带来提高销售额和应收账款相关成本增加的双重影响，因而应该结合市场环境、客户的信用等级等因素，按照以下方法确定适度的信用额度：（1）以全年可能从某客户处获得的最大收益额作为对该客户的最大信用额度。（2）根据客户营运资本净额的一定比例确定。（3）根据企业清算价值的一定比例确定。

3.应收账款监控

企业在向客户提供商业信用之后，应该随时保持对应收账款的监控，以便及时发现问题，提前采取相应的措施。在应收账款的监控过程中，可供采用的主要方法有追踪分析法和账龄分析法。

（1）追踪分析法

追踪分析法指企业通过追踪赊销产品在对方企业中的销售转化情况来分析应收账款按时收回可能性的方法。客户赊购得到商品以后对该商品的利用情况在很大程度上影响着应收账款的收回。如果客户能将所购的货物顺利销售变现或投入生产后销售变现，同时该客户又具有良好的信用品质，则其一般会按时偿还所欠货款。反之，若其赊购货物一直积压，则除非该客户信用品质较好并且拥有充足的现金，否则所欠的货款很难按时偿付。

（2）账龄分析法

账龄分析法指通过分析应收账款的账龄结构提高收现效率的方法。一般情况下，应收账款逾期拖欠的时间越长，收回的可能性就越小，因此可以编制账龄分析表，密切注意应收账款的回收情况。对于已经到期的和尚未到期的、拖欠时间长的和拖欠时间短的应收账款，应该采取不同的收账方法，对于可能发生的坏账损失应该提前做好准备，估计其对企业损益的影响。

4.收账的程序与方法

对于逾期尚未支付的应收账款，也应在其收账政策的指导下，运用一系列的程序与方法，尽可能地收回欠款，消除或减少坏账损失。收账的一般程序包括：（1）信函通知；（2）电话催收；（3）上门催收；（4）法律诉讼。常见的收账方法有讲理法、恻隐术法、疲劳战法、激将法、讨价还价法、软硬兼施法等。

相关链接10-1　　旭日集团的失败

旭日集团曾经是我国饮料市场上迅速崛起的一个大型企业。1998年该公司销售额曾达到30亿元的最高峰，在全国开设了23家分公司，2000年在中国饮料行业中排名第二。然而，仅仅过了一年，该公司的经营业绩就开始大幅度滑坡，其市场占有率从70%跌至不足30%。到2003年，该公司的冰茶饮料业务已经基本瘫痪。导致旭日集团败走麦城的一个深层原因就是忽视了对应收账款的管理，没有真正建立起应收账款的管理制度。

事实上，旭日集团在销售业绩如日中天的时候，就埋下了日后失败的种子。当时，公司为了不断扩大市场占有率，盲目向客户赊销发货，赊销业务完全由销售人员（包括销售管理人员）自己决定。这样，在公司“一切为销售让路”的口号下，绝大部分销售都是在赊销情况下完成的，这样公司虽然暂时获得了满意的账面业绩，但应收账款却居高不下，客户占用了大量的流动资金。后来，当公司为了解决资金紧张的问题采取严格的收款政策时，不仅为时已晚，而且进一步加剧了销售系统的混乱和应收账款管理的失控。

三、存货管理

（一）存货的种类与功能

存货，是指企业在日常活动中持有以备出售的产成品或商品、处在生产过程中的在产品、在生产过程或提供劳务过程中耗用的材料和物料，主要包括各类材料、在产品、半成品、产成品、商品等。存货和现金、应收账款一样，在现有的科学发展水平和社会经济环境下是企业所必须持有的，并且随着持有量的增加会给企业价值带来双重影响。企业需要对存货进行管理，权衡持有存货的成本与收益，达到二者的最佳结合。

存货的类型包括：库存材料，即为生产而购入或自产的原材料、燃料、包装物、低值易耗品、委托加工材料和半成品等；生产过程中产生的在产品；为销售而储备的库存商品等。具体来看，企业采购入库但未被领用的原材料属于供应类存货；被领用因而进入生产过程的物料和在产品属于在产品存货；生产完工并且进入产成品库的产品属于销售类存货。供应类存货和销售类存货都可以称为流通存货。流通存货的数量和金额大小取决于企业的物流管理水平、市场波动性以及企业的风险容量等因素。而在产品存货的数量和金额取决于产品特性、企业的生产技术水平和生产管理水平等因素。

存货是企业不可缺少的生产要素，存货在为企业生产经营带来收益的同时，也占用和消耗企业的资金。明确存货的功能或持有动机对搞好存货管理是十分重要的。由于存货的构成内容不同，不同存货的功能或持有动机是不同的。

1.库存材料的功能或持有动机

企业库存材料是企业正常生产的保障。企业一般很难做到随时购入或取得自身生产所需的各种物资，而企业对这些物资的需要情况、物资自身的市场供求情况往往都是不确定的。因此如果企业没有一定的库存材料，生产就可能经常面临物资短缺，致使停工待料、停业待货，给企业造成损失。

在市场经济条件下，各种物资的价格经常会由于市场供需变动和其他因素影响而上下波动。如果能够正确地预计库存材料的价格走向，在价格上涨之前储备较多的材料、在价格下跌之前储备较少的材料，就可以降低企业的生产成本。同时，企业也可通过对材料的买卖，利用市场价格波动差异直接获取收益。

可见，企业持有库存材料，一方面是为保证企业生产的连续性，另一方面是要获得材料价格差异产生的收益。

2.在产品的功能或持有动机

在产品是企业存货中与生产最直接相关的部分。在企业产品生产周期和工艺等技术一定的情况下，产品的数量与结构决定着企业的生产规模和产品结构。在企业存货中，库存材料和库存商品从资金占用角度看应该尽量减少，但在产品由于受生产规模的影响，通常不应该减少，甚至应该增加。

当然，在产品的增加也可能是受材料采购成本高、工人劳动效率低、企业生产作业管理不善造成的在产品积压和浪费所影响，这也正是在产品管理所不可忽视的内容。

3.库存商品的功能或持有动机

库存商品包括为销售而储存的产成品、半成品及材料。库存商品占用企业资金和相关的资源，从这个角度看库存商品应越少越好。但库存商品的持有可能要受以下动机影响：（1）企业与客户的关系，如果本企业在与客户的关系中处于从属地位，为了满足客户要求，需要根据客户需求发出商品；（2）产品市场需求情况，如果产品是季节性需求，或产品处于买方市场，则库存商品可能是必需的；（3）库存商品销售价格，如企业为了选择最有利的时机销售，也需要库存商品。

相关链接10-2　　JIT与存货周转

1953年，日本丰田公司的副总裁大野耐一创造了一种高质量、低库存的生产方式，“即时生产”（Just in Time，JIT）。JIT技术是存货管理的一次革命，其基本思想是“只在需要的时候，按需要的量，生产所需的产品”，也就是追求一种无库存或库存量达到最小的生产系统。在日本JIT又称为“看板”管理，在每一个运送零部件的集装箱里面都有一个标牌，生产企业打开集装箱，就将标牌给供应商，供应商接到标牌之后，就开始准备下一批零部件。理想的情况是，下一批零部件送到时，生产企业正好用完上一批零部件。通过精确地协调生产和供应，日本的制造企业大大地降低了原材料的库存，提高了企业的运作效率，也增加了企业的利润。事实上JIT技术是日本汽车工业竞争优势的一个重要的来源，而丰田公司也成为全球在JIT技术上最为领先的公司之一。

（二）存货管理的内涵与目标

1.存货管理的内涵

明确存货的种类与功能，为存货管理指明了方向。存货管理就是以存货种类为对象，以发挥存货功能为目的进行的管理。要理解存货管理的内涵，首先应明确存货管理的主体、层级、目标及职能等。

企业存货管理的主体是涉及存货经营与管理的所有成员，包括高层管理人员、中层管理人员和普通员工。他们各自从不同的职责出发对存货进行管理。

与企业存货主体相适应，存货管理层级可分为存货战略管理、存货经营管理、存货作业管理。通常高管人员主要进行存货战略管理；中层管理人员进行存货经营管理，如采购管理、库存管理、销售管理等；普通员工进行存货作业管理，如库存盘点、收发等。

企业存货管理目标首先要与企业目标、企业资产经营管理目标相协调，具体到存货管理的不同环节，有降低成本目标、节约资金目标等。

存货管理职能与企业管理的一般职能相同，即对存货的预测、决策、计划及预算、报告、分析、评价、监控等。

因此，企业存货管理是指企业的存货经营管理者为实现存货管理目标，运用存货管理职能，对各类存货进行的战略管理、经营管理和作业管理。

2.存货管理的目标

存货作为企业的重要资产，其管理目标应与资产管理目标相一致，即以尽可能少的资产占用和消耗，创造出尽可能多的价值。因此，降低存货成本，减少存货资金占用，合理配置与使用存货，保全存货价值并为企业创造价值，必然成为存货管理的基本目标。

（1）降低存货成本，减少资金占用

存货成本包括存货取得成本、存货储存成本和存货缺货成本。这三种成本既相互独立，又互相影响，降低存货成本要将三种成本综合考虑。当然，从三种成本的构成看，存货取得成本或采购成本是重点或关键，而降低采购成本的关键又在于确定合理的采购批量和采购价格。存货资金的占用从种类上主要表现在库存材料、在产品和库存商品三个方面的占用。存货资金的占用从影响因素看，主要受存货数量的影响和存货成本的影响。因此，企业要降低存货成本，减少资金占用，应该在采购管理、库存管理、生产管理及销售管理等各环节做好工作。

（2）优化存货作业，保全存货价值

存货作业涉及从存货运输、入库、出库到生产的全过程。存货作业管理，除要通过对存货作业各环节加强科学管理，保证或实现降低存货成本、减少存货资金占用的目标之外，还有一个重要目标是要保证存货数量和质量的安全，从而保全存货价值。威胁存货安全完整的因素包括毁损、变质和盗窃等。物料毁损可能发生在运输、装卸、库存、生产等环节中。各种物料对运输和装卸有不同的具体要求，处理不当则会导致在运输和装卸过程中遭受毁损，如玻璃制品在运输和装卸过程中应当妥善包装并且避免颠簸和震动。台风、暴雨、冰雹、洪水、地震、火灾、建筑物坍塌、人为破坏等事故都可能对存货的安全完整造成威胁。为了避免存货在库存过程中的毁损，应定期检查仓库的安全性，预测和预防各种相关风险。存货的安全完整性遭到破坏不仅会给企业带来直接经济损失，而且可能使企业面临缺货，导致生产经营中断。因此，通过完善的存货作业和信息管理来保证存货的安全完整是存货管理的重要目标。

（3）合理利用存货，创造企业价值

从存货的功能或持有动机可知，存货管理的最根本目标是为企业创造价值。存货管理创造价值的关键在于合理配置与使用存货，加快存货周转，保证生产经营健康、高效运行。合理使用存货、创造企业价值的途径，一是通过节约使用存货、避免存货损失浪费来创造企业价值；二是通过有效使用存货、加快存货周转、增加生产来创造企业价值；三是通过科学利用存货、增加销售收入来创造企业价值。

应当注意，存货管理的上述三个目标不是孤立的，而是相互作用和影响的。在各项存货管理中都要兼顾和综合考虑各项目标。当然，在围绕上述目标进行管理时应明确：降低存货成本、减少资金占用是关键；优化存货作业、保全存货价值是基础；合理利用存货、创造企业价值是根本。

（三）存货管理的思路与内容

从存货的功能、存货管理的目标和地位可以看出，存货管理涉及存货的不同种类、生产经营的不同环节、管理的不同职能，这些都是存货管理内容的组成部分。

但是这些内容是相互交织在一起的，用一个什么样的思路理顺这些内容是进行存货管理的首要任务。

1.按存货种类进行管理

按存货种类进行管理涉及库存材料管理、在产品管理和库存商品管理。这种管理思路的优点是管理对象十分明确，存货管理特点体现充分，可针对不同种类存货的不同功能与作用进行管理。这种思路的问题是没有突出存货管理在企业生产经营中的地位，容易与供产销管理脱节。另外，库存材料管理和库存商品管理从库存管理角度看基本一致，在产品管理界限与职责上则难以划分。

2.按存货与供应、生产及销售的关系进行管理

按存货与供产销的关系进行管理可直接分为存货与采购管理、存货与生产管理、存货与销售管理三部分。这种思路的优点是将存货管理与企业的生产经营管理紧密相联，突出了存货管理的地位与作用。这种思路的问题是容易将存货管理融入生产经营管理之中，无法突出存货管理本身的特点与目标。

相关连接10-3　　VMI管理模式

供应商管理库存（vendor managed inventory，VMI）是一种以用户和供应商双方都获得最低成本为目的，在一个共同的协议下由供应商管理库存，并不断监督协议执行情况和修正协议内容，使库存管理得到持续改进的合作性策略。这种库存管理策略打破了传统的各自为政的库存管理模式，体现了供应链的集成化管理思想，适应市场变化的要求，是一种新的、有代表性的库存管理思想。目前，VMI在分销链中的作用十分重要，因此，被越来越多的人重视。

对于供应商管理的库存，因为有最低与最高库存点，按时交货可通过相对库存水平来衡量。例如：库存为零，风险很高；库存低于最低点，风险相当高；库存高于最高点，断货风险很小但过期库存风险升高。这样，统计上述各种情况可以衡量供应商的交货表现。根据未来物料需求和供应商的供货计划，还可以预测库存点在未来的走势。

VMI管理模式是从快速响应（quick response，QR）和有效客户响应（efficient customer response，ECR）基础上发展而来，其核心思想是供应商通过共享用户企业的当前库存和实际耗用数据，按照实际的消耗模型、消耗趋势和补货策略进行有实际根据的补货。由此，交易双方都变革了传统的独立预测模式，尽最大可能地减少由于独立预测的不确定性导致的商流、物流和信息流的浪费，降低了供应链的总成本。

3.按存货管理职能进行管理

按存货管理职能进行管理可分为：存货预测、决策与预算，存货报告与分析，存货评价与审计。这种思路的优点是突出存货管理控制的全过程。这种思路的问题是将存货管理目标、存货与企业生产经营的关系等融入整个企业管理控制之中，很难体现存货管理的目标、特点和重点。另外，如果各项资产管理都按此思路，势必

有所重复。

相关链接 10-4　　　　戴尔公司的存货管理思路

根据戴尔公司1999年年报，其存货价值为2.73亿美元，仅为其销售额的1.5%。与此同时，应付账款却有23.79亿美元。戴尔公司成功地使原材料供应商在供应货物时提供商业信用。事实上，戴尔公司的存货投资为负值。这意味着其实现了营运资本管理的最大成功，即实现了所谓的“零营运资本”。戴尔公司通过严格而科学的生产、营销管理，将企业的营运资本——现金、存货等降低为零，从而实现了营运资本管理的最高水平。

实现“零营运资本”，要求各个部门高速运转起来，丝毫不能有所懈怠。订单接到后，立即传到生产部门，生产马上开始，产成品也随即装货运走。同时，企业给供货商施压以减少存货。原材料、半成品以及产成品不是积压在仓库中，而是在生产线上有序地转移。事实上，只有世界上最优秀的公司才能够做到这一切。

知识拓展：轻资产运营“轻”在哪里

第三节 企业资产重组管理

一、企业资产重组的内涵

（一）企业资产重组的含义

资产重组的定义有很多。广义资产重组是指通过不同法人主体的法人财产权、出资人所有权及债权人进行符合资本最大增值目的的相互调整与改变，对实业资本、金融资本、产权资本和无形资本重新组合。广义资产重组既包括对会计学意义上的资产的重组，又包括对债权、产权的重组，实际上属于企业重组。狭义资产重组，指对企业会计学意义上的资产的重组，即资产重组是指企业股份制改造过程中将原企业的存量资产，经过剥离、分立和合并等方式，对企业的资产和组织重新组合及设置，确定合理资产结构的行为。资产重组的目的是提高资产的配置效率及资产利用率，提高企业的经济效益，保证资产的保值增值。我们将资产重组做狭义解释。狭义资产重组的关键在于确定企业合理的资产结构，在保证资产一定的流动性、盈利性和安全性的基础上，配置合理的流动资产、固定资产和长期投资结构。

（二）资产重组决策的影响因素

1.企业规模

企业的规模不是越大越好，更不是越小越好，这里有一个规模经济的问题。在一定的规模条件下，企业的生产效率最高，成本最低，管理效率最高，经济效益也最好，这个规模就可以说是一个经济规模。企业应该在这个规模条件下进行生产，即使还有机会扩大规模或缩小规模，也不应该去扩大或缩小规模。企业的生产经营规模受制于资本的投入规模，而资本的投入规模则要考虑企业内部或外部的各种因素。就企业内部来看，包括经营管理人员及职工素质、企业已具备的技术能力和可调整的技术结构；就企业外部来看，包括市场容量与需求潜力、交易成本的大小、资本等要素市场的发育程度，以及企业所在的地区的科学文化水平、交通、通信等基础设施状况等。同时，资本的规模往往是依资本投资的产业而确定，不能一概而论。但要注意，企业的经济规模应该是一个动态的要素，因为影响企业经济规模的因素是不断变化的，企业的经济规模也应该是一个随之不断变化的规模，企业要随时根据内外环境等因素的变化来不断调整自己的经济规模。资产重组方式与内容选择应根据企业规模来确定，如扩大企业规模，应采用资本扩张型的资产重组；缩小企业规模，则应采取资本收缩型的资产重组。

2.资产重组策略

企业资产重组决策与企业采取的资产重组策略直接相关。前面谈到资产重组策略可分为适中型资产重组、保守型资产重组和冒险型资产重组三种。企业选择不同的资产重组策略，其资产结构的优化标准就会不同。同时，即使选择相同的资产重组策略，不同行业的资产重组优化标准也可能不同。

3.行业特点

不同行业的资产重组优化标准是不同的，这是由不同行业的特点所决定的。通常商业企业的流动资产占全部资产的比重要高于工业企业，重工业的流动资产占全部资产的比重要低于轻工业。因此，在资产重组决策中，应结合企业所处行业的特点进行资产重组。如前文所述，一般认为，工业企业流动资产若能占资产总额的40%~50%，商业企业能达到80%，企业就具有较强的营运能力和获利能力。在各项资产内部，也应不断优化结构。如在流动资产中，应保持适量的货币资金、应收账款和存货，其中存货占流动资产的比重，工业企业保持在40%~60%，商业企业为80%左右比较理想。企业管理者往往把流动资金紧缺归咎于国家紧缩银根等外部因素，殊不知，只要安排好企业内部固定资产与流动资产的比例，把固定资产（尤其是其中的非生产用固定资产）和其他长期资产压缩到占资产总额的50%左右，企业就会拥有足够的营运资金了。

4.资产结构与负债结构的协调

资产重组还应注意资产与负债项目之间的比例协调。国际经验认为，流动资产相当于流动负债的2倍，速动资产（即流动资产与存货之差）与流动负债相当时，表明企业既具有较强的短期偿债能力，又有充足的营运资金。负债总额则应安排在占资产总额的一半左右，不宜过高或过低。过高的负债比率，虽可能增加企业财务杠杆收益，但也增大了偿本付息的压力；负债比率过低，一方面说明企业长期偿债能力强，另一方面也反映出企业不能有效利用负债增加权益资本收益。企业的资产适合情况也应该是合理的，即企业的长期资产（包括固定资产与长期投资）与长期资本（包括负债与权益资本）来源应该是适合的，企业的流动资产与营运资本来源应该是适合的。这里的比例协调和适合的程度应该是由企业所在的行业、市场销售情况和当时的融资与投资环境等因素决定的。当然也与企业管理层的风险偏好和管理能力相关。但无论如何，确定合理的资产结构和资产与负债之间的关系应从确保资产保值增值和提高经济效益出发。

二、企业资产重组与价值创造

资产重组是企业价值创造的一个重要组成部分，合理的资产重组行为往往可以显著地增加企业价值。企业资产重组的价值创造在数量上等于资产重组后的企业总价值大于资产重组前总价值的部分。

（一）资产重组的价值来源

企业的资金一般不会全部投放在某项资产上（即单项投资），而是把资金按不同比例分成许多份额，再把每一份资金投向不同的资产，这样得到的就是一个资产组合，或称为组合投资。企业资产重组的价值创造主要是通过对企业总资产中流动资产、固定资产、无形资产及对外投资的配比来实现的，其理论基础是资产组合理论。

在市场经济中，企业之间的竞争通过其收益和承担风险的能力体现出来。对于单项资产投资，一般地说，收益与风险为正相关，即收益率越低，风险就越小；收益率越高，风险就越大。对于资产组合投资，在同等风险或同等收益条件下，资产组合方式可能有所不同。因此，在同等风险条件下，不同的资产组合，平均收益率可能不同；在同等收益条件下，不同的资产组合，其风险也有所不同。在同样风险条件下收益率最高的资产组合，或者在同样收益条件下风险最小的资产组合，才是最优的资产组合。可见优化资产组合，可使一定风险条件下的收益提高，或使一定收益条件下的风险下降。从企业资产组合的角度来讲，企业收益状况和风险状况共同构成资产组合的总体水平，在风险一定时，资产的平均收益率越高，其资产组合业绩就越好，反之则越差；在资产平均收益率一定时，风险越小，资产收益的波动幅度越小，其资产组合业绩就越好，反之则越差。

由上面的分析可知，资产组合或各企业重组新建集团公司的风险（标准离差）总是小于单个企业的风险的加权平均值。当资产组合中各项资产之间或各企业之间不存在完全的正相关关系时，其资产组合的风险总是会减少的。至于风险减少程度的大小，则取决于资产组合中各项资产或各个企业之间的相关情况。当然，资产风险下降程度除受相关系数制约外，还受各企业资产自身风险大小及投入资金比例等因素的影响。在一般情况下，单个企业各自的风险和它们之间的相关系数会在较长时期内基本保持不变，组合企业或集团公司所要调整的就是各单个企业资产间的比例或集团公司内企业个数的多少，使集团公司资产重组的风险达到最小，资产规模效益达到最大，从而使组合企业的价值达到最大的增长。

（二）资产重组与企业经济效益

企业要提高经济效益以最终实现资本增值目标，必须进行资本存量、资本增量、资本配置与资本收益的经营，并通过资本经营，盘活存量资产、扩大资产规模、优化资产结构。企业资产重组，既是资本经营各项内容的有机结合，又可促进资本经营综合目标的实现。企业资产重组是通过对企业资产结构的重新组织以推动企业规模和效益迅速成长的一种增长方式。资产重组从本质上说是企业经营战略的一次变革。在市场经济条件下，企业为了适应市场竞争的需要，并能在市场竞争中取得成功，必须对现有资产从规模到结构进行全面改组，使资产规模和结构达到最优化。目前我国企业存在的一个重要问题是资产结构不合理，资产质量差。我国工业企业资产中固定资产所占比重过大，且周转缓慢，而经过周转能直接带来利润的流动资金所占的比重太小，从而导致企业资产从总体上周转缓慢和盈利能力低下，经济效益较差。所谓资产质量差，就是资产结构中优质资产的比重不足。一般说来，闲置的、半闲置的、不获利的资产大多为不良资产。我国有大量的存量资产处于闲置半闲置状态。例如，棉、毛纺生产设备利用率只有75%；彩色电视机、电冰箱、洗衣机这三大家用电器生产行业有50%左右的生产能力过剩；空调器、卷烟、汽车和普通机械等生产能力闲置约1/3至1/2。存量资产闲置不用，不仅不能实现其资本价值的增值，而且还会随着时间的推移逐渐丧失其价值。存量资产闲置无疑是一种巨大的浪费。

（三）资产重组与企业经营机制

资产重组在价值创造中另一方面的作用与企业社会负担过重有关。在“大而全”“小而全”的思想指导下，企业还承担着“办社会”的功能，把一些本应由政府或社会完成的职能也承担下来。除了自建食堂、职工家属宿舍、托儿所外，甚至小学、中学、大学、医院也一应俱全。“企业办社会”的结果是企业存在大量的非经营性资产，从而导致企业总体资产结构的不合理，预算约束力减弱，自主经营的动力与压力小。这大大影响了企业的正常生产经营的积极性，降低了企业的经济效益。资产重组，正是要通过对企业非经营资产的剥离，使企业真正转换机制，成为自主经营、自负盈亏的法人实体。

相关链接10-5　　　　携程、去哪儿合并，百度成最大赢家

“百度”是全球最大的中文搜索引擎、最大的中文网站，其旗下的“去哪儿网”是一个旅游搜索引擎中文在线旅行网站。“携程”是一个向会员提供集酒店预订、机票预订、度假预订、商旅管理、特惠商户及旅游资讯在内的全方位旅行服务在线票务服务公司。

2015年10月26日，携程旅行网宣布与百度公司达成一项股权置换交易。根据交易内容，百度将通过此交易完成前拥有的178 702 519股去哪儿网A类普通股和11 450 000股去哪儿网B类普通股置换成11 488 381股携程增发的普通股。该项交易的股票置换比例是每个去哪儿网美国存托凭证可转换成0.725个携程美国存托凭证。交易完成后，百度将拥有携程普通股可代表约25%的携程总投票权，携程将拥有约45%的去哪儿网总投票权。

在此项合并达成之前，携程在在线旅游市场的份额达到38.65%，排在首位；去哪儿网份额为30.01%，排在第二。携程与去哪儿网在业务、模式上已经陷入完全同质化的竞争。携程的竞争策略主要为投资收购同行业其他公司，而去哪儿网走的则是低价战略。但去哪儿网“一年烧27.6亿元”的疯狂，也让百度招架不起。

合并后百度拥有携程25%的股份，成为最大受益者，既可以丢掉一个亏损的包袱“去哪儿网”，同时又帮助携程拿到一个不错的流量入口。最重要的是，百度间接控制了两家公司：百度成为携程最大股东，而携程又成为去哪儿网最大股东。

三、企业资产重组的程序与方式

（一）企业资产重组的程序

研究企业资产重组的程序，首先应明确资产重组与企业重组程序的关系。资产重组是企业重组的最基本内容，是企业重组程序的一个重要环节。企业重组在进行财产清查和资产评估的基础上，关键是如何重组现有资产，进行资产优化组合，以有利于盘活存量资本，吸收增量资本，转换企业经营机制。企业重组，特别是企业股份制改造的全过程都涉及资产重组问题。例如，从企业改制总体方案的制订，到资产评估、产权界定、认缴股份、注册建账等全过程，都与企业资产重组有关。因此，有必要明确资产重组本身的程序与内容。

1.资产重组准备阶段

（1）制订资产重组方案

企业资产重组方案，特别是企业股份制改造中资产重组方案的制订，应与企业改制或重组总体方案相一致。制订资产重组方案是企业资产重组的关键步骤，它对资产重组各环节与内容进行初步规划，以保证资产重组有序进行。

（2）财产清查

财产清查是资产重组的基础。因为要进行资产重组，首先应摸清家底，搞清资产的存量结构与质量。

（3）企业价值评估与产权界定

资产运营中的资产重组，不仅是一个单纯资产使用价值问题，重要的是资产的价值问题；不仅是一个单纯的资产价值问题，而且涉及资产的所有权问题。因此，进行价值评估与产权界定是资产重组不可缺少的基础环节。只有进行正确的资产评估与产权界定，才有利于进行正确的资产剥离与重组。

2.资产重组实施阶段

（1）资产剥离

在企业股份制改造中进行资产重组，关键问题是进行资产剥离，包括：将非经营资产从企业总资产中剥离出去；将企业不良资产从经营资产中剥离出去；将不符合企业发展战略的经营资产或非主营资产从企业经营资产中剥离出去等。通过资产剥离，使企业以优质的经营资产投入到改制后的企业，以提高其资产经营质量与效益。

（2）资产重组

企业股份制改造中的资产重组，通常是在资产剥离的基础上，根据企业重组目标的需要，进行资产存量结构调整、并购相关企业或资产、吸收外部投资等。资产重组的目标在于资产规模与资产结构的优化，资产重组决策的关键在于以低成本方式实现资产重组目标。

3.资产重组完成阶段

（1）产权转让与交易

产权转让与交易包括：剥离出来的资产的处理，如非经营资产上交政府过程的产权转让，剥离出来的非主营资产的分立、出售或破产处理中的产权转让与交易；资产重组中的处理，如兼并中的产权交易、收购中的产权交易等。

（2）会计建账核算

资产重组完成以企业重组的完成为标志。企业重组的完成，应在企业资产负债表上体现出新的资产规模、资产结构及资本结构。而这些都需要以会计建账与核算为基础。从这点看，只有会计建账核算对资产重组进行了全面反映，才标志资产重组的完成。

（二）企业资产重组的方式

1.不涉及资产所有权的资产重组

所谓不涉及资产所有权的资产重组，是指资产重组只考虑资产规模与结构，不涉及或不考虑资本所有权变动的资产重组。在这种情况下，资产重组方式主要有以下几种：

（1）固定资产与流动资产重组

这种资产重组方式是资产重组最基本的方式。因为固定资产与流动资产结构是决定资产运行速度与质量的关键。合理的固定资产与流动资产结构，能够保证资产充分使用，提高资产经营效益。

（2）有形资产与无形资产重组

无形资产经营是现代企业资产运营的重要方式之一。企业资产重组应充分考虑无形资产的价值。但是，无形资产与非无形资产的结构合理性，是资产重组中必须考虑的问题。过高或过低的无形资产结构都会给企业带来不利影响。过高的无形资产结构将加大企业的风险，包括经营风险和财务风险（如果存在负债融资）。过低的无形资产结构，在一定程度上反映了企业无形资产经营效果的不理想。

（3）金融资产与非金融资产重组

企业的金融资产主要包括货币资金和各种有价证券。在市场经济条件下，特别是在资本市场比较发达和完善的情况下，企业的金融资产比重往往相对较高。从资产组合理论出发，企业拥有一定比重的金融资产是可行的，它对分散企业风险是有益的。但作为一般生产经营型企业，金融资产与非金融资产的结构应保持适当比例，过高的金融资产结构说明企业自身的生产经营方向和状况不够理想。

2.涉及资产所有权的资产重组

所谓涉及资产所有权的资产重组，是指伴随企业资产剥离或重组，企业的债权或产权也同时发生变动的资产重组。在此情况下，企业资产重组方式主要有以下几种。

（1）扩张型资产重组

扩张型资产重组是指企业为扩大经营规模而进行的重组。合并、兼并、收购等方式是扩张型资产重组的基本形式。采用扩张型资产重组，必然涉及增量资本来源问题。资产所有权问题也将随之变动。

（2）收缩型资产重组

收缩型资产重组与扩张型资产重组相反，通常是为缩小经营规模而进行的重组。分立、出售、破产等方式是经常采用的收缩型资产重组形式。收缩型资产重组也会涉及负债与产权规模或结构的变动。

（3）混合型资产重组

混合型资产重组是指企业同时采用扩张形式和收缩形式的资产重组。在这种情况下，企业为实现重组目标，一方面将与经营方向不一致的资产采取收缩形式将其剥离出去；另一方面采取扩张形式将实现经营目标需要的资产并购进来。混合型资产重组不一定引起资产规模的变动，但必然引起资产结构变动，并有可能引起资本结构变动。

应当指出，从狭义资产重组角度出发，资产重组的基础或关键是不涉及资产所有权的资产重组。因为，所有的资产重组最终目的都是确定合理的资产规模与资产结构。无论是扩张型资产重组、收缩型资产重组，还是混合型资产重组都不例外。但资产重组往往不能孤立进行，大部分资产重组将涉及资产的所有权问题。

案例分析：资产重组的绩效研究——以长江电力股份有限公司为例

本章小结

企业运营管理是指企业通过合理配置和使用资产，优化企业资产结构、提高资产运营效率，使企业以一定的资产投入取得尽可能多的收益，保证资产保值增值。企业运营管理由流动资产运营管理和资产重组管理两个方面的内容组成。

资产结构，是指各类资产的价值在总资产价值中所占的比重，如无形资产比重、流动资产比重。资产运营投资策略解决流动资产与固定资产及无形资产等长期资产之间的比例关系问题，资产运营融资策略则解决流动负债融资与长期资本融资的比例关系问题。企业资产运营投资与融资策略都可分为适中型、保守型和冒险型三种。在企业投入规模有限的条件下，优化资产结构、提高资产运营效率是企业创造价值的必然手段。企业流动资产比重、流动资产内部比例以及无形资产比重等方面都体现了资产结构对价值创造的影响。除此之外，还需通过对资产与负债的协调、提高流动资产运营效率、剥离和并购等途径来提高资产运营效率，更好地为企业创造价值。

流动资产运营管理的目的是在保证企业经营效果和效率的前提下，尽可能地使流动资产的持有量保持在最低水平，其内容主要包括对现金及有价证券、应收账款以及存货的管理。现金管理的主要方法是利用成本分析模型、存货模型和随机模型确定最佳现金持有量；应收账款管理主要通过对由信用条件、信用标准和收账政策组成的信用政策的实施来进行；存货管理的主要内容是存货储备决策，经济批量模型是存货储备决策中被广泛应用的方法。

资产重组是指企业股份制改造过程中将原企业的存量资产，经过剥离、分立和合并等方式，对企业的资产和组织重新组合及设置，确定合理资产结构的行为。资产重组决策受企业规模、资产重组策略、行业特点、资产结构与负债结构的协调等因素的影响。资产重组的方式可以分为不涉及资产所有权的资产重组与涉及资产所有权的资产重组。资产重组是企业价值创造的一个重要组成部分，其主要通过对企业总资产中流动资产、固定资产、无形资产及对外投资的配比来实现价值创造。

关键概念

资产运营　资产运营策略　现金　有价证券　应收账款　信用政策　信用标准　信用条件　收账政策　存货　存货成本　资产重组　资产重组程序　资产重组方式

思考题

10.1　企业资产运营的含义是什么？包含哪些内容？

10.2　资产运营的投资与融资策略各有哪些？

10.3　资产运营与股东价值之间有何联系？

10.4　企业持有现金的动机有哪些？预测目标现金余额时能否将这些因素所需现金余额相加？

10.5　企业信用政策由哪些要素构成？应该如何实施？

10.6　企业为何持有存货？

10.7　企业资产重组的影响因素有哪些？

10.8　资产重组与企业价值之间有何联系？

10.9　资产重组的程序有哪些？

10.10　资产重组的方式有哪些？

延伸阅读与参考文献

1.张先治. 企业资本经营论：现代企业财务管理新探［M］. 北京：中国财政经济出版社，2001.

2.张先治. 国有资本管理、监督与营运机制研究［M］. 北京：中国财政经济出版社，2001.

3.张先治，傅荣. 企业重组财务与会计问题研究［M］. 大连：东北财经大学出版社，2003.

4.赵德武. 财务管理［M］. 北京：高等教育出版社，2000.

5.陆正飞. 财务管理［M］. 大连：东北财经大学出版社，2001.

6.荆新，王化成，刘俊彦. 财务管理学［M］. 7版. 北京：中国人民大学出版社，2015.

7.王庆成，郭复初. 财务管理学［M］. 北京：高等教育出版社，2000.

8.郭志东，等. 企业无形资产与资产结构［J］. 科技进步与对策，2000（10）.

9.张先河. 浅谈国有工业企业资产结构的优化［J］. 国企改革，2000（1）.

10.布瑞翰，等. 财务管理基础［M］. 胡玉明，等，译. 大连：东北财经大学出版社，2004.

11.麦金森. 公司财务理论［M］. 刘明辉，译. 大连：东北财经大学出版社，2002.

12.王化成，等. 财务管理研究［M］. 北京：中国金融出版社，2006.

13.伯克，等. 公司理财［M］. 姜英兵，译. 北京：中国人民大学出版社，2009.

第四篇　其他组织与家庭理财

第十一章 政府和非营利组织理财

引例

香港赛马会成立于1884年，不仅是世界上最大的博彩机构之一，也是世界上最大的公益慈善组织之一。香港赛马会不属于任何投资者，是一家无股东、无分红的机构。它的最高权力机关是董事局，董事局共有12位董事。这12人由200名资深会员通过选举产生，义务任职，不领薪金，完全靠社会责任感来对香港赛马会重要事务作出决策。香港赛马会日常运营工作由行政总裁领导下的管理委员会负责执行。这种特殊的组织架构确保了香港赛马会的非营利性，除了纳税、支付中奖奖金和行政开支外，香港赛马会所有盈余均全部回馈社会、投向慈善。

"赛马惠慈善"是马会长期以来对香港人的服务承诺，也是其独特经营模式的基石。自1915年开始，香港赛马会每年都捐款资助各项有意义的公益慈善计划，惠泽香港社会。从2001年至今，香港赛马会年平均捐款超过10亿港币，参与了全港大部分的大型慈善项目，包括社会服务、医药卫生、教育培训、体育文化娱乐、长者计划以及环境保护等多个领域。走进香港，处处都有赛马会捐款资助建设的项目，惠及社会每一个角落。香港公园、海洋公园、香港科技大学等公共设施、机构都是香港赛马会慈善活动的重要成果。除了香港地区，近年香港赛马会还将更多善款注入内地。2008年，香港赛马会向汶川地震灾区捐赠10亿港元，涉及多个重建项目；2010年，香港赛马会向青海玉树地震灾区捐款1 830万港元。

早在1959年，香港赛马会就设立了一家独立的香港赛马会（慈善）有限公司，专门管理捐款事务。1993年，香港赛马会慈善信托基金正式成立，它继承之前公司的所有责任，专业负责香港赛马会慈善项目。慈善信托基金的运作由赛马会的12位董事兼任，所有慈善项目的审核与批准都是由这12人操作。虽然香港赛马会是一个“非营利”机构，但是慈善项目不管大小，香港赛马会都会拿一个商业化的手段来衡量，不是简单地散钱，而是用投资的眼光做慈善，慈善项目是否合适，要经过层层审核和监管，看到每一步的成果，一切遵循商业原则，真正帮助到香港市民和社会发展，所有投入都希望有最大的回报。当然，这种投入回报的评判标准更多以综合社会效益来衡量评判，以提升香港社会和市民的整体福利为目标。

多年来，香港赛马会能够在博彩和慈善领域走在世界前列，依靠的是一整套完善的规章制度。其中，信息披露规范、及时是一个重要环节。香港赛马会要求，慈善基金信托人必须严格遵守香港会计师公会颁布的香港财务报表准则和香港赛马会慈善信托基金契约编制财务报表，该报表要求真实而公平地对外公布。香港赛马会基金的主要投资活动都必须严格按照信托契约执行。例如，据香港赛马会《2012年6月30日止年度报告》披露，2011年7月1日至2012年6月30日，香港赛马会慈善信托基金捐款总额接近19.5亿港元，较上年度增加12.8%，合计资助160个慈善及小区项目。年报中均列名项目用途和具体金额。正如一位经常购买马彩的香港普通市民所言：”无论投注输赢，我都知道我的钱去了哪里。”

香港赛马会不仅关注慈善项目启动前的审核，也关注慈善项目启动后的评估。每一个慈善项目启动前，赛马会制定了一套严密的审核程序。申请项目从递交建议书到批准款项，平均需要半年至9个月的时间。赛马会慈善事务部会为符合资格的建议撰写报告，包括受助项目的背景、内容大纲、目标效益及建议资助金额等，然后呈交赛马会董事局审核批准。项目启动后，无论是服务计划还是基建项目，受惠机构必须按赛马会规定，定期提交拨款运用的报告供赛马会审核。审核完毕，慈善信托基金才会按实报实销形式发放相关款项。

资料来源　刘丽丽. 公益组织如何规范运作——从香港赛马会谈起［EB/OL］.［2013-12-09］. http：//www.bjqx.org.cn/qxweb/n100421c765.aspx.

学习目标

知识目标

了解政府和非营利组织的内涵；掌握政府和非营利组织与营利组织的区别；了解政府组织的类型、功能和特点；了解非营利组织的类型、功能和特点；明确政府和非营利组织财务管理的目标；掌握政府和非营利组织财务活动的主要内容；了解非营利组织预算的主要程序。

技能目标

掌握政府宏观财务管理活动和微观财务管理活动的划分，以及两者的关系；明确政府组织宏观财务管理的各项内容；掌握国有企业与政府之间的关系，以及国有资本预算包含的内容；明确政府组织微观财务管理的各项内容；掌握非营利组织财务分析指标的计算；明确非营利组织的计划制订过程；掌握各种类型非营利组织的财务管理方法。

能力目标

掌握政府预算的组织流程和具体内容；掌握政府财务管理方法与非营利组织财务管理方法的区别；理解现金预算在政府和非营利组织财务管理中的作用；掌握非营利组织预算活动的特点。

本章提要

本章着重介绍政府和非营利组织的财务管理，包括政府与非营利组织财务管理活动的内涵、内容和方法，主要回答了以下问题：什么是政府和非营利组织？与营利组织相比，政府和非营利组织的财务管理活动有哪些特点？政府和非营利组织财务管理目标是什么？

政府和非营利组织财务管理活动包括哪些内容？应当采用什么方法进行财务管理？

区分政府与非营利组织之间的差别，是研究政府与非营利组织财务管理的起点。第一节首先定义了政府和非营利组织理财的内涵，介绍政府和非营利组织财务管理的目标和财务活动，在与营利组织比较的基础上，揭示其财务管理目标和财务管理活动的特点；第二节在与营利组织财务管理活动比较的基础上，明确政府财务管理活动所涉及的内容，将其划分为宏观财务管理活动和微观财务管理活动两类，介绍政府组织财务管理的不同方法；第三节重点介绍非营利组织的财务管理活动及使用的财务管理方法，并分类型说明不同非营利组织财务管理的特点和解决方法。

本章属于应用性章节，是对前面各篇章内容吸收之后的运用。本章内容都是在比较政府和非营利组织与营利组织差异的基础上，充分应用前面所讲授的理论知识之后，对政府和非营利组织的财务活动进行管理。

第一节　政府和非营利组织理财的内涵

营利组织、政府和非营利组织是社会组织结构的三大组成部分。缺乏其中任何一方，社会都难以健康正常地发展。但是相对于营利组织而言，政府和非营利组织的财务管理很少受到广泛的关注。这是由政府和非营利组织的特性决定的。政府和非营利组织不以营利为目的，因此通常存在一种误解：政府和非营利组织不需要财务管理。财务管理对于任何组织的生存和发展都必不可少，缺乏有效的财务管理，任何组织都不能存续下去。在营利组织中，利润等财务指标是组织要努力实现的结果。在政府和非营利组织中，财务资源只是实现最终目的的手段。利润本身可能并不是最终目标，然而没有充分的财务资源，机构组织一般不可能实现其任务。理解机构当前的财务状况，对所有组织机构都至关重要。与营利组织相比，政府和非营利组织在内涵和组织活动方面都有着自身的特点。这些特点将政府和非营利组织与营利组织区别开，形成独特的财务管理活动。明确其内涵，了解其活动是学习政府和非营利组织财务管理的起点。

一、政府和非营利组织类型

（一）社会组织的分类和功能

在发达的市场经济国家中，社会组织结构由政府、非营利组织和营利组织三部分构成。营利组织是由出资者投资设立，以获取利润为目的的组织形式。营利组织经营活动所产生的利润可以各种方式返还给出资人，作为投资回报。以各种形式设立的企业，比如个人独资企业、合伙制企业和公司制企业都属于营利组织。

政府是一个政治体系，是在某个范围进行统治和管理的一套机构。广义的政府包括立法机关、行政机关、司法机关、军事机关；狭义的政府仅指行政机关。一个国家的政府又可分为中央政府和地方各级政府。政府的基本活动可以分为四类：政治活动，指政府在维护国家主权、安全、统一，维护执政党的执政地位，保护公民的基本权利等方面开展的活动；发展与调控活动，指政府为促进经济、社会的发展而开展的活动；管理活动，指政府为维护正常秩序而开展的活动；服务活动，指政府为保障公民的基本社会需要、方便公民的工作生活而开展的活动。

非营利组织是一种与政府和营利组织并列的组织结构方式，需要同时满足下列三个特点：一是不以营利为目的，任何经营活动产生的剩余收益不得用于分配；二是出资方将资金投入非营利组织后不可抽回，并且不得通过非营利组织获取利益，但是可以规定资金的使用范围；三是在出资方限定范围内使用资金。

非营利组织提供的公共服务覆盖了从教育、科研、社会工作、慈善，到公共交通、为弱势群体提供融资公益展览等广阔的领域，因此不同性质的非营利组织的活动存在很大差异。但是，如果剔除这些活动的特殊性，从性质上来看，非营利组织的活动包括计划制订、计划执行、结果控制、财务报表呈报和财务分析五个方面。非营利组织根据机构组织的宗旨，确定组织的最高目标，制定战略规划、长期计划和预算；根据设定的预算开展组织的各项活动，并对计划执行的结构加以控制；在计划执行之后，应当采用财务报表的方法将组织的经营活动加以全面反映，并通过财务分析为下一期计划的制订提供信息。

专论 11-1　　中国事业单位的定位和划分

事业单位（institutional organization）是指国家为了社会公益目的，由国家机关举办或者其他组织利用国有资产举办的，从事教育、科技、文化、卫生等活动的社会服务组织。（《事业单位登记管理暂行条例》（国务院第 252、411 号令）事业单位一般要接受国家行政机关的领导，要有其组织或机构的表现形式，要成为法人实体。从目前情况来看，事业单位绝大部分由国家出资建立，大多为行政单位的下属机构，也有一部分由民间建立，或由企业集团建立。与企业相比，事业单位有以下特征：一是不以营利为目的；二是财政及其他单位拨入的资金主要不以经济利益的获取为回报。

从上述特点来看，中国的事业单位同时具备政府和非营利组织的双重特点。考虑到我国的现实国情，事业单位的资金来源、人事任免和职能履行，都受到政府的控制和影响。从某种程度上来看，事业单位是政府部门的延伸和拓展，因此也应当将其视为政府类组织。

（二）政府组织概述

1.政府组织的类型

按照政府组织内部中央政府和地方政府之间的关系，政府的组织类型可以粗略地划分为中央集权政府和联邦制政府。

中央集权制是指国家权力集中于中央政府的政府组织类型，与“地方分权”相对立。它要求地方政府必须服从中央政府，接受中央政府的领导和监督，执行中央政府的法律、法令和政策。地方政府领导人由中央政府提名或任命。对中央政府负责，地方重要事务要上报或请示中央政府。不同国家的中央集权程度不同，即使同一国家，在不同时期、不同地区，中央集权的程度也不一样，如自治区域地方政府有较大权力。中国是统一的多民族国家，自秦汉以来，一直实行中央集权制。中华人民共和国成立后，成为单一制的社会主义国家，实行民主集中制的人民代表大会制，中央集权和地方分权相结合，既保证中央统一领导，集中处理国家事务，同时又充分发挥地方的主动性和积极性，实行全国范围的中央统一领导体制，少数民族聚居地则实行自治。

联邦制是由两个或两个以上的政治实体（共和国、州、邦）结合而成的一种国家结构形式。联邦制国家由各个联邦成员组成，各成员单位先于联邦国家存在。联邦成员国在联邦国家成立之前，是独立的享有主权的政治实体；加入联邦之后，虽然不再有完全独立的主权，但在联邦宪法规定的范围内，联邦成员的主权仍受到法律的保护，联邦成员有自己的宪法和法律。在组成联邦制国家时，联邦成员单位把各自的部分权力让渡给联邦政府，同时又保留了部分管理内部事务的权力[①]。

2.政府组织的功能

按照在国家社会生活中的整体作用范围和活动领域来划分，政府的主要职能包括政治职能、经济职能、文化职能和社会服务职能四大类。政治职能是指政府维护国家统治的职能，主要包括专政职能、加强民主法制建设职能。经济职能是指政府以各种方式推动社会生产力进步，保护经济基础的巩固和发展。文化职能是领导和组织精神文明建设，进行思想政治教育、发展科学文化事业，加强体育、卫生等公共事业管理，为市场经济的发展提供强大的精神动力和智力支持。社会服务职能是保障社会稳定、维持社会正常秩序。

由于政府对国家社会生活产生的影响广泛，所以从每项职能的角度，对政府的财务活动进行分析和管理过于繁乱。为此，我们选择从宏观和微观两个层面对政府的功能进行划分。从宏观层面来看，作为特殊的组织形式，政府对国家和社会事务进行日常管理和调控，因此应将政府作为整体来考察其对资金的募集和投放。上述的四项职能，都可以被视为政府的宏观管理和调控职能。从微观层面来看，作为社会组织的形式，政府也需要进行筹资和投资，用以保证其日常功能的正常运行。这两者之间的区别在于，微观角度深入政府组织结构内部，探讨各项财务活动的计划、决策、执行和评价；宏观角度则视政府为社会生活的组成元素，对其各项财务活动进行研究。同时，这两个角度又存在内在的联系：宏观作用的发挥需要以微观财务活动的有效性为前提；微观角度的财务活动又以宏观作用的发挥为导向。

3.政府组织的特点

营利组织的结构虽然有各种不同的类型，如职能型和事业部型等，但是这些不同的组织结构都是以资金的筹集和使用为核心，其目的都是为了营利。作为不以营利为目的的组织，政府组织内部的结构，不是建立在以资金筹集和使用为核心的代理关系上。政府部门作为国家机器，其组织机构的设置具有一定的强制性规定，体现行政性。一般而言，政府部门中的各部门都受制于各级政府的领导，并严格按照政府制定的方针和政策加以执行。不同级别的政府设置的部门大体上相一致，并且其职能也近似。但是，有些特殊的部门采用垂直管理的模式，具有一定的独立性，受上一级的主管部门直接领导，比如银监局。这类部门都是比较重要的职能机构，保持一定的相对于政府的独立性有利于其

① 来源于维基百科。

更好地发挥作用。

（三）非营利组织概述

1.非营利组织的类型

依据国际非营利组织分类标准（the John Hopkins University ICNPO），共有以下几个大类组织可以纳入非营利组织的范围：文化与娱乐；教育与研究；健康；社会服务；环保方面；发展与供给；法律、拥护者及政党；慈善家与志愿者宣传（基金会）；国际性非营利组织；宗教；行业与专业学会、协会；其他（如同学会和同乡会）。

清华大学非营利组织研究所结合我国的实际情况，把非营利组织分为以下五类：

第一类：社会团体。在社会文化领域开展各种活动的会员制组织，如各种学会、协会、同学会、促进会、联合会、志愿者等团体。

第二类：经济团体。在经济领域开展各种活动的会员制组织，如行业协会、商会、工会、各种打工者团体等。

第三类：基金会。在各个领域里开展各种资助活动或资金运作活动的非会员制组织，如项目基金会、资助型基金会、联合劝募组织等。

以上三类，在我国现行的法规体系中，统一被称为“社团法人”，归各级民政部门管辖。他们与企业法人、机关法人和事业法人一起，构成《中华人民共和国民法通则》所定义的四大法人。

第四类：实体性公共服务机构，如各种民办的医院、学校、剧团、养老院、研究所、图书馆和美术馆。在我国的现行法规中，这类组织被称为“民办非企业单位”。

第五类：没有依法登记注册的非营利组织和采取工商注册的非营利组织。从法律上来看，这类组织并不具备非营利组织的身份，但其数量并不在少数。在转型阶段的中国，这类非营利组织既有其存在的客观条件，又发挥着积极作用。

2.非营利组织的功能①

非营利组织发挥的社会功能主要包括：服务提供者、先驱者、价值维护者、社会教育者和改革与倡导者。

服务提供者：非营利组织多种类、多样化的服务供给，发挥为公共服务提供弥补的功能，经常选择提供政府没有做、不想去做或不愿意直接去做的，但是却十分符合社会大众需要的非私人化的服务。

先驱者：因为非营利组织具有弹性、功能自发性和民主代表性等特质，能够敏感捕捉社会大众的需求，凭借组织的多样性、人才的多样化与运作的灵活性，把需求发展成具有创新的构想和相应的策略，并付诸规划与执行，且从实际行动中，试

① KRAMER.Voluntary agencies in the welfare state：Los Angeles［M］. CA：University of California Press，1981：8.

验出适宜的工作目标与方法，引领社会革新。

价值维护者：非营利组织通过有效运作，倡导并积极参与改革行动以改善社会，主动关怀少数弱势团体，激励民众对社会的关心和参与，并成为社会精英和领袖的培育场所，为社会大众提供人格教育与再社会化的机会，进而有助于民主社会理念及各种正面价值观的维护。

社会教育者：非营利组织通过出版刊物，举办活动、专业训练课程、研讨会、建立图书设施及提供咨询等方式，负起传递各种信息的责任，借以提供新的观念，促使大众（包括决策者在内）注意和了解社会问题，改变社会大众或决策者对社会的刻板印象或漠视的态度，补充正规学校教育体系的不足，并间接影响政府政策的制定。

改革与倡导者：非营利组织往往从社会各层面的实际参与中，实际了解政府政策的偏斜，洞察社会的脉动和需求，并运用服务经验展开舆论和游说，促成社会态度的变迁，并引发政策对法规的制定或修正，扮演整个社会体系与政府组织的监督者与批评者的角色。

3.非营利组织的特点

在非营利组织中，机构的设置既不是围绕资金提供和使用的代理关系，也不依赖于强制性的行政权力，而是依赖于组织内部的价值观。非营利组织的最高目标多与特定的价值观直接相关，通过共同的价值观将组织的成员联系和凝聚起来成为一个整体。比如，行业协会是以某行业的行规或者职业道德共同价值观形成的非营利组织。依赖于共同价值观形成的非营利组织具有一定的松散性，受组织成员个人信念的影响比较强烈。当对组织的价值观产生怀疑或者信念改变，组织成员便会从组织中脱离出来。此外，与具体的法律和制度不同，价值观的约束力较差，难以对组织成员形成强制性的约束。特别是以志愿者为主导的非营利组织中，其表现最为明显。

二、政府和非营利组织会计

（一）政府会计

现行的企业会计准则和制度是针对营利组织制定的，其根本的出发点是为满足投资者或潜在投资者进行投资决策的需要。除了不以营利为目的之外，政府没有明确的出资人，企业会计准则和制度并不适用于政府组织。在政府会计中，会计主体是基金。政府会计一般包含如下三类基金：政务基金，核算政府所从事的政务活动；权益基金，核算政府所从事的商业活动；受托基金，核算政府以信托人或代理人的身份保管并按他人要求进行使用的财务资源。除了受托基金的活动不属于政府自主安排和控制，权益基金和政务基金都由政府负责。由于政府组织不以营利为目的，也没有明确的出资者，因此政府会计中没有设置利润和所有者权益要素。

除了使用的会计准则不同之外，对政府对外披露的财务信息透明度要求也有别于营利组织。一方面，政府的资金很大一部分来源于社会公众；另一方面，政府的财务活动用于提供公共产品，对社会公众产生的影响广泛而深远。因此，除个别涉及国家安全等机密事项，政府有责任和义务充分及时对外进行信息披露，并接受舆论监督。从现行体制来看，无论是每年全国人民代表大会期间，政府对外披露财政收支情况，还是各职能部门接受审计署的审计，其目的都在于提高财务信息的透明度。

拓展知识：浅析我国政府会计信息披露现状

（二）非营利组织会计

非营利组织会计的最主要特色表现在资产负债表上。由于非营利组织的出资人不能将经营净收益作为投资回报，因此，非营利组织的资产负债表上没有所有者权益，资产超过负债的部分被称为净资产。净资产按照使用是否受到限制可以被分为两类：限制性净资产和非限制性净资产。前者是指资产产生的经济利益的使用受到资产提供者或者国家有关法律法规设置的时间限制和用途限制。除了限制性净资产之外的资产均为非限制性净资产。与之相应，非营利组织的收入可分为限制性收入和非限制性收入，并在期末分别转入限制性净资产和非限制性净资产。而非营利组织的各项费用则作为非限制性净资产的减项计算。非营利组织的财务会计报告与营利组织基本相似，不同之处在于非营利组织用业务活动表来代替利润表，用以反映组织的业务活动情况。

三、政府和非营利组织理财的特点

（一）政府理财的特点

1.组织结构的特殊性

政府组织依靠行政权力构建组织体系，行政权力的级别也影响不同等级政府组织之间的财务管理。国家财政的管理组织形式通常表现为分级财政体制，这是与多层级的政府组织结构相对应的。在分级财政体制条件下，中央与地方以及地方上下级之间，存在多重性收支和收支往来诸方面的联系。

2.资金来源的特殊性

作为政府资金的重要来源，税收具有强制性、无偿性和固定性等特点。税收的强制性包括两个方面：一方面是税收关系的确立具有法律的强制性，国家依法征税，纳税人必须依法纳税，不允许有任何超越税法的行为。二是税收征收过程具有强制性。而营利组织的资金来源，无论是债务性资金来源，还是股权性资金来源，均不具有强制性。税收的无偿性是针对具体的纳税人而言的，纳税人无偿地向国家缴纳财富，所有权单向转移。税收的固定性是指国家征税必须通过法律的形式，预先规定征税规范。相比之下，营利组织既不能无偿获得资金来源，更无法事先确定资金来源的数量和时限。

3.非营利性

对于政府而言，经济周期会导致资金的波动。在萧条时期，虽然政府所获得的资金减少，但是其提供的公共服务的数量和质量不能降低，甚至要相应提高。因此，政府需要在经济繁荣时期适当留存一些盈余，以便满足在经济情况较差时的需要。此外，保有适当的盈余还有利于政府抵御意外事件，比如在自然灾害发生时，政府能按需要支付救灾款和赈灾款。

（二）非营利组织理财的特点

1.资金来源的无偿性

非营利组织的资金来源与企业有着很大区别。企业的主要资金来源是股东，从股东处获得资本。所有者的投资是其非负债资本的主要来源，这种筹资方式不是非营利组织资金的主要来源。虽然有少数非营利组织能够依靠提供服务来获取资金，维持生计（如一些医院），但是，大部分的非营利组织都是以接受捐赠作为主要的资金来源。除了捐赠之外，政府拨款也是非营利组织的主要资金来源之一。拨款与捐赠在形式上虽然存在着差别，但是，对于非营利组织来说，其获取的资金的性质都是无偿的。

2.产出的品质与数量难以测度

非营利组织的产出属于非市场产出。沃尔夫指出："同市场产出的效益-成本描述相比，非市场产出总的来说没有一个评价成绩的标准。"首先，许多非营利组织的服务性产出往往不像产品一样看得见、摸得着，产出的数量和品质难以测度。其次，非营利组织的产出和产出的最终社会效果之间有时间上的滞后性。最后，"非市场产出的质量尤其是难以弄清的，其部分原因是缺少有关产出质量的信息"。非营利组织的产品缺乏价格信号和消费者的自由选择，因而也就缺乏检验和传递质量信息的机制和渠道。产品在供消费者使用之前可以进行检测，服务只能在被提供的时候才能判断其质量。产品的质量可以用肉眼和仪器来测量（如耐用性、纯度、重量、颜色等），而与服务质量相关的特性大多是无形的（如顾客需要的满足程度、提供服务的地点、等待时间等），因此，对服务质量的判断在很大程度上依靠主观的个人感受。

3.专业人士和管理人员之间存在矛盾

非营利组织的决策和执行两项主要管理职能分别由分属不同类型的两个团体来完成。非营利组织的决策主要由理事会完成，理事会主要是由专业人士组成。而非营利组织各项职能的执行，则由管理人员来完成。两类不同的群体在完成各自职能的过程中，分别遵循不同的原则。营利组织的决策机构也有专业人士参与，但专业人士在决策机构中并未充当主导力量，这与非营利组织有着很大的差距。非营利组织的决策机构一般是由专业人士组成的理事会，专业人士在整个决策过程中，发挥决定性的作用。在非营利组织中，社会公益目的和专业人士始终居于主导。在决策过程中，专业人士从专业角度出发，主要考虑如何使组织最大限度地满足社会效用的最大化，从而履行经营受托责任。受到外界因素的影响，非营利组织在决策的执行过程中，很大程度上依赖于管理人员。就这一点而言，非营利组织和营利组织基本相同。但是，由于非营利组织在决策过程中没有遵循营利组织的模式，并没有对各种决策方案的可行性及其对组织存续的影响进行充分考虑。因此，管理人员在执行过程中必须处理这种决策模式带来的不利影响，从而保证整个组织目标的实现。

4.财务信息的特殊性

由于资金来源的无偿性，非营利组织在接受捐赠或者政府拨款时，通常要接受对资金使用的附加条件，比如，该项资金仅用于某类特定项目。为了更好地履行经营受托责任，达成捐赠人设定的目标，非营利组织应当进行更为详尽的信息披露，提高透明度，获取捐赠人的信任。因此，当某类项目结束后，非营利组织通常要向资金的捐赠人提供相关的财务信息。特别是在当今社会，发达的网络降低了信息披露的成本，越来越多的非营利组织开始通过互联网及时充分地对外进行财务信息的披露，以避免社会公众产生不必要的误解，提高公信力。

四、政府和非营利组织财务管理目标

（一）政府和非营利组织财务管理目标的特殊性

政府和非营利组织都不允许将经营的所得作为出资回报返还给出资人，因此无法将出资人的价值最大化作为财务管理的目标。政府和非营利组织都不是营利性机构，不致力于获得利润和增加组织自身的价值，因此企业财务管理中的“企业价值最大化”也不适用于政府和非营利组织。从社会组织的形式来看，政府和非营利组织的存在能够弥补营利组织的不足。因此，在不强调“价值最大化”的同时，政府和非营利组织的社会责任成为财务活动的导向。

（二）政府财务管理目标

西方经济学家将政府的职能简单概括为提供公共产品。如果从企业财务管理的视角来考察政府部门，政府可以被视为生产特殊产品的组织形式。由于公共产品既包括有形公共物品（硬公共物品），比如公共设施等，也包括无形的公共物品（软公共物品），比如政府所提供的法律、政策和制度一类的服务。相对于前者而言，后者比较难以采用量化的价值量加以计量。我们不能通过对产出的衡量来确定政府的财务管理目标。政府提供的公共产品是对市场本身存在缺陷的弥补，以保证经济能够正常良好地运行。因此，政府可以看成是对市场资源配置的补充，其财务管理的目标可以定位于资源配置效率的最大化。

（三）非营利组织财务管理目标

在西方，曾有研究人员对非营利组织的财务管理人员发放问卷，调查在财务管理实践中，非营利组织选择的财务管理目标是什么。调查结果显示，在财务管理实践中，首选的财务管理目标是收支平衡，其次是净收入最大化。对于非营利组织而言，其首选的财务管理目标应当服务于组织的稳定和长期发展，借此才能实现组织的宗旨并履行其对社会和受益人的责任。非营利组织不能像营利组织那样，为了对股东或者投资人负责而只追求利益；也不能像营利组织那样一旦发生危机就裁减雇员以保全资产，非营利组织应首先考虑受益人的利益。非营利组织在确定财务管理目标时，应当着眼于组织的稳定和发展，通过健全的财务管理、财务预算和财务规划，确保组织发展的财政基础，并积极和稳妥地拓展业务，谋求组织的可持续发展。因此，收支平衡应当作为非营利组织财务管理的目标。非营利组织的经营净收益不能作为出资人的投资回报，但是可以为组织的长期发展提供财务基础，因此净收入最大化是服务于组织收支平衡的次级目标。

【案例 11-1】 非营利组织与抗震救灾

2008年5月12日，四川汶川地区遭受了8.0级地震。随即，中央政府和地方政府以及军方均做出了最迅速的反应，全力投入到抗震救灾的行动中。就在此时，另外一支力量，来自国际社会的各种非营利组织，也出现在灾区。5月14日，美国“心连心国际组织”在第一时间出现在重灾区北川县，并与温家宝总理偶遇。据不完全统计，截至5月18日，在四川灾区的国际非营利组织数量已经超过了十个。这些国际性的非营利组织以专业的素养和快速的反应，为救灾提供了极大的帮助。与此同时，中国广大民众也积极投入到救灾过程中。但是，由于缺乏发达的非营利组织机构，民众的热情并没有转化为有效的救灾行动，甚至成为救灾的负担。龙门山一个小学，大量救灾物品堆积，一个学生可以分得十个书包，而另一些灾区灾民还要用棉被挡雨。甚至出现了民间募集赈灾资金，却被官方调查的情况。从财务学的角度来看，正是由于缺乏行之有效的财务管理系统，才导致了非营利组织的目标难以实现。

清华大学邓国胜博士曾经指出：“遇到紧急灾害时，非营利组织往往非常活跃，并表现出及时、高效、灵活、创新的优势。例如，日本阪神大地震中，最先赶到现场并发挥作用的就是民间组织；韩国金融风暴后，在非营利组织的动员下，公众表现出了极大的爱国热情和捐赠高潮；我国台湾地区‘九二一’地震时，非营利组织在整个震中援助和灾后重建中一直战斗在最前线；在美国，非营利组织不仅消除了肆虐美国的黄热病，而且研究出了小儿麻痹症疫苗。”

第二节 政府财务管理

一、政府财务管理的内容

根据第一节的介绍，从职能的划分来看，政府职能包括宏观职能和微观职能两类。相应地，政府财务管理也据此划分为宏观财务管理和微观财务管理两方面。

（一）政府宏观财务管理

政府的宏观财务管理是研究政府如何以整体经济为管理对象，利用其控制的资源，以维护市场合理性和纠正市场偏差，满足社会公共需要和促进市场体系的完善。具体而言，政府宏观财务管理主要包括三项内容：资源配置，收入分配，经济稳定与增长。资源配置管理是指通过财政政策和税收政策对政府控制的各种社会资源结构与流向进行管理。收入分配管理是以公平合理地分配收入为目标，对参与收入分配的各主体的利益进行调节。经济稳定与增长管理是指以物价稳定、国际收支平衡以及经济持续增长为目标，制定并实施相应的财政政策。在宏观财务管理的三项职能中，经济稳定与增长职能处于核心地位，资源配置职能和收入分配职能处于辅助地位。从学科分类的角度来看，政府宏观财务管理与财政学或者公共经济学，存在较大范围的重合。

【案例11-2】　　金融危机与政府救市

2015年11月，意大利政府批准了一项36亿欧元的救助计划，救助对象是该国四家陷入困境的中小银行，资金来源为私人部门。此项计划适用了欧洲最近通过的有关受困银行的决议。根据这项伦齐（Matteo Renzi）政府周日批准的计划，四家好银行和一家坏银行将从Cassa di risparmio di Ferrara SpA，Banca delle Marche SpA，Banca popolare dell'Etruria e del Lazio SC和Cassa di risparmio della Provincia di Chieti SpA这四家银行中产生。

四家好银行将各自承接不同银行的健康资产，而一家坏银行则单独承接那些银行的不良贷款。负责监督四家银行处置情况的意大利央行称，按照对意大利政府具有约束力的欧洲法律——《欧洲银行复苏与处置指令》（Bank Recovery and Resolution Directive，BRRD）的要求，四家银行的部分损失已被股东和一些债权人吸收。

一个由意大利银行业出资的基金，即所谓的“处置基金”（Resolution Fund），将对四家好银行注资，使四家银行的资本充足率达到加权风险资产的9%。意大利央行称，裕信（UniCredit SpA）、意大利联合圣保罗银行（Intesa Sanpaolo SpA）和意联银行（UBI Banca SpA）将向该基金提供立刻投入运营所需的最初资本。近期从裕信离任的意大利银行业资深人士Roberto Nicastro将担任这五家银行的董事长，他之前在裕信担任总经理一职。意大利央行将指派新的经理管理这些银行。

意大利央行称，这些经理的任务将是在短时间内把四家资本状况较为健康的银行出售给最合适的买家。另外一家坏账银行将持有总名义价值为85亿欧元的不良贷款，这些贷款已经被冲减至15亿欧元。这家坏账银行或者将出售这些贷款，或者努力收回一部分贷款。意大利央行称，清算基金将拿出17亿欧元来弥补这四家银行出现的最初亏损，该基金将只能收回这部分资金中的一小部分。清算基金随后将拿出另外18亿欧元为这四家银行注资，当这些银行被出售后，该基金将收回这部分资金。该基金还将拿出1.4亿欧元向坏账银行提供运营所需的现金。

资料来源　佚名. 意大利批准对四家本地银行的救助计划［EB/OL］.［2015-11-23］. http：//mt.sohu.com/20151123/n427666227.shtml.

（二）政府微观财务管理

除了宏观财务管理之外，政府还需要开展各种财务活动，以维持政府部门各级组织的正常运转和有效履行行政职能。政府的微观财务管理是以解决政府部门的资金为目标，针对政府部门内部而开展的各项财务管理工作，以便合理地使用资金，提高行政效率。与宏观财务管理不同，政府的微观财务管理的着眼点是政府的行政职能。如何筹措资金、满足行政部门的需要，如何投放资金、确保行政部门目标的实现，如何保证资金的运行有效、减少对资源的占用，这些都是政府微观财务管理关注的主要问题。

二、政府宏观财务管理内容

从内容上来划分，政府宏观财务管理包括财政支出和财政收入两部分。财政支出是政府将集中起来的财政资金有计划地进行分配的活动。财政收入是政府为了保证财政支出的需要，依据一定的权力原则，筹措资金的活动。

（一）财政支出

1.购买性支出

购买性支出是指政府以提高资源配置的效率为目的，在市场上购买商品与劳务的支出，大体包括行政、国防支出，科教文卫事业支出和投资性支出。

行政支出和国防支出所形成的产品具有非排他性和非竞争性，是典型的、纯粹的公共产品。就国防支出而言，从国际比较来看，我国目前国防费的规模，无论是绝对规模还是相对规模，都是偏低的。虽然从理论上看，行政支出占财政支出的比重应该不断下降，但是由于党政机关的不断扩大，我国的行政支出却呈现不断增加的趋势。

科教文卫事业并非完全意义的社会公共需要，因此应当由政府和社会公众共同出资。政府应当负担全民性和基础性的出资，除此之外，原则上都是可以由社会公众出资的。如果政府财力充足，也可以兴办部分非全民性或非基础性事业。

政府的投资性支出具有公共性和基础性的特点，主要着眼于社会效益，并且强调开发性和战略性。政府的投资性支出应当遵循市场运行规律，不应当影响市场的资源配置功能，也不应当对民间的投资选择产生影响。所以，政府投资性支出应以公益性和一部分基础性项目作为重点。此外，对国有企业直接加以投资，也是我国政府投资的重要领域。

政府的投资性支出包括基本建设投资、农业财政投资和财政投融资三类。作为投资性支出的重要项目，我国基本建设支出的规模总体处于增长趋势，应当加强可行性研究，建立投资后的评价制度，并加强投资决策的民主化。

农业财政投资的目的在于对农业实施扶持和保护的政策。由于农业的社会经济效益大而直接经济效益小，对自然条件和基础设施的依赖性强，并且农产品的需求弹性小，因此，各国以立法的形式规定投资规模和环节，通过财政投资的方式加以扶持。农业财政投资重点在于以水利为核心的农业基础设施建设、农业科技推广、农村教育和培训等方面。

财政投融资是为了实现产业政策，政府通过国家信用方式筹集资金，根据国民经济和社会发展规划，以出资（入股）或者融资（贷款）方式，将资金投向急需发展的部门、企业或事业的一种资金融通活动。政府投融资的典型代表是三大政策性银行：中国国家开发银行、中国农业发展银行和中国进出口银行。政策性银行主要具有两方面的特点：业务职能的政策性、资金来源的政府性与市场性相结合。

【案例11-3】　基础建设投资与经济增长

2015年10月18日，中国政府网刊发《经济日报》文章“努力巩固经济稳定向好势头”，再次强调了基建对于当前稳增长的重要作用。文章指出，在房地产和制造业投资动力不足的情况下，努力保持基础设施投资的较高速增长，是当前稳增长的关键。要加快实施已确定的172项水利建设项目，加快推动8亿亩高标准基本农田建设，加大在乡村公路、行政村聚居区道路硬化等方面的投资力度，在尽可能地补上农业现代化“短板”的同时，发挥农田水利和农村基础设施投资对经济的拉动作用。

文章称，经济下行压力持续加大，若与短期需求收缩等因素叠加，市场预期将会恶化，导致需求收缩自我加强。因此，合理引导市场预期，是当前宏观政策的重中之重。当务之急，是加快推进2015年已确定的基建项目和重大工程建设，以稳定市场信心。文章提到，要按照中央关于新型城镇化的战略部署，加大对城镇基础设施、地下管网、生态治理等方面的投入，切实提高城市建设质量，优化投资发展环境，充分释放巨大投资潜力。城镇化是中国经济增长和现代化的持久动力源泉，大规模人口由农村向城镇的迁移、集聚和安居，意味着庞大的城镇硬件和软件设施建设，将创造巨大的市场需求。

2015年8月，中国制造业投资继续下行，房地产开发投资、施工面积、土地购置面积和房屋销售面积等数据全面恶化。前8个月，制造业累计投资增速由1—7月的9.2%进一步下滑0.3个百分点；房地产投资累计增速更是由前值的4.3%下滑至3.5%；基础设施还在继续支持固定资产投资，累计增速回升0.2个百分点。

资料来源　潘凌飞. 保持基建投资较高增长是稳增长关键［EB/OL］.［2015-10-19］. http://money.163.com/15/1019/08/B69DE2MP00253B0H.html.

2.转移性支出

转移性支出是指政府为了促进社会公平而进行的无偿的、单方面的资金转移，政府不能从中获取相应的物品和服务，主要包括社会保障支出和财政补贴。

社会保障是指依据法律和法规，为劳动者或全体社会成员提供必不可少的基本生活保障和社会服务。社会保障支出的内容包括社会保险、社会救济、社会福利和优抚安置等。社会保障支出同时具有社会性功能和经济性功能。社会性功能主要包括：社会补偿功能、社会稳定功能、社会公平功能。经济性功能主要包括：调节投融资功能、平衡需求功能、收入再分配功能、保护和配置劳动力功能。

财政补贴是政府根据政治经济形势及制定的方针政策，对指定的事项安排的专项资金补助支出。我国的财政补贴主要包括：价格补贴、企业亏损补贴和财政贴息三类。价格补贴是国家财政在商品购销价格倒挂的情况下对工商企业支付的补贴，以及在购销价格顺挂的情况下对消费者支付的提价补贴。企业亏损补贴是指国家为了使国有企业能够按照国家计划，生产经营一些满足社会需要但由于客观原因将出现亏损的产品，而向这些企业拨付的财政补贴。财政贴息是指国家财政对使用某些规定用途的银行贷款的企业所支付的贷款利息提供的补贴，也就是政府代企业支付部分或全部贷款利息。财政补贴的作用主要体现在：纠正不合理的价格结构，有助于价值规律发挥作用；纠正市场缺陷，借以实现国家的社会福利目标。

（二）财政收入

1.税收

税收是国家以其社会职能为依据，凭借政治权力，依照相关法规，通过参与社会收入分配取得的财政收入的形式。税收的原则主要包括：财政原则、公平原则和效率原则。财政原则主要体现在两方面：一方面是税收制度必须保证充分满足财政支出的需要；另一方面是税收收入应具有弹性。税收弹性是指税收收入增长率与经济增长率之间的比率，反映了税收对经济变化的灵敏程度，可以用下面的公式加以表示：

$$E_T=\frac{\Delta T/T}{\Delta Y/Y}$$

其中：E_T为税收弹性，T为税收收入，ΔT为税收收入增量，Y为国民收入（或者其他类似指标，如国民生产总值、国内生产总值），ΔY为国民收入增量。

当$E_T=0$时，表明税收对经济增长没有反应；当$E_T=1$时，表明税收与经济是同步增长的；当$E_T>1$时，表明税收的增长速度快于经济的增长速度；当$E_T<1$时，表明税收的增长速度落后于经济的增长速度。一般来说，为保证国家财政收入与国民收入同步增长，应该确保$E_T\geq 1$。

税收的公平原则是指相同条件的纳税人，纳税相同。税收公平包括普遍征税和平等征税两方面。税收的效率原则包括行政效率和经济效率两个方面。行政效率包括两方面：一是节约征管过程的资源消耗，提高行政效率；二是简化税制，使纳税人容易理解掌握。税收的经济效率原则是指税收制度和税收政策在保证筹集财政收入的同时，应有利于经济发展，力图给经济发展带来积极影响。

2.国债

国债收入是指国家以债务人的身份，采用借款方式，从国内外取得的收入，其主要形式包括在国内发行的各种公债，向国外政府、国际金融组织、国外商业银行的借款以及发行国际债券。除了筹集财政资金外，国债收入还具有弥补财政赤字：

调剂国库余缺和调控经济运行等多种功能。

国债规模是否适度主要需要考虑财政对国债的承受能力和社会的应债能力两方面。财政承债能力指标主要包括国债依存度和国债偿债率；社会应债能力指标主要包括国债负担率和国债借债率。

（1）国债依存度反映特定时期中央财政支出来源于国债的比率，表示为：

国债依存度=当年国债发行额÷当年中央财政支出额×100%

根据国际货币基金组织的统计，发达国家的国债依存度多在10%以下，发展中国家的国债依存度多超过20%；这一指标的国际公认警戒线为25%~35%。

（2）国债偿债率是指当年的国债还本付息额占中央财政收入的比例关系，表示为：

国债偿债率=当年还本付息额÷当年中央财政收入额×100%

从国际经验来看，通常认为国债偿债率处于7%~15%是安全的。

（3）国债负担率是指当年国债累积余额与当年GDP的比例关系，表示为：

国债负担率=当年国债累积余额÷当年GDP×100%

国债负担率从国债对经济总量的影响方面反映特定时点国债的规模，是通用的债务规模衡量指标。目前，多数国家都将60%的国债负担率作为控制债务规模的目标。

（4）国债借债率是指政府当年的国债发行规模与当年GDP的比例关系，表示为：

国债借债率=当年国债发行额÷当年GDP×100%

国债借债率反映了一国GDP对国债新增的承担能力。目前西方各国的国债借债率大多稳定在5%~10%的水平上。

三、政府宏观财务管理方法

（一）政府预算

1.政府预算的功能

作为公共财政收支计划，政府预算按一定标准将收入与支出分门别类地列入特定的表格，既能反映政府各部门经费开支的去向，也表明各项收入的来源，从而全面反映政府的活动范围和方向。通过预算，政府能够有效控制经费开支：一方面，政府的全面收支项目及其规模都纳入预算，全面反映政府的收支状况；另一方面，政府预算必须经过国家立法机构的审批才能生效，从而将政府置于立法机关和全体公民的监督和制约之下。

2.政府预算的原则

根据现行的经济理论，多数国家所接受的政府预算原则主要包括以下五条：

（1）完整性原则。政府预算应该包括全部财政收支，不允许有预算之外的财政收支，也不允许有政府预算规定范围以外的财政活动。

（2）统一性原则。各级政府按照统一的方法和口径，将预算收入和支出全额列入统一的预算。

（3）可靠性原则。预算收支的数字指标，必须运用科学方法，依据充分确实的资料，进行计算与填列。

（4）公开性原则。全部收支必须经过立法机构的审查批准，而且要采取一定的形式向社会公布。

（5）年度性原则。政府预算的编制与执行，都要有时间上的界限，通常将一年作为基本单位。

3.政府预算的程序

从程序主体来看，政府预算可以划分为预算编制、预算审批、预算执行和政府决算四个部分。

政府预算的编制由行政机关负责，分为预算草案的具体编制和核定两个步骤。预算草案的编制，是指由财政部门负责指导政府各部门编制支出预算草案和收入预算草案，综合收入和支出两个部分，把预算草案交给法定的审议机构。预算草案的核定由国务院负责，在下一预算年度开始前提交国家权力机关审批。

预算的审批权限归属于国家立法机构。在我国，人民代表大会负责审批政府预算。根据我国《预算法》的规定，全国人民代表大会审查中央和地方预算草案，批准中央预算；县级以上地方各级人民代表大会审查本级总预算草案，批准本级预算。审批的一般程序是：首先由财政部门代表本级政府向人民代表大会作预算报告并提交预算草案，然后由人大财经委员会进行具体审查并提出审查报告，提请大会审议表决。

预算执行是指经法定程序批准的预算进入具体实施阶段，包括组织预算收入、拨付预算资金和预算调整等内容。各级预算由本级政府组织执行，各级政府是预算执行的组织领导机关，各级政府财政部门在本级政府的领导下具体负责预算的组织实施，各级预算收入征收部门是预算收入的征收管理机关，国家金库是具体经办预算收入的收纳及库款支拨的机关，一般由本国中央银行代理，有关部门、各单位是部门预算和单位预算的执行主体。在预算执行过程中，为解决临时急需和事前难以预料的特殊开支，还需要设置预备费，即各级总预算中不规定具体用途的当年后备基金。预算调整是指经过批准的各级预算，在执行中因特殊情况需要增加支出或者减少收入，从而影响原预算的收支情况。根据我国《预算法》的规定，调整预算时应当由本级政府编制预算调整方案，并须提请本级人民代表大会常务委员会审查和批准。未经批准，不得调整预算。

政府决算是经法定程序批准的年度预算执行结果的会计报告，是整个预算程序的终结。在每一预算年度终了后，各级政府部门都要按规定的时间编制决算草案。决算草案是各级政府部门编制的未经法定程序审查和批准的预算年度执行结果。决算草案的审批和预算草案的审批程序相同。

（二）国有企业

除了政府预算之外，国有企业也是政府实施宏观财务管理的重要对象。国有企业是政府以各种方式直接或者间接投资设立的企业。政府通过对国有企业的管理，调整资本在不同产业内部的分布，实现产业结构的调整和升级，从而对经济生活施加影响。

改革开放前，我国实行计划经济体制，几乎所有工商企业均为国家所有或集体所有。当时的企业成为整个国民经济中执行经济计划的生产车间，几乎没有经营自主权。在这种经济体制和企业管理体制下，我国完成了国民经济的迅速恢复，基本实现重工业的工业化进程。但是，随着经济的进一步发展，这种经济管理体制严重束缚了企业的活力。同时，由于追求过快增长而导致整个国民经济失调。随着国有企业改革的深入，政府对于国有企业的管理也逐渐从直接经营管理过渡到国有资本管理。

1.政府与国有企业的管理体制

1988年，我国国有资本管理体制改革正式起步，组建了国家国有资产管理局，归并了各部委在国有资产管理方面的职权，开展了一系列调查研究和清理整顿工作。为加强国有资产监管，国务院于1994年发布了《国有企业财产监督管理条例》，2000年国务院废止这一条例，发布了《国有企业监事会暂行条例》，逐步形成了向国有企业派出监事会的制度。同一时期，理论界和实务界开展了国有资本管理、监督与营运体制的探索，形成了以上海模式和深圳模式为典型的国有资本监管经验，但在1998年国务院机构改革中却撤消了国有资产管理局。2003年以来，我国又重新构建了国有资本管理机构体系，组建了国务院、省（市）、地市乃至县级国资委，并且初步形成了以《企业国有资产监督管理暂行条例》为核心的国有资产监管法规体系，从立法上构建了国有资产管理体制的基本框架和基本制度。

2.国有资本管理

国有资本管理职能主要包括国有资本预算、国有资本协调与控制和国有资本考评三方面内容。

国有资本管理的预算职能是政府职能部门以国有资本所有者身份，在进行国有资本存量分析、国有资本营运预测和决策的基础上，对国有资本投资、国有资本收益、国有资本产权交易及收支进行的规划。国有资本预算是国有资本产权管理部门的一项重要的职能。为了有计划地组织政府资本性投资，实现对宏观经济结构的有效调整，改善经济结构，推进产业升级，国有资本产权管理部门要研究和提出本级政府国有预算编制和执行方案，以提高政府资本性投资的管理水平，实现国有资本的保值增值。国有资本预算是预测与决策的体现，是国有资本协调与控制的依据，也是国有资本考核评价的标准。

国有资本协调与控制职能是国有资本管理部门对授予国有资本营运机构营运的国有资本，以预算为基础进行协调和控制，以保证国有资本的安全运作，防止国有资本流失。国有资本协调与控制职能，体现了作为政府行政机构的国有资本管理部门与企业法人性质的营运主体之间应具有的所有权约束关系。

国有资本考评是国有资本管理部门以国有资本所有者代表的身份，对国有资本营运状况及效果，以国有资本预算为标准，客观、公正地考核国有资本营运主体的营运效益和科学评价经营者业绩。国有资本考评：一可评价国有资本的收益状况与水平；二可评价国有资本授权或委托经营者的业绩；三可评价国有资本投资方向的正确性；四可评价预算的准确性并为未来资本预算奠定基础。

四、政府微观财务管理内容

政府微观财务管理主要包括投资活动、筹资活动和营运活动三大类。与宏观财务管理不同，政府微观财务管理的所有活动都是围绕政府组织日常运作开展的，深入到政府组织内部的财务活动。投资活动主要是指各级政府部门，为了保证自身职能的履行，而进行的各种必要的资本性支出。筹资活动主要是指各级政府部门，为了保证自身职能的履行，而进行的各种资金募集活动。营运活动主要是指各级政府部门，在履行自身职能的过程中，利用资金开展的各种活动。

（一）投资活动

由于资金来源于政府财政拨款，具有明显的公共管理性，政府投资行为具有非商业的特点，重点不在于营利，而是为了提高财政资金的使用效益，并且必须在受监管并且透明的过程下进行。政府的投资活动通常采用政府采购的方式进行。政府采购，也称公共采购，是指为了开展日常政务活动或为公众提供服务的需要，各级政府部门在财政的监督下，以法定的形式、方法和程序，对货物、工程或服务的购买。政府采购一般采用招标、竞标方式，从而确保政府投资活动具有较高的透明度，降低交易费用，提高财政资金的使用效率。

（二）筹资活动

政府的资金来源主要依靠上级拨款或行政权力，因此不存在通常意义上的资本成本。由于资金的来源体现了政府的行政权力，因此应当特别强调筹资活动的合法性和规范性。除上级行政拨款之外，各级政府还可以通过行政事业性收费和政府性基金来增加资金来源。行政事业性收费是指国家机关或事业单位，根据法律法规，经国务院批准，在提供特定服务的过程中，按照成本补偿和非营利原则收取的费用，具有补偿性和排他性特征。行政事业性收费主要遵循非营利原则，因此筹资管理应当从以下几个方面入手：第一，要严格控制收费项目和收费标准的合法性，合理控制收费规模；第二，增强收费的透明度，建立收费目录管理制度和收费公告制度，接受社会监督；第三，规定收费期限，避免无限期收费；第四，加强收费资金管理，确保“收支两条线”。

政府性基金是指各级政府及其所属部门根据法律法规和中共中央、国务院有关文件规定，无偿征收的费用，具有强制性和非补偿性。政府性基金体现了政府组织的国家行政权力，其管理应当从以下几个方面入手：第一，调整完善政府性基金管理权限，基金项目由财政部审核，报国务院审批；第二，压缩规模，分类处理，确有必要保留的基金，应严格管理，规定征收期限；第三，健全政府性基金管理制度，建立约束机制。

（三）营运活动

营运活动是指政府各部门除了投资活动和筹资活动外，利用资金履行自身职责的活动。与营利组织不同，政府部门不以营利为目的，即便收入超过支出产生结余，也不能用于分配。但是，政府营运活动部分包括了分配活动，比如政府雇员的工资。在我国，政府雇员通常隶属于公务员序列，其工资收入标准由国家或者所在部门统一制定。但是，由于政府组织缺少真正意义上的所有者，为内部人员侵占政府组织财务资源，降低政府运行效率提供了便利条件。为此，营运活动必须保持高度的透明性，确保各项活动置于公众的广泛监督之下，从而避免内部人员的行为失当。

政府组织的营运活动主要围绕现金开展，确保组织内部的现金流动在时间上保持连续性和在数量上保持充足性，从而各个部门都能及时获得足够的资金保证其职能的履行。在营运活动中，需要注意确保现金的利用效率，避免现金出现不必要的闲置。与营利组织不同，政府资金即便出现闲置的情况，也不能轻易用于有价证券的投资以获取回报。因此，一旦出现了资金的闲置，势必会影响政府组织整体的财务效率。同时，营运活动也要警惕资金不足现象，一旦资金的时间或者数量出现问题，势必影响政府组织正常功能的发挥，产生不良的后果。

五、政府微观财务管理方法

（一）现金预算

由于政府的各项活动都受到法律法规的严格限制，并且按要求对外进行公开披露，所以政府微观财务管理的重点集中于对现金加以管理。现金预算是用来反映预算期内由投资活动、筹资活动和营运活动引起的一切现金收支及其结果的预算。编制现金预算的目的在于正确地调度资金，保证资金的正常流转。现金预算由现金流入、现金流出、现金净流量及现金需求量、现金筹措与运用计划组成。

现金流入是指期初的现金结存数和预算期内发生的现金收入。在政府部门中，现金流入主要来自于上级财政拨款、行政事业性收费和政府性基金三个方面。除了行政事业性收费之外，财政拨款和政府性基金的来源都具有无偿性，但是资金的使用范围通常都会受到限制。比如，政府性基金是针对某特定用途而募集的，因此其使用范围也事先设定，不能挪作他用。因此，在现金流入部分，应当区分现金流入的性质和类型。

现金流出是指预算期内预计发生的现金支出。政府部门的现金流出主要是指投资活动和营运活动两方面。在投资活动方面，现金预算应确保资金的投放符合相关法律法规以及政府政策导向，并且严格遵照相关的程序，实现透明公开，接受必要的监督。对于经营活动的现金流出，现金预算应确保按照有关规定程序办理现金的支付。

现金净流量及现金需求量是指现金流入量与现金流出量之间的差额，差额为正表明现金多余；差额为负表明现金不足。由于政府不具有营利性，因此并不追求现金净流量为正，但是为了预防某些特殊情况的出现，政府应适当保有现金余额。现金余额的数量不宜过大，以避免不必要的资金闲置。相比之下，现金净流量为负的情况更值得关注。若该情况出现，则意味着政府预设的职责不能履行。

现金筹措与运用计划是指根据计划期现金净流量及有关资金管理的各项政策，确定筹集或运用现金的数额。由于政府并不追求现金净流入，而现金净流出会影响政府职责的履行，因此，现金筹措计划比现金运用计划更为重要。现金筹措计划，一方面要确保资金来源合法、充足，能够满足政府部门对于现金数量和性质的需求；另一方面要确保资金来源的及时性，确保政府的各项职责履行保持时间上的连续性。

（二）业绩评价

对政府部门的业绩评价，通常采用行政效率的方法。行政效率是指政府部门的管理活动所获得的成果与所消耗资源之间的比率。常用的行政效率衡量方法有费用法、标准比较法、时效法和加权平均法。

费用法是以各项开支的数额和使用的合理性及其效果作为依据的业绩评价方法，适用于政府部门的管理层和执行层。对于同一项工作而言，开支较少则效率较高；开支较多则效率较低。对于同一类别工作而言，在费用相同的情况下，完成的任务较多表明效率高；完成的任务较少则表明效率较低。

标准比较法是考查政府活动的效果在多大程度上符合标准。效果标准的设定须经专家研究并经有关部门认可，或者采用公认的标准。凡达到或超过标准的为效率较高，低于标准的为效率较低。通常而言，标准比较法应与费用法结合使用，能够考察在既定费用水平上，所取得的效果。

时效法是指衡量政府部门在资金筹措、投放和日常运作中，能否有效地缩短时间占用，实现预定的目标。若能减少或缩短资金的占用时间，则实际上提高了资金的利用效率。

加权平均法是指针对政府的各项目标，给予不同目标不同的分值和权重，然后进行加权平均，以测量政府微观财务管理活动的效率。

（三）成本管理

政府成本并不直接与经济效益相关，决策并不以成本效益为第一原则，甚至在某些情况下会为了实现非经济目标而牺牲经济效益。因此，政府成本管理侧重于资金运转效率的提高，以最小的成本完成目标。按照成本管理的时间顺序，成本管理共包括计划、核算、报告、控制和监督。

政府成本计划包括具体行政成本计划、部门成本计划和政府总成本计划。具体行政成本计划和部门成本计划由政府各部门负责编制，经政府审核批准。政府总成本计划由政府财政部门根据部门成本计划汇总编制，经本级人大审议通过。

政府成本包括具体行政成本和部门成本，以政府各部门为核算单位。具体行政成本是部门成本的明细分类核算。政府总成本以政府为核算单位，由政府财政部门汇总部门成本而成。成本核算的原则是应计制。

政府成本报告内容包括成本计划和成本目标的完成情况；影响完成情况的主客观因素分析；成本管理的经验和存在差距；进一步降低成本挖掘潜力的措施。部门成本要与成本报表一起报送本级政府和审计机关。政府成本报告要同成本报表一起报送上级政府和本级人大。

政府成本控制指按政府成本预算的要求，利用会计年度提供的政府开支规模及各项目的相关资料进行有效的控制，使之达到预期目标。

政府成本监督按一定程序和规定的方法对政府成本进行审核检查作出评价和发表意见。建立完善的政府成本监督机制是保证成本支出真实、合法和效果的重要手段。

第三节 非营利组织理财

一、非营利组织理财概述

与营利组织和政府不同，虽然有些非营利组织通过出售产品或者服务获得收入，因此可以被视为变相的营利组织，但是还有为数众多的依靠捐赠来获取收入，并为客户提供免费公共服务的慈善性组织。尽管在现金流入的模式、运营的模式以及服务的对象上，这两类非营利组织都有很大的差别，但非营利组织的性质是相同的，因此都可以被视为实现特定的组织目标。非营利组织的活动因此也强调合规性，即组织如何开展各项活动以实现组织目标，非营利组织的各项活动都遵循这个思路而开展，财务管理活动也不例外。在明确组织所要实现目标的基础上，非营利组织的财务管理活动分为以下四个方面：计划、计划执行、财务报表呈报以及财务分析。

（一）计划

非营利组织的成功需要严密的思考和精确的计划。成功的机构组织都要明确地解决“如何将抽象的目标转化为具体的行动”这类问题，而不是任由其活动自由发展。在非营利组织中，不是所有活动都与利润指标相关，因此计划过程比较复杂。

在计划的过程中，非营利组织首先要明确机构的最高目标，该目标也是组织机构存在的原因。确定最高目标后，组织要制定实现这一目标的战略规划。战略规划全面定义组织机构的目标，并且选定组织为实现这一目标所采用的具体方法。战略规划不是计划，没有包括具体详细的目标，只是确定专门、详细的计划的步骤，以利于机构组织最高目标的实现。

计划是根据组织的战略规划制订的，主要关注如何实现这些目标。计划分为长期计划和短期计划。

长期计划确定未来3~5年内机构组织要实施的主要经济活动。它在战略规划和机构组织日常经营活动之间建立必要的联系。如果没有长期计划，组织容易陷入只追求眼前利益的误区中。长期计划不仅要关注财务问题，还要关心机构组织的非财务问题。长期计划中的目标是组织最高目标的量化。这些最高目标包括投入和产出两个方面。我们既要考虑资金筹集目标，如以后5年计划可以募集到的资金的详细额度，还要考虑购置固定资产的具体数量。这些最高目标和具体目标的确定都有助于机构组织制订专门详细的短期计划。

短期计划主要用于表明管理目标以及组织机构如何获得并使用资源来实现这些目标。短期计划通常表明组织在一年内从所有收入来源中能够收到的资金，并明确给出机构组织提供服务的可用资金。短期计划为管理者提供一个详细的行动方案。以短期计划中的数据为基础，管理者可以做出他们认为有助于执行计划的决策，最终实现机构组织目标。所有的管理者都要制订和使用短期计划。短期计划有助于管理者了解组织的预期收入是否超过支出，形成结余；或者是预期收入小于支出，形成赤字。如果形成赤字，那么短期计划可以提示管理者采用何种行动，保证在持续经营的情况下，弥补机构组织的亏损。维持短期计划的收支平衡经常会限制组织所提供服务的数量和范围。虽然限制管理者只向组织的客户提供优先的服务，会挫伤他们发展的积极性，但如果不能保证短期计划的收支平衡，那么组织的支出很可能会超过可使用的资源，形成财务危机，甚至导致组织的破产。

（二）计划执行

在计划的执行过程中，管理者必须对短期资源和短期负债实施有效的控制，从而最大化利用资源，为实现组织目标服务。非营利组织的短期资源主要包括：现金、有价证券、应收账款和存货。现金是非营利组织中最重要的短期资源。现金可以用来支付到期债务，包括库存现金和银行存款两部分。管理者的作用是要确保持有维持经营所需的足够现金，同时最小化现金持有成本。为此，管理者需要密切关注现金的流入和流出。暂时不用的现金应当用来投资并使组织获得收益。短期资源的另一种形式是流通证券，流通证券为管理者提供利用闲置资金的机会，而在组织需要时也可以变现。有许多流动性较强的证券适合非营利组织进行短期投资，这些证券在提供了较高回报率的同时，也保持了现金的合理流动性和安全性。在绝大多数非营利组织中，应收账款也占有重要地位。从数额上来看，应收账款是数目最大的短期资源。组织机构要努力尽快地收回应收账款，这样不仅可以降低坏账损失率，而且收回的现金还可以尽早地获得收益。存货在非营利组织中的金额并不大，但是由于对存货管理和控制的难度较大，因而引发管理人员的极大关注。非营利组织不应当持有过多的存货，经济订货量和零库存管理有助于管理者最小化存货成本。

非营利组织的短期负债主要包括：应付账款、应付工资、短期借款和应交税金。为了控制机构组织资源的使用，如果延期付款不会对组织产生负面影响，管理者可以利用各种理由推延付款时间。这样使得资源可以留在机构组织内部，用来获得利息或者为组织所用。由于短期借款需要支付利息，因此管理者应尽量避免短期借款。

（三）财务报表呈报

财务报表呈报是对组织计划的执行情况的反映。财务报表呈报将组织的财务记录进行总结，组织成报告形式，进而帮助使用者了解机构组织当前的财务状况并从财务角度去分析经营状况。这些报告将有助于管理者了解组织机构当前的财务状况和经营成果。除此之外，财务报告还可以为组织之外的使用者提供有用信息，如银行、捐赠者、立法者、监管者以及其他关注非营利组织业绩的机构。

【案例 11-4】　　我国非营利组织会计信息披露现状

二十世纪八九十年代，在改革开放的推动下我国非营利组织空前发展。2005年1月1日起财政部在全国范围内施行了《民间非营利组织会计制度》，从而在对我国民间非营利组织进行界定的基础上，提出了对民间非营利组织编制统一财务会计报告的要求。制度中要求民间非营利组织至少有“资产负债表”“业务活动表”“现金流量表”三张基本报表以及会计报表附注等内容，报表应及时反映组织控制的资源状况、负债水平、资金使用情况及其效果、现金流量等信息。在一定程度上，应该说首次对非营利组织会计信息披露提出了要求。

现实中，非营利组织会计理论不完善，组织自身会计管理能力不足，组织运作成本受限制，都导致了非营利组织不能自愿、定期、完整地披露其会计信息，此外，政府对其监管的力度也不够，第三方更是无从获得验证信息所需的数据。可见，目前我国非营利组织会计信息披露的运行机制尚未成形，信息披露的具体内容没有严格限制，信息披露的途径未有规范要求，信息披露整体也没有呈现出常态化、固定化的趋势。

信息披露对捐赠者决定是否向组织提供捐赠至关重要，因此，披露什么，披露应细致到何种程度一直是非营利组织管理者和研究者关注的焦点。其实，我国非营利组织按照国家相关制度的规定也向公众披露了不少信息，这些信息主要是“资产负债表”“业务活动表”“现金流量表”三大报表中的数据信息，例如资产、资产折旧、借款比例、现金的净增加，但是大多数捐赠者并不关心这些信息，因为这些信息无法体现非营利组织的公益或互益宗旨。

捐赠者希望从非营利组织会计信息披露中获得的是可以帮助他们评价组织的效率和效果、监督组织受托责任的履行情况、赢得社会公众信任的信息。这些信息包括非营利组织提供服务的数量和质量、组织内高级职员的报酬、支出中用于组织自身建设费用与用于救助和扶贫等项目费用的比例、组织享受的税费减免的额度等，而这些信息非营利组织在其会计信息披露中却很少涉及。

资料来源 康乐，杜兰英. 非营利组织会计信息披露与个人捐赠吸引 [J]. 财会月刊（下），2014（4）.

非营利组织的财务报表主要有：资产负债表、业务活动表和现金流量表。资产负债表用来反映非营利组织某一会计期末全部资产、负债和净资产的情况。通过资产负债表可以了解非营利组织的财务实力、组织的资金配置结构与筹资结构，了解非营利组织的资产变现能力及发展能力。业务活动表反映非营利组织在某一会计期间内开展业务活动的实际情况，反映一定期间的收入与同期相关成本费用进行配比的结果，反映组织的实际业绩和净资产的形成内容。现金流量表反映非营利组织一定期间内有关现金和现金等价物的流入和流出的情况，以便报表使用者了解和评价非营利组织获得现金和现金等价物的能力，并据以预测未来的现金流量。

（四）财务分析

非营利组织的计划执行结束，并在财务报表加以反映之后，非营利组织财务管理活动并没有结束。管理者还需要对财务报表进行分析，了解组织的财务状况和财务结果，评估财务组织完成任务的能力，以便做出决策，来保持令人满意的财务状况，或者去改善不令人满意的财务状况。因此，财务分析既是一次财务管理活动循环的终结，也是下一次财务管理活动循环的开始。除了可以满足管理者的需要之外，其他的财务报表使用者也可以通过财务分析获得不同的信息。比如，捐赠者在进行捐赠之前对组织进行财务分析，了解组织的营运状况，从而做出是否进行捐赠的决策。虽然非营利组织的财务分析与营利组织基本相同，但是由于非营利组织在机构营运上的特殊性要求在对其进行财务分析时，除了使用营利组织的指标之外，还要使用一些能够反映其特性的财务指标。

1.捐赠比率

捐赠比率是反映组织资金来源的比率，能够说明组织每年的开支在多大程度上依赖于捐赠收入。其计算公式为：

$$捐赠比率=\frac{捐赠收入总额}{收入总额}$$

国外的非营利组织捐赠比率的中间值为0.84，表明国外的非营利组织对捐赠资金的依赖非常严重。不同类型的非营利组织捐赠比率也有很大差别，比如学校对捐赠资金的依赖比较小，其捐赠比率的中间值为0.28，而福利机构的捐赠比率比较大，中间值为0.90。捐赠筹划带动组织的财务计划过程。如果捐赠资金预计减少，那么组织必须加快运转以弥补减少的捐赠收入，否则组织将面临财务危机。

2.现金储备比率

现金储备比率可以消除负债的季节性影响，为组织提供计算“走向破产时间”的指标。现金储备比率表示如果组织的收入被完全切断，组织能够支撑多久。这一比率是非常保守的资产流动性指标，使我们能够从经营活动的角度来认识组织资产的流动性。一个组织可以把本年度的现金储存比率与往年的或其他组织的现金储备比率进行比较。其计算公式为：

$$现金储备比率=\frac{现金和相当于现金的资产}{年度支出总额}$$

3.基金余额储备率

基金余额储备率与现金储备比率非常相似，不同之处在于两者是以各自不同的方式与年度支出总额比较而得到的相对值。将基金余额储备率与现金储备比率结合起来考查，可以衡量经营风险。基金余额储备率和现金储备比率越大，组织的经营风险越低。基金余额储备率较高的非营利组织为了转增资本和基本建设，应当以流动资产的方式保持基金余额。其计算公式为：

$$基金余额储备率=\frac{基金余额}{支出总额}$$

4.计划项目支出比率和日常支出比率

计划项目支出比率和日常支出比率表示用于计划项目支出的份额和用于一般性支出与筹资支出之和的份额。换言之，财务支出是否大部分用于“日常管理”活动而不是为客户提供服务。尽管财务支出的分配具有随意性，但与组织往年的计划项目支出比率和日常支出比率进行比较，或与运用相同财务制度的其他组织进行比较，仍然可以获得有价值的评价指标。其计算公式为：

$$计划项目支出比率=\frac{计划项目支出}{支出总额}$$

$$日常支出比率=\frac{日常支出}{支出总额}$$

案例分析：民间非营利组织会计信息披露研究——以中国红十字会为例

二、非营利组织财务管理的方法

（一）非营利组织的财务结构

为了进行有效的财务管理，非营利组织需要一个能够提供信息、协调管理的财务结构。因此，财务组织结构也是实施财务管理活动的有效工具。财务组织结构由财务组织、责任中心和基本原则三个部分组成。

1.财务组织

一般而言，在非营利组织中扮演“财务总监”角色的财务管理人员都是兼职的。在规模较小的组织中，财务职能和其他管理职能混合在一起。但是，在规模较大的组织中，财务职能和其他管理职能相分离，分设财务办公室和管理办公室两个机构，行使各自的职能。管理办公室负责绝大多数簿记、报告和规章遵守问题；财务办公室处理绝大多数需要做出管理决策的项目，比如，在什么时间必须筹集到多少资金；筹资活动是否提供了足够的收入来开展活动。简而言之，管理办公室的中心职能是确保财务数字的准确性并保护组织的资源，即财务办公室的中心职能是增加并管理财务资源。

将财务职能和其他管理职能相分离的好处在于能够确保财务职能的履行。将财务职能与其他管理职能分离还可以加强组织的短期财务管理，避免出现投资决策失误，确保财务管理人员有更充足的时间进行风险管理。

2.责任中心

组织内部的各个部门通常被确认为是不同的责任中心，由部门负责人承担工作责任。非营利组织内部的各个部门通常被视为成本中心。成本中心并不能直接获得收入，但是应当对其支出水平负责。如果一个部门能够直接获得收入，并且对其所获得的收入拥有较大的控制权，那么就可以将其视为利润中心。在组织中，财务部门能够直接获得收入，因此财务部门应当被视为利润中心。财务部门的责任是保证闲散资金得到投资，并通过低风险的投资获得更多的回报。财务部门的工作人员应关注合理化的商业运作和具体的事务，以及如何加强管理和减轻工作负担。

3.基本原则

在非营利组织的财务管理部门中，应当遵循如下工作原则：主要财务业务要分工管理并建立检查与平衡机制；建立账簿外部审计制度；给予必要的、适度的奖励，以保证所有财务人员的团结；与类似的组织建立联系以了解他们采取了何种防范措施。

（二）非营利组织的预算

1.预算制定

（1）预算的准备。非营利组织的预算准备主要是指非营利组织对未来年度市场需求的预测。大部分非营利组织都是服务性组织，由于这类组织没有存货作为缓冲，当市场的需求出现波动的时候，组织受到的影响更加严重。因此，在制定预算之前，必须针对本组织所提供的服务需求情况做出正确的预测，否则，非营利组织的活动将会受到极大的影响。对市场需求情况进行预测时，大多数非营利组织采用的方法是通过线性规划的方式确定下一年度市场需求情况。非营利组织根据已有的会计系统和统计系统收集到的有关以往情况的信息，确定影响市场需求的变量，采用线性回归的方法来预测市场需求情况。此外，制定预算之前，大部分非营利组织早就知道资金的大约数量，但是他们无法通过市场营销等手段来使其增加，因此，只能按照预计的收入将支出限定在预算范围内。确定年度的收入数额是制定预算的一个前提条件。虽然非营利组织不以营利为目的，但是仍然需要量入为出，否则组织的存续将成为一个严重的问题，更谈不上实现社会效用最大化的非营利目标。预先确定年度的收入并不要求按照收入的情况来确定支出。在某些情况下，考虑组织目标，预算保持一定的赤字是可取的。

（2）预算的编制方法。营利组织的预算通常是以不同的责任中心作为主体，将收入和费用分别加以控制。在非营利组织中，这种做法通常不能够做出正确的选择。以不同的责任中心作为预算编制的主体，在预算控制过程中仍然采用的是利润性指标作为标准，因此这种方式对非营利组织来说，并不十分适合。在预算编制的过程中，非营利组织可以将项目作为预算控制的主体。不同的项目是非营利组织实现其目标的主要途径，将项目作为预算控制的主体，分析各个项目的费用和资金情况。

（3）预算趋势的确定。不同的管理团队对于预算趋势的预测会有很大的差异，因此在管理人员发生变动的情况下，应该重新制定预算。在经营管理人员发生变更之后，应当重新编制预算。在首次编制预算时，管理人员应当排除前任管理人员的影响，采用零基预算法编制预算。根据面临的环境特点，考虑影响决策项目的具体因素，比如资金的占用情况，是否符合捐赠资金的使用方向和方式，据此制定新的预算。在此后的各年中，如果管理团队没有发生重大的变化，则可以在制定的零基预算的基础上适当加以修改。在对预算趋势进行确定时，应当从数量和质量两方面进行考虑。提供服务数量方面的影响因素可以通过建立模型进行预测来确定。根据对以往数据进行线性回归，建立一个考虑各种因素的模型，通过模型确定未来数量方面的变化。资金数量上的变化主要考虑获取资金的能力是否会受到影响。对于质量上的变化，主要是确定在相同项目上服务质量的变化。为了达到相同的组织目标，根据环境变化，确定服务水平是否有相应的改变。对于资金的质量变动，主要是确定新获得的资金的用途和使用方式上是否受到限制。

（4）对于突发问题的预算。很多非营利组织在一些突发性事件中扮演着重要的角色，比如慈善机构，在发生自然灾害的时候，这些组织需要立刻投入到对突发事件的处理和救援当中。对突发事件的处理直接影响到非营利组织目标的实现，因此突发事件应当列入到预算当中。但是突发事件具有较强的不可预知性，很难在预算过程中进行详细而周密的考虑，这就需要预算保持一定的弹性。预算保持弹性并不是放松预算的计划和执行，而是在预算全过程中对突发事件制订应急的预算方案和处置方法。当突发事件降临之时，非营利组织能够迅速地做出反应。

2.预算执行

预算编制完成之后，需要经过组织的预算管理部门进行审批通过之后才能正式执行。非营利组织的预算管理部门有两类成员：一类是专门从事组织运行的职业管理人员；另一类是专业人士。这两类成员对待预算的态度有很大区别：专业人士与非营利组织的自身背景相一致，致力于实现组织的目标和宗旨，缺乏对组织运行的关注和管理技巧的掌握；相对于专业人员而言，非营利组织的管理人员缺乏对专业知识的了解和掌握。因此，在对预算进行审批的时候，专业人士和管理人员之间经常会出现分歧。专业人士过分强调活动以组织目标和宗旨的实现为出发点，而忽视财务上的可行性；管理人员则强调组织运行的效率和财务可行性，而忽视组织所处的专业环境和特殊的宗旨。因此，在审批预算时，应当注重协调两者之间的关系，保证预算既以实现组织的宗旨为导向，同时也具备财务可行性。

经过预算管理部门审批之后，需要将预算分解到具体的时间段，如季度和月度。这样非营利组织才能在日常的运营中将实际情况与预算进行对比，寻找差异，解决问题。分解之后的预算还要传达到不同部门，保证部门主要管理人员能够获得与其职责有关的总预算和分解预算的信息。

在预算的具体执行过程中要保证信息沟通体系的顺畅，这样才能使组织的各部门形成一个整体，从而更好地实现组织目标。

3.预算考核

非营利组织不以营利为目的，而是致力于实现特定的组织目标。由于非营利组织的目标并不唯一，呈现多元化的特点，并且非营利组织的产出很难用量化的指标来衡量。因此非营利组织可以被视为成本费用中心。预算考核的重点应当放在非营利组织的经营费用和成本上，确定其是否按照预算确定的标准完成，并不是实际的成本费用低于预算标准就是有利的结果。将实际成本与组织目标的实现程度结合起来进行，只有在保证相同组织目标实现程度的前提下，实际成本费用的降低才有意义。此外，预算考核中的成本应当是被考核对象所能控制的可控成本。不可控成本不能反映组织预算执行的程度，因此不应当作为预算考核的指标。

（三）非营利组织的业绩评价

从经济学的角度来看，任何组织的活动都是为了实现组织目标，对组织所控制的资源进行配置。业绩评价是对组织的资源配置效率进行评价。组织目标作为业绩评价的衡量标准，用来确定资源配置的效率。以组织目标作为评价标准可以通过业绩评价来促使组织按照正确的方向发展，促成组织目标的实现。营利组织的主要目标相对单一，因而从经济学观点来看，其业绩评价是单标准环境下，对组织的资源配置效率进行的评价。营利组织通过对利润指标进行分析，就可以得出有关组织资源配置效率的信息，实现业绩评价的目的。因此，营利组织可以选择利润指标作为业绩评价的核心指标，通过以利润为核心指标的指标体系完成对营利组织的业绩评价。核心指标之所以在营利组织业绩评价中扮演着重要的角色，是因为其将组织目标具体化，在实务操作中能够作为衡量组织资源配置效率的具体标准。对非营利组织的业绩进行评价同样是对其资源配置效率的评价。与营利组织相比，非营利组织业绩评价的不同之处在于其对资源配置效率的评价是在多标准环境下进行的。非营利组织的多元化目标决定判断其资源配置效率的标准是多方面的，每个目标都是评价的标准，因而依靠单一的核心指标不能正确评价组织的资源配置效率。对非营利组织进行业绩评价时，应当把非营利组织的不同目标视为整体作为业绩评价的标准，对非营利组织的资源配置情况予以考察，不能试图通过单个指标来完成业绩评价。

在多标准条件下进行业绩评价，需要把组织的不同目标视为整体来判断组织资源配置的效率，非营利组织通常采用的方法是人为构造综合性指标：选取代表非营利组织所追求的不同目标的所有指标，赋予每个指标各自的权重，将计算出来的加权平均数作为评价组织资源配置效率的标准。这种方法的优点是，在构造综合指标的过程中考虑到组织所追求的全部目标。其缺点是由于在对指标赋予权重的时候，完全是依靠个人主观判断，难免会受到赋值人的个人利益影响，对不同的指标厚此薄彼。这样构造出来的综合指标仍然没有摆脱主观因素的影响，不能客观地说明组织的业绩表现。即使在对不同指标赋予权重时，赋值的人能够不受个人利益的影响做到客观公正，但是当业绩评价的指标不断增加的时候，由于受到人对事物认识的限制，这种人为赋予指标权重的方法的科学性和准确性也将受到质疑。

为了避免业绩评价过程中的人为因素，科学而客观地确定非营利组织的资源配置效率，我们可以借用经济学中评价资源配置效率的方法。按照经济学的分类，资源配置效率可以被分为两种状态：一种是有效率，另一种是无效率。有效率就是达到最佳状态，即帕累托效率，或者帕累托最优；而无效率就是达不到最佳状态，达不到帕累托最优。根据帕累托最优的思想，组织的不同目标被作为整体来评价组织的资源配置效率是否达到最佳状态，非营利组织的不同目标被视为整体作为业绩评价的标准。那些反映非营利组织不同目标的指标则是说明营运效率是否处于最佳状态的参数。按照帕累托最优的思想，非营利组织资源配置效率的最优状态可以被描述为：一个非营利组织，如果除其之外的其他任何同类型组织或组织的组合，在不降低其他指标的前提下，不能够在任何一个指标上超过该组织，那么这个组织就处于帕累托最优状态。非营利组织的业绩评价也就演化为在多标准环境下，评价非营利组织与资源配置效率最佳状态之间的相对关系。这种思想克服了人为构造指标过程中主观因素的影响，提高了非营利组织业绩评价结果的客观性。而且，帕累托最优的思想本身就是产生于多标准情况对是否达到最优状态的判断，因而当非营利组织的目标提高时，业绩评价的准确性和科学性不会下降。

三、不同类型非营利组织的财务管理

（一）学校的财务管理

学校财务管理的重点是将资源从低效率转向高效率使用的过程，从而提高学校教学和科研活动的效率。从严格意义上来说，在我国现行体制下，绝大部分学校都是公立性的，属于事业单位，因而应当被列入政府部门财务管理的范畴；也有少部分的私立学校，但都以营利为目的的，属于营利组织财务管理的范畴；但是随着教育体制改革的不断深入，学校会逐渐脱离行政管理体制，成为独立的非营利组织。

1.学校财务管理的现存问题

第一，现行学校财务管理体制比较僵化，表现出较强的行政性倾向。多数学校作为事业单位隶属于上级主管部门，因此其财务管理活动受到上级主管部门和相关规章制度的限制和约束。大学现行财务管理制度体系受到财政部发布的《事业单位财务规则》以及财政部和原国家教育委员会制定的《高等学校财务制度》双重约束。这种财务管理体制更多地体现行政性，而忽略了非营利组织特性。在非营利组织中，专业性人士和上级行政领导之间存在严重的信息不对称，因此以行政为主导的财务管理效率较低。

第二，学校的投资活动过多，忽略财务上的可行性。在非营利组织中，委托人和代理人之间的利益冲突仍然存在。学校的管理人员追求控制更大规模的资产，因而倾向于进行更大规模的固定资产投资。特别是在国家财政向教育事业不断倾斜的背景下，越来越多的学校开展大规模的基础建设，进行固定资产投资。不断增长的固定资产规模，虽然能在一定程度上改善教育资源短缺的现状，但是忽略财务可行性，会将学校拖入财务困境。

【案例11-5】　美国大学也想精打细算

在美国缩减高等教育支出和中央政府预算前景不明的时刻，公立学院和大学需要创立一种新的商业模式，来支付教育费用，而不是用更高的学费和贷款来刺痛学生。全美上下的大学校长都意识到了这一点，他们都试图在政府削减教育支出的情况下维持学校的运营，同时又不降低教学质量或学术排名，而后者对于他们的学校来说可谓至关重要。逐渐地，他们开始寻求一些新的途径来支付教育费用，包括增加民间筹款、将一些服务私有化、裁员、减少科系设置。甚至通过将一系列事物标准化，例如报销表格，学校节省了大量资金。

穆迪投资者服务公司（Moody's Investors Service）在年初的一份报告中表示，他们看好那些全国顶尖的私立大学和大型州立机构。这些机构有着“极高的市场地位”，能够通过多种途径获得利润。例如，2011年秋季俄亥俄州立大学就受到了穆迪对其前景的肯定。同时，该报告也对其债务和依赖医学中心获得收益的状况表示了担忧。但是，穆迪并不看好大部分严重依赖学费收入和政府财政支持的学校。“学费收入正处在一个转折点上”，穆迪在报告中指出，“我们预计学生逐渐趋向选择最佳院校或学费低廉的高等教育机构。”

一些批评人士指出，很多学校行政管理人员过多而且办事效率相当低下，有些学校直到最近才开始重视精简机构与简化运营。

资料来源　MARTIN.美国大学也想精打细算［N］.纽约时报.2012-06-27.

第三，学校的资金来源渠道单一。与国外学校相比，国内学校的资金来源以政府的财政投入为主。由于教育资金的专用性，学校管理人员只能根据指定的用途使用资金，缺少自主性，也降低了资金的使用效率。作为学校资金来源的重要渠道，社会和校友捐赠则始终发育不充分。由于缺少必要的资金投入，甚至有学校以学费或者其他费用项目来弥补开支的缺口。缺少充足的资金来源也成为限制我国学校发展的重要因素。

2.学校财务管理的主要方法

第一，建立公开透明的财务管理体制，提升专业人士，特别是教师，在财务决策中的地位。通过建立主要由专业人士组成的校务委员会，能够降低原有的决策人员和执行人员之间的信息不对称程度，从而有效提高财务管理活动的效率，并且更好地主导财务管理活动的方向。校务委员会的作用主要体现在两方面：一方面，参与重大财务决策，确保资金的使用与非营利组织的目标相一致；另一方面，规范学校日常活动各项财务收支，避免出现违背教育人士专业精神的情况。

第二，完善预算管理，规范学校的经费开支。预算管理必须坚持“量入为出，收支平衡”的总原则，预算必须各自平衡，不得编制赤字预算。同时，建立风险预警系统，以便预先发现学校运营中的潜在问题，及时发出警报，将损失降至最低限度。

第三，建立多元化的筹资机制，提高募集资金的使用效率。除了财政拨款之外，学校应当努力获取其他社会性的资金来源。社会性资金的来源，既可以通过无偿的方式取得，比如校友捐赠或者科研基金会资助，也可以通过有偿的方式取得，比如出让学校或者学院的命名权或建筑物的命名权。在募集资金后，应采用适当的方式提高资金的增值潜力。国外通行的做法是设立基金会，并聘请专业人士对所募集的资金进行管理，以便提高资金的效率。但是，利用学校资金进行投资，必须要注意资金投放的安全性和收益的稳定性。

【案例 11-6】　　经济危机中的哈佛大学①

金融风暴席卷美国各个角落，大学也不例外，成了经济危机的受害者。由于大学捐赠基金回报和年度捐赠锐减，不少高校陷入了财务困境，即使最富的学校资金也居然周转不开了，不得不借钱应急。哈佛大学发行了15亿美元债券，普林斯顿大学和斯坦福大学各发行10亿美元债券，耶鲁大学也发行了8亿美元债券。达特茅斯学院借债后，AAA的评级被降到AA+。评级机构穆迪已经给20所大学的债券评估降级，还有55所大学的评级前景也不乐观。

让人不解的是，像哈佛、耶鲁这样拥有上百亿美元巨资的学校，怎么会发愁资金不足，还要发债筹钱呢？这个现象是由几方面因素造成的。

一方面，美国私立学校基本上靠学费和捐赠基金来支撑正常运作。过去十几年中，捐赠基金业绩辉煌，随着基金的增长，预算也同步增长。而且高校对捐赠基金的依赖不断增加，越富的学校，这种依赖就越大。一旦基金回报下跌，原先的规模也就无法保持了。哈佛1995年30%的支出是靠捐赠基金维持的，到了2008年这个比例剧增到56%。哈佛2008年捐赠基金规模近370亿美元，按常规每年拿出5%左右支付学校开销，那就是18亿美元。现在捐赠基金缩水到260亿美元，如果每年还是拿出5%用于预算，那就只有13亿美元，一下子比往年少了5亿美元。与此同时，富人和慈善基金也难免遭受金融危机的劫难，其对大学的捐款也受到很大影响。耶鲁大学从2008年7月1日到2009年6月30日募捐到4.39亿美元，低于过去五年的平均捐款数量5.5亿美元，更远远低于计划的6亿美元。

另一方面，财务管理政策上的过失也加重了高校面临的问题。早在100年前，曾任40年哈佛大学校长的艾略特（Charles W.Eliot）就指出，扩建校园、购买设备，应该使用新捐赠的资金，尽量避免赤字。但是，多年太平盛世使得许多学校不

---

① 陈晋.经济危机中的哈佛大学［EB/OL］.［2009-04-07］. http://blog.caijing.com.cn.

再居安思危，变得大手大脚起来，就像普通美国家庭一样，也超前消费。在过去的十几年里，美国不少大学不断增加教授的人数。哈佛文理学院教授的人数，自2000年以来增加了20%，而在此之前的40年里都保持在600名左右。近年来，高校迫于政治上的压力，也不断增加奖学金的开支。哈佛的奖学金开支，从2005年的8100万美元增加到近1.4亿美元。高校开支不断膨胀，最终入不敷出，导致巨额赤字。早在2006年初，哈佛文理学院就预报了4000万美元的赤字。

资料来源　彭昕．美国大学捐赠基金路难行［J］．财经．2009（10）．

（二）专业团体的财务管理

专业团体以某类专业人士缴纳的费用和政府拨款为主要财务来源，并运用这些财务资源自愿地（免费或较低收费）为团体成员，即专业人士，提供各类服务。专业团体的主要特征有三点：第一，业务运营的目的在于满足团体内部成员的需要；第二，提供的服务是免费的，或者只收取较为低廉的费用；第三，服务的受益者为团体的成员。

1.专业团体财务管理的现存问题

第一，组织结构松散，缺少专业的管理人士。专业团体通常是由某类专业人士组成的，专业团体的管理人员通常为兼职的专业技术人员，通常缺少具有财务管理理论和实践背景的专业管理人员。专业团体的常设机构相对比较精简，而其所负责的具体业务则相对庞杂，在缺少专业管理人士和健全的组织结构的情况下，专业团体的营运活动主要依靠专业人士的认同感和行业自律。相对于财务管理而言，行业自律和行业的职业操守，在专业团体中扮演的角色更为重要。

第二，专业团体的活动主要围绕营运活动开展，缺少对投资活动的关注。专业团体的首要任务是为团体内的专业人士提供各项服务，因此维护现有成员的利益，满足其专业性需求成为专业团体活动的核心。这种做法虽然有利于现有成员的稳定与发展，但却不利于整个行业的长远发展。与国内的专业团体相比，国外的专业团体大都开展投资活动以增强整个行业的社会影响力，推动行业的持续发展。

第三，专业团体的资金来源渠道较少，限制了专业团体的发展。在我国现行体制下，专业团体在一定程度上扮演着行业管理者的角色，是政府职能的延伸。因此，政府的财政拨款也成为专业团体的重要资金来源，然而这也影响了专业团体的独立性。此外，会员缴纳的会费也是专业团体的主要资金来源。但是，会费的缴纳只能在一定程度上缓解资金不足的局面，保证专业团体日常营运活动正常开展，但是对于彻底解决资金问题，并促进行业长远发展没有决定性作用。

2.专业团体财务管理的主要方法

第一，完善现有的组织结构，聘任财务管理专业人士。在现有的专业团体组织结构中，设立专门的部门负责财务管理的各项活动，并聘任财务管理专业人士。通过组织机构的设置，将财务管理制度化，作为专业团体日常管理的核心内容。在聘任财务管理专业人士时，应当充分考虑团体专业人员和财务管理人员，在观念和思维上的差异。若条件允许，可以通过对专业人士进行培训的方式，提高其财务管理水平和能力，并委任内部专业人士负责财务管理工作，以避免专业人士和财务管理人士之间的冲突。

第二，建立全面预算制度，将资本性支出纳入预算管理范围。现行的专业团体预算以经营预算为中心，主要关注日常的各项活动开支。通过建立全面预算，将专业团体的资本性支出内容纳入预算管理的范畴，从而确保投资活动能够提高专业团体未来的发展潜力。在资本预算中，各项目的评价需要同时考虑专业团体的特点和财务可行性两方面因素。一方面确保投资项目与专业团体的价值取向相一致，另一方面保证投资项目在财务上可行，不会威胁专业团体的生存和日常运营。

第三，提升日常营运管理的水平，加强收入管理。通过日常营运活动，增加专业团体的收入，也可以成为专业团体资金来源的一种渠道。专业团体可以充分利用专业技术，在不违反行业公认职业操守的前提下，从事增加收入的活动，以便改善资金来源紧张的局面。为了避免片面追求收入增加，而改变组织的非营利性质，专业团体所从事的各项收入活动也均应纳入预算管理范围内。通过事先制定的预算，明确收入增加的主要渠道，以及资金未来的投向，避免陷入追求盈余的错误取向中。

（三）医院的财务管理

医院作为医疗保健服务机构，其主要营运活动包括向社会公众提供医疗、保健、康复、体检化验、健康与心理咨询、培训与医疗保健宣传等活动。作为非营利组织，医院除收取医疗保健服务费外，其资金主要来源于政府拨款或社会捐赠。医院某些业务活动产生的收支结余或净收入，应当用于偿还债务或提高医疗服务水平等专业投资。

1.医院财务管理的现存问题

第一，筹集资金的渠道有限。根据现行的《医院财务制度》，医院实行“核定收支、定额或定项补助、超支不补、结余留用”的管理办法。在这种体制下，上级拨付的资金有限，只能依靠自身的经营活动来获取资金。受到“结余留用”的影响，部分医院活动转向获取更多的结余，从而改变了其非营利组织的性质。目前，社会各方对于医疗改革以及医患关系持否定态度，也与此有关。

第二，在投资决策过程中，专业人士和管理人士之间存在严重的信息不对称。医院内部以专业技术人士为主，其所从事的工作具有较高的进入门槛，这使得外部人员无法对医院的财务管理行为加以评论。比如，某医院斥资从美国引入最为先进的成像设备，此举从医务专业人士来看，其目的在于提供更为准确的诊断，以提升其专业技术能力；而对于管理人士或者外部人士而言，该项投资可能并不具备财务上的可行性。

第三，在营运活动中，医院的收入结构存在问题。通常而言，医院的主要收入应当来源于医疗专业人士提供的各类专业技术服务，但是，受制于目前我国医疗体制的现状，药物费用成为了医院收入的主要来源，甚至出现了“以药养医”的情况。这种错误的财务管理模式严重影响了医院的发展：一方面，医生的专业地位和技术得不到应有的认可，会挫伤其努力工作的积极性；另一方面，过分强调药物销售的地位，导致医院工作重点的转移，败坏了职业道德。

2.医院财务管理的主要方法

第一，合理编制预算。医院预算是计划年度内对医院财务收支规模、结果和资金渠道所做的预计，也是医院财务活动的基本依据。在编制预算时，必须合理预计结余数字，保证结余的水平与医院的发展计划相一致。若已达到稳定阶段，预算应保持在盈亏平衡的基础上，略有结余即可。在预算编制过程中，还要注意针对专业人士的薪酬计划，保证医务专业人士能够获得足够的激励，避免出现“以药养医”的局面。

第二，设置专业委员会。由于医院的各项财务决策，均在某种程度上涉及专业技术，非医疗专业的管理人士难以从专业角度对决策事项做出正确判断。因此，应当设置由专业人员组成的委员会负责从技术角度对相关问题进行判断，再交由管理人士制订具有财务可行性的具体方案。值得注意的是，由于医院并非营利组织，只要能达到收支平衡的标准即可，因此NPV等于零即具备财务可行性。

第三，拓展融资渠道。在现行体制下，财政拨款是医院资金的主要来源，主要用于医院的日常开支，若想加快医院的发展，需要募集更多的资金。为此，医院可以寻求专向资金来源，比如政府性的科研基金，专门用于从事某方面的医疗科研；或者承担企业的研发项目，配合医院现有的医疗活动。虽然通过上述渠道获取的资金，其用途会受到限制，但是对于提高医院的整体财务管理水平、改善财务状况仍然具有积极的作用。

本章小结

政府、非营利组织和营利组织是当代社会组织的三种形式。与营利组织不同，政府和非营利组织不以营利为目的，组织结构不以资金的提供和使用为核心；政府组织主要以行政权力为核心，体现出行政性；而在非营利组织内部，更多地依赖组织内部的价值观。政府组织的财务活动具有组织结构的特殊性、资金来源的特殊性、财务信息的特殊性和非营利等特点；非营利组织的财务活动具有资金来源的无偿性、产出的品质和数量难以测量、专业人士和管理人员观点之间存在矛盾以及财务信息存在特殊性等特点。政府的财务管理目标是社会资源配置效率的最大化，非营利组织则致力于在实现组织目标的前提下，达到组织的收支平衡。

从政府的角度来看，其财务管理活动包括两大类：宏观财务管理活动和微观财务管理活动。宏观财务管理是研究政府如何以整体经济为对象，利用其控制的资源，维护市场合理性和纠正市场偏差，克服市场失灵，为满足社会公共需要和促进市场体系的完善服务。宏观财务管理活动主要包括财政收入和财政支出两大部分，主要采用的财务管理方法是政府预算。通过政府预算的制定和执行，将财政收入和财政支出纳入预算管理的范围，从而分步骤地实现宏观财务管理的目标。除此之外，政府组织还可以通过国有企业以市场化的手段来实现宏观财务管理目标，具体可以采用国有资本预算的方法加以实现。与营利组织类似，政府的微观财务管理活动主要包括投资活动、筹资活动和营运活动三方面，主要通过现金预算和业绩评价的方法来对财务活动加以管理。

相对而言，非营利组织的财务管理活动则是紧密围绕组织目标展开的。非营利组织首先需要根据组织目标制定战略规划和长期计划，进而将其分解为短期的计划，并据此开展各项财务活动；在财务活动执行完毕之后，通过财务报表呈报的方式加以反映，运用财务分析来评价计划的执行情况，并据此对下一期的计划加以修正。非营利组织常用的财务管理方法主要有财务组织结构、预算管理和业绩评价三种方法。在财务组织结构中，非营利组织通过健全财务组织结构，合理划分责任中心和明确财务基本原则来达到财务管理活动预定的目标。非营利组织的预算与营利组织的预算差别较大：在制定过程中要充分考虑突发事件对非营利组织的影响；在执行过程中要平衡管理人士和专业人士之间的文化差异。在业绩评价中，要注意非营利组织的多目标特性，在缺少核心指标的情况下，采用经济学上的帕累托最优来评价业绩。针对学校、社会团体和医院三类不同的非营利组织，根据其所存在的财务管理问题，应当分别采用不同的财务管理方法来加以解决。

关键概念

政府　非营利组织　公共产品　政府宏观财务管理　政府微观财务管理　现金储备比率　捐赠比率

思考题

11.1　什么是非营利组织？

11.2　在财务活动方面，政府和非营利组织与营利组织分别有哪些不同之处？

11.3　政府和非营利组织的财务管理目标分别是什么？

11.4　如何理解政府宏观财务管理活动和微观财务管理活动之间的关系？

11.5　政府宏观财务管理活动的主要内容有哪些？其主要的财务管理方法有哪些？

11.6　非营利组织财务分析的特殊指标有哪些？如何计算？反映非营利组织哪些方面的能力？

11.7　非营利组织的预算有哪些程序？

11.8　非营利组织在业绩评价方面有什么特殊性？

11.9　非营利组织的财务组织结构应当如何设置？

11.10　作为不同类型的非营利组织，学校、社会团体和医院有哪些现存的财务管理问题？应当如何加以解决？

延伸阅读与参考文献

1.郑国安，等. 国外非营利组织的经营战略及相关财务管理［M］. 北京：机械工业出版社，2001.

2.芬格乐. 财务管理——公共、医疗卫生和非营利机构组织［M］. 张纯，译. 上海：上海财经大学出版社，2004.

3.邓国胜. 非营利组织评估［M］. 北京：社会科学文献出版社，2001.

4.会计制度研究组. 民间非营利组织会计制度讲解与操作［M］. 大连：东北财经大学出版社，2005.

5.寇铁军. 财政学教程［M］. 大连：东北财经大学出版社，2009.

6.程勉中. 现代大学管理机制［M］. 北京：中国人民出版社，2006.

7.娄成武. 行政管理学［M］. 沈阳：东北大学出版社，2002.

8.徐彦，范思凯. 行政管理学［M］. 大连：东北财经大学出版社，2007.

9.李建发. 政府及非营利组织会计［M］. 2版. 大连：东北财经大学出版社，2011.

10.王明.非营利组织管理概论［M］. 北京：中国人民大学出版社，2010.

11.盖拉特.非营利组织管理［M］. 张誉腾，桂雅文，邓国胜，译. 北京：中国人民大学出版社，2013.

第十二章 家庭理财

引例

“人生需要规划，钱财需要打理；你不理财，财不理你；学习家庭理财，学会使用每一元钱!”一般谈到理财时，通常是指公司理财或者企业财务策划。实际上个人和家庭理财已经成为财务学的重要组成部分，并在现代社会经济生活中扮演着越来越重要的角色。随着改革开放的深入进行和市场经济的发展，我国居民的家庭收入也在不断增加。新中国成立以来的60多年，也是百姓财富增长的黄金时期。1952年全国居民储蓄存款总额为8.60亿元；2015年这一指标增长为55.2万亿元。60多年间，我国居民储蓄存款余额增长接近6万多倍。[①]当钱袋子鼓起来的时候，理财就开始成为百姓经济生活的“柴米油盐”。所以，现代家庭关心的问题也就从如何能吃饱穿好转为如何有效保护和利用手中的闲钱，以挣取更多的钱，如何使家庭寻找到更合适的保值增值途径。目前，遗产税试点、新国五条、房产税草拟方案、新婚姻法等的相继出台，让“自己的钱如何真正属于自己”成为当下热门话题。家庭理财是实现上述目标的有效途径。但究竟何谓家庭理财？这是我们必须首先明确的问题。有一种理念我们也必须要明了：富有实际是践行道德的结果，是慷慨施舍的结果，而贫穷实际是不道德的结果，是悭贪吝啬的结果[②]。

① 数据来源于http：//www.mrmodern.com/life/10140.html。
② 钟永圣.中国传统经济学智慧［M］. 北京：世界知识出版社，2005.

第十二章 家庭理财

学习目标

知识目标

理解家庭理财的内涵和目标；掌握家庭理财的内容；掌握家庭理财规划的总体思路；了解不同生命周期、不同家庭模式下的理财规划；掌握家庭投资的主要内容及其特点；理解家庭消费的原则；掌握家庭消费的主要构成。

技能目标

掌握家庭理财的具体步骤；掌握家庭资产负债表的编制方法；掌握家庭现金流量表的编制方法；掌握家庭投资各主要手段的应用原理、技巧和选择；掌握住房消费的基本步骤；掌握子女教育消费估算的方法。

能力目标

掌握建立家庭理财档案的方法；掌握如何制定家庭理财规划；掌握储蓄、债券、基金、保险和股票等投资的具体策略。

本章提要

什么是家庭理财？如何理解家庭理财的含义，家庭理财包括哪些内容？如何制定家庭理财规划？如何进行家庭理财？什么是家庭投资的原则？家庭投资的主要方式有哪些？什么是家庭消费的原则？家庭消费的主要内容是什么？

本章分四节内容对以上问题做出解答。第一节是家庭理财概述，包括家庭理财的含义和内容、家庭理财的目标以及家庭理财的步骤；第二节介绍家庭理财规划，包括盘点家庭资产，按照不同的生命周期、不同家庭模式制定不同的理财规划；第三节介绍家庭投资，包括家庭投资的原则、家庭投资的主要内容，其中储蓄投资——安全稳健，债券投资——控制风险，基金投资——分散风险，保险投资——居安思危，股票投资——上上下下；第四节介绍家庭消费，包括家庭消费的原则、家庭消费的主要构成和家庭消费的误区。

本章属于应用性章节。家庭理财作为财务学的重要组成部分，在现代社会经济生活中扮演着越来越重要的角色。本章汲取前面各篇精华，将财务学理念渗透到家庭财务活动之中，对家庭财务活动进行科学管理。

第一节 家庭理财概述

一、家庭理财的含义和内容

（一）家庭理财的含义

财，即财物，是钱财和物资的总称，是货币收入和物质收入的代名词。家庭理财是指以个人或家庭为单位，通过确定目标，制订财务计划，运用储蓄、消费、证券等手段，对个人或家庭的财务状况进行科学配置和有效管理，以保证家庭财产合理使用和消费，实现家庭财产效用最大化，最终实现家庭财产的保值和增值。“君子爱财，取之有道。”简单地说，理财就是赚钱、省钱、花钱之道。家庭理财就是如何打理家庭钱财，规避风险，提高家庭的生活质量。

由此可见，正确理解家庭理财的含义，还应注意以下几个方面：（1）家庭理财，除了以家庭为单位，也包括单个人的理财。（2）家庭理财的领域较广，不仅包括对家庭富余财物的管理、对家庭收入与支出活动的管理，而且包括对家庭消费、投资、储蓄等在内的家庭所有财物的管理。（3）家庭理财是一门科学。因为，现代家庭理财有别于传统式的理财，它提倡科学地运用理论和现代理财手段进行理财。（4）家庭理财是一门艺术。因为，要理好财、实现财物保值增值的目标并非易事，它需要理财者根据各自的家庭情况，运用知识与智慧，巧妙地理财。尽管如此，只要理财者学好家庭理财知识，掌握基本技巧且灵活运用，定能如愿以偿。总之，做好家庭理财，目的是为了更好地满足家庭物质和精神生活的需要。

（二）家庭理财的内容

1.家庭理财规划

积累家庭财富要规划先行。家庭理财规划是一个家庭的财务计划，是一种良好的理财习惯，是理性的价值观和科学理财计划的综合体现。同时，家庭理财规划又是动态的，是一个通过不断调整计划来实现家庭财务目标的过程。可见，家庭理财要做得好，第一步要有全盘规划。

2.家庭投资

家庭投资，是指家庭或其成员牺牲现有价值以赚取将来更大价值的经济活动。目前，我国家庭投资的方式主要包括：储蓄、债券、基金、保险和股票等。家庭投资是家庭经济活动的一部分，是为家庭理财服务的，是家庭理财的主要内容。但纵观国内家庭理财的一些教材，往往把家庭投资当成家庭理财的全部内容，即家庭投资即家庭理财。其实，家庭投资是在家庭资源满足必要的消费后仍有节余时才出现的，其存在的根本目的在于使剩余家庭资源保值、增值，特别是在通货膨胀时，它显得尤为重要。对于不同的家庭来说，其投资额度与投资比例是不同的。随着我国城乡居民生活水平的不断提高，收入日益丰厚，家庭投资在家庭理财中的地位日益提高，成为重中之重。

3.家庭消费

在家庭经济生活中，既有收入，又有消费。家庭消费支出规划是家庭理财不可或缺的内容。目前，在我国家庭消费中，住房消费、汽车消费和教育消费已经占有重要的比例，且数目可观。因此，只有合理制订家庭消费计划，防止家庭出现过高的消费成本，才能避免家庭财务危机，实现家庭生活幸福安稳的目标。

二、家庭理财的目标

（一）积累财富——开源

家庭财富的增加通常可以通过增加收入来实现绝对量的增加，也可以通过减少支出来实现相对量的增加。以薪酬为主要收入来源的家庭，投资成为积累财富的主要手段。根据家庭理财目标、家庭的可投资额以及风险承受能力，来确定家庭有效的投资方案，通过投资理财增加或创造财富，正逐步成为家庭收入的主要来源。

（二）减少不必要支出——节流

家庭中每个人的支出方式和习惯因人而异，家庭理财的目的不同于企业，并非是使个人价值最大化，而是使家庭的财务状况稳健合理。在实际生活中，减少家庭开支有时比寻求较高的投资收益更容易实现家庭理财目标。在家庭理财中，应遵循量入为出的原则，注意节流，以最小的支出，获得最大的效果，最终实现家庭收支结构的平衡。

（三）提高应对意外的能力——风险保障

风险的基本含义是指未来结果的不确定性或损失。家庭在社会生活中所面临的各种各样的风险日趋增加，如失业、人身意外伤害、重大疾病、子女教育等，因为风险的不确定性，有时意外是否发生不能完全预知或控制。通过家庭理财，防范风险并提高家庭应付意外的能力，可以实现家庭理财的良性循环。

（四）生活期望的满足——享受

在实际操作上，很多家庭对开源节流很关注，对理财却较淡漠，通常都是以定存的方式积累财富，以活期储蓄准备日常的流动性储备，而不会利用财富的时间效用及市场上的各类理财工具。尽管通过家庭理财赚取更多的钱不是我们的目的，只是一种手段，但是，随着家庭经济状况的逐步改善，家庭理财为提高家庭生活质量，增加家庭生活乐趣，丰富家庭生活内容，以及为家庭成员的物质与精神享受提供了保障。

三、家庭理财的步骤

（一）确定家庭理财目标

家庭理财的决策者需要根据家庭各阶段的需求设立明确目标，但家庭理财目标绝非不变。因为，科学的理财规划与人的生命周期有直接的关系，不同的家庭处于不同的阶段，其理财目标也会不同。但从一般角度而言，家庭理财目标应主要集中在以下几个方面：家庭消费支出合理，家庭财富不断增加，家庭生活期望得以满足，家庭财务安全稳定，退休和身后财产积累。

（二）了解家庭经济状况

知己知彼，百战不殆。家庭当前的经济状况是家庭理财规划赖以实现的基础，如果对家庭财务状况的认识发生了偏差，理财规划方案的实施效果最终必定发生偏离。因此，不管是家庭本身，还是理财规划师，都必须深入细致、综合全面、真实准确地了解家庭的经济状况，为理财规划做好铺垫。

（三）诊断家庭财务状况

其实，了解家庭经济状况的过程，同时也是对家庭财务进行健康诊断的过程。诊断家庭财务状况是否健康的首要指标就是现金流量，即家庭总收入与家庭总支出的对比结果。同时还可以计算一些财务指标，比如家庭负债收入比率、家庭盈余比率、家庭投资与净资产比例、家庭负债与总资产比例等。

（四）制定家庭理财规划

找出家庭财务状况中的问题和隐患之后，就要对症下药，制定全面的家庭理财规划。根据不同的家庭周期，描绘的理财图景有所不同，比如年轻时家庭理财应未雨绸缪，新婚家庭可享受小资生活规划，三口之家及空巢家庭可制定综合规划。总之，家庭最终的财务目标应该是无忧无虑地度过一生。

相关链接12-1　　德本财末：财富是德行的的孪生物①

发财显荣一事，必须同时具备德行、智慧和因缘三个条件，缺一而不可得。只有德行、智慧，但因缘不具备，也就是时机不到，也不能得偿所愿。

根据中国经典的总结，人类遭受贫穷、疾病、痛苦大致可归因为如下六种毛病：

（1）悭贪。不肯布施，不肯与人分享，不肯与人合作，小气。财气财气，小气怎么能发大财！有多大心胸成就多大事业。

（2）恶习。比如仗势欺人，浪费奢侈，发脾气等等。

（3）嫉妒嗔恚。见不得别人好，眼睛就像一个收脏的铫子，专看人毛病。

（4）懒惰懈怠。不能勇猛精进，“明日复明日”，终究“朽木不可雕也”。

（5）心思散乱。做什么都是三天打鱼两天晒网。

（6）愚痴。

这六种毛病，纵有金山也终会贫穷衰败。与之一一对应，对治法开方如下：

（1）布施。分三种，财布施、法布施、无畏布施。敬人者人恒敬之。不图回报，回报自然来。

（2）遵守圣人教诲，遵守法令戒律，遵守天道伦理。终究会“从心所欲不

---

① 钟永圣.中国经典经济学［M］. 北京：中国财政经济出版社，2001.

逾矩”。

（3）忍让，宽恕，不计较。威仪不失，操守不失。

（4）精进勤奋。勤能补拙，天道酬勤。效率高者得更多回报。

（5）专心致志。意志集中，一业精勤，终为翘楚。

（6）学习明理，获得智慧。建立学习型家庭，学习型企业，学习型社会。

第二节 家庭理财规划

曾子《大学》有言“君子先慎乎德”，“有德此有人，有人此有土，有土此有财，有财此有用。德者本也，财者末也”。即德本财末。就像一棵树，德是根本，财是那些枝末、花果。盖德厚而载物，德厚而财足。

一、盘点家庭资产

投资银行瑞士信贷发布的《全球财富报告2015》（以下简称《报告》）显示，按当期币值计算，全球财富总值250万亿美元，下跌4.7%。这也是2008年金融危机以来，全球财富首次出现下滑。按国家划分，美国依然是全球最富裕的国家，中国取代日本成为全球家庭财富总值第二国家，并以1.09亿的中等收入群体（报告称为“中产阶级”）人数，位列全球第一[①]。2015年5月26日，招商银行和贝恩公司联合发布《2015中国私人财富报告》，报告指出，2015年中国个人可投资资产1千万元人民币以上的高净值人群规模已超过100万人，全国个人总体持有的可投资资产规模达到112万亿元人民币。中国工商银行董事长姜建清在2015青岛·中国财富论坛上说，2013年全球财富管理规模达到创纪录的68.7万亿美元，预计2020年突破100万亿美元。2015年第一季度，中国财富管理规模首次突破65万亿元人民币，剔除重复计算，这一数字也可能在40万亿元人民币左右。中国财富管理规模庞大，在全球屈指可数。

可见，家庭理财具有较大的发展空间和潜力。在欧美已经相当成熟的理财业务（比如私人银行）在中国内地已开始起步。了解家庭的财务状况，是家庭理财规划的起点。

（一）建立家庭理财档案

和30年前相比，由于收入的多元化和家庭资产的多样性，一个小家庭越来越像一个企业。因此，我们有必要建立家庭理财档案，对家庭的财务状况进行分析，从而帮助我们做出科学的理财决策。家庭理财档案所包括的文件和记录的数量可能会越来越多，我们可以将它们进行分类，并归纳整理，以便迅速查到所需要的文件。家庭理财档案如表12-1所示。

---

① 佚名.全球财富报告2015：中国中等收入人数全球第一［EB/OL］.［2015-10-15］. http://tj.winshang.com/news-534854.html.

表 12-1 **家庭理财档案**

记录类型	相关文件
个人和职业记录	身份证、工作证、户口本、最新简历、学历和学位证书、劳动合同、出生证明等
资金管理记录	家庭理财目标列表、最新家庭财务报表、最新家庭预算、保险箱内容清单等
理财服务记录	银行储蓄存折、银行卡、开户资料、保险箱信息等
住房记录	房产证、契税完税证明、房屋维修文件、租赁合同等
个人消费记录	大额购物发票、保修证明；机动车行驶证、汽车服务和维修记录、车辆购置税完税证明等
保险健康记录	保单原件、保险费收据和到期日列表、索赔记录；体检记录、处方药信息等
投资记录	金融资产（包括股票、债券、基金等）、互联网金融（ITFIN）产品 P2P 等购买和卖出记录、股东卡、红利记录、交易交割单等
信用记录	信用卡、银行每月对账单、支付收据等
纳税记录	工资单、个人所得税完税证明、应税收入证明、抵扣税项记录等
退休和遗产记录	退休账户结算单、养老金计划信息、财产公证书、遗嘱等

（二）编制家庭资产负债表

家庭当前的财务状况是进行家庭理财规划的基础。家庭资产负债表也称家庭净资产表，反映家庭在某一特定时点的财务状况，即家庭有多少资源可用，有多少负债还没有偿还，其编制的依据是：家庭资产-家庭负债=家庭净资产。家庭资产负债表见表 12-2。

表 12-2 **家庭资产负债表**

2×15 年 12 月 31 日 单位：元

资产项目	金额	负债项目	金额
现金		信用卡贷款	
活期存款		应付账单	
⋮		应交税费	
⋮		其他短期负债	
流动资产合计		流动负债合计	
定期存款		房屋贷款	
股票		汽车贷款	
债券		教育贷款	
基金		⋮	
保险		⋮	
投资性资产合计		非流动负债合计	
自用房屋			
自用汽车			
自用性资产合计		负债总计	
资产总计		净资产（资产-负债）	

此外，还可以编制家庭财产折旧明细账，对家庭中添置的价格稍高的耐用品，估计使用年限和计算年折旧，并在银行设立专门账户，每月存入折旧款，相当于零存整取，并详细记录折旧款的起止日期、存入提取数额及用途等。

（三）编制家庭现金流量表

家庭每天发生的经济活动，会影响其净资产的数量。但是净资产并不是家庭可以动用的现金。家庭现金流量表，又称家庭收入支出状况表，反映家庭在某一时期现金流入和流出情况的信息。家庭现金流量表的格式见表12-3。

表12-3　**家庭现金流量表**

2×15年度

单位：元

项目	金额
现金流入：	
1.工资薪酬	
2.储蓄利息	
3.投资收益	
现金流入合计	
现金流出：	
一、固定支出	
1.住房按揭及物业费	
2.有线电视、网络费	
3.保险支出	
4.汽车贷款	
5.赡养父母费	
6.子女教育费	
固定支出总计	
二、可变支出	
1.手机、固定电话费	
2.日常水电煤气费	
3.食品、日用品消耗费	
4.交通费	
5.汽车维修、保养、汽油费	
6.家人衣物支出	
7.家人医疗费用	
8.娱乐、休闲支出	
9.其他	
可变支出总计	
现金流出合计	
现金盈余（不足）	

二、不同生命周期、不同家庭模式下的理财规划

处在人生的不同时期、不同的家庭背景，我们所需要做的人生规划并不一样。科学的家庭理财规划是根据人的生命周期理论并配合人们的家庭背景做出的。

（一）无忧无虑：单身期（20至30岁）理财规划

30岁以下的单身期，也许是人生中最不确定的时期，特别在理财目标和理财规划上，计划往往没有变化快；家庭与事业尚未形成，经济尚不稳定，理财规划也具有一定的不确定性。该时期要为未来家庭积累资金，“开源节流”永远是理财的第一要素。理财重点是要努力工作，打好基础，理财的第一步就是进行原始积累。也可拿出部分储蓄进行高风险投资，目的是学习投资经验。另外，由于此时负担较轻，年轻人的保费又相对较低，可为自己买点人寿保险，减少因意外导致收入减少或负担加重的风险。

理财建议：可将积蓄的60%用于投资风险大、长期回报高的股票、基金等金融品种；10%购买保险；30%存在活期宝等货币基金，随存随取，以备不时之需。理财优先顺序为：首选节财，其次资产增值，第三应急基金，第四购置住房。

（二）聚沙成塔：青年期（30至35岁）理财规划

30至35岁虽然经济收入有所增加，生活趋于稳定，但家庭的基本生活用品还是比较简单。这一时期是家庭消费的高峰期。为了提高生活质量，往往需要支付较高的家庭建设费用，如购买一些较高档的生活用品、每月还购房贷款等。因此，青年期理财重点应放在合理安排家庭建设的费用支出上，其次，未雨绸缪，尽早开始考虑长远目标。当投资沉淀了五年、十年以上时，投资收益会如同醇厚佳肴。稍有积累后，可以选择一些比较激进的理财工具，如偏股型基金及股票等，以期获得更高的回报。根据未来收入预期，可以合理安排住房汽车消费、自我培训、子女教育等，把未来的现金流提前，采取积极超前的理财规划。

理财建议：可将积累资金的50%投资于股票；35%投资于互联网金融产品和保险；15%留在活期宝。理财优先顺序为：首选购置住房，其次购置家庭消费硬件，第三做好节财计划，第四应急基金。

（三）祖国未来：子女教育期（35至40岁）理财规划

35至40岁工作、收入比较稳定，是人生积累经验和财富的时期，但同时也面临着子女教育的压力。备受关注的全面“二孩”政策于2016年1月1日起正式落地实施。不少家庭都有着生育二孩的计划，70后家庭便是其中的重要力量，但这部分群体大都已近不惑之年。二孩的到来，势必会对现在的生活造成影响。当第二个孩子长大后，夫妻二人将面临退休，而第二个孩子此时正处于教育支出最大的时期。如何缓解现在的生活压力？如何积累两个孩子未来的生活费用？这一阶段子女的教育费用和生活费用猛增。对于已积累一定财富的家庭来说，不会感

到困难。因此，可继续发展投资事业，创造更多财富。而那些仍未富裕起来的家庭，通常负担较重，应把子女教育费用和生活费用作为理财重点，确保子女顺利完成学业。

理财建议：将积蓄资金的40%用于股票或期货，但要注意严格控制风险；40%用于活期宝等货币基金或互联网金融产品，以应付子女的教育费用；10%用于保险；10%作为家庭备用。理财优先顺序为：首选子女教育规划，其次债务计划，第三资产增值规划，第四应急基金。

（四）稳中求胜：壮年期（40岁至55岁）理财规划

40岁至55岁的壮年期，工作、收入比较稳定，是人生积累经验和财富的时期，但同时也面临着子女教育、父母赡养以及退休养老的三大人生重任。因此，这一阶段，是家庭理财规划的关键时期。经过20年的辛勤努力，40岁左右的年龄，在事业上已经有了一定的高度，随着子女的自理能力增强，这个时期最重要的理财规划就是多储备资产，恰当运用投资工具让财富获得稳定增长，同时为子女准备教育费用、为父母准备养老费用，以及为自己和配偶保健医疗、退休准备养老费用，并且清偿各种中长期债务。理财建议：可将积累资金的30%投资于房产，以获得长期稳定的回报；40%投资股票、互联网金融产品；10%投资债券及保险；20%用于活期宝等货币基金，以备家庭急用。理财优先顺序为：首选子女教育规划，其次资产增值管理，第三应急基金，第四特殊目标规划。

（五）轻松自在：成熟期（55至65岁）理财规划

这期间由于自己的工作能力、经济状况都已达最佳，加上子女开始独立，家庭负担逐渐减轻，因此，适合积累财富，理财重点应侧重于扩大投资。在选择投资工具时，不宜过多选择风险投资方式。此外，要存储一笔养老金，并且这笔钱是雷打不动的。保险是较稳健的投资工具之一，虽然回报偏低，但有利于累积养老金和资产保全。

理财建议：将可投资金的30%用于股票或互联网金融产品；40%用于债券及保险；30%用于活期宝等货币基金，以备家庭急用。随着退休年龄接近，用于风险投资的比例应逐渐减少。在保险需求上，应逐渐偏重于养老、健康、重大疾病险。理财优先顺序为：首选资产增值管理，其次养老规划，第三特殊目标规划，第四应急基金。

（六）老有所养：老年期（65岁以上）理财规划

我国正在逐步进入老龄化社会，退休前后基本进入老年期，经过一生的积累，手中会有一笔积蓄，并且有一定的养老保险金作为保障。不过，老年人看病等的开支也会相对增加。因此，老年期恰当的理财规划，会令晚年增色生辉，提升晚年的生活质量。目前许多银行推出了人民币理财、记账式国债等业务，和存款一样放心，但收益又高于同期银行储蓄利息；另外还有具有收益稳妥特点的开放式基金，这些投资工具可以作为老年期理财规划的主要内容；同时适量购买医疗住院补贴保险，可以增强对晚年生活的保障能力；还可以适当加大外出旅游、购买健身器械、接受健康培训和保健以及文化娱乐方面的投入，以保持良好的身体和精神状态。在这时期最好不要进行新的投资，尤其不能再进行风险投资。

理财建议：将可投资金的10%用于股票或股票型基金；30%投资于债券；60%投资活期宝等货币基金或银行理财产品。对于资产比较丰厚的家庭，可采用合法节税手段，把财产有效地交给下一代。

以上是针对人生不同阶段给出的理财规划建议，希望能够给不同年龄层面的理财者起到提示作用。不过理财规划没有绝对，不同的人可能有不同的理财方式，因人因家庭而异。建议理财者在购买理财产品之前，做好详细的调查和咨询，做好理财体检，再进行详细的理财规划。不同生命周期、不同家庭模型下的理财规划见表12-4。

表12-4　　**不同生命周期、不同家庭模型下的理财规划表**①

家庭模型	生命周期	理财需求分析	理财规划
青年家庭	单身期	1.租赁房屋	1.现金规划
		2.满足日常支出	2.消费支出规划
		3.偿还教育贷款	3.投资规划
		4.储蓄	
		5.小额投资积累经验	
	家庭与事业形成期	1.购买房屋	1.消费支出规划
		2.子女出生和教育	2.现金规划
		3.建立应急基金	3.风险管理规划
		4.增加收入	4.投资规划
		5.风险保障	5.税收规划
		6.储蓄和投资	6.子女教育规划
		7.建立退休基金	7.退休养老规划

① 中国就业培训技术指导中心.理财规划师基础知识［M］. 北京：中国财政经济出版社，2006：9.

续表

家庭模型	生命周期	理财需求分析	理财规划
中年家庭	家庭与事业成长期	1.购买房屋、汽车	1.子女教育规划
		2.子女教育费用	2.风险管理规划
		3.增加收入	3.投资规划
		4.风险保障	4.退休养老规划
		5.储蓄和投资	5.现金规划
		6.养老金储备	6.税收规划
	退休前期	1.提高投资收益的稳定性	1.退休养老规划
		2.养老金储备	2.投资规划
		3.财产传承	3.税收规划
			4.现金规划
			5.财产传承规划
老年家庭	退休期	1.保障财务安全	1.财产传承规划
		2.遗嘱	2.现金规划
		3.建立信托	3.投资规划
		4.准备善后费用	

第三节 家庭投资

拓展知识：家庭理财财务健康诊断指标体系解析

一、家庭投资的原则

（一）民主科学

家庭投资要建立在民主的基础上，如果不实行经济民主，就谈不上有效的、巩固的和长期的合作。在家庭投资过程中讲民主，主要是遇事大家相互商量，还要保持一定的自由度。家庭成员在大的投资方面，应力争思想和行动相统一，不能各自为政，要有计划、有规矩、有商量。同时，家庭投资还应建立在科学的基础之上，了解一些宏观经济政策，了解一些市场动向，掌握一些科学理财的知识和方法。

（二）因家而异

家庭投资没有必胜的万能公式，因为各个家庭在收入水平、财务状况、风险承受能力等方面存在着巨大的差异。不同的人对待事物的态度不同，面对同样的理财机会所采取的策略也会迥异。对于低收入的工薪家庭，投资的首要原则是稳健；对于中等收入的工薪家庭，投资原则可以在风险中适当追求一定的收益；对于高收入家庭而言，投资原则可以适当追求与高风险相适应的高收益。

（三）保持资产流动性

家庭中的流动资产主要包括现金、银行存款、股票、债券、基金等，这些资产在家庭资产中应占有一定的比例，最好能够应付6个月左右的日常支出。这样在面临任何家庭收入突然中断的危机时，仍有较充裕的时间和积蓄加以应对。

（四）控制风险

家庭投资必须做最坏的打算和最好的准备。高风险一定有高收益是家庭投资中的错误观念，因为风险具有不确定性，且无法避免。所以，如何应对和控制风险在家庭投资中就显得尤为重要。家庭可以承受风险的能力和程度，与家庭财务状况、家庭成员的年龄、性别和职业等都有关系。家庭投资并不是完全消除风险，而是深入地分析风险、控制风险，进而降低风险。

二、家庭投资的主要内容

中国经济的快速发展推动国内家庭财富大幅增长，而通货膨胀的出现，要求投资市场提供更好更有效的金融服务，以达到家庭财富保值增值的目的，专业的家庭理财凸显重要。因此，中国居民财富结构也正从单一储蓄存款，更多地向理财、债券、基金、保险和股票等领域配置，财富管理进入黄金发展期。

（一）储蓄投资——安全稳健

1.储蓄的内涵和特点

储蓄的内涵可以从广义和狭义两方面进行表述。广义上的储蓄是指一个国家或地区在一定时期内国民收入中未被消费的部分，相当于国民收入的积累额。狭义的储蓄是指居民个人在银行或者其他金融机构的存款。本章指的是狭义的储蓄。

储蓄具有如下特点：

（1）安全性高。储蓄在家庭投资品种中最稳妥可靠，如果存款机构是国有银行，基本以国家的信誉作为担保，几乎没有违约风险。

（2）变现性强。储蓄基本可以立即变现，包括定期存款。我们可以把储蓄认同为流动资金，特别是活期储蓄，视为与现金同类。虽然定期储蓄提前支取会损失部分利息收入，但不影响其变现能力。

（3）操作简单。储蓄的操作相对比较容易，不论是开户、存取、销户，流程都比较容易。由于银行机构的网点比较多，存取业务非常方便，特别是利用ATM自助终端，更是随时随地都可办理。

（4）收益较低。储蓄的收益相对于其他投资品种收益是较低的。这由低风险因素所决定，符合收益和风险正相关的基本原理。储蓄唯一的收益就是扣除利息税后的利息。中国人民银行决定，自2015年10月24日起，一年期存款基准利率下调0.25个百分点至1.50%；其他各档次贷款及存款基准利率、人民银行对金融机构贷款利率相应调整。

2.储蓄方式的选择

储蓄的方式灵活多样，可以根据家庭自身的特点选择不同的储蓄方式。

（1）活期储蓄存款。活期储蓄存款是指不受金额和存期的限制，客户可以随时存取而又不定期限的储蓄方式。这种储蓄方式具有灵活方便、存取频繁、适应性强等特点，适于居民小额的随存随取的生活零用结余存款。

（2）定期储蓄存款。定期储蓄存款是指客户约定存款期限，一次或在存期内按期分次存入本金，整笔或分期、分次支取本金或利息的一种储蓄。按照存取方式的不同可分为整存整取、零存整取、存本取息、整存零取等种类。

整存整取定期储蓄是指约定存期，整笔存入，到期一次性支取本息的储蓄存款。它是银行储蓄中最重要的一个基本储蓄品种，适合于生活结余较长时间不需动用的款项。

零存整取定期储蓄是指分次存入，到期一次提取本息的定期储蓄存款。适合于每月有固定收入的大众生活结余款的存储，以达到计划开支的目的。

（3）大额存单。大额存单是最近一年各商业银行创新的储蓄业务，是指针对个人发行的电子化记账式存款凭证。以招商银行为例，其大额存单起点金额不低于30万元。大额存单产品期限有：1个月、3个月、6个月、9个月、1年、18个月、2年、3年和5年。大额存单的具体发行利率，会在每一期大额存单产品发行时公布，通常会参照同期定期存款上浮40%，并按日计息，但不能提前支取。

（4）个人通知储蓄存款。个人通知储蓄存款是指储户不确定存期，支取时需要提前通知银行等金融机构，约定支取日期和支取金额方能支取的存款。适合于持有现金，一时又无法确定存期的储户，具有集活期之便、得定期之利的特点。

（5）大额可转让定期存单。大额可转让定期存单是指金融机构签发给客户的一种记名式固定面额、固定期限、可以转让的大额存款凭证。

（6）活期支票储蓄。活期支票储蓄是指由出票人签发的，受托办理支票存款业务的金融机构在见票时无条件支付确定的金额给收款人或持票人的票据。具有不限定支付方式、可用于转账或支取现金等特点。

3.储蓄投资的技巧

（1）滚动储蓄法。滚动储蓄法是指每月将储蓄资金存入一张一年期整存整取定期储蓄账户，存储的数额可根据家庭的经济收入而定，一年以后就有十二张单子，即每月都有可供使用的到期储蓄，如不需用，可将其与其他资金转存成一笔金额更大的定期存款。如此循环往复，储蓄数额滚动增加，家庭积蓄也随之丰裕。采用滚动储蓄的方式，可以保证家庭能够随意提取存款，又不会因为活期存款而降低利息收入。

（2）目标储蓄法。目标储蓄法是指首先设定目标，再根据家庭经济收入的实际情况建立切实可行的储蓄计划，并制定储蓄措施的方法。例如，家庭打算购买一件高档商品或操办某件大事，即可根据资金需要，建立储蓄目标并实施储蓄计划。

（3）缓买储蓄法。缓买储蓄法是指当家庭打算购置一件并非迫切所需，可延缓几年再买的高档耐用商品时，可先将储蓄资金存入银行，待消费高峰期过后，商品价格下降之时再行购买的储蓄投资技巧。

（4）金字塔法。金字塔法是指将所持有的待储蓄资金分成四份，金额呈金字塔状，分别存成四张定期存单以适应急需。该方式的优点是可以避免只需要小数额资金却不得不动用大存单的弊端，根据实际需要金额领取所需额度的存单，减少不必要的利息损失。

（5）阶梯储蓄法。阶梯储蓄法是指将所持有的待储蓄资金分成三等份，分别开设一、二、三年期的定期储蓄存单，一年后将到期的资金存成三年期的定期存单，以此类推，三年后所持有的存单均为三年期，只是到期年限依次相差一年。该方式适于工薪家庭为子女积累教育基金与婚嫁基金等。

（6）通知储蓄法。通知储蓄法是指资金存入时不需约定存期，支取时可以指定某天作为支取时间，也可以提前一天或七天通知银行，称为一天通知存款或七天通知存款，其利率远高于活期存款利率，但低于定期存款利率。该方式适合于不能确定未来投资方向的储蓄者。

（二）债券投资——控制风险

1.债券的内涵和基本要素

债券是发行人按照法定程序发行，并约定在一定期限还本付息的有价证券。债券购买者与发行者之间是一种债权债务关系，债券发行人即债务人，投资者（或债券持有人）即债权人。通俗地讲，债券就是发行人给投资人开出的“借据”。由于债券的利息通常是事先确定的，因此债券通常被称为固定收益证券。2015年股票市场动荡不稳，不少中小投资者深套其中。在这种情况下，投资债市是不错的选择，但投资前需先了解债券的基本要素。

债券是一种债务凭证，反映了购买者与发行者之间的债权债务关系。债券尽管种类多种多样，但是在内容上都包含一些基本的要素，即债券面值、债券价格、票面利率和偿还期限。

（1）债券面值。债券面值简称面值，是指债券发行时所设定的票面金额，它代表着发行人借入并承诺未来债券到期日偿付给债券持有人的本金数额，也是债券发行人向债券持有人按期支付利息的计算依据。债券的面值与债券实际的发行价格可能并不一致，发行价格大于面值称为溢价发行，小于面值称为折价发行。目前，我国发行的债券面值一般是每张100元人民币。

（2）债券价格。债券价格包括发行价格和交易价格（又称买卖价格、转让价格）。债券第一次公开发售时的价格就是发行价格，已经公开发售的债券可以在投资者之间买卖、转让。债券的发行价格受多种因素影响，可能不等同于债券面值。债券的交易价格即债券买卖时的成交价格。在债券交易行情表上我们还会看到开盘价、收盘价、最高价和最低价。最高价是一天交易中最高的成交价格；最低价即一天交易中最低的成交价格；开盘价是当天开市第一笔交易价格；闭市前的最后一笔交易价格则为收盘价。

（3）票面利率。债券的票面利率是指债券每年支付的利息与债券面值的比例，通常以年利率（用百分数）来表示，是债券发行人承诺以后一定时期支付给债券持有人利息的计算标准。债券票面利率的确定主要受银行利率、发行者的资信状况、偿还期限和利息计算方法以及当时资金市场上供求情况等因素的影响。

（4）偿还期限。债券的偿还期限是指债券上载明的偿还债券本金的期限，是一个时间段。这个时间段的起点是债券的发行日期，终点是债券票面上标明的偿还日期，即债券发行日至到期日之间的时间间隔。需要提醒的是，对于债券投资者而言，更重要的是从债券购买日起至债券到期日为止的期限长度，即债券的剩余期限。

2.债券的分类

根据不同的标准，债券的分类方式有多种，对投资者而言比较重要的主要有以下几种分类：根据发行主体不同，债券可以划分为政府债券、金融债券、企业债券和国际债券等几大类；根据债券的偿还期限不同，债券可以划分为短期债券、中期债券和长期债券；根据债券的发行方式不同，债券可以划分为公募债券和私募债券；根据债券可否提前赎回，债券可以划分为可提前赎回债券和不可提前赎回债券；根据债券票面利率的变动程度不同，债券可以划分为固定利率债券、浮动利率债券和累进利率债券。

其中，根据发行主体不同的分类是债券分类最主要的方式。政府债券的发行主体是政府，是指政府财政部门或其他代理机构为筹集资金、弥补财政收支不平衡，以政府名义发行的债券。政府债券又可以进一步划分为中央政府债券、地方政府债券和政府机构债券。中央政府债券，在我国又被称为国债，其债务人为国家。国债是投资者接触最多的一种债券，其收益率最低，违约风险也很低。我国目前法律规定地方政府不能发行债券。大多数国家规定，购买政府债券获得的收益可以享受免税待遇，我国亦如此。

金融债券是指银行及其分支机构或非银行金融机构依照法定程序发行并约定在一定期限内还本付息的有价证券。金融债券的资信通常高于其他非金融机构债券，违约风险相对较小，具有较高的安全性。所以，金融债券的利率通常低于一般的公司债券，但高于风险更低的国债和银行储蓄存款利息。根据利息的支付方式，金融债券可分为附息金融债券和贴现金融债券；根据发行条件，金融债券可分为普通金融债券和累进利息金融债券。在我国，金融债券的利息收入免征个人所得税。

企业债券通常又称为公司债券，是指企业依照法定程序发行，约定在一定期限内还本付息的债券。企业债券的发行主体是股份公司，但也可以是非股份公司。所以，一般归类时，把企业债券和企业发行的债券合在一起，可直接称为企业债券。企业债券的债务人为发行债券的企业，较之国债而言，其信誉要低一些，风险相对较高，其收益率通常高于政府债券和金融债券。债券持有者——企业的债权人无权参与或干涉企业经营管理，但有权按期收回本息。另外，可转换债券也属于企业债券。一般而言，企业债券的利息收入和资本利得要缴纳个人所得税。

国际债券是一国政府、金融机构、工商企业或国家组织为筹措和融通资金，在国外金融市场上发行的，以外国货币为面值的债券。国际债券的重要特征是发行者和投资者属于不同的国家，筹集的资金来源于国外金融市场。国际债券的发行和交易，既可用来平衡发行国的国际收支，也可用来为发行国政府或企业引入资金从事开发和生产。依发行债券所用货币与发行地点的不同，国际债券又可分为外国债券和欧洲债券。

3.债券投资的风险

（1）利率风险。利率是影响债券价格的重要因素之一，当利率提高时，债券的价格就降低，此时便存在风险。债券剩余期限越长，利率风险越大。

（2）流动性风险。流动性差的债券使得投资者在短期内无法以合理的价格卖掉债券，从而遭受跌价损失或丧失新的投资机会。

（3）信用风险。信用风险是指发行债券的公司不能按时支付债券利息或偿还本金，而给债券投资者带来的损失。投资公司债券，首先要考虑其信用等级。资信等级越高的债券发行者，其发行的债券的风险就越低，对我们投资者来说收益就越有保障；资信等级越低的债券发行者，其发行的债券的风险就越大，虽然它的利率会相对高一点，但与投资的本金相比哪一个更重要，相信投资者自己会权衡。

（4）再投资风险。购买短期债券，而没有购买长期债券，会有再投资风险。例如，长期债券利率为14%，短期债券利率13%，为减少利率风险而购买短期债券，但在短期债券到期收回现金时，如果利率降低到10%，就不容易找到高于10%的投资机会，还不如当期投资于长期债券，仍可以获得14%的收益。归根到底，再投资风险还是一个利率风险问题。

（5）通货膨胀风险。通货膨胀风险是指由于通货膨胀而使货币购买力下降的风险。通货膨胀期间，投资者实际利率应该是票面利率扣除通货膨胀率。若债券利率为10%，通货膨胀率为8%，则实际的收益率只有2%。

（6）经营风险。经营风险是导致信用风险的最直接因素，是指因发行债券主体及其决策人员在企业经营管理过程中发生的失误，导致发行人资产减少而使债券投资者遭受损失的风险。

（7）税收风险。税收风险主要表现为：一是投资免税的政府债券面临税收费率下调的风险，税收费率越高，说明免税的价值越大，如果税收费率下调，免税的实际价值就会相应减少，债券的价格就会随之下降。二是投资免税债券面临取消免税优惠的风险。

（8）政策风险。政策风险是指由于国家政策变化导致债券价格发生波动而产生的风险。例如，我国在1992年发行某只国库券，在发行一年后突然宣布给其实行加息和保值贴补，导致债券价格暴涨；然而到了发行的第三年，证管部门又突然宣布暂停国债期货交易，使债券市场价格暴跌，导致此只债券跌幅较大。

【案例12-1】　　中老年人投资首选国债

买国债是不少中老年投资者的最爱。尽管国债收益率不高，但其稳定的收益同样受到一些投资者的青睐，甚至成为部分中老年人的主要投资品种。

张先生55岁，还有5年即将退休。现有存款12万元，每月收入3 000元，有社会养老保险和医疗保险，未购买商业保险。

理财分析：

已经步入中老年的张先生，目前首要的是保证已经积累的财富，保证目前的生活水准，让自己的财富在没有损失的情况下有一定的增长，为自己的退休生活做好准备。所以，财富的保值与升值是张先生理财的主要目标。

根据投资界的年龄法则，一个人的风险投资可以参考“一百减年龄”的原则，就是说用（100－岁数）×1%，得出的结果就是风险投资的最大比例。对55岁的张先生来说，他所承担的风险性投资不应超过个人资金的45%；其他个人资金，35%可以投资到国债、银行固定收益理财产品等低风险项目上，同时留存20%左右的资产投资于货币市场基金，以便用于医疗等急用支出。另外，在风险性投资方面，老年人也应该把握住一个原则：稳为上策。建议以投资风险较小的债券型基金为主，比如一些参与打新股的债券基金。

理财建议：

张先生的家庭投资不宜选择高风险的项目，建议以国债、基金、银行储蓄（或货币基金）投资为主。具体比例建议将12万元中的6万元购买国债，选择收益相对较高、免收利息税的短期国债，期限以不超过3年为宜，可以保证有稳定的收益，作为晚年养老资金的储备；2万元购买债券型基金或保本基金，虽然收益不高但风险很低；2万元购买货币市场基金，存取很灵活，收益高于同期银行存款；剩下的2万元可存入银行作应急备用金。

这种组合既可以满足张先生对收益的追求，又可以有效降低投资风险，使资金渐渐增值，有助于中老年人的身心健康，不至于承担过高的压力。[1]

（三）基金投资——分散风险

1.基金的内涵和类型

基金投资是一种利益共享、风险共担的集合证券投资方式，即通过发行基金单位，集中投资者的资金，由基金托管人托管，由基金管理人管理和运用资金，从事股票、债券、外汇、货币等金融工具的投资，以获得投资收益和资本增值，并将投资收益按基金投资者的投资比例进行分配的一种间接投资方式。按照不同的标准，基金可分为不同的类型，关于基金的分类参见本书第六章证券投资分析的第五节证券投资基金。

2.基金的申购与赎回

由于封闭式基金交易程序简单，在此着重研究开放式基金的交易过程。开放式基金可以在证券市场每个交易日收盘之后，根据投资者的需要发行新的基金单位，对于投资者来说，这种行为叫作申购；也可以根据投资者的请求，把自己管理的资金交还给投资者，对于投资者来说，这种行为叫作赎回。

3.基金投资需“八戒”

（1）一戒喜低厌高。有很多投资者在购买基金时会去选择价格较低的基金，这是一种错误的选择。开放式基金并没有贵贱之分，在某个时点上，所有的基金不论净值高低都站在同一条起跑线上。所以，在购买基金时，要关注基金的收益率，以及基金管理人的综合能力和给予投资者的回报，而不应只关注价格的高低。

（2）二戒喜新厌旧。基金不分新老，只分好坏。不少投资者只购买新发基金，认为只有新发基金是以1元面值发行的，最便宜。其实，从现实角度看，除了一些具有鲜明特点的新基金之外，老基金比新基金更具有优势。首先，老基金有过往业绩可以用来衡量基金管理人的管理水平，而新基金业绩的考量则具有很大的不确定性。其次，新基金在相当长的发行期、封闭期和建仓期里不会产生效益，从而增加了机会成本。同时，在较短的时间内，要把大量的资金投入到规模有限的股票市场，必然会购买老基金已经建仓的股票，为老基金抬轿。再次，老基金的研究团队一般比新基金成熟，经过市场考验长缨在手，只要选择得当，就能迅速分享投资收益。因此，购买基金时应首选老基金。

（3）三戒炒股思路。购买基金就是承认专家理财要胜过自己，不要赚个差价就赎回，要相信基金管理人对市场的判断能力。把基金等同于股票，以为净值高风险也高，用高抛低吸、波段操作、追涨杀跌、逢高减磅、短线进出、见好就收、买跌不买涨等股票炒作的思路来对待基金，往往既赔了手续费，又降低了投资收益率。

（4）四戒组合不当。有人把大笔资金全放在一只基金上，虽然基金本身的投资组合具有分散风险的功能，但对因管理人失误造成的风险难以规避。因此，应以同

---

① 资料整理参考：http：//www.niwodai.com/view-licai/article-5a945134991.html。

类基金不重复选择、核心与非核心基金配置比例适当为原则进行基金组合，最终目的还是分散风险。

（5）五戒束之高阁。基金受管理人变动、投资理念更新、操作策略变化等因素影响，业绩会有很大的波动，投资人应依据投资目标、收益预期以及风险承受能力，适时调整投资组合，以实现家庭投资收益的最大化。

（6）六戒跟风赎回。市场的巨额赎回潮，造成了一些持有人的恐慌心理：“别人的都赎回来了，我的那份是不是也应该落袋为安啊？”这种心理左右着投资者的投资行为。另外一些投资者还担心，年底其他投资人的赎回会导致基金净值的下降，从而使自己的资产遭受损失，其实这是对基金认识的一个误区。股票升值，许多投资人选择在高位大量卖出，会导致股票市值的下跌，但是基金的净值并不会因为遭遇巨额赎回而下降，唯一影响其净值的是投资组合的收益率，即使基金规模跌破2亿元的设立下限，但只要投资组合是赢利的，其净值依然在面值以上。决定是否持有基金的依据，应该是基金管理公司的基本面、投资收益率，以及投资人对后市的判断。

（7）七戒分红即走。分红次数多的基金并不一定是最好的基金。有的基金为了迎合投资人快速赚钱的心理，封闭期一过，马上分红，这种做法就是把投资者左兜的钱掏出来放到了右兜里，没有任何实际意义。基金是否具有投资价值，应参照其累计净值和一贯表现。对运作良好的基金，往往只能在更高的价位上才能补回。实践证明，分红即走不是明智之举。

（8）八戒不问费率。频繁进出做差价的基金，支付的手续费成倍地高于其他基金。费率的高低直接影响到基金的绩效，根据对国外基金的考察，运作费率分别为0.50%和2%时，基金收益会有很大的差别，费率低、绩效好的基金理财能力更强，所以费率是投资基金必须关注的因素。

【案例12-2】　　工薪家庭理财投资基金案例

基金虽然有集合专家理财的优势，但还是存在一定的投资风险，那么普通工薪家庭该如何合理选择并构建适合自己的基金投资组合，来稳步实现家庭资产增值的计划呢？

陶先生28岁，就职于成都一家国有企业，税后月薪2 000元。妻子在成都郊县工作，是高中语文老师，税后月薪1 800元左右。两人年终奖约合4 000元左右。无外债无住房，活期存款14万元。

2015年初，在朋友的推荐下，陶先生开始尝试投资基金，先后购买了五只基金，价值1.60万元。此外，在近期刚刚开通了基金定投，每月定投800元。

家庭每月生活杂费支出合计650元，妻子每月购物300元，每年过节送礼4 000元左右。双方父母身体健康，均有社保，以后养老不存在任何问题，能自给自足并每年结余2万元左右。由于妻子也是28岁，陶先生家里准备明年就要孩子。同时计划未来2年内在成都郊县购置一套房产，约合15万元左右。陶先生打算提前规划孩子出生后如何进行长远的投资，储备他以后的上学、留学等费用，同时又不影响家庭的生活品质。

财务状况分析：

陶先生和妻子的工作都非常稳定，家庭收入预计在未来几年不会有太大的变动，属于典型的工薪阶层。目前，正处于家庭形成期，这一时期是家庭的主要消费期，为了提高家庭的生活质量，家庭往往有很多大额的家庭建设支出计划，如购房、装修、购买一些高档用品等。家庭未来负担预计较重，而同时可积累的资产有限，家庭需要追求较高的收入成长率。但此时尚属年轻，风险承受能力较强，可以适当进行投资，以期在尽可能降低家庭财务风险的基础上，稳步积累家庭财富。

从陶先生家庭的年度收支情况可以看到，年家庭收入49 600元，年开支较少，每年大概在15 400元左右。年节余占年总收入的69%，可以看出家庭的储蓄能力相当强，家庭的开支计划和预算能力很强，远远超过了标准值40%。

目前，陶先生和妻子的单位都为他们购买了足够的社保，但保险保障稍显不够。可以先理清家庭的保障需求，在经济条件允许的情况下，为妻子购买部分定期寿险、重疾险、医疗健康险等常规保险。陶先生自己的保险保障也应加强，家庭购买保险的费用支出，占家庭年收入的5%就比较合适。

从家庭资产负债情况来看，银行存款14万元，开放式基金16 800元（成本），此外没有任何资产和负债。可以看出家庭活期存款较多，闲置资金丰富，占到家庭总资产的90%，而闲置资金的再增值能力却很差，投资资产比例不足。

一般来说，家庭应当拥有一定比例的金融资产，通过投资增值家庭的闲置资金，是最省时省力的方式。此外，从目前家庭投资情况来看，陶先生比较倾向高风险的基金投资组合产品，建议可以根据自己的投资偏好设定出不同风险的产品组合，分散投资风险，获得更大的收益。

理财规划建议：控制投资风险，构建更加合理的基金投资组合

陶先生不到2万元的资金配置的基金品种达到了6只，投资太过分散。此外，陶先生投资的这6只基金，全部是股票型基金，风险太过集中，一般来说，在进行基金投资时，不要一味偏好购买同一类型的基金产品，可以考虑组合持有不同类型的基金产品，分散风险，同时根据家庭风险承受能力和偏好适当进行调整，制定合理的基金投资组合比例。

建议陶先生根据自己的实际情况选择2~4家基金公司旗下3、4只不同投资风格的基金产品进行投资，这也是常说的“不要将鸡蛋放在同一个篮子里”的道理。陶先生家庭目前正处于形成期，虽然未来预计开支会加大，但家庭结构年轻，家庭投资风险承受能力强。而目前从陶先生的投资渠道来看，大部分资金以活期储蓄的方式留存在银行，虽然能带来稳定的投资收益，但收益偏低，不能有效地抵御通货膨胀带来的贬值风险。

由于在今后两年内，家庭都会面临较大的生活目标支出，陶先生可以将部分活

期储蓄投入于灵活多变的开放式基金市场，增持开放式基金，构建合理的基金投资组合，间接进入股票市场。[1]

（四）保险投资——居安思危

1.保险的内涵和分类

保险是一种经济保障制度或经营方式，保险人把面临同样风险的个人和单位组织起来，通过对可能发生的不确定事件的数理预测和收取保费的方法，建立保险基金，并以合同的形式，将风险从被保险人转移到保险人，实现风险损失在所有被保险成员间的分摊，并从中获取盈利，而且具有避税避债的功能。

根据不同的原则和方法可将保险分为多种类型。按照性质不同，保险可分为商业保险、社会保险和政策保险；按照标的的不同，保险可分为人身保险和财产保险；按照保险人承保的方式不同，保险可分为原保险、再保险和共同保险。

2.哪些人必须买保险

严重的天灾和事故都可能造成人身或财产的损失，那么哪些人必须买保险呢？

（1）房屋所有者。个人住房或财产可能占资产的很大比例，无论是租赁的房屋还是自己所拥有的房屋，购买保险都非常重要。住房所有者购买保险可以避免因住房与其他结构的损失而造成的经济损失，家居用品如家具、家用电器以及衣物等也都应包括在保险之列。

（2）汽车所有者。汽车所有者购买保险可以避免财产损失或对他人造成伤害所造成的损失，其险种主要包括财产损失保险和身体伤害保险。财产损失保险可以保障汽车财产被损坏时当事人避免受到损失；身体伤害保险避免了法律费、医疗费、工资损失以及其他汽车事故而导致的伤害的相关费用所引起的经济损失。

（3）残疾人。残疾保险是为因事故、疾病而失去收入来源的人群所提供的定期现金收入。许多人为自己的住房、汽车以及其他财产进行保险的同时，容易忽视自己最珍贵的资源，即个人的赚钱能力。失去生活能力的人没有了赚钱能力，但依然必须承担正常的家庭费用，所以失去工作能力时应进行保险以保障稳定的收入来源。

3.保险理财的误区

保险理财既不神秘，也不难理解，但是在进行保险理财时应避免以下五个误区：

（1）只给孩子买保险。家庭的支柱是大人，是父母，一旦他们因意外、疾病等丧失了工作能力或失去收入的时候，家庭就将陷入困境。因此，保险理财应遵守先经济支柱后其他成员的原则。家长平安健康才能给家庭一份平安，至于选什么样的保险可根据家庭经济能力和需要进行选择。

（2）保险不如储蓄。保险最重要的作用是保障功能，对于经济不很宽裕的人来说，保险解决了万一发生不幸、收入突然中断时的经济来源问题，而对于经济宽裕的人来说，保险可以保全已有的财产。相对储蓄而言，保险能以较小的费用换取较

---

① 见http：//www.csai.cn/touzi/896247.html。

大的保障，一旦保险事故发生，保险可提供保障，这是远远超过保费投入的。

（3）买保险是为了投资。目前，许多保险产品具有储蓄和保险的双重功能，但更重要的还是保障功能。注重保险的投资功能必然偏重于人寿保险的投资，而忽略人身意外保险、健康保险、财产保险等。保险预防的就是意外，只有发生保险事故，保险才真正发挥保障、救急和弥补损失的作用。

（4）多买多获赔。家庭财产保险并非越多越好，因为真正理赔时，保险公司是按财产的实际价值和损失程度确定赔偿金额。所以在投保时，如果超过财产实际价值投保，只会浪费保费。除了家庭财产保险外，住院医疗保险、车辆损失保险、盗窃抢劫保险等都属于多买不多赔的险种。在对此类险种投保时，不宜把保额估计得过高，避免浪费保费，也不宜把保额估计得过低，避免发生事故时得不到全额赔付。

（5）过分相信代理人。投保人应仔细阅读合同条款，很多投保人都或多或少地依赖代理人，不愿仔细看保险合同，这是有风险的。保险代理人的队伍素质参差不齐，有时可能出现误解合同条款或故意误导投保人的情况。因此，投保人在签订合同前要仔细阅读每个条款，以免利益受损。

4.保险投资的技巧

人的一生不可避免地会面临人身、财产和责任等风险。但在不同人生阶段，保险投资的侧重点不同，在进行保险投资规划时应考虑个人所处的生涯阶段，依据不同阶段的特点来规划保险投资。人生不同阶段的保险投资需求见表12-5。

表12-5　**人生不同阶段的保险投资需求**

人生阶段	特点	理财活动	保险投资需求
单身期（参加工作至结婚）	个性冲动、经济收入低、开销大	加强职业培训、提高收入水平阶段	意外伤害险、责任保险、定期寿险
家庭建立期（结婚至子女出生）	家庭收入开始增加，消费逐渐增大	储蓄购房首付款，增加定期存款、基金等方面的投资	意外伤害险、责任保险、财产保险、定期寿险
家庭成长期（子女出生至大学）	收入进一步提高，保健、医疗、教育等为主要开支	准备退休金，进行多元化投资活动	意外伤害险、健康保险、人寿保险、财产保险、子女教育金保险
家庭成熟期（子女上大学时期）	收入增加，费用支出主要体现在医疗、子女教育上	准备退休金，进行多元化投资活动	意外伤害险、健康保险、养老保险、财产保险
空巢期（子女独立至自己退休）	负担最轻、储蓄能力最强	重点准备退休金，降低投资组合风险	健康保险、投资型保险、年金保险、财产保险
养老期（退休之后）	收入、消费减少，医疗保健支出增加	以固定收益投资为主	年金保险、医疗保险

综上所述，家庭投资除了投向金融资产、房地产以外，还可以进行信托投资、收藏品投资、期货投资、贵金属投资、艺术品投资等。最近几年，信托投资也已成为家庭理财的一种重要方式。投资于贵金属、艺术品和收藏品等实物资产，不仅可能给投资者带来丰厚的回报，投资过程本身也是一种精神享受。

【案例12-3】 80后夫妻如何制订保险理财规划方案

当今社会，80后人群已成为各行各业的主力军，多数已进入成家立业阶段，他们既要为事业打拼，又要为子女创造良好的成长环境，更要为父母创造舒适的养老生活，可谓责任重大。然而，80后人群普遍生活节奏快、压力大，再加上环境恶化、食品安全等问题，各种潜在风险随时可能爆发。那么，80后该如何规划自己及家庭的保障？

三份钱合理配置资产：

一般来说，家庭财产的规划都有一个按照收入进行有效配置的普遍规律，这也是理财规划师所说的4321定律：家庭收入的40%用于供房及其他方面投资，30%用于家庭生活开支，20%用于银行存款以备应急之需，10%用于保险。

具体来说，一个普通家庭除了日常消费外，应该准备三份钱——第一份：应急的钱，6个月至1年的生活费。银行活期、定期存款，或者货币基金，这些简单投资的共同特点就是流动性很强，可以随时变现赎回，可供急用；第二份：保命的钱，包括3至5年生活费，定存、国债、商业养老保险等，这部分投资的共同特点是保本不赔，属于中期的家庭规划。如果还有闲钱，也就是说，5年到10年暂时用不到的钱，那么可以用于风险高的投资，包括谨慎选择互联网金融投资，买股票，合资做生意，业余时间作微商等。

现在多数80后夫妻双方都有工作，属于普通的“双职工”。从保障规划上来看，缺少了任何一方，另一方可能都无力单独撑起整个家庭的责任。所以，双方的疾病意外等常见风险要首先规避。如双方都有较完善的医保、社保，在医保基础上加适当的商业医疗保险即可。但目前重大疾病发病率有年轻化趋势，重大疾病保险一定要尽早购买。另外，80后外出乘交通工具较多，意外保障要配置足够。若双方医保不完善，则必须投保涵盖身故、重大疾病门诊住院医疗、意外伤害在内的商业保险组合，全面覆盖各项风险。无论双方是否有医保，商业保险都是必要补充，只是保额和项目因人而异。

还有一点非常重要，投保商业保险时，夫妻双方应互为对方投保并附加豁免险。这样双方任一方发生风险，都可免缴保费，保障利益继续，同时获得足够补偿，以保证在一段时间内生活品质不会变化。

规划勿忘父母孩子：

值得注意的是，很多险种的投保年龄限制使很多父母已无法投保。仍可投保的险种，费率也普遍较高。80后子女需仔细斟酌，根据自己的经济情况尽早为父母添加保额合适的保障。老人患重疾和发生意外的概率非常高，所以即使少买也一定比不买好。

80后夫妻若已为人父母，要立即为孩子设置合适的保障计划。孩子免疫力差，日常患病几率高于成年人，是最大风险之一。教育支出年年增长，孩子教育金储备越早越多越好。若目前尚无子女，小夫妻也切不可随意挥霍，过分享受，等有了孩子才去计划养老。而应该提前进行强制储蓄，既为孩子出生做准备，也为自己养老积蓄资本。此时在身故、重疾、意外保障齐全的情况下，视情况购买长期理财型产品，规划未来。

针对不同人群的需求，保险公司一般都有灵活的产品组合供客户选择，组合产品一般涵盖重疾医疗、养老保障、孩子教育等，既可起强制性储蓄作用，又有家庭保障和部分投资功能。一些产品还可添加夫妻、父母和孩子多方面的豁免功能。[①]

相关链接12-2　　中国保监会关于父母为其未成年子女投保以死亡为给付保险金条件人身保险有关问题的通知

2016年1月1日起，小于10周岁的未成年人投保累计人身险风险保额由原来的10万元调整至20万元；大于等于10周岁未成年人投保累计人身险风险保额由原来的10万元调整至50万元。

特别提醒：2016年1月1日起执行的意思为必须投保日期为2016年1月1日以后的投保单。指定生效日期为2016年1月1日以后而投保日期在此之前的投保单不在范围内。

（五）股票投资——上上下下

1.股票的内涵和分类

股票是指股份有限公司发行的，表示股东按其持有的股份享有权益和承担义务的可转让凭证。

根据不同标准，可以对股票进行不同的分类。

（1）以股东享有权利和承担义务的大小为标准，股票可以分成普通股股票和优先股股票。普通股股票是指股份有限公司依法发行的具有管理权、股利不固定的股票。优先股股票是指股份有限公司依法发行的具有一定优先权的股票。

（2）以股票票面上有无记名为标准，股票可以分成记名股票与无记名股票。记名股票是在股票上载有股东姓名或名称并将其记入公司股东名册的一种股票。无记名股票是指在股票上不记载股东姓名或名称的股票。

（3）以股票票面上有无金额为标准，股票可以分为面值股票和无面值股票。面值股票是指在票面上标有一定金额的股票。无面值股票是指不在票面上标出金额，只载明所占公司股本总额的比例或股份数的股票。

（4）以发行时间的先后为标准，股票可以分为始发股和增发股。始发股是指公司设立时发行的股票。增发股是指公司增资时发行的股票。

---

① 见http://insurance.cnfol.com/baoxiananli/20140623/18201193.shtml。

（5）以发行对象和上市地区为标准，股票可以分为A股、B股、H股和N股。A股是以人民币标明票面金额并以人民币认购和交易的股票；B股是以人民币标明票面金额，以外币认购和交易的股票；H股是在香港上市的股票；N股是在纽约上市的股票。

2.股票分析的信息来源

股票分析信息按照来源不同，主要包括企业内部信息和外部信息。企业内部信息主要是指会计信息、统计与业务信息、计划与预算信息等；企业外部信息主要指国家经济政策与法规信息、综合部门发布的信息、政府监管部门的信息、中介机构信息、报纸杂志信息、企业间交换信息、国外有关信息等。进行股票投资分析的信息主要来自以下几个渠道：①政府部门；②证券交易所；③上市公司；④中介机构；⑤媒体；⑥其他。

3.股票投资分析方法

股票投资的分析方法直接决定了股票投资分析的质量，从而影响股票投资收益。股票投资分析方法主要有基本分析法和技术分析法两种。

（1）基本分析法。基本分析法通过对决定股票内在价值和影响股票价格的宏观经济形势、行业状况、公司经营状况等进行分析，评估股票的投资价值和合理价值，与股票市场价进行比较，相应形成买卖的建议。

基本分析法的主要内容参见本书第六章证券投资分析的第一节证券投资概述中的证券投资的基本分析内容。

（2）技术分析法。技术分析法是指仅从股票的市场行为来分析股票价格未来变化趋势的方法。例如，从股票的成交量、价格、达到这些价格和成交量所用的时间、价格波动的空间等几个方面分析股票走势并预测未来。目前常用的有K线理论、切线理论、形态理论、循环周期理论和技术指标分析等。

4.股票投资的技巧

（1）在非常理性的状态下对股票进行合理配置。这种配置应该是战略性的，一旦确定就不要随意变动。

（2）在战略性配置的基础上，对不同的股票进行具体的投资组合，以求进一步分散和降低风险。

相关链接12-3　　巴菲特理财法：“三要三不要”

以下是堪称巴菲特投资理念精华的“三要三不要”理财法：

要投资那些始终把股东利益放在首位的企业。巴菲特总是青睐那些经营稳健、讲究诚信、分红回报高的企业，以最大限度地避免股价波动，确保投资的保值和增值。而对于总想利用配股、增发等途径榨取投资者血汗的企业一概拒之门外。

要投资资源垄断型行业。从巴菲特的投资构成来看，道路、桥梁、煤炭、电力等资源垄断型企业占了相当份额，这类企业一般是外资入市购并的首选，同时独特的行业优势也能确保效益的平稳。

要投资易了解、前景看好的企业。巴菲特认为凡是投资的股票必须是自己了如指掌，并且是具有较好行业前景的企业。不熟悉、前途莫测的企业即使被说得天花乱坠也毫不动心。

不要贪婪。1969年，整个华尔街进入了投机的疯狂阶段，面对连创新高的股市，巴菲特却在手中股票涨到20%的时候就非常冷静地悉数全抛。

不要跟风。2000年，全世界股市出现了所谓的网络概念股，巴菲特却称自己不懂高科技，没法投资。一年后全球出现了高科技网络股股灾。

不要投机。巴菲特的一句口头禅是：拥有一只股票，期待它下个早晨就上涨是十分愚蠢的[①]。

综上所述，家庭投资除了上述几项主要方式以外，还可以根据实际情况进行信托投资、参与互联网金融产品、房地产投资、收藏品投资、期货投资、贵金属投资、艺术品投资等。最近几年，信托投资也已成为家庭理财的一种重要方式。投资于贵金属、艺术品和收藏品等实物资产，不仅可能给投资者带来丰厚的回报，投资过程本身也是一种精神享受。

第四节 家庭消费

一、家庭消费的原则

家庭消费是家庭理财中不可或缺的重要内容，然而随着市场经济的发展，家庭消费呈现出多样性、个性化等特点，但也出现了许多非伦理化现象，因此家庭消费必须遵循一定的原则，才能保证家庭成员的全面健康发展，才能建立和谐幸福美满的现代文明家庭。

（一）量入为出，适度消费

家庭消费要讲科学。量入为出，适度消费的原则就是要求家庭消费要与家庭的经济承受能力相适应。一方面，家庭消费支出应该与家庭的收入相适应，家庭的收入既包括当前的收入水平，也包括对未来收入的预期，也就是要考虑收入能力这个动态因素。“房奴”是指城镇居民抵押贷款购房，在生命黄金时期中的20到30年，每年用占可支配收入的40%~50%甚至更高的比例偿还贷款本息，从而造成家庭生活的长期压力，影响正常消费。这就是家庭消费与收入不相适应，过度消费的结果。另一方面，在家庭经济承受能力之内，应该提倡积极、合理的消费，不能过分抑制消费，否则，不仅会影响家庭的生活质量，而且也会影响社会的进步与发展，对拉动内需产生负面影响。俗话说：“聚财好比针挑土，散财好比水推沙。”

（二）开源节流，富富有余

家庭消费不能一下子吃光用光，更不能经常借债，形成负数，而应该经常地有

① 见http：//www.tianya.cn/publicforum/content/stocks/1/646066.shtml。

所积余。这些积余，可以用来支付耐用消费品的折旧费用，可以聚集起来购买高档消费品，或用来应付意外开支。俗话说“家有余粮，心中不慌”。要做到有所积余，就必须“量入而出”，计划开支，严格掌握。还要勤俭节约，家庭的物质生活，由俭入奢易，由奢入俭难。家庭消费贯彻有余的原则能使家庭成员对生活充满安全感和稳定感，这对保持家庭生活的和睦、幸福是很有好处的。

（三）避免盲从，理性消费

盲目从众是消费者常见的一种消费心理现象，也是对普通消费者影响最大的一种消费心理现象。因为，人们的消费行为始终受到消费心理的影响，例如从众心理、攀比心理等。因此，在消费中我们要尽量避免一些不健康的消费心理的影响，坚持从个人实际需要出发，不盲目，不攀比，不迷信名牌。另外，要尽量避免情绪化消费。情绪化消费是个人消费受到情绪的影响，而做出不理智的消费选择的现象。往往是心血来潮、一时头脑不冷静，事后发现这种消费选择并不适合自己的需要。因此，在消费时，要注意保持冷静。

（四）物质、精神消费并重

一个家庭的智力开发如何，是否注重精神消费，对于家庭成员、特别是青少年和儿童的成长影响很大。随着生活水平的提高，家庭的消费结构在不断变化与改善，家庭消费的选择要有利于人的全面发展。然而，有的家庭，家中摆设全套新式家具，各种高档设备齐全，偏偏就是缺书架，更找不到几本像样的书籍。有的家庭在物质生活上很舍得花钱，但对于精神生活则一毛不拔。总之，家庭消费要讲究家庭经济效益，少花钱，多办事，既不浪费，也不吝啬，物质消费、精神消费并重且倾向于精神消费。这样健康的家庭文化消费，能使家庭成员心旷神怡，陶冶情操。

二、家庭消费的主要内容

目前，住房消费、教育消费等在家庭消费中已占有重要的比例，且数目可观。如果家庭消费缺乏计划或者管理不当，可能会造成过高的消费成本，严重的甚至会导致家庭危机。

（一）住房消费

1.住房支出的构成

衣食住行泛指穿衣、吃饭、住房、行路等生活上的基本需要。随着住房商品化政策的推进，购房已成为家庭生活的必然，住房消费在家庭消费支出结构中所占的比重越来越高。

根据目的不同，住房支出可分为住房消费和住房投资两类。住房消费是指居民为取得住房提供的庇护、休息、娱乐和生活空间的服务而进行的消费，这种消费的实现形式可以是买房，也可以是租房。住房投资是指把住房当成投资工具，通过住房价格上升以应对通货膨胀、获得投资收益以达到资产保值或者增值的目的。可见，住房消费和住房投资二者的主要区别在于，前者购买的住房用于自己家庭居住，后者购买的住房并非用于自己家庭居住，而是为了出租以获得租金，或者等待住房价格上涨将其出售，以期从资产价格的上涨中获利。本部分主要涉及的是住房消费内容，住房投资的内容详见本章第三节。

2.住房消费的基本步骤

第一步，制定购房预算。家庭在决定购房前首先应从自身的收入水平、现有存款额、可获得的贷款额度及向亲友借款额度等资金来源因素正确估算自己的实际购买能力，以便最终确定所要购买的房屋类型、面积和价位。在制定购房预算时应正确估量个人资产，选择价格适宜的房源，正确估计还贷能力，考虑各项税费支出，了解物业管理收费等内容。

第二步，查找房源，实地考察。搜集住宅信息的渠道很多，包括媒体广告、房地产交易会、咨询公司、房屋中介等。网上找房可谓是目前最新、最快、最便捷的渠道。根据所搜集的购房信息，看中之后一定要对预购房屋进行实地调查，做到心中有数。

第三步，谨慎签订购房合同。购房者在签订合同时，一定要坚持使用国家认定的商品房购销合同示范文本。审查开发商是否具有合同签约的主体资格。购买商品房在审查土地使用证时，要注意看是否盖有市房屋土地管理局的公章，是否是“有偿使用”。根据《中华人民共和国合同法》的规定，但凡合同都必须具备以下几方面的具体条款：标的，数量和质量，价款或者报酬，履行的期限、地点及方式，违约责任。另外，还要关注合同关键条款的细节，比如有关房屋面积方面的条款，有关房屋质量的条款，关于不可抗力的条款，售后物业管理的条款等。

3.住房消费信贷的种类

目前我国个人住房消费信贷主要包括个人住房公积金贷款、个人住房商业性贷款和个人住房组合贷款等。

个人住房公积金贷款也称个人住房委托贷款，是指住房公积金管理部门以住房公积金及其他房改资金为来源，委托商业银行向住房公积金缴存职工发放的，定向用于购买自住普通住房的政策性专项贷款。对于已交纳住房公积金的个人来说，贷款购房时，应首选住房公积金贷款。因为，住房公积金贷款具有政策补贴性质，贷款利率较低。继央行宣布降息后，2015年8月26日上午，北京住房公积金管理中心发布了降息的通知：自26日起，下调北京住房公积金存贷款利率。5年期（含）以下的公积金贷款利率由3%下调至2.75%；5年期以上的贷款利率由3.5%下调至3.25%，远低于银行贷款利率。同时，住房公积金贷款在办理担保保险等相关手续时收费较低。公积金贷款的单笔贷款最高额度按照当地住房公积金管理部门的有关规定执行，也有规定不超过所购住房评估价值的80%。

个人住房商业性贷款也称住房按揭贷款，是银行以信贷资金向购房者发放的贷款。具体指具有完全民事行为能力的自然人，购买本市城镇自住住房时，以其所购买的产权住房（或银行认可的其他担保方式）为抵押，作为偿还贷款的保证而向银行申请的住房商业性贷款。个人住房商业性贷款的单笔贷款额度不应超过所购住房评估价值的80%，同时不超过贷款行规定的最高贷款限额。个人住房商业性贷款的方式有抵押贷款、质押贷款、保证贷款和抵押（质押）加保证贷款。

个人住房组合贷款是指用于支持按时足额缴存住房公积金的个人在中国大陆境内城镇购买自住住房时，同时为其发放公积金个人住房贷款和商业性个人住房贷款而形成的特定贷款组合。住房公积金管理中心可以发放的贷款，其最高限额各地有所不同，如果购房款超过这个限额，不足部分要向银行申请住房商业性贷款。这两种贷款合起来称为组合贷款。组合贷款利率较为适中，贷款金额较大，因而被较多贷款者选用。

4.住房贷款的偿还方式

偿还贷款本息的方式由借贷双方商定，并在借款合同中载明，贷款期限在1年以内（含1年）的，实行到期一次还本付息，利随本清，贷款期限在1年以上的，按月归还贷款本息，即分期还款。

目前最常见的分期还款方式主要有：

一是等额本息还款法，是指在贷款期限内每月以相等的还款额足额偿还贷款本金和利息，直至期满还清。等额本息还款法每期还款额中的本金都不相同，前期还款本金金额较少，本息合计每月相等。这种还款方式由于本金归还速度相对较慢，占用资金时间较长，还款总利息较相同期限的等额本金还款法高，但还款压力相对较小，是个人住房抵押贷款中最常见的一种还款方式。其计算公式为：

月还款额=贷款总额×月利率×［（1＋月利率）^{还款总月数}／（1＋月利率）^{还款总月数}−1］

例：住房公积金贷款30万元，贷款期限为10年，按月等额还本付息，贷款年利率为4.5%，每月计息一次，每月应向银行还款的数额为多少？如何计算？

解：月利率=4.5%÷12=0.375%

每月还款额=300 000×0.375%×［（1＋0.375%）^{120}÷（1＋0.375%）^{120}−1］=3 109.15（元）

二是等额本金还款法，是指在贷款期限内借款人每月等额偿还本金，贷款利息逐月递减，等额本金还款法在整个还款期内每期还款额中的本金都相同，偿还的利息逐月减少，本息合计逐月递减。这种还款方式前期还款压力较大，适合收入较高或想提前还款的人群。计算公式为：

月还款额＝贷款本金÷还款期数＋（贷款本金－已归还本金累计额）×月利率

以上述为例，住房公积金贷款30万元，贷款期限为10年，贷款年利率为4.5%，首月还款3 625元，末月还款2 509.38元。

相关链接12-4　　住房公积金管理中心做足为民服务大文章

记者从×市住房公积金管理中心了解到，在应用大数据和“互联网+”技术的基础上，通过降低办理费用、放宽提取政策、优化办理流程等方式，做足为民服务大文章，让更多单位和职工享受更省钱、便捷的服务。

职工王利民买了套二手房，对住房公积金贷款一窍不通的他经过几次拨打热线电话“12329”，很快摸清了办理流程。原本以为办理时要准备一大叠材料，但是，没想到，他的信息被“一键调取”，根本不用复印大量材料，还不用他自己提供职工身份、户籍、房屋、婚姻状况、商业贷款等证明。更让他高兴的是，他贷款60万元、30年，竟然比邻居此前办理的同样条件的住房公积金贷款省了5 020元的费用。不过最让他感到贴心的是省事。自从他下载了APP，动动手指就可以查到自己的公积金账户详情，还有实时的信息提醒，还款情况一目了然。就连上个月他提前还款5万元都是在“网上服务厅”操作的。王利民是扩大公积金便民面后大批受益者之一，颇具代表性。此外，大量业务可以实现足不出户即可办理、即办即走、一次性办结。例如，通过网站，单位可以足不出户办理住房公积金缴存、调整、转移、托管等；通过自助设备、网站，职工可自行办理使用住房公积金账户余额提前部分或全部还贷、达到法定退休年龄销户等；职工办理租房、大病、返回原籍提取住房公积金可以一次办结；对新设单位开户实行网上预约登记，单位到现场即办即走。据悉，为了更惠民便民、扩大惠及面，该市住房公积金管理中心通过在全国首推个贷资产收益权融资举措、在全国首创资金集中统一管理模式等创新融资渠道，破解了流动性紧张难题，为满足职工群众提取、贷款等业务需求保驾护航。

（二）教育消费

1.教育消费及其分类

教育为民生之基，教育机会及教育程度决定着每一个人的生存和发展机会及生活质量。改革开放以来，随着科教兴国战略的实施，教育在经济发展中发挥着越来越重要的促进作用。特别是随着教育体制的改革，教育作为一种产业发展的意识已经得到人们的充分认识和社会的高度重视。与此同时，教育消费在家庭消费中占据了举足轻重的地位，随着人们生活水平的提高，家庭在教育方面的支出也随之大幅增长。教育消费是指有组织、有计划地向个人传授消费知识和技能，培养科学、文明的消费观念和维权意识，提高消费者素质的社会教育活动。教育消费应具有倾向于促进每个消费个体财富与个人价值的增长，或者倾向于阻止每个消费个体财富与价值的减少，提高消费者的物质文化生活水平的作用。

教育消费根据对象不同分为个人教育消费和子女教育消费两大类。个人教育消费是指家庭各成员对自身的教育支出；子女教育消费是指家庭中对子女将来的教育费用进行教育支出预算和规划，子女教育消费又可分为基础教育消费和大学教育消费两大部分。总之，站在家庭消费的角度，子女的教育消费支出是家庭教育消费的核心内容。

2.子女教育消费估算

《2016年中国家庭教育消费者图谱》显示，目前超三成家庭每年教育支出超过6000元，近两成家庭投入过万元。其中，一线城市超三成的家庭每年教育支出超过万元。[①]子女教育问题越来越受到家长们的重视，教育消费在家庭总消费中所占的比重也日益提高。

因为不同城市不同家庭消费标准不一致，我们以北京地区为例，做一下大致估算：

（1）0~3岁费用：37 500元/年

不考虑宝宝生病的情况下，0~1岁的时候，奶粉、衣物、尿片等费用，每个月约2 500元，周岁内最少要花30 000元左右。

1~3岁，买各种早教资料及玩具，约3 000元。生活加衣物等费用，每个月约1 000元。那么加起来，年均40 000元左右。

（2）幼儿园（学前）4~6岁费用：39 600元/年

普通幼儿园一个月托管费最少3 000元，饭费200元左右，其他杂费100元左右。这样算起来，每个月至少3 300元，3年36个月，总共46 800元。

（3）小学费用：总计63 200元左右

现在虽然义务教育不用花钱，但是学杂费和辅导费加起来最少也要花2万元。按照不收学费算。书本费、买手机、早餐、校车、托管等各种东西，1年2 000元左右，6年12 000元。衣物和生活费，平均1个月最少600元左右。6年下来，总共43 200元。

（4）初中费用：总计至少40 000元

和小学一样，初中也属于义务教育阶段，因此，免学费，固定收取的杂费也不高。如果是公办的，一学期杂费500元左右，3年3 000元。学校内的补课费、兴趣班费、伙食费也不高，一学期1 000元左右，3年6 000元左右。

不过，孩子在初中阶段置办学习用品的花费要高起来，电子辞典、MP3、电脑等，这3年内要花费数千元。这样算下来，孩子在初中阶段学习上花费要1.5万元左右。同样不可忽略的一点是，上初中很多人会选择“择校”，这样就会产生一笔赞助费。2万~5万元不等。在家里，主要是饮食、服装和出门游玩的费用，这3年孩子在生活费用上大约要花费2万~3万元左右。

总的算下来，孩子初中3年，如果不择校，总花费4万元左右，如果择校，要6万~9万元左右。

（5）高中费用：总计至少50 000元

如果孩子中考顺利，考上了公办重点高中，那么一般每学期学费只要1 200~1 500元，如果选择寄宿，2 000元一学期。3年学杂费五六千元。

如果考得一般，选择公办一般高中学习，学费是900元/学期。但如果此时选择公立转制高中学习，每学期学费2 000~3 500元，同时要交一笔5 000~10 000元的择校费。3年学杂费1.5万元左右。

① 见腾讯教育网站（http：//edu.qq.com/a/20160311/032230.htm）。

如果上民办高中，3年学杂费花个五六万也是正常的。同时，高中的学习竞争更为激烈，因此，学生都要参加各类校内校外的补课班，3年也要好几千元，甚至上万元。高中学生对电脑等电子产品的兴趣和需求，也比初中孩子要高，为此即便是家庭条件最差的，也要花掉五六千元给孩子买电脑等物品，有些家庭更是不吝支出，完全满足孩子的要求。

总的计算下来，高中3年孩子身上的总花费大约5万~10万元。

（6）大学费用：总计70 000元左右

一般的孩子考上大学后，4年学费2万元左右；杂费、生活费1个月1 000元左右，加上来回家和旅游的费用，4年3万元左右。总计五六万元够了。有的人上了大学以后，家长给的预算比较高，总花费10万~15万元。

如果是有中外合作项目的专业，由于有1年在国外合作大学学习，则费用还要另外多20万元左右。大学花费俭还是奢，大多数人还是看家庭情况决定。至于考研或留学，更是看个人情况而定。如果本科之后要继续深造，那么也还得准备10万~80万元，以供孩子在国内读研究生或留学。

如此算下来，按照最低标准，从孩子出生到孩子大学毕业，一个家庭在经济上至少要支出50万元左右。当然这还是在物价不涨得离谱，不考虑通货膨胀的前提下。

可见，从孩子出生之日起，为教育消费准备一笔资金就已经是当务之急。好在孩子出生是在父母的壮年时期，收入高、经济来源相对稳定，此时有能力给孩子提供良好的教育消费基金。

3.子女教育消费资金来源

子女教育消费最主要的资金来源应该是家庭自身的收入和资产。家庭稳定的收入和充足的资产是子女教育消费坚实的资金保障。除此之外，家庭理财应寻求和利用其他的学费来源，为子女教育消费节省成本。

（1）政府教育资助。政府每年都会拨出一部分预算资金用于向符合条件的人提供教育资助。但这类教育资助有严格的资助条件、资助种类和资助期限的限制，很难获得。

（2）奖学金。政府有时以奖学金的方式进行教育资助，但这种奖学金的比例不大，比如国家奖学金由中央政府出资设立，用于奖励高校全日制本专科（含高职、第二学士学位）学生中特别优秀的学生，奖励标准为每人每年8 000元；国家励志奖学金用于奖励资助高校全日制本专科（含高职、第二学士学位）学生（以下简称学生）中品学兼优的家庭经济困难学生，奖励标准为每人每年5 000元。各类民间机构和组织，如企业、基金公司、宗教慈善团体、服务机构、学术组织等都通过学校设立种类繁多的奖学金。

（3）国家助学金。国家助学金主要资助家庭经济困难学生的生活费用开支。国家助学金的平均资助标准为每生每年2 000元，具体标准在每生每年1 000~3 000元范围内确定，可以分为2~3档。中央高校国家助学金分档及具体标准由财政部等有关部门确定，地方高校国家助学金分档及具体标准由各省（自治区、直辖市）确定。

（4）助学贷款。根据中国人民银行的有关规定，目前，助学贷款主要有两类，分别是国家助学贷款和生源地信用助学贷款。①国家助学贷款。国家助学贷款是由政府主导、财政贴息，银行、教育行政部门与高校共同操作的专门帮助高校贫困家庭学生的银行贷款。借款学生不需要办理贷款担保或抵押，但需要承诺按期还款，并承担相关法律责任。②生源地信用助学贷款。生源地信用助学贷款是指国家开发银行向符合条件的家庭经济困难的普通高校新生和在校生发放的、在学生入学前户籍所在县（市、区）办理的助学贷款。贷款资金主要用于学生缴纳在校期间的学费和住宿费。生源地信用助学贷款是国家助学贷款的重要组成部分。

4.子女教育消费的误区

（1）消费越多孩子越有出息。许多家长认为教育资金支出越多孩子将来越有出息，因此为了孩子成才，千方百计不惜花费高额的择校费、借读费和赞助费让孩子上一流学校。所谓一流学校，如果以加大学生作业量、牺牲学生休息时间等方式来提高成绩，尽管学生的分数上去了，但是体质下降了，超负荷的压力还会影响学生的心理健康。另外，如果孩子的学习成绩与同学差距较大，则容易产生自卑心理，最终影响学习效果。所以，家长应该有的放矢选择适合孩子的学校，不要盲目花钱，以免出现支出大见效少的尴尬。名牌学校不是名牌服装，只要有钱就可以买来给子女享用，盲目地择校无异于拔苗助长。

（2）教育支出应主要花在大学阶段。许多家长认为，在大学阶段的教育支出再大也值得，是“把钱花在刀刃上”。然而却不注意注重孩子的日常教育消费，认为让孩子参加学习班、请家教是多花冤枉钱。还有些家长尽管让孩子参加了学习班，但是没有选择，缺少理性，既浪费了金钱也耽误了时间。殊不知，平时的教育消费直接影响着孩子的高考成绩。如果孩子因为早期教育不足而只能选择做“高价生”或上“民办大学”，那么大学阶段的教育开支会更大。因此，注重孩子的早期教育，才能使后期更有潜力。

（3）学习特长对升学的作用很大。目前，有学习特长的孩子越来越多，使得教育特长消费日益水涨船高。很多家长盲目地认为，特长对孩子未来的升学作用巨大。其实，随着特长生的日益增多，特长的作用逐渐弱化；同时，一些艺术院校对特长生的要求很高，只有出类拔萃的孩子才能靠特长考入；另外普通院校对考生的加分通常微不足道。因此，对大多数孩子来说，特长不过是一种业余爱好而已。

（4）投入金钱比投入精力更重要。面对教育支出比重的增加，许多家长都发出过这样的感叹：“只要孩子能考上大学，我就是砸锅卖铁也心甘”，“只要是学习用的，孩子花多少钱都行”，“不管花多少钱，一定让孩子上大学”。因此，许多家长天天忙着工作赚钱，很少有时间与孩子沟通，认为只要自己努力赚钱，能为孩子的学习提供保障就万事大吉。其实，家庭教育消费是多种形式的，既需要金钱的投入，更需要时间、精力、情感和智慧的投入。孩子不仅有物质需求，更有精神需求，这一点不是金钱所能买到的。

（三）基本生活消费

1.基本生活消费的内容

一般说来，家庭的基本生活消费是指家庭用于日常的衣、食、住、行等方面的费用支出，主要由以下几个方面组成：一是固定支出，包括有线电视、网络费、物业费、取暖费、房屋租金等。二是必要支出，包括日常水电煤气费、手机及固定电话费、食品及日用品消耗费、交通费、教育费、医疗卫生保健费、美容健身支出等。三是机动支出，包括家人购置衣物服饰费、社交休闲娱乐费、零用钱等。四是赡养支出，包括定期或不定期赡养双方父母的费用等。五是意外支出，包括重大疾病、意外伤害支出等。从理财的角度来说，通常美容健身支出不应超过月收入的10%，前四项支出合计最好不超过月收入的80%比较合适。

2.如何节省家庭基本生活消费

第一，避免盲目性开支。赶时髦，凑热闹，是导致盲目开支的主要诱因。随意购物，为开支而开支，往往造成积压和浪费。讲求实用，有目的地消费，非当时所需不开支才是正道。

第二，杜绝有害性开支。赌博是一个最典型的例子，此外如嗜烟、嗜酒、纵欲等均属此列。此等危害性开支，不但危及家庭财政，更严重的是危及家庭的和睦与完整，继而危及社会安定，意义已不仅仅在于勤俭与持家。

第三，降低浪费性开支。例如开灯睡觉，出门不关灯，人离不关水，饭菜无节制等，乍看似“鸡毛蒜皮”的小事，积少成多却是不小的浪费。

第四，限制积压性开支。当前市场供应充足，各种商品应有尽有，琳琅满目，预备、预留性质的开支应尽量减少，既可避免积压资金，又能避免因产品更新换代，或超过保存期、保质期而带来的损失。另外，以减少通货膨胀损失为理由做出提前性、积压性开支更不足取。

第五，延缓损耗性开支。任何物品，勤于护理总可以延长其寿命，提高使用率，无形中就等于减少了因过早更新换旧而增大的开支。所以，对音响、电视机、电冰箱、洗衣机、空调等大件家电，以及自行车、摩托车、汽车等交通工具加强护理，虽非直接开支，也达到了节省的目的。另外，旧物利用、废物利用则更是直接的节省。

（四）高档生活消费

除上述内容以外，有些家庭在购车消费和旅游消费上的支出也在家庭消费中占有相当的比例，在家庭理财中应予以重视。

1.购车消费

相对于住房消费，购车消费要便宜得多，但对于一般的家庭，购车支出仍然是一笔巨大的开支，应当合理规划。购车支出包括固定费用和变动费用两大部分。固定费用主要包括：购买费、车辆购置税（车价10%左右，根据车型有所差异）、车辆保险费（视保险公司、保险内容而异）、上牌费、养路费、养护费用等；变动费用主要包括汽油费、停车费、路桥费、装饰费、意外事故支出等。除了一次性购车费用以外，其余费用合计通常每年占到购车款的15%~20%，如果没有稳定、足够的家庭收入来源，势必会给家庭理财带来一定的负担。

2.旅游消费

旅游消费是指人们在旅行游览过程中，为了满足其自身发展和享受的需要而消费的各种物质资料和精神资料。旅游消费是在人们基本生活需要满足之后而产生的更高层次的消费需要，具体包括保健性旅游消费、基础性旅游消费、文化性旅游消费、享乐性旅游消费和纪念性旅游消费。不同层次的旅游消费与旅游者的收入水平、旅游产品的质量密切相关。

在2015年，“中国游客”在全球范围内成为一个热门话题。中国旅游研究院数据显示，中国大陆出境游人数和购买力已连续3年居世界第一；2015年，中国大陆公民出境游人次预计将实现16%的增长，首次突破1.2亿人次。中国游客“疯狂境外游”的背后，无疑会增加家庭高档生活消费水平。对比日本、韩国、澳大利亚、俄罗斯、美国等五个国家的旅游数据，中国游客的“疯狂”仍将继续，境外旅游支出占庭高档生活消费比例必将越来越高。此外，随着我国市场和经济的健康繁荣，家庭收入不断提高，家庭消费势必水涨船高。

【案例12-4】　　境外消费刷信用卡的误区

历次黄金周都是信用卡消费高峰期，银联数据显示，2015年国庆假期，银联卡跨行交易总金额达到6 469亿元，交易总笔数超过5亿笔，同比分别增长25.4%和19.5%。银联卡境外线下交易金额同比增长17%，交易笔数同比增长24%。

信用卡境外消费笔数、金额可谓是量价齐升，可是，信用卡在境外消费有陷阱，卡友们你们知道其中的消费误区吗？

首先，滞纳金。王小姐“十一”去欧洲旅游，用某银行的双币信用卡在国外刷卡消费了2 500多欧元。由于王小姐的信用卡额度是5万元，并且也绑定了借记卡自动还款，因此，王小姐对这笔刷卡金额并没在意。但是，10月份信用卡账单出来之后，王小姐发现不仅欧元欠的款竟然还在，而且还产生了滞纳金。

王小姐随后致电银行客服才知道，由于这张信用卡没有设置自动购汇还款功能，人民币购汇还款需要通过电话、网上银行或者柜面进行操作。“谁知道境外消费还得打电话还款，当初办理自动还款业务时，工作人员也没有提醒过我。”王小姐喊冤道。

其次，购汇。目前，很多卡友都已办理信用卡自动还款功能，假如碰上外币还款，这种自动功能多数会“失灵”。在申请信用卡自动还款功能时，如果自动还款选项只选择了人民币账户，而没有选择外币账户，银行就会默认自动还款仅针对人民币账户，外币账户需要持卡人购汇还款。此外，即便有自动还款功能，还要注意外币账单的换汇问题。推荐一个简便、快捷的方法，还款日前致电发卡行中心申请帮忙换汇，如此一来，开通了自动还款功能的信用卡，到时候就自动扣人民币换汇还外币账单了。

第三，透支。好不容易出了趟国门，一部分卡友就买、买、买，一不小心就把信用卡刷爆了。李女士说："我的信用卡额度只有2万元，用完后还能再多刷1 000元。"致电银行才得知信用卡当月实际消费金额可超过信用额度的10%。但是，超额透支部分还被收"超限费"，1 000元收取50元费用！

目前，各家银行信用卡超限费的收取标准不同，工行、中行、农行、建行、交行、招行、平安等多家银行免收信用卡超限费，广发、光大、民生、浦发等部分银行会收取一定比例的超限费。通常，收取金额一般是超过信用额度部分的5%，按账户每月收取1次，最低10元，最高200元[①]。

三、家庭消费禁忌

随着家庭物质文化生活水平的逐步提高，以往节衣缩食的家庭传统消费观念也在与时俱进。但对于广大家庭来说，尽可能合理地安排好家庭的消费支出，把钱花在刀刃上，以杜绝浪费，仍然是非常必要的。家庭理财认为，家庭消费要努力做到以下"七忌"。

1.忌攀比性消费

一些家庭成员，特别是年轻的男子和主妇，往往出于虚荣心，自觉不自觉地与同学、同事、邻居、亲戚比排场，比"实力"。你的房子是100平方米，我就要150平方米……诸如此类，不一而足。攀比的结果，只能刺激人们的不顾家情和财力的虚荣心，造成很大的浪费，对家庭理财是非常有害的。

2.忌盲目性消费

家庭消费一定要有计划，量入为出。对计划外的开支应该谨慎从事，特别是不要听人家说什么东西便宜，或者看到商场的促销、打折，就觉得机不可失，盲目随大流，凑热闹，赶时髦。事后才发现买的东西不适用或根本不需要，可是这笔钱却已经盲目地花掉了。

3.忌有害性消费

生活中时常有些消费不仅毫无益处，反而有害。例如吸烟、酗酒等，既消耗钱财，又有损身体健康，污染环境，甚至影响家庭和睦。吸烟的人，烟钱约占本人收入的25%以上，要是连续吸20年，连本带息数目可观，真是多害而无一益。

4.忌大意性消费

不少消费是在有意无意之间进行的。比如给孩子买些质地过好、档次较高的衣服，或者给孩子买衣服大小正好，不留余地；蔬菜水果买多了吃不完而烂掉扔掉；

---

① 见招商银行网站（http://info.cmbchina.com/Finance/Detail.aspx? id={558F3910-4332-4FC5-B3E4-2C9848154202}&topic=HYDT）。

房间里、卫生间里人走不关灯、水龙头不拧紧；晚上出去散步、串门不熄灯或开着灯睡觉；水烧开了、饭热好了不及时关掉热源等，都会造成浪费。

5.忌闲置性消费

毫无疑问，家庭中有一定的物质储备是必要的，但不可一味赶时髦或抢购不急用的物品。其后果是活钱变死货，商品易老化，占用家庭空间，即抢购的结果会丧失商品的使用价值。

6.忌突发性消费

有些人只要手头有钱就可能一次性全部花光；还有一些人缺乏消费计划，一时心血来潮想买便买，都会造成大量的浪费。家有红白喜事不搞大操大办，节假日不暴饮暴食，这样既能在经济上防止突发性的大量花销，又能避免给家人和自身带来危害。

7.忌购买费时费力的消费品

在经济允许的条件下，应该提倡购买一些自动化程度较高的家用设备，这样既能节省时间，又能改善家务劳动条件，以便腾出更多的时间与精力，过好健康、愉快的文化生活，使整个家庭生活更有情趣。

案例分析：工薪家庭理财新规划

本章小结

本章主要讨论家庭理财问题，包括家庭理财概述、家庭理财规划、家庭投资和家庭消费四节内容。家庭理财是指以个人或家庭为单位，通过确定目标，制订财务计划，运用储蓄、消费、证券、外汇、房地产等手段，对个人或家庭的财务状况进行科学配置和有效管理，以保证家庭财产合理使用和消费，实现家庭财产效用最大化，最终实现家庭财产的保值和增值。正确理解家庭理财的含义，还应注意：(1) 家庭理财，除了以家庭为单位，也包括单个人的理财。(2) 家庭理财的领域较广。(3) 家庭理财是一门科学。(4) 家庭理财是一门艺术。家庭理财具体包括家庭理财规划、家庭投资和家庭消费三大部分。家庭理财的目标包括：积累财富——开源；减少不必要支出——节流；提高应付意外的能力——风险保障；生活期望的满足——享受。倡导德本财末理念。

了解家庭的财务状况，是家庭理财规划的起点。因此，我们有必要建立家庭理财档案，对家庭的财务情况进行分析，从而帮助我们做出科学的理财决策。家庭资产负债表也称家庭净资产表，反映家庭在某一特定时点的财务状况，即家庭有多少资源可用，有多少负债还没有偿还，其编制依据是：家庭资产-家庭负债=家庭净资产。家庭现金流量表，又称家庭收入支出状况表，反映家庭在某一时期现金流入和流出情况的信息。处在人生的不同时期、不同的家庭背景，我们所需要做的人生规划并不一样。科学的理财规划是根据人的生命周期理论并结合人们的家庭背景做出来的。

家庭投资应建立在民主科学原则的基础之上，同时因家而异、保持资产流动、实用有余、控制风险。家庭理财的步骤包括：确定家庭理财目标、了解家庭经济状况、诊断家庭财务状况、制定家庭理财规划。家庭投资的内容主要包括储蓄、债券、基金、保险、股票等。可见，投资理财的方式和手段多种多样，但并非适合所有的家庭，家庭应根据自身的情况加以选择。储蓄是家庭投资方式中最稳妥可靠的，不仅安全性高、变现性强，且操作简单易行，但收益较低。储蓄的方式灵活多样，可以掌握一定的技巧，根据家庭的特点选择不同的储蓄方式。债券投资通常可以获得固定收益，能够控制风险，国债是投资者接触最多的一种债券，其收益率最低，违约风险很低。投资基金是一种利益共享、风险共担的集合证券投资方式。根据投资标的划分，投资基金可分为股票基金、债券基金、货币基金、黄金基金和期权基金等。保险投资让家庭居安思危，人的一生不可避免会面临人身、财产、责任等风险。此外，家庭投资还可以进行信托投资、收藏品投资、期货投资、贵金属投资、艺术品投资、房地产投资等。

家庭消费应遵循量入为出，适度消费；开源节流，富富有余；避免盲从，理性消费；物质、精神消费并重等原则。家庭消费是家庭理财中不可或缺的重要内容。目前，住房消费、教育消费等在家庭开支中已占有重要的比例，且数目可观。家庭基本消费是指家庭用于日常的衣、食、住、行等方面的费用支出。此外，有些家庭在购车消费和旅游消费上的支出也占有相当的比例。

关键概念

家庭理财　家庭投资　储蓄　债券　股票基金　债券基金　货币基金　股票　保险　住房消费　教育消费

思考题

12.1　什么是家庭理财？如何正确理解这一概念？
12.2　家庭理财的目标是什么？如何实现这些目标？
12.3　家庭理财包括哪些基本步骤？如何制定家庭理财规划？
12.4　何为家庭资产负债表？如何编制家庭资产负债表？
12.5　何为家庭现金流量表？如何编制家庭现金流量表？
12.6　家庭投资应遵循哪些原则？
12.7　储蓄有哪些特点和技巧？如何选择储蓄方式？
12.8　投资债券与投资债券基金有何区别？
12.9　保险理财存在哪些误区？哪些人必须买保险？
12.10　住房贷款的偿还方式有哪些？如何选择住房消费信贷？
12.11　家庭消费应注意哪些禁忌？

延伸阅读与参考文献

1. 银行业专业人员资格考试办公室．个人理财［M］．北京：中国金融出版社，2015.

2. 中国就业培训技术指导中心．理财规划师基础知识［M］．5版．北京：中国财政经济出版社，2013.

3. 兰晓华，等．家庭理财宝典［M］．北京：电子工业出版社，2015.

4. 大众理财顾问杂志社．家庭理财技法精选［M］．北京：机械工业出版社，2014.

5. 王艳红，涂振旗．我的第一本家庭理财书［M］．北京：人民邮电出版社，2013.

6. 王延胜．家庭理财［M］．上海：上海科学技术文献出版社，2013.

7. 郑秀．一生的理财计划大全集［M］．北京：中国华侨出版社，2012.

8. 王在全．一生的理财计划（债券篇）［M］．北京：中信出版社，2011.

9. 卡普尔，德拉贝，休斯．个人理财理［M］．刘春生，译．3版．北京：中国人民大学出版社，2013.

10. 钟永圣．中国经典经济学［M］．北京：中国财政经济出版社，2012.

11. 西同光，李先龙．浅谈债券投资风险及其防范措施［J］．现代经济信息，2015（2）．

12. 钟永圣．中国传统经济学智慧［M］．北京：世界知识出版社，2015.